W0363494

guide vert

les oiseaux du monde

guide vert

GIANFRANCO BOLOGNA

les oiseaux du monde

SOLAR

Titre original de cet ouvrage :
UCCELLI

Traduction : Dominique VERSINI
Supervision : Dr Philippe de WAILLY

© 1978, Arnoldo Mondadori, Milan.
© 1980, Solar, éditeur à Paris, pour la traduction française.
ISBN 2-263-00356-8

SOMMAIRE

AVERTISSEMENT

L'illustration des espèces dans le présent ouvrage est assortie d'une série de symboles qui indiquent les habitats préférés, les mœurs migratoires et les habitudes de vie. Pour chaque espèce ont été indiqués l'habitat de prédilection, les mœurs migratoires les plus habituelles à l'espèce et les coutumes de vie (nocturnes, diurnes, crépusculaires).

Cette symbolique est purement indicative et approximative : la plupart des oiseaux fréquentent des milieux variés et présentent des mœurs migratoires très variables suivant les différentes populations qui couvrent l'aire de dispersion d'une espèce ; de sorte qu'il peut arriver que dans la même espèce il existe des populations migratrices et des populations sédentaires. En outre, les modes de vie habituels décrits sont eux-mêmes indicatifs, car ils font ressortir la principale activité des espèces, ce qui, dans certains cas, n'exclut pas la possibilité d'une activité différente à un autre moment de la journée.

EXPLICATION DES SYMBOLES

MILIEUX FRÉQUENTÉS

forêt tropicale

maquis, bois,
forêt tempérée

désert, zones arides

zones rocheuses,
décombres,
montagne

marais, côte sableuse,
lagune, eaux littorales

mer

lac, eaux intérieures

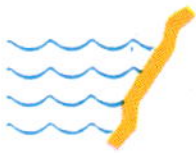

récifs,
côte marine

pré, campagne, savane,
broussaille, steppe, toundra

forêt de conifères,
forêt boréale

MŒURS MIGRATOIRES

migrateurs

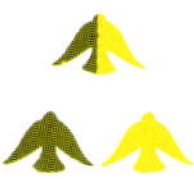

partiellement migrateurs

sédentaires

MODES DE VIE COUTUMIERS

diurnes

nocturnes

crépusculaires

INTRODUCTION

A droite : Zenaidura macroura, *dessin de J.-J. Audubon (1785-1851), tiré de l'ouvrage* Oiseaux d'Amérique *publié en 1827.*

LE DON MERVEILLEUX DU VOL

Généralités

Les oiseaux représentent, sans aucun doute, le groupe animal auquel il a été consacré le plus grand nombre d'ouvrages. En particulier, par la faculté qu'ils ont de voler, ils ont toujours attiré l'attention de l'homme. Le poète Giacomo Leopardi écrit, dans son *Eloge des oiseaux :* « Les oiseaux sont, naturellement, les plus heureuses créatures du monde. Je ne dis pas cela parce que si tu les vois et les entends, ils te mettent en joie, mais je veux dire qu'il s'agit d'eux-mêmes, qui ressentent la gaieté et la joie plus qu'aucun autre animal. » Pour ne citer que quelques exemples significatifs de l'importance attribuée aux êtres volants dans le folklore populaire, dans la littérature, dans l'art, il suffit de penser aux peintures, aux céramiques et aux sculptures des Egyptiens représentant Horus, le dieu-faucon, ou Nekhbet, la déesse-griffon, qui présidait, dans les religions égyptiennes, aux naissances; aux mythes grecs de Prométhée et de Titius, déchirés par des aigles et des vautours pour avoir offensé les divinités; aux « augures » étrusques, qui prévoyaient l'avenir en interprétant le vol des oiseaux; aux fameuses oies du Capitole, qui sauvèrent la Rome antique lors des incursions des Gaulois; aux aigles symboles de Rome et de sa puissance, comme insigne des légions invincibles, puis symbole de l'empire austro-hongrois; à l'oiseau-tonnerre, ou oiseau Voc de la mythologie précolombienne de l'Amérique centrale et des Antilles; à la chouette, symbole d'Athènes et consacrée à la déesse Minerve; à la colombe, symbole de paix du christianisme; à Garuda, l'oiseau cher à Vichnou; pour en venir aux merveilleuses planches artistiques peintes par les ornithologues John Gould et John James Audubon au XIXe siècle (au nombre de quatre cents, elles illustrent les cinq volumes du texte *Oiseaux d'Amérique* d'Audubon et ont été définies par Cuvier comme « le monument le plus splendide élevé par l'art à la nature ») et, parmi tant d'autres, les œuvres picturales du XXe siècle, de Chagall et de Braque. Mais ce ne sont là que quelques exemples piètres et fragmentaires, assemblés sans ordre précis, en vue d'une démonstration partielle du grand intérêt suscité chez l'homme par le monde des oiseaux, monde véritablement fascinant.

Résumons brièvement les principales caractéristiques des oiseaux, qui, dans la classification scientifique du monde animal, constituent une classe du groupe des cordés : ce sont des vertébrés (animaux dotés de vertèbres), amniotes (c'est-à-dire dotés d'un amnios, annexe embryonnaire constituant une enveloppe garnie d'un liquide dans lequel est immergé l'embryon), aptes au vol (bien que certaines espèces, descendant toutes cependant de formes volantes, soient incapables de voler), aux membres antérieurs transformés par conséquent en ailes, les membres postérieurs étant seuls utilisés pour la locomotion au sol; ils sont homéothermes c'est-à-dire à température de corps constante, encore que l'on ait relevé, chez certaines espèces, des cas d'abaissement considérable de la température, et jusqu'à une sorte de léthargie hivernale), au cœur divisé en deux moitiés, chacune composée de deux cavités et avec séparation complète entre sang artériel et sang veineux; ils sont pourvus

Empreinte du squelette de Archaeopteryx lithographica, *le plus ancien oiseau connu, trouvé dans les couches jurassiques de Solnhofen en Bavière (Allemagne). Spécimen conservé au British Museum de Londres.*

d'un bec, formé des mâchoires modifiées et recouvertes de gaines cornées, nommées rhamphothèques; ils pondent des œufs, qui sont couvés.

Au siècle passé, l'évolutionniste Huxley a défini les oiseaux « comme étant des reptiles glorifiés », en raison du fait que dans le lent processus évolutif qui a amené la Terre, à partir des premiers signes de la vie, à se peupler d'une variété multiforme d'êtres, les espèces volantes ont tiré leur origine, précisément, des reptiles. Il existait déjà des reptiles volants (les fameux Ptérosaures) et les caractéristiques communes aux deux classes sont nombreuses.

L'ornithologue Colin Harrison, spécialiste en paléontologie des oiseaux, place aux environs de 225 à 180 millions d'années avant notre ère, au cours de la période que les géologues nomment triasique, le début de la lente évolution qui a fait descendre les oiseaux des reptiles. Cette origine, ainsi que nous l'avons déjà signalé, se retrouve aussi dans certaines caractéristiques de type reptilien que l'on note encore de nos jours chez les oiseaux. Il suffit de rappeler que les pattes et les doigts des oiseaux présentent des écailles cornées semblables à celles des reptiles, que les ongles se ressemblent beaucoup, que l'articulation du crâne à la colonne vertébrale ne comporte qu'un seul condyle occipital (chez les mammifères, il y en a deux qui limitent la mobilité de la tête), que les sacs aériens qui prolongent les cavités pulmonaires existent aussi chez quelques espèces de reptiles, comme les tortues et les caméléons, que des œufs sont pondus, et que cela se produit aussi chez la plupart des reptiles; que le nouveau-né utilise une sorte de petite « dent » placée au sommet du bec ou du museau pour

Nomenclature des différentes parties du corps d'un oiseau.

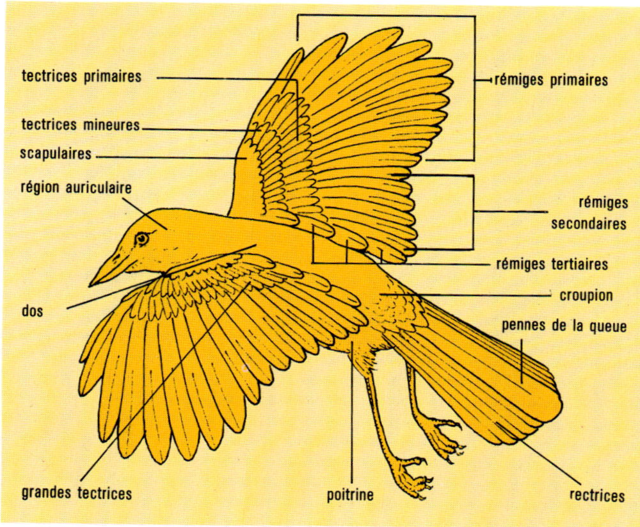

sortir de l'œuf; que l'on observe une structure appelée « peigne » dans l'anatomie de l'œil de l'une et l'autre classe; que des ressemblances existent dans les globules rouges et l'hémoglobine du sang.

Le plumage

Une des caractéristiques les plus notables de la classe des oiseaux est représentée par le plumage qui, entre autres fonctions, est indispensable au vol. La capacité de voler s'est affirmée chez les êtres à plumes grâce à divers facteurs concernant l'économie de poids, la robustesse, la force et la légèreté des structures. Chez les vertébrés, l'appareil cutané est constitué par la peau, qui recouvre toute la surface du corps et se distingue en deux couches : l'épiderme, la plus superficielle, et le derme, la plus profonde. De la peau sont issus les glandes, les écailles, les ongles, les cornes, ainsi que les plumes, c'est-à-dire toutes les structures que l'on rencontre chez les vertébrés. La peau des oiseaux est très fine et dépourvue de glandes cutanées, à l'exception de la glande uropygienne, située près de la queue, glande qui sécrète une substance huileuse dont l'oiseau se sert pour enduire, au moyen de son bec, les plumes pour les rendre imperméables. Cette glande est particulièrement développée chez les oiseaux aquatiques, tandis qu'elle fait défaut chez l'autruche, les casoars, les outardes, divers columbiformes et les perroquets.

Chez les oiseaux, les structures de la peau sont donc les plumes, dont le poids représente en moyenne 6 % de leur poids total (3 à 4 % chez les manchots et environ 12 % chez les mésanges). Le plumage

Chez les oiseaux, les plumes ne sont implantées qu'en des zones déterminées de la peau, les ptérylies. *Les parties dépourvues de plumes sont appelées* aptérylies *et sont protégées par les plumes des zones voisines. Dessin de gauche : ptérylies et aptérylies de la surface dorsale (à gauche) et de la face ventrale (à droite). Dessin de droite : une penne typique et détail du rachis avec les séries parallèles de barbes et barbules.*

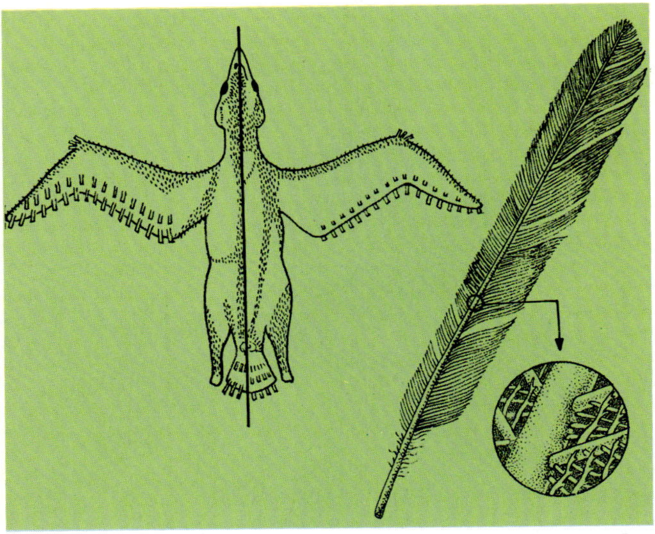

est de la plus grande importance, ce pour plusieurs raisons : 1) les plumes peuvent renfermer une quantité d'air notable, constituant une protection contre la dispersion de la chaleur en maintenant la température du corps suffisamment élevée ; 2) il est souvent revêtu de vives couleurs, contribuant à la satisfaction des exigences de vie sociale de ces animaux ; 3) il constitue une surface essentielle pour garantir le vol, répondant aux exigences de légèreté, de souplesse et de résistance ; 4) quoique provenant des papilles de la peau, le plumage est une formation biologiquement morte, ne nécessitant aucune irrigation sanguine.

On peut distinguer généralement différents types de plumes : plumes de couverture (tectrices), duvet, semi-plumes (pennes intermédiaires) et filoplumes. Les plumes de couverture sont celles qui constituent la plus grande partie de la structure extérieure de l'oiseau, lui donnant sa forme et sa couleur, et délimitant en pratique son contour (parmi les plumes de couverture figurent aussi celles qui sont principalement utilisées dans le vol, rémiges et rectrices). Le duvet est disposé sous les plumes de couverture. Les semi-plumes sont intermédiaires entre les plumes de couverture et le duvet. Les filoplumes peuvent être soyeuses et semblables à des poils. Les plumes proviennent, en tant que formation cornée, d'un épaississement du derme, associé à une papille dermique, et nourri par celle-ci, qui s'allonge et s'incline lentement par la suite. Lorsque la plume s'est diversifiée en ses composants, la papille dermique se retire, la laissant dévitalisée et vide.

Les oiseaux perdent leurs plumes pour des raisons naturelles (phénomènes annuels de mue) ou accidentelles : dans l'un et l'autre cas, les cellules constituant la papille dermique sont stimulées à reproduire une nouvelle plume.

La plume peut être divisée en deux parties distinctes : le tuyau ou « calamus », partie creuse qui va du point d'attache sur la peau (où il existe une fente appelée ombilic inférieur) à une fente supérieure (appelée ombilic supérieur) et le « rachis », qui va de l'ombilic supérieur à l'extrémité terminale de la plume. Le rachis offre deux séries latérales de « barbes », dotées chacune de deux séries de « barbules », l'une tournée vers l'extrémité terminale de la plume, l'autre retournée latéralement. La texture de la plume, appelée « vexillum », est complétée par les nombreux « hamuli » qui agrafent entre elles les séries de barbules. En correspondance avec l'ombilic supérieur, on trouve une petite touffe de barbes, et, dans certaines espèces (les rapaces et quelques passériformes, chez les ardéidés, les casoars et les émeus), il peut exister une formation plus petite, pourvue en réduction d'un rachis, de barbes et de barbules, que l'on nomme « hyporachis ».

On peut considérer aussi comme structures particulières du plumage les « vibrisses », dont l'aspect est celui d'un poil, qui existent souvent à la base du bec chez des espèces comme les rapaces, ou encore le duvet pulvérulent que l'on observe chez les ardéidés (hérons, butors, etc.), qui offre la particularité de se désagréger continuellement en formant une espèce de poudre de riz grasse, utilisée pour nettoyer et faire briller le plumage. Objet des soins attentifs des oiseaux, le plumage est lissé au moyen du bec, ou gratté à l'aide d'une patte (chez les hérons, la patte est même dotée d'un ongle en forme de peigne).

Les plumes les plus importantes pour le vol sont celles qui partent des membres antérieurs : 1) les rémiges du pouce, au nombre de 3 ou 4, fixées sur le pouce et constituant l'aile bâtarde, structure importante pour le vol, par le fait qu'elle amortit les remous de l'air et agit comme élément de guidage des filets d'air, augmentant, avec la queue déployée, la surface de freinage pour l'atterrissage ; 2) les rémiges primaires, au nombre de 9 à 12, plantées sur les os de la main et du doigt du milieu ; 3) les rémiges secondaires, dont le nombre varie de 9 (chez les petits passereaux) à 40 (chez les albatros) ; 4) les rémiges tertiaires, plantées sur l'humérus. Quant aux tectrices, elles protègent les rémiges sur le dessus et sur le dessous.

L'aile d'un oiseau affecte, en coupe transversale, une surface supérieure convexe et une inférieure concave. Selon l'ornithologue Wesley Lanyon, « l'aile d'un oiseau a une double capacité et fonctionne à la fois comme l'aile et comme l'hélice d'un avion. L'avion et l'oiseau sont soumis aux mêmes lois physiques. L'air se déplace plus vite sur la courbure plus grande de la surface supérieure de l'aile, déterminant une pression plus forte au-dessous de l'aile et la sustentation nécessaire au maintien en suspension. »

On peut distinguer différents types de vol : le vol battu, le vol à voile et le vol plané. Dans le **vol battu,** l'air est dirigé vers le bas, puis élevé vers le haut. Ce mouvement, évidemment répété plus ou moins vite, permet à l'oiseau de se soutenir et de progresser dans l'air. Il existe un régime de vol qui permet à certaines espèces, qui

En haut, exemple de vol battu du rouge-gorge (Erithacus rubecola).
En bas, exemple de vol plané de l'albatros à sourcil noir (Diomedea melanophrys).

En haut : exemple de vol plané du vautour fauve (Gyps fulvus).
En bas : exemple de vol vibré d'un nectariidé.

ne sont pas nécessairement de grande taille, de rester immobiles dans l'air en battant rapidement des ailes de façon à effectuer non une poussée en avant mais un effort dans le sens opposé à la force de gravité. Ce comportement est le fait de beaucoup d'oiseaux rapaces, de la pie-grièche, de la sterne, du martin-pêcheur, etc. Le **vol à voile** est pratiqué en particulier par les grands voiliers marins dotés de longues ailes fines comme les procellariiformes et certaines mouettes. Ces oiseaux effectuent de longs vols planés à la faveur du vent ou des descentes en oblique en perdant de la hauteur. A la surface de l'eau, les couches d'air les plus basses sont plus lentes que celles situées plus haut, du fait qu'elles sont soumises au frottement de la masse des eaux, ce qui fait que l'oiseau achève son vol plané en changeant de direction et en se posant contre le vent, ou il reprend de la hauteur en profitant de la force d'inertie et de la force croissante du vent des couches d'air supérieures. Le **vol plané** est pratiqué par divers oiseaux, mais en particulier par des espèces de grande taille à ailes longues et larges (comme les vautours, les aigles, les cigognes, les pélicans, etc.); pour gagner de la hauteur, ces espèces se servent des courants thermiques ascensionnels qui se forment particulièrement dans les zones ouvertes où le soleil, augmentant la température des couches d'air situées plus haut, les fait monter grâce à la diminution de la densité. Les planeurs se servent du courant thermique pour s'élever à une certaine altitude, après quoi ils planent pour en atteindre une autre.

Un type de vol particulier est le **vol vibré** auquel se livrent les colibris ou oiseaux-mouches, qui sont capables de battre des ailes en restant au même point, et parfois en reculant. Cela est rendu possible par la conformation du squelette de leurs membres antérieurs.

Couleur du plumage

La couleur des plumes peut être due à différents facteurs. La présence de pigments tels que la mélanine et les caroténoïdes résulte de l'assimilation par voie alimentaire et provoque les couleurs rouge, jaune, orangé et les teintes intermédiaires jusqu'au brun foncé et au noir.

Les aberrations chromatiques sont : 1) l'**albinisme,** dû à l'incapacité de synthétiser les pigments, qui peut être total, auquel cas l'oiseau est complètement blanc, avec l'iris rouge, ou partiel, ce qui est plus commun ; 2) l'**isabellisme,** avec des couleurs délavées, tendant au rougeâtre-isabelle ou au café au lait ; 3) l'**acyanisme** ou **flavisme,** donnant des tons jaunâtres, parfois accompagné d'albinisme. Un pigment digne d'intérêt est la « touracine », qui a le pouvoir de se décolorer ou de s'éteindre directement sur l'oiseau vivant sans altérer le plumage. La touracine est présente dans la tache de couleur rouge foncé des ailes d'un groupe d'oiseaux d'Afrique tropicale, les touracidés, appartenant à une famille de l'ordre des cuculiformes. Lorsque l'on prend un touraco dans les mains, celles-ci peuvent se colorer en rouge, sans pour cela que l'oiseau subisse de dommage. Le reste de la coloration verte des touracos est dû à un autre pigment, la touracoverdine. Les oiseaux

Lagopède alpin (Lagopus mutus) *en livrée d'été (en haut), et plumage hivernal (en bas).*

peuvent présenter aussi des colorations surajoutées, ou des modifications de plumage, attribuables à l'usure du plumage lui-même, à des souillures, à la pollution ambiante, à l'action des glandes uropygiennes, dont la sécrétion est, chez certaines espèces, colorée par de l'oxyde de fer qui rend le plumage plus foncé, ainsi que cela peut se remarquer sur la partie ventrale, de couleur rouille, du gypaète barbu, qui est un grand vautour.

La mue

A la naissance, on peut distinguer les différentes espèces d'oiseaux en deux grandes catégories : oiseaux nidifuges et oiseaux nidicoles, suivant qu'ils sont rapidement aptes à se déplacer et à quitter le nid ou, au contraire, qu'ils doivent rester au nid durant un certain temps avant de devenir indépendants. Les nidifuges naissent avec leur duvet, tandis que les nidicoles sont à peu près nus, et ne commencent à s'emplumer qu'après un certain séjour au nid. L'oiseau, par la suite, sera sujet à des mues périodiques au cours desquelles les plumes tomberont, pour être remplacées progressivement. On assiste en général, chez la majorité des espèces, à deux mues annuelles, l'une précédant et l'autre suivant la reproduction. La mue prénuptiale ou hivernale n'est pas une mue complète, car elle n'intéresse ni les rémiges ni les rectrices, fondamentales pour le vol. Chez quelques espèces, la mue postnuptiale ou automnale peut être totale et presque simultanée, comme c'est le cas, par exemple, des canards, qui, durant ce laps de temps, sont dans l'incapacité de voler.

Squelette d'oiseau.

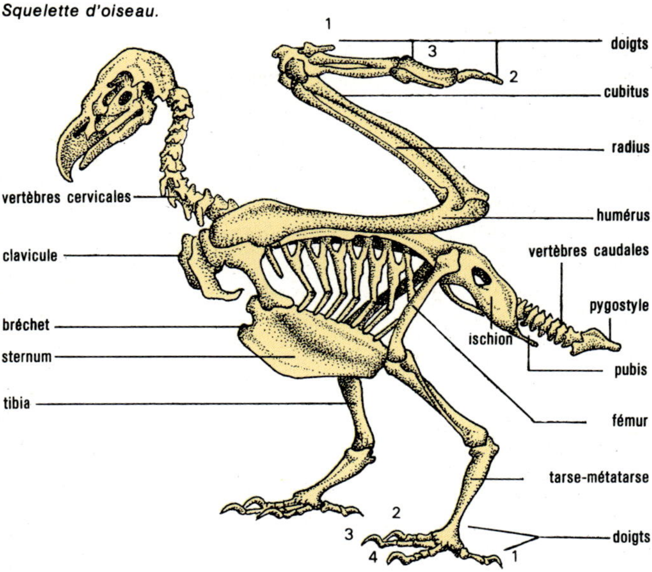

La période de mue varie avec les espèces; chez les albatros, les pélicans, les fous, les rapaces, elle dure parfois assez longtemps. Du fait de la mue, certaines espèces offrent des livrées de couleurs différentes selon l'époque de l'année; de plus, lorsqu'ils identifient les oiseaux dans la nature, les ornithologues doivent tenir compte des différentes colorations que présentent les individus immatures, jeunes et adultes, souvent distinctes dans certaines espèces. La couleur définitive du plumage de l'adulte ne s'atteint parfois qu'au bout de plusieurs années de vie (comme c'est le cas de certaines grandes espèces de mouettes, des fous, des rapaces, etc.).

Les phénomènes de mue se manifestent chez l'oiseau pour une série de raisons d'ordre essentiellement endocrinien (une fonction importante en ce qui concerne l'incidence de la mue revient en effet à la glande thyroïde et à la portion antérieure de l'hypophyse) et dépendent, de toute évidence, des conditions ambiantes (parmi lesquelles le degré de luminosité).

Squelette et muscles

Le squelette des oiseaux peut se décomposer grosso modo comme suit : 1) le crâne avec un dérivé de l'appareil cutané, le bec ou ramphothèque (le revêtement corné qui entoure les arcades maxillaires); 2) les vertèbres, présentes au nombre variable de 39 (chez certains passériformes) à 63 (chez les cygnes); les vertèbres du cou, au contraire de ce qui se passe chez les mammifères où elles sont au nombre fixe de 7, varient chez les oiseaux de 11 (chez certains perroquets) à 25 (chez les cygnes); 3) les membres antérieurs transformés en ailes et constitués de l'humérus, du radius, du cubitus et d'une série d'os pour la plupart soudés entre eux, constituant l'équivalent de la main des mammifères; parmi les doigts de la main, on note la présence de l'index, et, plus rudimentaires, du pouce et du médius; les autres doigts manquent; 4) la cage thoracique, avec les côtes, dont le nombre varie de 3 à 9, et un sternum qui, dans les espèces voilières, offre une large carène, le bréchet, dans lequel s'insèrent les muscles pectoraux; 5) la ceinture pelvienne, qui se développe du synsacrum (dans lequel sont plus ou moins soudées les vertèbres lombaires et caudales) et qui est constituée de trois os réunis entre eux : ilion, ischion et pubis; 6) les membres inférieurs, constitués d'un fémur, d'un tibia flanqué d'un mince péroné, du tarse-métatarse (segment osseux que chez les oiseaux on appelle souvent la patte) et des doigts (jamais plus de quatre). Dans les os des oiseaux, la moelle est réduite ou absente. Dans les os creux pénètrent les sacs aériens reliés aux bronches.

L'appareil musculaire est robuste; il recouvre parfaitement le squelette, rendant agile et aérodynamique la silhouette du corps de l'oiseau. Dans l'aile, certains muscles assurent l'abaissement du membre (comme le grand pectoral), d'autres son relèvement (comme le supracoracoïde). Dans le pied, on note la présence de puissants muscles fléchisseurs qui assurent la fermeture des doigts et l'allongement du membre. Ils permettent, en outre, à l'oiseau de se percher sur une branche ou sur tout autre type de support; de cette façon, l'oiseau peut même s'endormir sans risquer de tomber.

Les sens

Le système nerveux comprend : 1) un système nerveux central, formé d'un encéphale (enfermé dans la boîte crânienne) et de la moelle épinière (contenue dans le canal vertébral), protégés par les trois méninges, la dure-mère, l'arachnoïde et la pie-mère; 2) un système nerveux périphérique constitué par des nerfs et des ganglions; 3) un système nerveux autonome constitué par les systèmes sympathique et parasympathique, comprenant des nerfs et des ganglions qui jouent le rôle de régulateurs de la vie végétative et se distribuent dans les glandes, dans les intestins, dans les vaisseaux sanguins, etc.; 4) les organes des sens.

L'encéphale peut se distinguer en cerveau antérieur (appelé pro-encéphale, qui se divise en deux hémisphères constitués d'une couche externe de matière grise et d'une interne de matière blanche), cerveau moyen (mésencéphale) et cerveau postérieur (rhombencéphale) qui contient le centre de coordination des mouvements et des contractions musculaires, c'est-à-dire le cervelet.

La vue

La plupart des oiseaux ont les yeux disposés latéralement, les axes optiques de ceux-ci formant un angle qui atteint jusqu'à 120° chez divers passériformes et 145° chez les pigeons. Les rapaces, et plus particulièrement les nocturnes, ont les yeux en position plus frontale, avec un angle pouvant atteindre 90° : cela vient du fait que, pour les prédateurs, une vision binoculaire est plus avantageuse. Les perroquets sont les oiseaux dont la vision binoculaire est la plus resserrée, entre 6° et 10°, tandis que les manchots ont une vision monoculaire, presque indépendante pour chaque œil. L'importante mobilité du cou compense la quasi-immobilité des yeux dans leur orbite.

Chez l'oiseau, la structure anatomique de l'œil est semblable à celle des autres vertébrés, avec la sclérotique, la cornée, l'iris, la rétine, le cristallin. En outre, dans les yeux d'oiseau, il existe une formation appelée peigne que l'on trouve aussi chez les reptiles, mais qui n'existe pas chez les mammifères. La rétine est, en tout cas, plus riche en cônes (cellules permettant la vision des couleurs) et, chez les oiseaux de mœurs crépusculaires, en bâtonnets (cellules visuelles sensibles à des quantités très faibles de lumière). Les zones d'acuité visuelle maximale des oiseaux (les fovéas) sont au nombre de deux (l'homme n'en possède qu'une seule). Trois membranes protègent l'œil extérieurement, une supérieure, une inférieure et une intermédiaire, dite nictitante, utile aux oiseaux aquatiques quand ils s'immergent.

Autres sens

L'ouïe, étroitement liée au sens de l'équilibre, est, après la vue, le sens le plus développé chez les oiseaux. L'oreille est dépourvue de structure externe ; à l'intérieur, on distingue, après le tronçon qui va de l'ouverture au tympan, une oreille moyenne qui va du tympan à la paroi osseuse externe de l'oreille interne. Cette dernière est constituée à son tour, en plus de la cochlée qui est la partie auditive, des canaux semi-circulaires, préposés au sens de l'équilibre. Les rapaces nocturnes ont une disposition asymétrique des oreilles. Des recherches approfondies sur les effraies ont démontré que, même en l'absence d'éclairage, l'ouïe localise parfaitement la proie, dès l'instant où celle-ci, en se déplaçant, produit un faible bruit. Certaines espèces d'oiseaux, comme le guacharo *(Steatornis caripensis),* caprimulgiforme des grottes d'Amérique du Sud, et les salanganes, martinets de l'Ancien Monde, utilisent pour se déplacer dans l'obscurité une sorte de « sonar ».

L'odorat ne paraît pas être un sens très développé chez les oiseaux, bien que des recherches récentes aient montré que certains vautours américains pourraient bien déceler des charognes par l'odorat (surtout les charognes situées en zone de forêt). Comme l'ont montré les expériences réalisées par l'éthologue Floriano Papi, l'odorat pourrait être également important pour les pigeons voyageurs et contribuerait, au cours du voyage de retour, à la localisation du pigeonnier.

Le goût ne semble pas non plus être un sens très développé.

Pour le toucher, rappelons que différentes espèces d'oiseaux offrent certains types de récepteurs tactiles (le bec de quelques espèces d'oiseaux aquatiques est riche en corpuscules tactiles).

Température et thermorégulation

Les oiseaux sont dotés d'un appareil circulatoire à double circulation (veineuse et artérielle), comme les mammifères, et leur cœur est divisé en quatre cavités (deux oreillettes et deux ventricules). Les oiseaux, comme les mammifères, sont des animaux homéo-

Détail de l'œil du guacharo (Steatornis caripensis).

thermes, c'est-à-dire que leur température interne ne varie pas avec celle du milieu extérieur, contrairement à ce qui se passe chez les animaux pœcilothermes.

Dans tout être vivant, l'équilibre énergétique se maintient par une production d'énergie (qui peut être due, par exemple, à l'assimilation de la nourriture) et par la dissipation et la perte de celle-ci. L'assimilation sert, chez les oiseaux, à entretenir l'homéothermie en conservant l'équilibre entre la thermolyse (perte de chaleur) et la thermogénèse (production de chaleur). La température des oiseaux varie entre 39 °C et 42 °C, et atteint même 44 °C chez certains passériformes.

Chez quelques espèces d'oiseaux, on observe la capacité de résister à un abaissement passager de la température interne (hypothermie temporaire). Cela se produit par exemple chez certains colibris dans les froides nuits du désert *(Calypte annae, Selasphorus sasin, Oreotrochilus estella)*, chez certains caprimulgiformes *(Caprimulgus europaeus, Phalaenoptilus nuttalli)* et chez le martinet *(Apus apus)*. La capacité de régulation de la température n'est pas acquise dès la naissance, mais apparaît seulement au bout d'un certain temps, ce qui explique pourquoi les adultes couvrent de leur corps leurs petits pour les protéger du froid ou du chaud intense.

L'appareil respiratoire est constitué principalement des poumons et des sacs aériens qui se répandent en ramifications variées dans une grande partie du corps. Ces sacs sont généralement au nombre de neuf : deux sacs cervicaux situés dans le cou, de chaque côté de la colonne vertébrale, un sac interclaviculaire, placé en avant

Structure de l'appareil vocal d'un oiseau chanteur montrant particulièrement le syrinx.

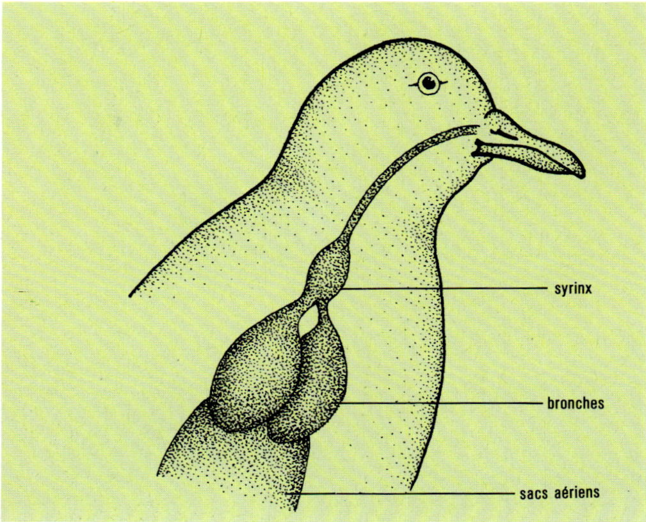

de la trachée-artère, deux sacs thoraciques antérieurs, deux sacs thoraciques postérieurs, et deux sacs abdominaux qui sont les plus développés de tous.

Organe vocal et manifestations acoustiques

Chez les vertébrés, c'est le larynx qui produit l'émission de sons; chez les oiseaux, toutefois, l'organe de la phonation est constitué d'un organe particulier situé à la bifurcation de la trachée avec les deux bronches et qu'on nomme le syrinx, dont la structure varie suivant les espèces. Dans ce domaine, toutes les espèces ne sont pas douées des mêmes facultés : des expressions vocales très rudimentaires se manifestent chez certaines espèces d'oiseaux aquatiques et marins, tandis qu'on note des expressions très élaborées et diversifiées chez certains passériformes, tels que ceux que l'on groupe dans le sous-ordre des acromyodés, où le syrinx est doté de 5 à 9 paires de muscles uniquement insérés sur les anneaux bronchiaux (ces muscles règlent et commandent les vocalisations émises par les oiseaux). Il existe, en outre, trois membranes qui constituent l'organe vibratile tandis que la trachée, le sac aérien interclaviculaire et la bouche fonctionnent comme modificateurs des sons. La puissance des sons émis par certaines espèces comme la grue cendrée *(Grus grus),* dont les cris portent à deux kilomètres, est due à de nombreuses circonvolutions de la trachée, qui, dans cette espèce, peut être longue d'un mètre cinquante.

L'étude du chant des oiseaux représente une importante section de l'ornithologie et, de nos jours, elle utilise avec succès des appareils acoustiques, des enregistrements sur bandes magnétiques

De haut en bas : phonogrammes de cardinal rouge (Cardinalis cardinalis), *de rouge-gorge* (Erithacus rubecola), *de mime polyglotte* (Mimus polyglottus), *et de hibou moyen duc américain* (Otus asio).

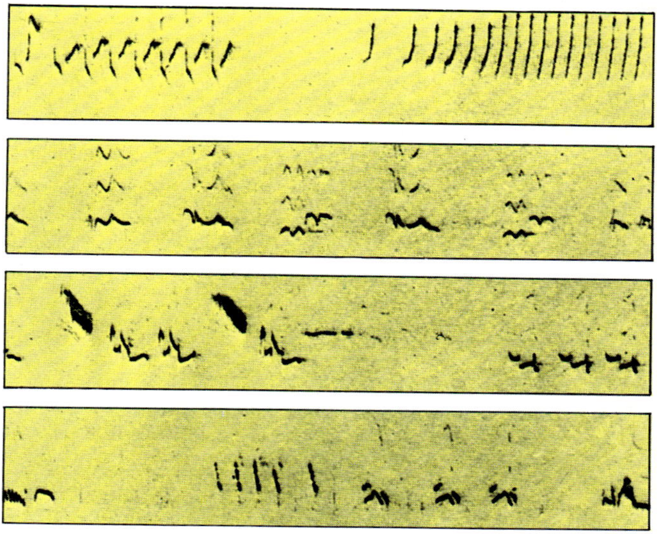

avec des analyses fouillées des fréquences, des intensités, des volumes et des timbres des émissions vocales. Le chant des oiseaux est analysé graphiquement par report sous forme de phonogrammes, dans lesquels les temps sont portés en abscisse et les fréquences en ordonnée. Les oiseaux émettent des sons de fréquences plus élevées que celles produites par la voix humaine.

Parmi leurs émissions vocales, il est possible de distinguer : 1) les cris et appels qui peuvent avoir différentes significations (sexuelles s'ils sont émis au cours de parades nuptiales, de contact s'ils indiquent la position du sujet émetteur, ou s'ils servent à maintenir les liens d'un couple ou de groupes ou colonies, pour donner l'alarme, etc.) ; 2) le chant proprement dit, qui se caractérise par la durée des émissions et par la richesse et la variété des notes qui le composent, et qui concerne surtout les rapports entre sexes et le comportement « territorial » ; 3) le gazouillement, ou chant des jeunes oiseaux, élémentaire et en voie de perfectionnement.

La capacité des jeunes à apprendre le chant varie, comme l'ont montré de nombreuses études, d'une espèce à l'autre. Chez certaines, on note une remarquable faculté d'imitation (comme chez le mime polyglotte, *Mimus polyglottus*), parfois de la voix humaine (comme chez différentes espèces de perroquets et chez le mainate religieux, *Gracula religiosa*).

Le chant présente une variabilité plus ou moins accentuée, même dans des populations différentes de la même espèce, au point que l'on a pu affirmer que les oiseaux pratiquent des « dialectes ».

Après l'étude publiée en 1920 par H.E. Howard sur la « territorialité », le chant à pleine émission des passériformes était considéré

Structure de l'appareil digestif de l'oiseau.

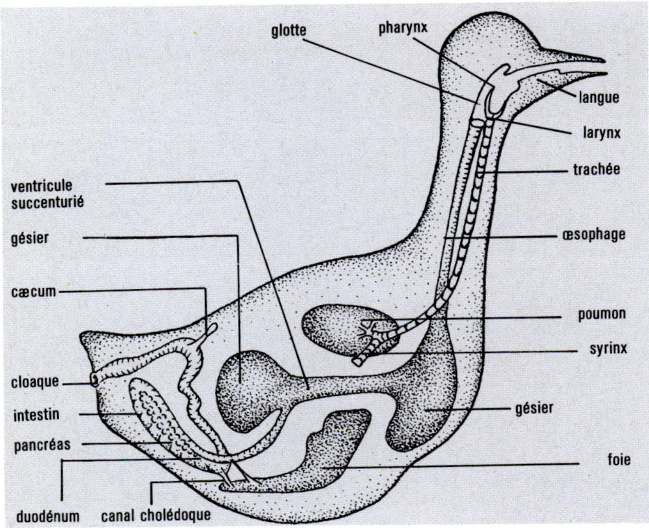

comme expression de possession territoriale. Par la suite, des recherches nouvelles, dont celles de R.A. Hinde, F.S. Tompa et N. Tinbergen, ont démontré que ce n'était pas là l'unique fonction d'un comportement aussi complexe et aussi dispendieux du point de vue énergétique.

L'ornithologue C.K. Catchepole a mis en évidence, par exemple, que le chant de certaines fauvettes paludicoles (la rousserolle effarvate — *Acrocephalus scirpaceus* — et le phragmite des joncs — *A. schoenobaenus* —), qui cesse complètement après la formation des couples, doit avoir une fonction plutôt sexuelle que territoriale.

Chez une autre fauvette des marais, la rousserolle turdoïde *(Acrocephalus arundinaceus),* le chant se poursuit même pendant la migration et la période hivernale, comme ont pu le constater plusieurs ornithologues, si bien qu'il ne devrait pas avoir seulement une signification sexuelle et territoriale. A ce propos, I.C.T. Nisbet et L. Medway ont émis l'hypothèse d'une corrélation entre l'émission du chant et la rivalité pour les endroits les plus favorables dans les quartiers d'hivernage, surtout parmi les oiseaux les plus jeunes, avec instauration de rapports de dominance et de subordination.

COMMENT SE NOURRISSENT LES OISEAUX

Appareil digestif

Dans l'appareil digestif des oiseaux, on peut distinguer : 1) le bec et la bouche, où il ne se produit aucune mastication et par où les aliments sont avalés entiers ; 2) l'œsophage, où les aliments passent après la déglutition, et qui chez différentes espèces présente un renflement dont la fonction est de retenir temporairement les ali-

Faucon crécerelle américain (Falco sparverius) *en train de se nourrir.*

ments (ce renflement prend chez certaines espèces comme les pigeons, les perroquets, les gallinacés, la forme d'une « poche » extensible — le jabot —) ; 3) l'estomac, constitué d'un estomac glandulaire, appelé aussi ventricule succenturié, aux parois garnies de nombreuses glandes et où se déroule l'action chimique à l'aide des sucs gastriques nécessaires à l'attaque des protéines alimentaires, et d'un estomac musculaire, ou gésier, qui déploie une action mécanique de trituration des aliments ; 4) l'intestin, qui ne présente pas de caractéristiques aussi distinctes que celui des mammifères, bien que l'on puisse y observer un intestin moyen, dans la première portion duquel se trouve l'anse duodénale où débouchent les canaux du pancréas et ceux du foie, un intestin grêle, siège de la plus intense activité d'assimilation des substances utiles à l'organisme, un intestin terminal qui, chez quelques espèces (surtout celles dont le régime est exclusivement végétarien), diverge en deux cæcums et se termine par un rectum. Ce dernier vient déboucher dans le cloaque où se déversent aussi les canaux de l'excrétion rénale et des organes sexuels.

Caractéristiques de l'adaptation alimentaire

Par son utilisation constante, le bec subit une usure, que compense une croissance continue.

Les glandes salivaires sont très développées, surtout chez les pics dont elles rendent la langue longue et effilée, particulièrement gluante chez les geais, les hirondelles et les martinets ; chez ces derniers, au temps de la reproduction, elles augmentent de volume car la salive leur sert à cimenter leurs nids, faits de boue et de débris

Guêpiers carmins (Merops nubicus), *s'alimentant en groupe.*

végétaux (chez les martinets du genre *Collocalia,* les nids sont construits exclusivement en salive durcie, et connus en cuisine chinoise sous le nom de « nids d'hirondelles »).

Il existe chez les oiseaux une très grande variété d'adaptations en matière d'alimentation, se manifestant principalement par la forme du bec et aussi par celle des pattes ; bec crochu et robuste des oiseaux prédateurs, bec long et effilé des hérons, bec solide, court et conique des granivores, bec plus mince des insectivores, etc. Les formes particulières du bec révèlent des habitudes alimentaires plus spécialisées, comme dans le cas du bec-en-sabot *(Balaeniceps rex)* ou du bec-en-cuiller *(Cochlearius cochlearius).* On connaît même des cas encore plus singuliers, comme celui de l'*Anarhynchus frontalis,* oiseau de rivage répandu en Nouvelle-Zélande, dont le bec est tordu vers la droite, ou encore celui du rhyncops ou bec-en-ciseaux, chez qui la partie supérieure du bec est plus courte que la partie inférieure.

La diversité des adaptations alimentaires offre un échantillonnage assorti du monde des êtres volants. Citons-en quelques cas : les pies-grièches, de l'ordre des passériformes, se constituent des réserves alimentaires en clouant leurs proies (généralement gros insectes et lézards, mais parfois jusqu'à de petits rongeurs) sur des épines ou à des extrémités de branches ; d'autres passériformes, les casse-noix, cachent pour l'hiver des noisettes et des graines de conifères sous terre, dans les mousses et lichens : ils les retrouvent avec une incroyable habileté et dans une proportion notable aux premiers jours du printemps, quand le sol est encore recouvert de neige, et les utilisent pour nourrir les petits au nid.

La mésange à moustaches *(Panurus biarmicus)*, normalement insectivore, devient granivore en hiver; G. Spitzer a montré par ses études que cela était possible grâce à un renforcement de la musculature et des plaques cornées de l'estomac, joint à l'absorption d'une bonne quantité de menus cailloux.

Le régime granivore est facilité par la présence d'un bec, d'un palais et d'un crâne très robustes; ces caractéristiques rendent possible la mise en morceaux des grains et des semences, soit par le mouvement combiné de la mâchoire et de la mandibule, soit encore par l'écrasement des grains contre le palais muni de crêtes particulières. Les oiseaux à régime végétarien (granivore, frugivore, etc.) jouent un rôle important dans la dissémination des semences, qui conservent leur pouvoir germinatif une fois expulsées dans les excréments.

Chez les oiseaux, en plus des espèces granivores et frugivores dans le domaine du régime végétarien, il y a lieu de tenir compte aussi des espèces nectarivores, celles qui se nourrissent de nectar, parmi lesquelles on doit citer les espèces de la famille des trochilidés (les colibris), celles des familles des cœrébidés, des méliphagidés, des nectariniidés, des drépanididés, certaines espèces de perroquets de l'Ancien Monde (les trichoglosses), toutes espèces qui se nourrissent non seulement de nectar, mais aussi des insectes qui sont attirés par les fleurs. En ce qui concerne les carnivores, l'objet de leur alimentation est constitué de mammifères, d'oiseaux, de reptiles, d'amphibiens, de poissons, de charognes, mais aussi d'araignées, de vers, d'insectes, de mollusques, etc. Parmi les espèces carnivores, les prédateurs par excellence sont les oiseaux rapaces. Chez beaucoup d'espèces, surtout chez les passériformes, l'alimentation est granivore en automne et en hiver et souvent remplacée par une alimentation insectivore durant la période printemps-été, au cours de laquelle a lieu l'élevage des petits.

Le métabolisme élevé de certaines espèces entraîne l'obligation d'un renouvellement alimentaire passablement continu grâce auquel différentes espèces insectivores contribuent de manière efficace à la limitation des populations de diverses espèces d'insectes.

Le ravitaillement des oiseaux peut avoir lieu, selon les espèces, isolément ou collectivement.

Dans le domaine des oiseaux qui se nourrissent en groupe, quelques ornithologues comme R.K. Murton, A.J. Isaacson et N.J. Westwood pour le pigeon ramier *(Columba palumbus)*, J.R. Krebs pour le héron bleu américain *(Ardea herodias)*, C.J. Feare, G. Dunnet et J.I. Patterson pour le corbeau freux *(Corvus frugilegus)*, ont démontré que les membres de vols nombreux se nourrissent mieux et plus abondamment que les individus isolés des mêmes espèces, parce que la quête de nourriture collective est continue, étant donné qu'il est improbable, du fait du nombre d'individus présents, que ceux-ci puissent être surpris par un prédateur (tandis qu'un sujet isolé perçoit souvent l'arrivée éventuelle d'un prédateur); également parce qu'un vol en quête de ravitaillement déniche un nombre plus grand de proies potentielles qu'un individu isolé. W.A. Thompson et I. Vertinsky, se basant sur des modèles mathématiques, ont émis l'hypothèse que le nombre élevé des individus d'un groupe en

Appareils urogénitaux chez le mâle (à gauche) et la femelle (à droite) d'un oiseau.

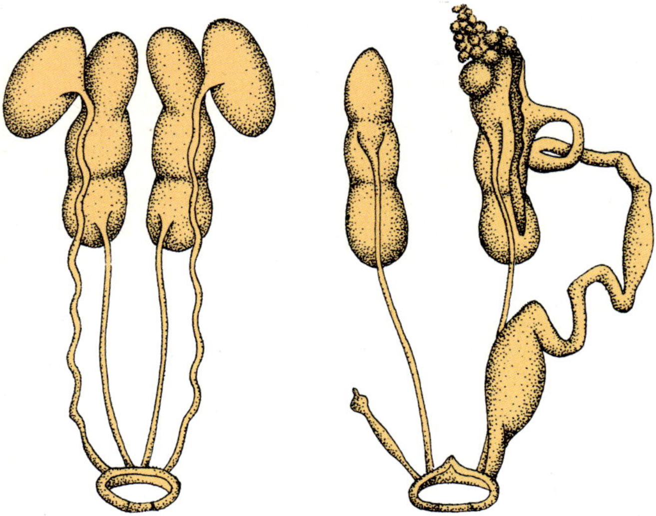

quête d'aliments augmente pour les divers membres du groupe les possibilités d'une proie polymorphe (c'est-à-dire présentant dans sa population plusieurs « formes » différentes).

Dans les vols qui s'alimentent en groupe, on peut assister à toutes les différentes interactions entre les membres qui le composent. En général, en observant des comportements menaçants ou agressifs, on peut admettre l'existence d'une hiérarchie sociale dans les groupes de ces espèces. Dans l'ordre d'idées de cette hiérarchie sociale, il s'établit des rangs individuels, reconnaissables à des postures spécifiques de menace (dans la famille des corvidés, par exemple).

LE NID, JOYAU DE LA NATURE

Appareil reproducteur

Dans la cavité abdominale des mâles, au-dessous des reins, il existe deux testicules (qui, chez les mammifères, au contraire, se logent dans un scrotum externe), lesquels augmentent de volume au temps de la reproduction, se déplaçant vers le bas où la température locale favorise la production des spermatozoïdes. Ceux-ci, avant de pénétrer dans le cloaque, traversent l'épididyme et le canal déférent. Ils ne traversent pas un pénis, car les oiseaux en sont dépourvus.

Au cours de l'accouplement — rapide et souvent répété — se produit l'accolement des cloaques des deux sexes et le mâle féconde la femelle. Celle-ci ne porte qu'un seul ovaire en état de fonctionner, le gauche, qui augmente de volume au cours de la période de reproduction, tandis que l'ovaire droit (sauf chez cer-

Structure d'un œuf d'oiseau.

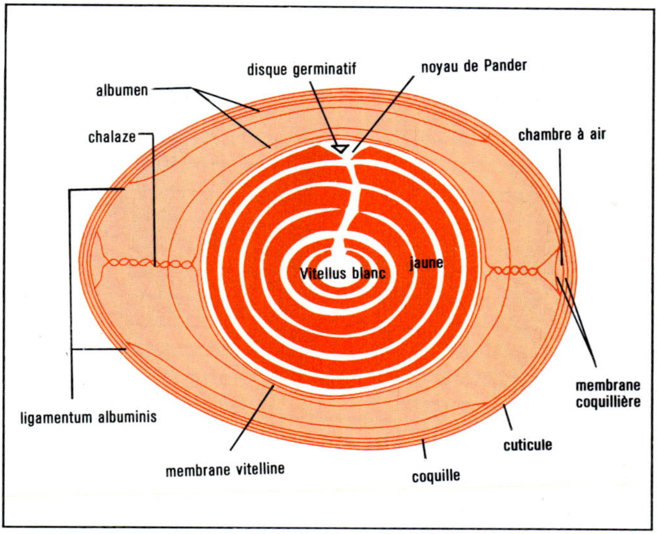

tains falconiformes où, cependant, il ne fonctionne pas) est atrophié. Une fois libérés de l'ovaire et fécondés, les ovules passent dans l'oviducte où a lieu la sécrétion en un premier temps de l'albumen puis celle de la coquille qui entoure l'œuf, qui passe ensuite dans l'utérus et de là dans le cloaque, pour être pondu.

La formation de l'œuf se passe dans l'oviducte : dans la portion dite *magnum,* l'ovule s'entoure de l'albumen, et dans la fraction suivante, l'*isthme,* se forment les membranes de la coquille calcaire. L'œuf est, en soi, une structure sophistiquée, se suffisant à elle-même, composée fondamentalement de la coquille (constituée de carbonate de calcium dans une proportion qui peut atteindre jusqu'à 97 %), de l'albumen ou blanc d'œuf (dont la composition chimique, généralement fixe dans les différentes espèces, permet des analyses électrophorétiques importantes pour l'étude des affinités évolutives), de la membrane vitelline, du jaune et du disque germinatif. Les hormones sexuelles exercent une influence sur les variations saisonnières du plumage, sur les manifestations liées à la reproduction (chant, instinct territorial, parades nuptiales, formation d'appendices charnus et colorés, etc.) et sur l'agressivité. Les manifestations du cycle reproductif sont donc influencées soit par l'action des hormones sexuelles, soit par l'action de facteurs du milieu extérieur, tels que les conditions de lumière, la quantité de nourriture disponible dans le milieu, et ainsi de suite.

Le territoire

On définit généralement comme « territoire » une zone quelconque défendue par un oiseau à un moment quelconque de son

Petite aigrette, ou aigrette garzette (Egretta garzetta) *lors de l'accouplement.*

existence. On en déduit qu'une surface donnée où se manifeste la présence d'un oiseau, mais qui n'est pas défendue par lui, ne répond pas à la définition de territoire. L'ornithologue Margaret Morse Nice a proposé une classification de différents types de territoires : premier type — aire de surface variable (suivant l'espèce qui l'occupe) où se produisent les comportements relatifs à la reproduction (accouplement, parades nuptiales, etc.), la nidification et l'élevage des petits et où les possesseurs de l'aire en question trouvent des possibilités d'alimentation (c'est là un type de territoire particulièrement répandu chez les passériformes et les piciformes) ; second type — aire où ont lieu tous les comportements inhérents à la reproduction, à la nidification et à l'élevage des petits, mais où il n'y a pas de défense à l'égard de la quête de la nourriture, dont la recherche se situe hors de ce territoire, en zone de chasse ou de récolte commune à plusieurs couples (on a ainsi des territoires pour la reproduction et des zones neutres d'alimentation, qui peuvent parfois être défendues collectivement contre d'éventuelles intrusions d'étrangers au groupe) ; troisième type — terrain réservé aux parades nuptiales (le « lek ») qui n'a qu'une signification limitée quant à la reproduction, puisqu'il ne concerne que les exhibitions des mâles dont l'objectif est d'attirer les femelles (le nid est ensuite construit ailleurs) et n'a aucune signification alimentaire (ce type de territoire est propre aux tétraonidés, aux cotingidés, aux oiseaux jardiniers, etc.) ; quatrième type — qui ressemble au second type décrit ici, mais qui en diffère par le fait que le territoire défendu ne concerne que le nid et son voisinage immédiat (c'est le type de territoire qui caractérise les oiseaux

Hibou moyen duc (Asio otus) *sur la défensive.*

coloniaux, particulièrement les oiseaux de mer qui nidifient en grandes colonies — manchots, albatros, fous, mouettes, cormorans, etc.); hors du nid, les oiseaux qui tiennent à ce genre de territoire utilisent des zones d'alimentation communes; cinquième type — territoire distingué en deux parties : une utilisée pour la nidification et l'autre réservée à l'alimentation; sixième type — territoire conservé non seulement pendant la période de la reproduction, mais aussi pendant la période hivernale. Nous pouvons distinguer encore un septième type de territoire, celui — généralement exigu — qui se rapporte aux lieux où les oiseaux dorment ou se reposent en dehors du temps de la reproduction. Dans cet ordre d'idées, il faut noter que différentes espèces d'oiseaux défendent un certain territoire en en chassant les intrus qui s'approcheraient de ce périmètre pour s'y reposer ou pour y chasser.

La notion de territoire est très importante en ornithologie et joue un rôle considérable dans la vie des oiseaux. En se répartissant par territoires, sans doute de types et de dimensions variables, les oiseaux ont la possibilité d'exploiter à fond les ressources naturelles tant en ce qui concerne les sites de nidification qu'en ce qui concerne les zones d'alimentation.

Les modes d'installation d'un oiseau dans son territoire varient suivant les cas. Au début de la période de reproduction, les mâles des espèces sédentaires aussi bien que ceux des espèces migratrices commencent à s'établir dans une aire de leur milieu préféré dont les limites restent encore vagues, et consolident la possession de leur territoire par des signaux visuels et sonores. Les autres oiseaux qui surviennent s'installent parmi les présents et l'on arrive

Représentation schématique des territoires de quelques couples d'oiseaux : les limites les plus extérieures délimitent les aires familiales, qui peuvent se superposer marginalement ; les plus intérieures représentent le territoire du nid et le nid proprement dit (le point le plus foncé). La défense du territoire est menée avec d'autant plus d'agressivité que l'on se trouve plus près du nid.

ainsi à une délimitation plus importante des territoires existants. On peut observer des cas où les territoires sont voisins les uns des autres ou encore où se recoupent des territoires d'espèces différentes, d'autres zones au contraire dans lesquelles il semble que l'on puisse reconnaître des zones neutres non occupées. La confirmation d'un territoire peut être variée : il arrive souvent que soient utilisés des éléments figurant déjà dans le paysage occupé, comme les pieux des clôtures dans les champs. Dans tous les cas, les limites dépendent de divers facteurs et sont très variables suivant les différentes zones (sur la base de la configuration géographique des lieux, des disponibilités alimentaires, des sites favorables à la construction des nids, etc.). Dans le territoire, en général, c'est le mâle qui attire la femelle et s'accouple avec elle (bien que le plus souvent ce soit le couple, formé antérieurement, qui choisisse le territoire), mais dans certains cas, c'est la femelle qui manifeste un comportement territorial marqué, comme chez les colibris ou oiseaux-mouches. L'étendue du territoire est variable, soit selon les espèces, soit d'après les situations du milieu, saisonnières et locales.

Dans certains cas, grâce à l'étude des migrations faite au moyen de baguages, il a été possible d'établir la preuve d'une fidélité au même territoire ou du moins à la même aire, choisie l'année précédente par l'oiseau pour construire son nid.

La délimitation du territoire s'opère par des comportements visuels et sonores (vols à signification de défense territoriale, chant, attitudes menaçantes contre d'éventuels intrus, etc.). Dans la défense de leur propre territoire, les oiseaux manifestent en général

Parade nuptiale du tétras-lyre (Lyrurus tetrix).

leur agressivité par des attitudes de menace qui servent à éloigner l'intrus : c'est ainsi que sont utilisés, particulièrement entre individus de la même espèce, des comportements rituels qui permettent d'établir la domination de l'un sur l'autre sans effusion de sang, facteur important qui contribue de façon évidente à la conservation de l'espèce.

Cérémonial de séduction

Dans son livre intitulé *le Comportement social des animaux,* l'ornithologue Nikolaas Tinbergen attribue au cérémonial de séduction quatre fonctions principales : synchronisation, coordination et orientation du comportement des deux sexes dans le temps et dans l'espace, maintien de l'isolement en vue de la reproduction (qui évite, moyennant des mécanismes isolants avant ou après copulation, la production ou la survie d'hybrides entre espèces différentes) et suppression de manifestations de comportement autres que celles relevant de la sexualité (comme, par exemple, des instincts agressifs).

G.F. Makkink, lui, a décrit le cérémonial qui précède l'accouplement chez les avocettes *(Recurvirostra avosetta)* : les deux sexes commencent par se lisser les plumes avec rapidité, puis, peu après, la femelle se baisse, indiquant ainsi à l'intention du mâle qu'elle est prête à l'accouplement, qui a lieu presque aussitôt. Chez les goélands argentés, comme le rappelle Tinbergen, les deux sexes relèvent la tête à plusieurs reprises, en accompagnant chaque mouvement de leur cri; après quoi, le mâle, prenant l'initiative, s'approche de la femelle et s'accouple avec elle.

Mâle et femelle de ptilonorhynque satiné (Ptylonorhynchus violaceus).

J. Huxley et K.E.L. Simmons ont décrit la singulière parade nuptiale du grand grèbe huppé *(Podiceps cristatus)* : les deux sexes s'exhibent dans une série d'attitudes qui s'achève par le geste de chacun des partenaires saisissant dans son bec une touffe d'herbe aquatique et tous les deux se dressant sur l'eau poitrine contre poitrine.

Chez les extraordinaires oiseaux jardiniers, qui vivent en Nouvelle-Guinée, les mâles de quelques espèces arrivent à construire, quand ils font leur cour, de véritables petites cabanes faites de menues branches, de chaumes, d'herbes, de feuilles, etc., qui, chez le ptilonorhynque satiné *(Ptilonorhynchus violaceus),* sont bel et bien colorées en bleu par l'oiseau tenant dans son bec un petit morceau d'écorce en guise de pinceau et se servant comme colorant de charbon de bois et de morceaux de fruits mélangés avec de la salive.

Chez certaines espèces, le cérémonial de séduction se déroule dans des emplacements spécifiques dénommés *leks,* où plusieurs mâles se livrent à des démonstrations destinées à attirer les femelles. Des études détaillées sur la pratique de la cour en groupes ont été faites par A.J. Hogan-Warburg sur le chevalier combattant *(Philomachus pugnax),* par E.T. Gilliard sur le coq de roche de Guyane *(Rupicola rupicola)* et par D.N. Snow sur le manakin blanc *(Manacus manacus).* Les *leks* remplissent plusieurs fonctions : ils favorisent les rencontres entre les deux sexes et assurent la fécondation des femelles par les mâles dominants qui, dans l'échelle hiérarchique, occupent le « rang » le plus élevé.

Les parades nuptiales entraînent une intense dépense d'énergie en raison surtout de la forte excitation dont elles s'accompagnent. Mais elles revêtent une grande importance, dans la mesure où elles

Parade de mâles de chevaliers combattants (Philomachus pugnax).

coordonnent et synchronisent le cycle sexuel, facteur essentiel à la réussite de la reproduction.

Différentes espèces pratiquent la polygamie, souvent associée, en général, à des habitats où les ressources sont réparties de la façon la plus hétérogène.

L'existence d'une différence de qualité entre plusieurs territoires fait qu'une femelle préfère souvent un mâle déjà accouplé dans un territoire meilleur à un mâle célibataire dans un territoire plus défavorisé. G. Orians souligne l'importance attribuable, dans la polygamie, à un habitat favorable et par conséquent à la disponibilité de ressources alimentaires pour les jeunes pendant la période de l'élevage. L'ornithologue A. Dircz, ayant observé 354 nids de rousserolle turdoïde *(Acrocephalus arundinaceus),* a constaté que 12% au moins appartenaient à des mâles polygames (pour la plupart bigames) et se trouvaient situés dans des zones particulièrement favorisées en matière de ressources alimentaires. Il y a une moyenne de 2,2 jeunes aptes à prendre leur vol par nid. T. Saitou a dénombré, chez la rousserolle turdoïde de la sous-espèce orientale *(A.a. orientalis),* 16% de mâles polygames et 12% de mâles célibataires, essentiellement ceux qui sont arrivés le plus tard. La moyenne d'envols par nid est de 3,2 jeunes.

Chez certains oiseaux, on constate des cas de polyandrie (union d'une femelle avec plusieurs mâles), par exemple chez les hémipodes, les jacanas, les rostratulas, les phalaropes, etc.; dans ces espèces, ce sont les femelles qui ont les plus vives couleurs et qui prennent l'initiative de la cour.

En haut, nid d'ombrette (Scopus umbretta).
En bas, nid de rollier d'Europe (Coracias garrulus), *avec petit.*

Nid d'autruche (Struthio camelus).

Le nid

Le nid est la construction qui protège les œufs et les jeunes après leur naissance (surtout dans le cas des oisillons nidicoles). La variété des nids existant dans le monde des oiseaux est fascinante. Des constructions compliquées sont élaborées par de nombreuses espèces : chez la fauvette couturière *(Orthotomus atrigularis),* qui construit son nid avec des substances végétales dans deux feuilles cousues ensemble, ou une seule grande feuille cousue à l'aide d'un mince filament ; chez les tisserins et chez le républicain *(Philetarius socius)* en particulier, qui construisent de grands nids collectifs (E.C. et N.E. Collias en ont observé une vieille colonie composée de quatre nids communautaires, dont le plus gros était long de 4,80 m sur 3,60 m de largeur, et comptant 125 ouvertures) ; chez le rémiz penduline *(Remiz pendulinus),* qui construit un nid suspendu caractéristique ; chez les grands rapaces, qui utilisent pendant des années consécutives les mêmes nids, de plus en plus grands par suite des apports de matériaux accumulés chaque année ; chez certains mégapodes australiens qui construisent des nids énormes en terreau et matières végétales et qui laissent le soin de l'incubation à la chaleur des matières organiques en décomposition.

Beaucoup d'espèces construisent des nids rudimentaires, d'autres pondent leurs œufs à même le sol, sur le sable, parmi les cailloux.

Le manchot empereur recouvre d'un pli de son abdomen l'œuf unique de sa ponte, qu'il porte ensuite appuyé sur ses pieds palmés.

Le nid est utilisé presque exclusivement pour les besoins de la reproduction (dans certains cas, il sert de lieu de repos). Les

Pages précédentes, harfang des neiges (Nyctea scandiaca) *avec ses petits.*

influences du système hormonal, jointes aux changements physiologiques intervenant dans le corps de l'oiseau à l'époque de la reproduction, déterminent la construction du nid. Le choix de l'emplacement, les matériaux mis en œuvre, le temps consacré à la construction et la contribution active du mâle et de la femelle à la construction varient d'une espèce à l'autre.

La ponte des œufs et l'élevage des petits

Chez les oiseaux, la reproduction a lieu, en général, annuellement; le cycle de reproduction de certaines espèces peut aussi comprendre deux ou trois (parfois quatre) pontes dans l'année. Chez d'autres espèces, comme l'albatros hurleur *(Diomedea exulans)*, la reproduction a lieu tous les deux ans. Dans les cas particuliers dus à des modifications des conditions de vie (comme le manque de proies, par exemple), la nidification peut ne pas avoir lieu, ce qui se produit par exemple dans les zones arctiques pour le harfang des neiges *(Nyctea scandiaca)* : les années où abondent ses proies naturelles (les rongeurs nommés lemmings dont les populations sont sujettes à de remarquables fluctuations), cet oiseau pond 7, 8 et jusqu'à 12 œufs, mais les années où les lemmings se raréfient, il peut s'abstenir de nidifier et se déplacer vers les zones méridionales à la recherche de sa pitance.

La période et la durée du cycle de reproduction varient avec la latitude et suivant les espèces. En général, on peut affirmer que la reproduction coïncide avec une situation optimale de l'espèce dans son milieu propre (par le fait, l'éclosion des œufs et l'élevage des petits vont généralement de pair avec les conditions alimentaires). En tout état de cause, il y a lieu de tenir compte de l'éventualité de conditions climatiques défavorables du fait desquelles des couvées entières peuvent être détruites. Beaucoup d'espèces procèdent à une couvée de remplacement dans les cas où la première a été détruite par le mauvais temps ou par l'intervention de prédateurs.

Les œufs montrent une grande variété de formes (piriformes, ovales, elliptiques, etc.), de masses, de couleurs et de nombre, selon les différentes espèces.

La période de ponte varie elle-même suivant les espèces et les conditions ambiantes.

L'incubation a lieu chez différentes espèces lors de la ponte du premier œuf, chez d'autres elle ne se produit qu'une fois la ponte terminée. Dans le premier cas, au moment de la naissance, il y aura des jeunes d'âges différant de quelques jours entre eux (dans certaines espèces, comme les rapaces, on peut même observer des cas de cannibalisme à l'égard des derniers-nés). Au cours de l'incubation, l'oiseau applique contre l'œuf ses parties ventrales qui, pendant la période de reproduction, sont particulièrement irriguées par des vaisseaux sanguins et dépourvues de plumes; ce sont ces parties, dénommées plaques incubatrices, qui transmettent de la chaleur à l'œuf.

Dans l'œuf pondu se déroulent les premières phases du développement de l'embryon qu'il contient, phases qui s'arrêtent pour reprendre, même plusieurs jours après, dès le moment où l'œuf commence à être couvé. L'embryon a besoin pour son développement de chaleur, qui lui est précisément transmise pendant la couvaison, et il se nourrit du jaune jusqu'au moment où le poussin est complètement formé. Chez certaines espèces, les œufs peuvent être abandonnés, en cours de couvaison, pour quelques jours (jusqu'à sept jours chez le procellariidé *Puffinus puffinus*).

Lorsque l'incubation prend fin, l'oisillon brise la coquille de l'œuf grâce à une excroissance du maxillaire (appelée dent de l'œuf) qui disparaît ensuite au cours de la croissance.

L'ornithologue Margaret M. Nice a classé les jeunes des oiseaux à la naissance en tenant compte du degré d'autonomie dont ils disposent au moment de l'éclosion. On obtient ainsi les groupes suivants :

1) les précoces ou nidifuges, qui ont les yeux ouverts, sont couverts de duvet et abandonnent le nid le premier ou le second jour; parmi ceux-ci, on distingue : a) ceux qui sont indépendants des géniteurs (mégapode); b) ceux qui suivent les géniteurs, mais trouvent d'eux-mêmes leur nourriture (oie, canard, cygne, maubèche, avocette, échasse blanche, phalarops, œdicnème, etc.); c) ceux qui suivent les géniteurs et sont nourris par ceux-ci (plongeon, grèbe, grue, rallidés, etc.);

2) semi-précoces aux yeux ouverts, couverts de duvet, mais restant au nid jusqu'au moment où ils apprennent à marcher, qui sont nourris par les géniteurs (phénicoptère, mouette, sterne, labre, alcidés, caprimulgidés, etc.);

3) semi-inaptes, couverts de duvet, incapables de quitter le nid, nourris par les parents, parmi lesquels on peut distinguer : a) ceux qui ont les yeux ouverts (procellariiformes, cigogne, ibis, héron, faucon, etc.); b) ceux qui ont les yeux fermés (rapaces nocturnes);

4) nidicoles, aux yeux fermés, nus, ou revêtus d'un rare duvet, incapables de voler, nourris par leurs parents (pélican, fou, cormoran, perroquet, pigeon, coucou, martinet, martin-pêcheur, huppe, pic, rollier et passériformes).

La becquée donnée par l'adulte aux oisillons, qu'il s'agisse de nidicoles ou de nidifuges, suppose une série de stimuli qui la provoquent (par le fait, chez beaucoup de passériformes la vive coloration de la cavité orale des petits stimule l'adulte à y déposer la nourriture).

La fréquence des becquées varie suivant les espèces.

La durée de la période d'élevage des jeunes est elle-même extrêmement variable avec les espèces : chez certains passériformes elle est de 13 à 20 jours, tandis que chez les albatros elle atteint 8 mois et demi.

Différentes espèces d'oiseaux pratiquent le parasitisme de couvée, c'est-à-dire qu'ils pondent leurs œufs dans des nids d'autres espèces, qui élèvent les petits hôtes comme leur propre progéniture.

On observe ces mœurs chez de nombreuses espèces de coucous, chez certaines espèces de la famille des indicatoridés, chez des ictéridés et des plocéidés, ainsi que chez une espèce de canard *(Heteronetta atricapillia)*.

En haut, cygne domestique (Cygnus olor), *exemple d'oiseau à petits précoces (nidifuges) ; en bas, flamant américain* (Phoenicopterus ruber), *exemple d'oiseau à petits semi-précoces.*

En haut, hibou petit duc (Otus scops), *exemple d'oiseau à petits semi-inaptes ; en bas, bouvreuil* (Pyrrhula pyrrhula), *exemple d'oiseau à petits nidicoles.*

LES MIGRATIONS ET LEURS MYSTÈRES

Un des aspects les plus étonnants du monde des oiseaux est constitué par le phénomène des migrations. Comme le rappelle l'ornithologue Jean Dorst, on peut faire remonter l'origine de ces déplacements à l'ère tertiaire durant laquelle le fait de l'alternance des saisons devrait avoir causé des déplacements analogues à ceux de l'époque actuelle. Au cours de l'ère quaternaire, ces déplacements se dessinèrent mieux, particulièrement pendant les périodes de glaciation. En effet, au cours de ces périodes les espèces à répartition septentrionale furent, selon toute probabilité, contraintes à descendre vers des zones plus méridionales par l'avancée du froid et à retourner dans le nord durant les périodes interglaciaires au cours desquelles le climat allait en s'adoucissant. La combinaison de conditions écologiques et climatiques et de conditions physiologiques internes conduit à la création des phénomènes de migration.

Après la nidification, les oiseaux s'éloignent généralement de leur territoire de reproduction, certaines espèces — appelées sédentaires — restant cependant plus ou moins liées à celui-ci. Chez certaines espèces ont lieu des déplacements sans direction précise qui sont désignés sous le nom d'erratismes.

La migration proprement dite est caractérisée par un voyage d'aller qui s'étend du territoire de nidification à celui de repos ou d'hivernage, appelé postnuptial ou passage, et d'un voyage de retour qui s'étend, en sens inverse, du lieu de repos à l'aire de nidification, et qu'on nomme prénuptial ou nouvelle passe. Dans la terminologie relative aux migrations, on définit encore comme visi-

teuses hivernales ou hivernantes les espèces présentes dans une aire déterminée en période d'hiver et comme visiteuses estivales ou estivantes celles qui sont présentes dans une aire déterminée en période estivale.

L'étude des migrations s'effectue de différentes façons. L'observation directe, particulièrement dans les zones où il y a concentration des migrateurs, est une méthode très utilisée : on analyse la qualité et les quantités des espèces qui passent ou qui séjournent, la direction de leurs déplacements et leur comportement en fonction des conditions climatiques, etc. Certains ornithologues ont utilisé des télescopes pointés sur la lune, des radars, ou encore ont suivi des vols migrants avec des avions. Un des moyens les plus souvent mis en œuvre pour l'étude des migrations est sans aucun doute le marquage par bagues qui a pu être utilisé empiriquement par des ornithologues dans le passé, mais n'a commencé qu'en 1899 à être réalisé de manière scientifique. A cette époque, H.C.C. Mortensen, ornithologue danois, mit à 164 étourneaux sansonnets *(Sturnus vulgaris)* des bagues de zinc sur lesquelles étaient indiqués l'année et le lieu du baguage. Depuis lors, dans le monde scientifique tout entier s'est diffusé ce mode de marquage par bagues métalliques, utilisant désormais un alliage léger à base d'aluminium. Chaque bague posée sur un sujet porte un numéro d'ordre et le nom en abrégé de l'institution qui est reconnue internationalement. Le numéro d'ordre fait référence à des registres spéciaux dans lesquels sont consignés pour chaque sujet la date et le lieu du baguage, l'état dans lequel il se trouvait au moment du marquage (oisillon au nid, jeune, adulte), le sexe, l'état de santé, de mue, la taille, le poids,

Pages précédentes, vol de canards pilets (Anas acuta) *en migration.*

etc. Les éventuelles récupérations des sujets bagués fournissent une série de données de grand intérêt sur l'âge, les déplacements effectués, etc. Le marquage par bague est une opération sérieuse et scientifique qui ne doit être confiée qu'à des savants expérimentés dans l'art de recueillir toutes les données indispensables sur les sujets capturés.

Les migrations des oiseaux obéissent à des modalités différentes selon les espèces et les conditions climatiques du milieu. On observe ainsi des déplacements migratoires localisés qui suivent des itinéraires bien précis, comme par exemple le Bosphore, Gibraltar et le canal de Sicile pour le passage Europe-Afrique et vice versa, pour les déplacements de migrateurs empruntant des voies multiples. Beaucoup d'espèces migrent de préférence de jour, d'autres, de nuit. Lors de leurs migrations, les oiseaux tirent parti, en général, des cols, des vallées, des cours d'eau, etc., mais il est difficile d'établir des paramètres précis de comportement dans leurs déplacements (par exemple, les cisconstances météorologiques conditionnent souvent les itinéraires et les pauses durant la migration).

Quelques migrations devenues proverbiales en raison de la distance parcourue sont celle du pluvier doré américain *(Pluvialis dominica),* qui va de l'Alaska aux îles Hawaii, parcourant 3 500 km apparemment sans escale, et celle de la sterne arctique *(Sterna paradisea),* qui, partant des aires de nidification situées le long de la côte nord de l'hémisphère septentrional, parvient en hiver dans les océans Pacifique, Indien et Atlantique sud.

Dans une zone donnée, on peut délimiter des périodes saisonnières précises au cours desquelles, grosso modo, compte tenu toujours des variations climatiques éventuelles, on observe la présence des divers migrateurs. Jacques Blondel a distingué les périodes saisonnières suivantes, en Camargue : 1) saison préprintanière (de la mi-février à la première décade de mars) ; 2) saison printanière (de la seconde décade de mars à avril-mai) ; 3) saison estivale (15 mai-30 juillet) ; 4) saison automnale (1er août-30 septembre) ; 5) saison préhivernale (1er octobre-30 novembre) ; 6) saison hivernale (décembre-janvier-février).

Chez les espèces migratrices, la mue du plumage a lieu, en règle générale, avant le déplacement migratoire, pour que les sujets migrants soient en pleine possession de leurs forces et de leurs « instruments de vol ». Il existe cependant des migrations de mue permettant de trouver un milieu accueillant où la mue pourra s'accomplir (c'est souvent le cas des espèces à mue totale et simultanée, comme les oiseaux aquatiques — anatidés). Plusieurs ornithologues ont signalé des migrations de ce type chez différentes espèces de canards, chez le tadorne, chez le chevalier sylvain, etc. L'élan migratoire est déterminé par une série de causes concomitantes comme la situation du milieu environnant et l'état physiologique de l'oiseau (le rythme de l'éclairage quotidien, qu'on appelle la « photopériode », semble, par exemple, avoir une influence sur le développement des glandes sexuelles, d'après les études de William Rowan). Pour se préparer à la migration, l'oiseau emmagasine des ressources énergétiques.

L'orientation au cours des migrations a fait l'objet d'études approfondies conduites par différents spécialistes. On a pu reconnaître

Les principaux itinéraires de migration suivis par les oiseaux.

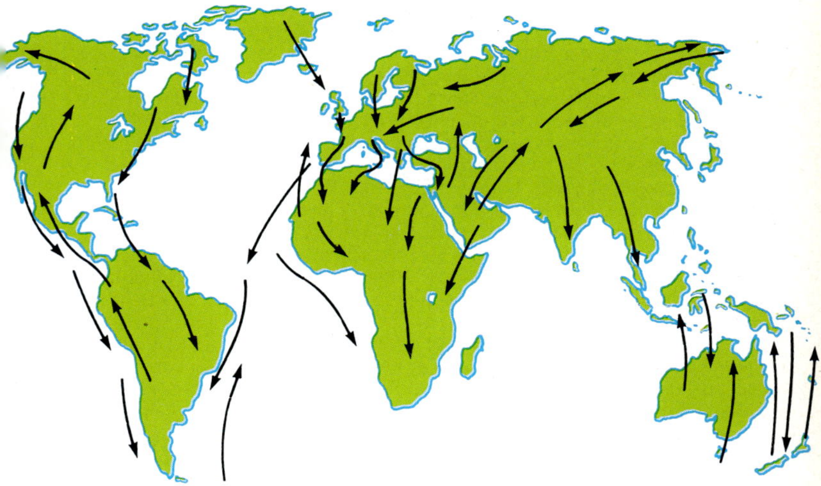

une série d'indications probables qui ont fait ressortir l'importance de la position du soleil et des mouvements de cet astre dans les migrations diurnes (avec la position géographique des chaînes de montagnes et des systèmes orographiques, de la direction des vents quand le ciel est couvert), de la position de la lune et des étoiles pour les migrations nocturnes, ainsi que de l'éventuelle utilisation du champ magnétique terrestre, etc. Au cours des migrations des altitudes importantes et des vitesses remarquables sont atteintes, suivant les espèces.

OÙ ET COMMENT VIVENT LES OISEAUX

Le milieu et l'adaptation

C'est le rayonnement solaire atteignant la terre qui rend la vie possible. Son intensité et sa durée conditionnent directement ou indirectement la situation climatique, laquelle, à son tour, influe sur le type de végétation existant dans les différentes régions et sur sa répartition. L'énergie solaire est en partie utilisée par les plantes, qui élaborent, par le phénomène de la photosynthèse, des substances organiques riches en énergie à partir de composés inorganiques (eau, sels minéraux, anhydride carbonique). Les animaux se nourrissent de plantes, assimilant et consommant l'énergie utile à leur survie. La vie sur la terre est ainsi le résultat d'interactions étroites entre les organismes vivants et le milieu non vivant. L'écosystème ou système écologique est l'unité de milieu qui comprend tous les organismes et le milieu dans une aire donnée aux caractéristiques bien définissables. Nous pouvons y distinguer les composantes suivantes : 1) les substances inorganiques qui participent à la répartition cyclique de la matière ; 2) les composés organiques (protides, glucides, lipides, humus) qui constituent le lien entre le biotique et l'abiotique; 3) le régime climatique (température et autres facteurs); 4) les producteurs (surtout les plantes vertes) qui sont les organismes aptes à produire de la nourriture à partir de substances inorganiques simples; 5) les macroconsommateurs, pour la plupart animaux se nourrissant d'autres organismes ou de matières organiques particulières; 6) les microconsommateurs, en grande majorité bactéries ou champignons, qui décomposent les substances complexes des organismes morts en absorbant certains des produits de la décomposition et en libérant les substances inorganiques utilisables par les producteurs.

Au système vivant peuvent s'appliquer comme fondamentales les deux premières lois de la thermodynamique : 1) la loi de la conservation de l'énergie : l'énergie peut être transformée, mais non détruite ; 2) la loi de la « dépense » de l'énergie : toute transformation d'énergie est accompagnée d'une perte d'énergie calorifique dans le milieu ambiant.

Dans les écosystèmes, le flux énergétique fonctionne en tant que « moteur de vie » constituant des systèmes de chaînes alimentaires composées précisément par les macroconsommateurs et les microconsommateurs ou décomposeurs. Tout être vivant dans son milieu entretient des rapports avec tous les éléments, vivants ou non, qui existent dans ledit milieu, et occupe ainsi un espace propre et remplit une fonction propre dans l'équilibre du milieu environnant. L'espace physique, le rôle assumé et la position de l'organisme par rapport aux conditions d'existence constituent ce qu'on appelle la « niche écologique » de l'organisme lui-même. Cette notion introduit celle de concurrence entre les organismes, concurrence qui existe lorsque les « niches » de deux espèces coïncident.

Dans un écosystème, on peut distinguer différents composants abiotiques : la lumière, la température, l'atmosphère, l'eau, le sol, la pression, le climat, etc. Par climat, en général, on peut entendre l'état moyen de l'atmosphère déterminé par les variations journalières et saisonnières d'une série de facteurs : température, humidité, quantité et qualité des précipitations (pluie et neige), durée de l'insolation, nébulosité, direction et vitesse des vents et autres facteurs atmosphériques, brouillards, gelées ou tempêtes. En outre, d'autres facteurs importants peuvent se rencontrer dans un écosystème, comme la résistance du milieu — que l'on peut définir comme l'ensemble des facteurs défavorables qui conditionnent l'importance d'une population vivante (qui pourrait, potentiellement, croître selon une progression exponentielle) — et les facteurs de limitation ou de conditionnement, c'est-à-dire les éléments existants ayant leur importance dans la constitution de la matière organique de tous les organismes vivants, animaux et végétaux (oxygène, carbone, hydrogène, azote, phosphore, soufre, calcaire, magnésium, potassium, fer, manganèse, cuivre, zinc, etc.).

Il résulte de tout cela que la présence d'un organisme est conditionnée par des limites de tolérance minimales et maximales des divers éléments abiotiques existant dans l'écosystème telles qu'il puisse les supporter. Certaines espèces font preuve d'un large spectre de tolérance dans des conditions de milieu différentes, cependant que d'autres se montrent particulièrement liées à des conditions de milieu précises, au point que si celles-ci venaient à manquer, la survie de l'espèce pourrait être sérieusement compromise. On définit comme *euryèces* les espèces les plus adaptables, qui peuvent se trouver à leur aise dans des conditions de milieu différentes, *sténoèces* les espèces plus étroitement liées à un ou à plusieurs facteurs de milieu, et *ubiquistes* les espèces les plus éclectiques, sans exigences particulières.

Les populations

L'écologiste Odum a distingué les niveaux suivants d'organisation de la vie, les quatre derniers étant ceux qui offrent le principal intérêt écologique : 1) protoplasme; 2) cellules; 3) tissus; 4) organes; 5) organismes; 6) populations; 7) communautés; 8) écosystèmes; 9) biosphère. Par population, on entend un groupe d'organismes de même espèce disséminés dans une aire déterminée et présentant diverses caractéristiques typiques du groupe et non des individus pris isolément. La population constitue l'unité de base de l'évolution et sa dynamique est caractérisée par les facteurs suivants : naissance, mort, émigration et immigration. L'accroissement d'une population qui ne rencontrerait pas de limite serait exponentiel et pratiquement illimité. Dans la nature, il existe nombre de facteurs qui interviennent pour régulariser la croissance d'une population : la maladie, les conditions climatiques défavorables, la prédation, la concurrence alimentaire, les ressources du milieu, les causes accidentelles, etc. Ce sont là des facteurs qui limitent la capacité d'expansion d'une population. L'accroissement de la population n'est donc pas, de ce fait, exponentiel, mais suit graphiquement une courbe logique qui nous montre comment elle s'accroît jusqu'au moment où elle atteint une limite équivalant à la capacité effective d' « admission » que possède le milieu dans lequel elle vit. Cette limite est définie par les savants comme étant la « capacité portante du milieu » (*carrying capacity* des Anglais). D'où l'on déduit que la dynamique d'une population, en plus des quatre éléments rappelés précédemment, dépend aussi du potentiel de reproduction de l'espèce et de la capacité portante du milieu qui la reçoit. L'ornithologue A.M. Laskey, par exemple, a suivi les trois couvées successives faites dans une saison de reproduction par le rouge-gorge bleu *(Siala sialis),* dans un parc de Nashville au Tennessee (Etats-Unis). Pour la première couvée, le contrôle a porté sur 34 nids qui ont produit 170 œufs, puis 123 oisillons; la deuxième couvée a donné, pour 35 nids, 163 œufs et 90 oisillons, la troisième couvée, pour 33 nids, 122 œufs et 52 poussins. En moyenne générale, chaque couvée de rouge-gorge bleu est formée de 5 œufs, ce qui donnerait théoriquement pour la première couvée 34 x 5 = 170 œufs, pour la seconde couvée 35 x 5 = 175 œufs et pour la troisième couvée 33 x 5 = 165 œufs. En réalité, dans la production des œufs et dans leur éclosion agissent différents facteurs de milieu ou physiologiques qui font sentir leur influence de manière différente suivant les couvées, ce qui fait que, pour les pourcentages de l'étude de Laskey, on obtient les valeurs suivantes : 1re couvée, œufs produits 100%, oisillons nés 72; 2e couvée, 93 et 51; 3e couvée, 74 et 32. La croissance logistique de la population aboutit à un point où a lieu le

Colonie de guillemots troïls (Uria aalge).

maximum d'expansion de la population dans son propre milieu. Si l'on tient compte de ce point avec une rigueur toute scientifique, et si l'on étudie bien la démographie de la population, l'homme pourrait intervenir par des prélèvements éventuels (par la chasse et la pêche). La démographie de la population exigerait qu'avant ces prélèvements soient analysées attentivement les tables de fécondité (c'est-à-dire le nombre moyen de petits qu'une femelle produit à chaque âge) et les tables de survie (c'est-à-dire le nombre d'individus vivant à chaque âge, le nombre de ceux qui meurent à chaque âge et le temps moyen restant à vivre aux individus à chaque âge).

Il convient aussi de considérer le taux net de reproduction ou de remplacement (nombre moyen de femelles produites par une femelle au cours de son existence) et le potentiel reproductif (c'est-à-dire la contribution en descendants d'un individu à la génération suivante). L'exercice de la chasse est aujourd'hui extrêmement discutable et contribue malheureusement à la destruction sans discernement de beaucoup d'oiseaux dont les populations sont gravement menacées par la pollution et les altérations du milieu, de façon générale.

L'ornithologue O.S. Pettingill (1970) a décrit la composition des populations d'oiseaux aux périodes de demi-saison. Cette composition révèle la présence des groupes suivants d'individus selon les saisons : 1) population de la mi-été : a) résidents estivants (adultes nichants âgés d'un an et plus, adultes non nichants âgés d'un an et plus, jeunes nés dans l'année, individus immatures non nichants âgés d'un an ou plus ; b) résidents à demeure (mêmes catégories que pour le groupe a) ; 2) populations de la mi-hiver : a) visiteurs hivernaux ; b) résidents à demeure ; 3) population à mi-printemps et mi-automne : a) individus de passage; b) résidents à demeure; c) résidents estivaux.

Nous avons déjà mentionné certaines causes de réduction des populations d'oiseaux telles que les conditions climatiques défavorables, les disponibilités du milieu, etc., mais il existe divers facteurs qui contribuent à l'augmentation des populations d'oiseaux : nombre, composition et variation des couvées, âge d'accession à la maturité sexuelle, longévité des sujets, etc. L'âge d'accession à la maturité sexuelle varie de 3 mois chez certaines espèces de passériformes comme *Taeniopygia castanotis, Lagonosticta senegala* et *Lonchura striata* aux 3 à 5 ans de certains rapaces, et jusqu'aux 8 à 11 ans de quelques albatros. Il est difficile de dire combien de temps vivent les oiseaux en liberté, mais les ornithologues Dorst (1973), Fisher et Flegg (1974) ont indiqué les âges atteints par différentes espèces. En voici quelques-uns, évidemment sans prétention de valeur absolue : pélican commun, 52 ans, condor des Andes 52, aigle bateleur 55, fulmar 22, maubèche canut 13, cigogne blanche 19, effraie 10, martinet 21, merle 11, mésange charbonnière 7, moineau domestique 23, rouge-gorge 8 ans et 4 mois.

Dans l'étude des populations et de leur dynamique, il faut noter les fluctuations cycliques qui se produisent chez certaines espèces et les grands déplacements (souvent véritables invasions) effectués par certaines espèces liées à une alimentation particulière et qui, lorsqu'il se produit une raréfaction de celle-ci, sont contraintes à aller chercher ailleurs leur pitance (bec-croisé, casse-noix, jaseur, etc.). Pour différentes raisons, souvent dues à des changements de climat, certaines espèces en viennent à modifier leur aire de répartition; on citera le héron garde-bœufs *(Ardeola ibis),* qui est en train de se répandre en Amérique où un petit groupe d'individus, originaire de Guyane britannique, s'était introduit vers 1930; la tourterelle turque *(Streptopelia decaocto)* qui, du Moyen-Orient, s'est répandue dans presque toute l'Europe, faisant la conquête, année après année, de nouveaux territoires; la grive litorne *(Turdus pilaris)* qui, depuis un vol de migration, en 1937, abandonna son itinéraire habituel et, parvenue au Groenland, devint dans cette région une espèce en partie sédentaire.

Les régions zoogéographiques et les milieux

Les vicissitudes complexes et les mutations remarquables auxquelles la Terre a été soumise au cours des ères géologiques ont contribué à la répartition actuelle des espèces vivantes.

Changements dans les dispositions des terres émergées, dans les climats, dans les milieux, constitution de barrières naturelles telles que montagnes, mers, déserts, périodes glaciaires alternant avec périodes interglaciaires, tremblements de terre, éruptions volcaniques : tels sont les éléments qui ont contribué à la présence et à la répartition de la vie sur la Terre.

En analysant la répartition actuelle et passée de la faune et de la flore, les naturalistes ont éprouvé la nécessité de diviser la surface terrestre en régions, constituant ainsi une classification des zones du monde. Nous pouvons distinguer de ce fait les régions suivantes : 1) région paléarctique comprenant l'Europe, l'Afrique du Nord et l'Asie septentrionale; 2) région néarctique comprenant l'Amérique du Nord (quelques savants réunissent les régions néarctique et paléarctique sous le nom de région holarctique); 3) région éthiopienne comprenant l'Afrique au sud du Sahara (dans laquelle on peut distinguer une sous-région malgache correspondant à l'île de Madagascar); 4) région orientale ou indienne comprenant l'Asie tropicale et l'Indonésie occidentale; 5) région australasienne comprenant l'Indonésie orientale, l'Australie, la Polynésie et la Nouvelle-Zélande (cette dernière étant souvent distinguée en une sous-région particulière, dite néo-zélandaise); 6) région néotropicale comprenant l'Amérique centrale et méridionale, une sous-région antarctique étant souvent considérée comme région autonome.

Dans les différentes régions, on peut distinguer divers types de milieux suivant les conditions géologiques et celles du sol, ainsi que la végétation et le climat. Une grande division en zones de milieu à particularités de climat, de végétation et de faune, pourrait être la suivante :

1) régions polaires (glaciers et toundra); 2) forêts de conifères (taïga); 3) forêts tempérées; 4) prairies; 5) déserts; 6) forêts tropicales; 7) montagnes; 8) îles océaniques; 9) eaux intérieures; 10) mers.

CLASSIFICATION DES OISEAUX

La systématique

Chez les savants pratiquant les sciences naturelles, la nécessité s'est toujours fait sentir d'un classement organisant en divisions appropriées la grande variété des espèces existantes et éteintes. Sans compter les tentatives diverses faites dans le passé, c'est à un naturaliste suédois du XVIIIe siècle, Karl Ritter von Linné (1707-1778), qu'est revenu le mérite d'avoir proposé et mis en œuvre une méthode aujourd'hui universellement utilisée. Il adopta la nomenclature dite « binominale » par laquelle chaque espèce se distingue par un premier nom à initiale majuscule qui en indique le genre d'appartenance et un second, tout en minuscules, qui en indique l'espèce (il s'y ajoute parfois un troisième nom pour préciser la sous-espèce éventuelle). Lors du Congrès international de zoologie de 1898 fut décidée l'institution d'une Commission internationale permanente pour la nomenclature scientifique qui, postérieurement, prépara la rédaction d'un Code international pour la nomenclature zoologique auquel on se conforme pour toute question de systématique.

Le règne animal est généralement réparti en nombreuses divisions, à savoir, en ordre décroissant : règne, embranchement, sous-embranchement, classe, sous-classe, ordre, sous-ordre, famille, sous-famille, genre, espèce, sous-espèce et race géographique.

Dans le passé, jusqu'à l'époque de Linné, les espèces se distinguaient entre elles par les différences morphologiques qu'elles présentent. Les idées évolutionnistes, concrétisées par les travaux de Darwin et de Wallace, commencèrent à démontrer la grande importance du changement, de la mutation, de l'évolution de la nature. Par suite des grands progrès réalisés dans l'étude de l'évolution, thème unificateur des phénomènes du monde naturel, et,

Les régions zoogéographiques.

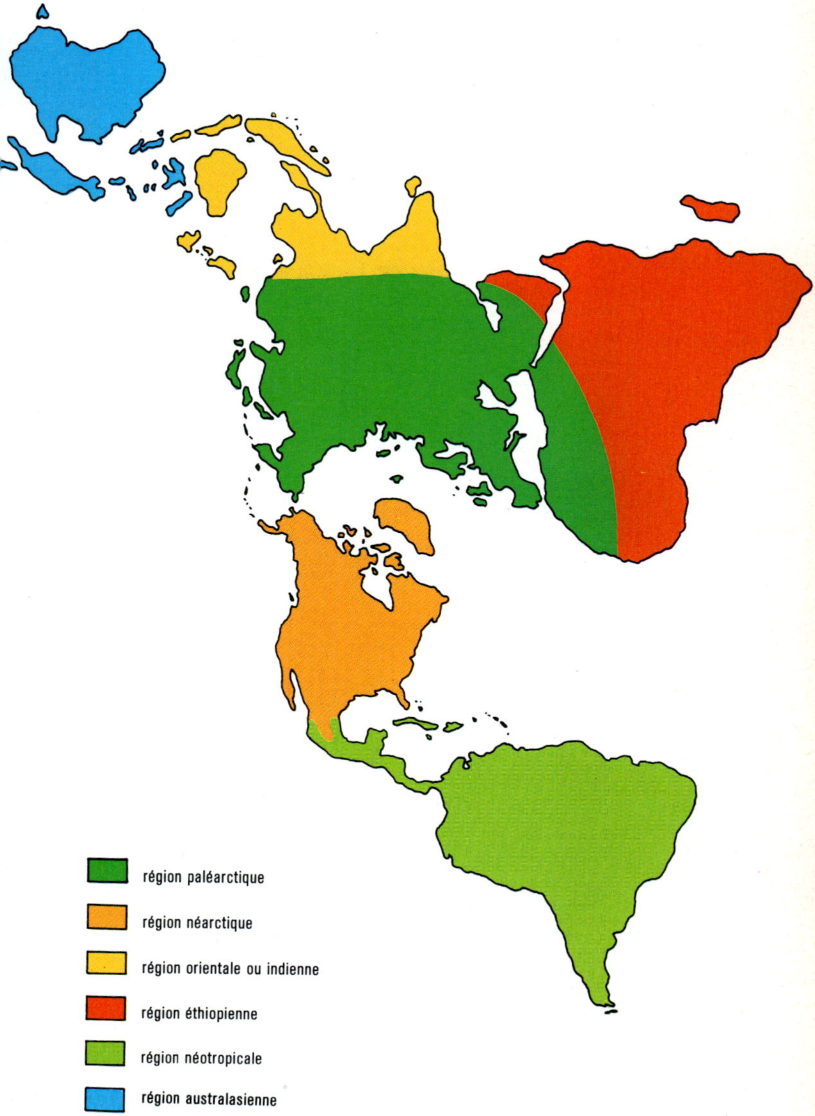

Sphénisciformes	Sphéniscidés
Struthioniformes	Struthionidés
Casuariiformes	Casuariidés
	Dromaeidés
Rhéiformes	Rhéidés
Aptérygiformes	Aptérygidés
Tinamiformes	Tinamidés
Gaviiformes	Gaviidés
Podicipitiformes	Podicipitidés
Procellariiformes	Diomédéidés
	Procellariidés
	Hydrobatidés
	Pélécanoïdidés
Pélécaniformes	Phaétonidés
	Frégatidés
	Pélécanidés
	Sulidés
	Phalacrocoracidés
	Anhingidés
Ciconiiformes	Ardéidés
	Balaenicipitidés
	Scopidés
	Threskornithidés
	Ciconiidés
Phoenicoptériformes	Phoenicoptéridés
Ansériformes	Anhimidés
	Anatidés
Falconiformes	Cathartidés
	Pandionidés
	Accipitridés
	Falconidés
	Sagittariidés
Galliformes	Mégapodidés
	Cracidés
	Tétraonidés
	Phasianidés
	Numididés
	Méléagrididés
	Opisthocomidés
Gruiformes	Mésoenatidés
	Pédionomidés
	Gruidés
	Aramidés
	Psophidés
	Otididés
	Rallidés
	Turnicidés
	Héliornithidés
	Rhinochétidés
	Eurypygidés
	Cariamidés
Charadriiformes	Jacanidés
	Rostratulidés
	Hématopodidés
	Charadriidés
	Scolopacidés
	Récurvirostridés
	Phalaropodidés
	Dromadidés
	Burhinidés
	Glaréolidés
	Thinocoridés
	Chionididés
	Stercorariidés
	Laridés
	Rhynchopidés
	Alcidés
Columbiformes	Ptéroclididés
	Columbidés
Psittaciformes	Psittacidés
Cuculiformes	Musophagidés
	Cuculidés
Strigiformes	Tytonidés
	Strigidés
Caprimulgiformes	Stéatornithidés
	Podargidés
	Nyctibidés
	Aegothélidés
	Caprimulgidés
Apodiformes	Apodidés
	Hémiprocnidés
	Trochilidés
Coliiformes	Coliidés
Trogoniformes	Trogonidés
Coraciiformes	Alcédinidés
	Todidés
	Momotidés
	Méropidés
	Leptosomatidés
	Coraciidés
	Upupidés
	Phoeniculidés
	Bucérotidés
Piciformes	Galbulidés
	Bucconidés
	Capitonidés
	Indicatoridés
	Ramphastidés
	Picidés
Passériformes	Eurylaimidés
	Dendrocolaptid
	Furnaridés
	Formicariidés
	Conopophagidé
	Rhinocryptidés
	Pittidés
	Philépittidés
	Xénicidés
	Tyrannidés
	Pipridés
	Cotingidés
	Phytotomidés
	Ménuridés
	Atrichornithidé
	Alaudidés
	Hirundinidés
	Motacillidés
	Campéphagidé
	Pycnonotidés
	Irénidés
	Lanidés
	Vangidés
	Bombycillidés
	Dulidés
	Cinclidés
	Troglodytidés
	Mimidés
	Prunellidés
	Turdidés
	Timaliidés
	Cinclosomatid
	Paradoxornithi
	Polioptilidés
	Sylviidés
	Maluridés
	Muscicapidés
	Pachycéphali
	Paridés
	Sittidés
	Hyposittidés
	Certhiidés
	Climactéridés
	Dicéidés
	Nectariniidés
	Zostéropidés
	Méliphagidés
	Embérizidés
	Parulidés
	Drépanididés
	Viréonidés
	Ictéridés
	Fringillidés
	Estrildidés
	Plocéidés
	Sturnidés
	Oriolidés
	Dicruridés
	Callaeidés
	Grallinidés
	Artamidés
	Cracticidés
	Ptilonorhync
	Paradiséidés
	Corvidés

comme conséquence, du fait des progrès réalisés en génétique, en écologie et en dynamique des populations, les savants ont élaboré un concept biologique et dynamique de l'espèce : l'espèce est un groupe de populations naturelles effectivement ou potentiellement capables de se reproduire par croisement. L'espèce est donc un ensemble de populations naturelles qui se reproduisent entre elles, qui possèdent en commun un patrimoine héréditaire propre et qui ont acquis un « isolement » en matière de reproduction par rapport aux autres espèces. Les mécanismes de l'évolution naturelle n'agissent pas sur l'individu isolé, mais sur le patrimoine héréditaire des populations.

En recherche systématique, les méthodes d'enquête visant à analyser les affinités évolutives des différents groupes concernent tous les domaines de la recherche moderne en zoologie : paléontologie, biochimie, physiologie, éthologie, écologie. Par exemple, des études spécifiques sur les propriétés immunologiques des globules rouges, sur la composition protéinique de l'albumine des œufs, sur les modalités de comportement, sur les différences morphologiques aux stades juvéniles ont fait la lumière sur les affinités biologiques de différentes espèces.

La classification

Dans la classe des Oiseaux, certains ornithologues distinguent deux sous-classes : Paléornithes (ou oiseaux anciens) et Néornithes (ou oiseaux nouveaux).

A la première n'appartiennent que des espèces éteintes, cependant que la seconde est subdivisée en trois super-ordres : Odontognathes (espèces éteintes), Paléognathes (autruches, nandous, casoars, émeus, kiwis, tinamous), Néognathes (tous les autres oiseaux). Fischer et Peterson indiquent trois sous-classes : Saururés (oiseaux éteints), Odontolques (oiseaux pourvus de dents, éteints) et Ornithurés (dont certaines espèces éteintes et toutes les espèces vivantes).

Le tableau de la page 56 correspond à la classification la plus récente des oiseaux, celle que l'on doit à différents ornithologues, parmi lesquels Alexander Wetmore, et qui a été modifiée par l'œuvre monumentale de J.L. Peters et de ses successeurs : *Check-list of the Birds of the World.*

ÉTUDE ET PROTECTION

L'observation des oiseaux dans la nature (« bird-watching »)

L'observation des oiseaux en liberté, attentive et scrupuleuse, est à la base de la collecte des données relatives à l'étude de l'ornithologie et constitue, en outre, un véritable passe-temps d'un très grand intérêt, largement répandu dans bien des pays du monde. C'est une pratique à laquelle on donne le nom anglais de « bird-watching » (observation des oiseaux), qui forme dans tous ces pays la base de l'ornithologie scientifique. Pour de multiples raisons, dues surtout à l'intérêt croissant porté à tout ce qui concerne la nature (animé particulièrement par les associations culturelles qui s'occupent de la conservation et de la gestion rationnelle des ressources des milieux, comme le World Wildlife Fund et la Ligue de

protection des oiseaux), on assiste aujourd'hui en France à un progrès réconfortant, continu et croissant, de cette pratique.

L'important, comme pour toutes les initiatives qui intéressent un champ de recherche, est de se livrer sérieusement à son propre passe-temps, en utilisant autant que possible les méthodes internationales normalisées, donc homogènes et comparables, en ne prenant note que de ce dont on est certain, et en observant tout avec patience et grande attention. Pour s'adonner avec profit au « bird-watching », il faut évidemment apprendre à reconnaître les diverses espèces d'oiseaux, sans négliger l'étude des notions fondamentales de biologie de ces merveilleux vertébrés. Il est bon, en outre, de ne pas rester isolé, de s'abonner à des revues d'ornithologie et de s'inscrire aux associations organisées de façon sérieuse et scientifique (en France, la Ligue française pour la protection des oiseaux, 37, rue du Docteur-Pujos, 17300 Rochefort). Pour étudier les oiseaux, il est donc nécessaire de se munir de livres (le présent ouvrage veut précisément constituer une introduction à l'étude et à la protection des oiseaux). Depuis que, en 1934, le fameux ornithologue Roger Tory Peterson fit paraître son guide de campagne pour les oiseaux des Etats-Unis orientaux, il a été publié une énorme quantité de guides permettant de reconnaître dans la nature les oiseaux de presque toutes les régions du monde. Pour observer les oiseaux, il est nécessaire de se munir d'un minimum d'équipement et de se comporter avec le plus grand respect à l'égard de la nature environnante.

Comme matériel indispensable, citons une bonne paire de jumelles, un calepin et un stylo pour recueillir sur le moment même les observations et relever des esquisses des espèces rencontrées que l'on n'aura pas réussi à reconnaître, en notant les caractéristiques essentielles permettant une identification ultérieure : la forme, la coloration, le type de vol, le comportement, le chant, le lieu et le moment de l'observation. En ce qui concerne les jumelles, on peut conseiller les modèles 8x30 (peu encombrantes et permettant un grand angle de vision), 8x40, 10x40 et 10x50 (type jumelles de marine). Dans la définition du modèle de jumelles, le premier chiffre (par exemple 8) indique l'agrandissement donné par ce modèle, le second (par exemple x30) représente le diamètre de l'objectif en millimètres et fournit une indication sur la luminosité des jumelles. Comme équipement accessoire, il peut être utile de disposer d'une bonne lunette sur trépied, qui facilitera, grâce à sa stabilité et à sa focale plus importante, l'identification des différentes espèces observées de loin. Il est très utile aussi de disposer de disques d'enregistrement de chants et cris des différentes espèces, pour en faciliter l'identification dans la nature.

De même que dans tout domaine de recherche, l'un des éléments les plus importants du « bird-watching » est la collecte des données. Il est essentiel de suivre une méthodologie sérieuse et scientifique, normalisée au niveau international. Il y a longtemps que de remarquables efforts sont entrepris en vue d'obtenir cette normalisation; en particulier, le British Trust for Ornithology en Europe s'occupe de cette question et a organisé en 1971, en collaboration avec la Vogelwarte Radolfzell de Schloss Moggingen, un congrès

Observation des oiseaux en liberté (« bird-watching »).

sur la normalisation de l'ornithologie européenne. Il a été ainsi créé un groupe de travail et différentes conférences ont eu pour thèmes les méthodes de recensement et les « Projets Atlas », dans le but de dresser la carte des espèces nichant dans chaque pays. En France, toutes ces initiatives sont coordonnées par la *Revue française d'ornithologie,* 55, rue Buffon, 75005 Paris.

Pour collecter vos observations, nous vous proposons la fiche standard suivante :

1 - nom et prénom de l'observateur

2 - liste nominative des éventuels « bird-watchers » l'ayant accompagné dans son excursion

3 - lieu des observations (avec référence précise à la carte détaillée au 1/25 000e de l'Institut géographique national) et type de jumelles ou de lunette

4 - date et heure des observations

5 - données recueillies : type de végétation, conditions météorologiques (nébulosité, vent, température, pluie, visibilité, etc) ; caractéristiques du milieu (type de sol, roches, pierres, galets, sable grossier, sable fin, vase, argile, humus, tourbe, etc.) ; pente du sol, présence d'eau superficielle, plans d'eau existants, constructions humaines existantes, etc.

6 - liste des espèces observées : pour chaque espèce, indiquer le nombre des diverses manifestations repérées. Si ces repérages sont trop nombreux, on peut aussi les signaler en termes conventionnels tels que « très nombreux », « divers », à condition d'affecter à chacun de ces termes un ordre de grandeur préétabli, par exemple pour 1 à 10 repérages, on utilisera le terme « divers » ; si on a eu l'occasion de le noter, le sexe des individus observés, le repé-

Empreintes d'oiseaux : 1) phasianidé ; 2) tétraonidé ; 3) mouette ; 4) canard plongeur ; 5) héron ; 6) foulque ; 7) cigogne blanche.

rage accompli avec le plus grand nombre d'individus observés ensemble et, le cas échéant, le total approximatif présumé d'individus de cette espèce présents dans la zone parcourue ; toutes annotations diverses sur le comportement et sur les caractéristiques dont on estime qu'elles valent la peine d'être consignées.

En pratiquant le « bird-watching », on peut se trouver en présence d'une nichée, mais s'il est très important de recueillir des données sur cette nidification, il est encore plus important de ne pas la troubler et de faire en sorte qu'elle aille brillamment vers son terme. Aussi faut-il réduire à l'indispensable le nombre des visites au nid (une ou deux), en se contentant d'observer de préférence de loin, sans abîmer la végétation environnante, afin de ne pas modifier la protection naturelle que le nid tire d'abord de son milieu naturel, et, en tout cas, prendre conseil d'un ornithologue expérimenté. La collecte des renseignements sur les nidifications est très importante. Le British Trust of Ornithology rassemble depuis de nombreuses années des données sur ce sujet au moyen de fiches normalisées, dans le cadre du « Nest Record Scheme » et a mis au point des fiches spéciales concernant les nidifications :

1 - nom et prénom de l'observateur

2 - lieu où se déroule l'observation (avec référence cartographique détaillée)

3 - date

4 - espèce

5 - position du nid (où il est situé — sur un arbre, sur un rocher, sur le sol, à quelle hauteur par rapport au sol, dans un milieu de quelle nature, etc.)

Analyse des contenus alimentaires de pelotes de réjection d'un hibou moyen duc (Asio otus).

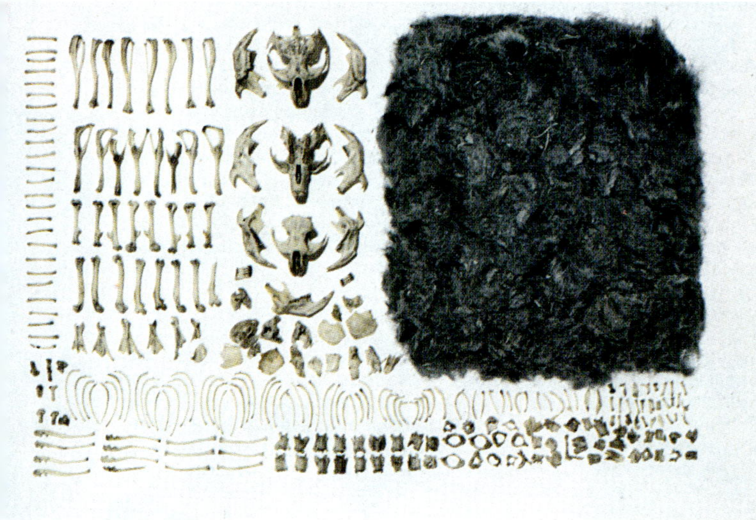

6 - mesures prises à l'achèvement de la nidification (longueur, profondeur, matériaux ayant servi à la construction, etc.)

7 - conditions où on a trouvé le nid : a) en construction, b) pendant la couvaison, c) avec les petits

8 - visites effectuées (pour chaque visite, indiquer la date, l'heure exacte, le nombre d'œufs ou d'oisillons présents et tous les renseignements que l'on jugera intéressant de signaler — s'il y a un adulte, s'il est occupé à couver, s'il alimente les petits, etc.).

Toutes les observations inscrites sur des carnets pendant les différentes excursions peuvent être ensuite reportées sur des cahiers appropriés, divisés par espèces, par lieux, par ordre chronologique d'excursion, etc.

La pratique du « bird-watching » suppose que l'on s'adonne à de nombreuses recherches : assurer la surveillance d'une zone donnée pendant plusieurs années pour analyser l'allure des migrations selon les conditions météorologiques et les changements subis par le milieu dans la zone elle-même ; surveiller les nidifications ; étudier le comportement des différentes espèces ; recueillir et classer pennes, plumes, os, crânes, etc. ; analyser la composition des pelotes de réjection (qui contiennent les restes non digestibles des proies de certaines espèces comme hérons, rapaces, guêpiers, etc.) pour obtenir des renseignements sur l'alimentation de ces espèces.

L'ornithologue attache aussi une grande importance à toutes les données que l'on peut tirer des spécimens trouvés morts ou de ceux qui sont capturés vivants pour le baguage. Il est utile de prendre des mesures comme la longueur totale (mesurée sur le spécimen étendu de la pointe du bec à celle de la queue), la lon-

A droite : colonie de manchots royaux (Aptenodytes patagonica).

gueur de l'aile (mesure à prendre avec l'aile repliée et non tendue), celle du bec (mesurée à partir de l'attache de la mâchoire au crâne), de la queue (mesurée de la base des rectrices centrales à l'extrémité), du tarse (prise du pli à la jonction du tibia jusqu'au bout des doigts) et parfois longueur de l'ongle du doigt postérieur (toutes mesures à prendre en millimètres). Un autre élément important, souvent essentiel pour l'identification de certaines espèces, est la formule alaire, c'est-à-dire la forme et la mesure relative des rémiges primaires. La détermination « européenne » du nombre des rémiges part de la partie extérieure de l'aile. Comme le rappelle l'ornithologue Frugis, chez certaines espèces on peut déterminer l'âge approximatif en analysant le contour terminal des rectrices qui sont en général plus arrondies chez les adultes et plus pointues chez les jeunes.

Le recensement des populations d'oiseaux

Lorsqu'on effectue des recherches zoologiques sur le terrain, il est extrêmement important de parvenir non seulement à une analyse qualitative du peuplement en animaux, mais encore à une analyse quantitative approfondie de ces peuplements. Ces études sont indispensables pour se faire une idée claire de la situation générale existant dans un milieu donné, pour analyser la situation des différentes espèces sur plusieurs années et, par conséquent, se documenter sur les causes éventuelles de fluctuation et de variation. Depuis quelque temps, on accorde une grande importance aux recensements des populations d'oiseaux et l'on étudie à fond différentes techniques. Pour effectuer le recensement d'une population d'oiseaux, les deux conditions suivantes doivent être réunies : 1) possibilité théorique de relever la présence des individus isolés un par un par la vue, l'ouïe ou le repérage de quelque autre élément fournissant la preuve de leur présence ; 2) stabilité de la population faisant l'objet du recensement dans l'aire choisie pendant le temps passé à effectuer le recensement lui-même.

Les méthodes de recensement des oiseaux varient suivant le groupe d'oiseaux à recenser. Les espèces qui nichent en colonies (particulièrement les oiseaux marins nichant sur les rochers) sont faciles à recenser par l'observation directe et par la photographie aérienne. De même les espèces migratrices, qui se rassemblent en groupes importants dans des zones déterminées pendant l'hiver, par exemple dans les marécages, sont aisément recensables ; l'International Waterfowl Research Bureau (Bureau international de recherches sur les oiseaux aquatiques) organise en effet chaque année, vers le milieu de janvier, un comptage simultané, dans les grandes étendues palustres de toute la zone paléarctique occidentale, des canards et des foulques, souvent en employant des avions pour mieux observer, donnant verbalement des indications grâce à un dispositif enregistreur portatif, sur les quantités des différentes espèces présentes et prenant en outre des photographies. On peut ainsi distinguer des recensements complets, grâce auxquels on obtient un comptage de tous les individus vivants d'une espèce, et des recensements par sondages, effectués dans des zones réduites, prises comme échantillons représentatifs. En outre, les recensements peuvent être définis comme absolus — quand ils permettent

de connaître le nombre des individus présents dans une surface donnée — ou relatifs — quand ils sont exprimés par un indice, proportionnel à la densité réelle, qui reste inconnue. Des recherches approfondies ont été conduites pour imaginer des méthodes de recensement applicables aux espèces d'oiseaux vivant en milieux fermés, comme les bois (passériformes, piciformes, certains columbiformes). L'aire choisie pour un recensement doit être la plus représentative possible de la totalité du milieu que l'on veut étudier, et doit faire l'objet d'une description détaillée. La méthode du repérage topographique consiste en pratique à effectuer une série de visites à la saison de reproduction dans la zone préalablement choisie, en pointant sur une carte les endroits où l'on a établi des contacts avec les individus des différentes espèces (mâle qui chante, cris d'alarme, observations directes, etc.). Quand on analyse les résultats, la répétition de contacts avec des individus de la même espèce au même endroit peut faire conclure affirmativement quant à la présence d'un territoire occupé par un couple. La surface de la zone choisie pour le recensement peut varier de 10 à 30 hectares (jusqu'à 100 hectares si on doit recenser des espèces plus grandes, comme les pics) ; dans cette zone, il faut repérer une série de « pistes » perpendiculaires entre elles, espacées de 50 en 50 m (100 à 200 m pour les pics). On établira ensuite plusieurs dizaines de copies de la carte détaillée (au 1/2 000e) de la zone, que l'on utilisera pour toutes les tournées à effectuer aux heures d'intense activité des oiseaux et de bonnes conditions atmosphériques. Les contacts doivent être produits par une série de symboles normalisés.

Après un certain nombre de tournées (10 à 15), on recueillera sur différentes cartes les données relatives à chacune des espèces. Dans l'analyse des données se poseront évidemment bien des problèmes, cependant que les résultats du recensement s'obtiendront en appliquant aux données recueillies les tests de validité, les tests de rendement, sur lesquels il ne saurait être question ici de s'étendre de façon détaillée (pour plus de renseignements, s'adresser à la Société ornithologique de France, 55, rue Buffon, 75005 Paris). Une population de petits passériformes pendant la saison de reproduction se compose de : 1) mâles qui occupent un territoire, forment un couple et se reproduisent; 2) mâles occupant deux ou plusieurs territoires et s'y reproduisant, même dans les deux; 3) femelles accouplées à ces deux catégories de mâles et occupant le territoire de ceux-ci; 4) mâles à territoires, sans accouplement; 5) mâles et femelles en migration, errants, ou en dispersion postnuptiale; 6) jeunes au nid et ensuite errants, après avoir abandonné le nid. Toutes ces catégories donneront lieu à enregistrement dans le cadre du recensement. En Grande-Bretagne, le « British Trust for Ornithology » organise chaque année le « Common Bird Census » pendant lequel différents ornithologues inspectent plusieurs zones d'échantillonnage dans une série de visites (au moins huit) au cours de la période de reproduction, pour établir le report topographique quantitatif des couples, des espèces nichantes, contrôlant ainsi d'une année à l'autre les variations et en recherchant les causes. L'I.K.A. (indice kilométrique d'abondance) est une méthode de recensement mise au point par l'ornithologue C. Ferry; pour la mettre en œuvre, on choisit dans le secteur à étudier un trajet à peu près rectiligne de 500 à 1 000 mètres de longueur, que l'on parcourt lentement par de bonnes conditions atmosphériques, en notant tous les individus observés ou écoutés et tout élément pouvant indiquer une présence. On utilise ensuite les chiffres les plus élevés enregistrés pour chaque couple; le nombre de couples signalés est divisé par la longueur du parcours, ce qui donne des nombres correspondant à l'I.K.A. de chaque espèce, nombres qui sont proportionnels à la densité de celle-ci.

Associations et revues ornithologiques

Comme nous l'avons dit précédemment, il est vraiment très important, pour qui désire s'occuper d'ornithologie à quelque niveau que ce soit, de ne pas rester isolé. Pour coordonner et promouvoir toutes les activités scientifiques et celles des ornithologues amateurs, il existe dans tous les pays des associations qui, à part le fait de rassembler les passionnés, but primordial, garantissent un progrès de plus en plus actif des recherches ornithologiques, en fournissant des études et données dans des publications spécialisées. En France, les meilleures revues traitant de ce sujet sont la *Revue française d'ornithologie, l'Oiseau,* le *Courrier de la nature* et *l'Homme et l'Oiseau,* édité par la Ligue française pour la protection des oiseaux et la Société nationale de protection de la nature.

La protection

La vie d'une espèce déterminée dans un milieu déterminé est le fruit admirable d'une délicate combinaison entre individu, milieu, évolution, adaptation. L'ornithologue Robert Ricklefs écrit : « L'adaptation des organismes correspond aux caractéristiques du milieu et la sélection naturelle agit simplement en traduisant en adaptation les caractéristiques du milieu. Le milieu de chaque espècé comporte beaucoup de caractéristiques. L'une d'elles est constituée par les facteurs physiques et chimiques du milieu auquel l'espèce est exposée. Une autre est formée des autres espèces, prédateurs, parasites, proies et autres, avec lesquelles un individu entretient des rapports. Un troisième mode d'action est le contact avec des individus de la même espèce par le biais du comportement sexuel, des liens de famille et des interactions sociales. Toutes ces caractéristiques du milieu contribuent à modeler l'adaptation d'un organisme. » Toute espèce qui peuple aujourd'hui un milieu participe de cet équilibre de milieu qui est régi par les lois naturelles et qui, à travers des milliers d'années d'évolution, d'adaptation, de perfectionnement, etc., a mis là où elle est cette espèce et lui a assigné le rôle qu'elle remplit au sein du milieu. Dans ce processus évolutif progressif, différentes espèces se sont naturellement éteintes tandis que d'autres en produisaient de nouvelles. La conscience que chaque élément de la nature participe à un ensemble rigoureusement équilibré, de la même façon que l'assemblage des fragments constitue une mosaïque parfaite, a fait longtemps défaut à l'*Homo sapiens,* qui est intervenu sans discernement sur le milieu, qu'il a pillé et saccagé sans jamais prévoir une programmation de son action sur la nature dont il fait partie et dont il dépend. L'égocentrisme de l'homme industrialisé et technicisé, qui s'est placé avec arrogance au centre de l'univers avec la nature à son service, a conduit à la situation critique actuelle, dans laquelle la dilapidation irrationnelle des ressources naturelles, faite en vue de l'acquisition immédiate d'un profit quantitatif et matérialiste qui ne bénéficie économiquement qu'à une élite restreinte de pouvoir, est en passe d'aboutir à des situations extrêmes irréversibles. La société actuelle, corrompue, a érigé comme critère d'importance sociale l'accumulation matérielle de biens superflus, sans se rendre compte du prix, de plus en plus élevé, que nous payons et que nous paierons, en termes de qualité physique et psychique, individuelle et collective. Les remèdes à la poussée irraisonnée de la société de consommation existent, mais ils supposent un profond renversement de tendance, évidemment assorti d'une authentique révolution culturelle. Il faudrait que l'on prenne pour base une réévaluation totale des valeurs qualitatives de l'existence. Dans cette perspective, il conviendra de promouvoir et de diffuser toutes les initiatives tendant à l'élimination de la spéculation destructrice et de l'intérêt égoïste et privé qui incite à toutes les activités de basse qualité, pour instaurer, au contraire, une vie en parfaite harmonie avec la nature, prévoyant une utilisation rationnelle de celle-ci grâce à une planification organisée des interventions sur le milieu. L'activité destructrice de l'homme à l'égard de la nature a eu de toute évidence de notables répercussions sur la vie de nombreuses espèces animales, autres que celles qui ont disparu, hélas pour toujours, de la face de la Terre. A la série des actions indirectes, telles que l'altération progressive des milieux naturels et la pollution, se sont ajoutées des causes directes comme la chasse sans discer-

nid artificiel
en boîte aux lettres

nement, qui ont appauvri de façon inquiétante la consistance numérique d'un grand nombre d'espèces, dont quelques-unes ont été détruites à jamais. Pour déterminer celles qui sont les plus menacées, il faut examiner la situation actuelle de chacune d'elles, en partant par exemple des sept critères suivants, proposés par l'ornithologue Paul Géroudet :

1) extension de l'aire de nidification et changements qui ont affecté celle-ci au cours des dernières décennies ; 2) effectifs de la population et tendance générale de leur évolution ; 3) sensibilité écologique et éthologique (surtout, dépendance d'un milieu biologique particulier ou d'une nourriture déterminée, exigences en matière de contacts sociaux et de sécurité, facultés d'adaptation) ; 4) vitalité (en particulier, taux de reproduction et mortalité naturelle) ; 5) dangers directs (chasse ou autres activités, influence des pesticides, etc.) ; 6) dangers indirects (altération ou destruction des milieux biologiques et des ressources alimentaires) ; 7) possibilité de réaliser une protection effective et d'améliorer la situation.

Voici seulement quelques exemples d'une longue et déplorable série d'espèces menacées de disparition : — Dans l'archipel des Bermudes nichait un intéressant procellariiforme que les indigènes du pays appelaient « cahow » *(Pterodroma cahow)*, ainsi que nous l'apprennent les rapports du capitaine espagnol Diego Ramirez, à cause du cri poussé par les adultes la nuit, à la saison des amours. A partir de l'arrivée dans les îles d'une colonie anglaise qui s'y installa en 1609, et amena avec elle le rat noir, l'histoire du pétrel cahow devint attristante : les rats s'attaquaient aux poussins au nid, les colons capturaient les jeunes pour s'en nourrir, à tel point que l'espèce fut considérée comme éteinte pendant trois siècles. Après quelques apparitions signalées en 1935 et en 1941, une colonie nichante de pétrels cahow fut repérée en 1945. En 1951, les ornithologues R. Cushman Murphy et F. Mowbray ont pu découvrir bel

Quelques exemples de constructions simples que chacun peut réaliser pour la protection des oiseaux.

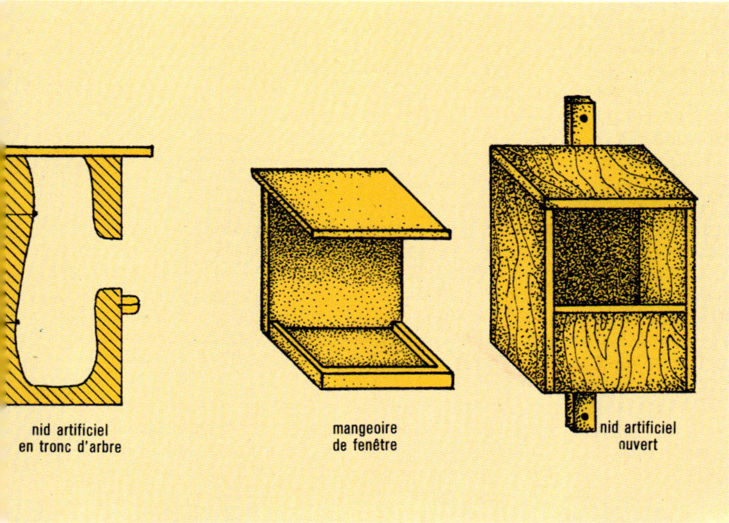

et bien sept nids de cette espece, qui est aujourd'hui menacée par la concurrence d'un autre oiseau marin, le phaéton à bec jaune *(Phaeton lepturus),* qui s'empare des nids-terriers du pétrel cahow, et plus encore par l'accumulation, par l'intermédiaire de la chaîne alimentaire, de fortes concentrations de DDT et autres insecticides, qui ont contaminé la faune marine de la zone où se nourrit le cahow. — Septembre 1914 : dans le jardin zoologique de Cincinnati (Etats-Unis) meurt le dernier spécimen du pigeon migrateur *(Ectopistes migratorius),* espèce extrêmement abondante dans le passé, objet d'une chasse sans merci et déraisonnable qui l'a inexorablement conduite à l'extinction. Autrefois, ce pigeon était très répandu : on parlait, par le fait, de vols qui arrivaient à obscurcir le soleil. Mais les colonies nichantes aussi bien que les vols de migration furent en butte à une destruction systématique, réalisée par tous les moyens, tant et si bien que déjà vers la fin du XIXe siècle, l'espèce s'était faite de plus en plus rare. Des mesures de protection furent prises avec un retard très regrettable et, aujourd'hui, l'espèce est définitivement disparue de la surface de la Terre par la faute de l'homme. — En Nouvelle-Zélande vivait à l'état endémique un rallidé robuste, le *Notornis mantelli* ou takahé, que l'on a longtemps considéré comme éteint, puisqu'on n'avait pas eu de ses nouvelles pendant près d'un demi-siècle. En 1948, il fut de nouveau observé. Cette espèce avait été autrefois largement répandue dans les deux îles, nord et sud, de la Nouvelle-Zélande ; actuellement, il en existe une population d'environ 200 couples, réduite aux quelque 650 km^{2} du parc national Fiordland, comprenant le mont Murchison et une étroite bande limitrophe.

On pourrait citer encore bien des exemples d'espèces éteintes ou en voie d'extinction. Parmi les espèces éteintes, on se bornera à citer le grand pingouin *(Alca impennis),* oiseau marin inapte au vol, répandu sur les îles et dans les zones côtières de l'Atlantique nord, particulièrement en Islande, objet d'une chasse effrénée pendant longtemps, et éteint complètement en 1844, époque où les deux derniers spécimens furent tués dans l'île d'Eldey ; le dodo *(Raphus cucullatus),* columbiforme répandu dans l'île Maurice, lui aussi chassé de façon acharnée, et menacé en outre par tous les animaux domestiques importés par les colons, éteint définitivement en 1681. Parmi les nombreuses espèces menacées, citons encore le faucon crécerelle de l'île Maurice *(Falco punctatus),* qui est peut-être l'oiseau le plus rare du monde, ne comptant plus que treize spécimens ; le condor de Californie *(Gymnogyps californianus),* avec une population de cinquante à soixante individus fréquentant la zone côtière de l'Etat de Californie ; la grue blanche américaine *(Grus americana),* qui niche dans une région centrale du Canada, le parc national de Wood Buffalo, et hiverne dans le refuge d'Aransas, au Texas, dont le nombre global d'individus existant de nos jours est d'environ quatre-vingts.

Protéger la nature ne signifie certes pas la « momifier », cela veut dire au contraire la gérer rationnellement de façon scientifique, en harmonie avec les lois naturelles et en vue du bien-être de la collectivité. Il est clair que pour traiter globalement le sujet de la conservation des ressources naturelles, comme nous l'avons déjà vu, on doit aborder des questions de programmation générale de toutes les actions d'intervention humaine sur les plans administratif, industriel et agricole. Il semble qu'aujourd'hui la question de la conservation puisse s'imposer comme philosophie authentique de la vie ; il est en tout cas indéniable que la portée révolutionnaire d'une organisation différente des rapports entre l'homme et la nature, ne prenant plus comme base le gaspillage sans contrôle du milieu mais s'appuyant sur un équilibre harmonieux, se heurte à une forte opposition des grands intérêts économiques existants. C'est pourquoi l'action de protection est devenue aussi une action immédiate et minutieuse d'interventions concrètes à effectuer avant qu'il soit trop tard et partout où il est possible d'agir dans les circonstances actuelles. De notables efforts de coordination sont en cours au niveau international pour planifier cette intervention dans le monde entier. Dans ce but est né, en 1922, le Conseil international pour la protection des oiseaux, en 1948 a eu lieu la naissance de l'Union internationale pour la conservation de la nature et de ses ressources et, en 1961, celle du Fonds mondial pour la nature (World Wildlife Fund), fonctionnant au niveau international dans de nombreux pays. Parmi les interventions immédiates et concrètes concernant la protection des oiseaux qui peuvent être réalisées d'urgence, nous pouvons citer : 1) études sur la biologie, les exigences, l'état des espèces les plus menacées, base essentielle de toute intervention concrète de protection ; 2) création de parcs ou réserves pour préserver des milieux déterminés ; 3) réglementation draconienne de l'activité de chasse ; 4) interventions directes de réhabilitation de milieux (parmi les actions à entreprendre là où l'équilibre du milieu a été compromis, on peut signaler la création de nids artificiels ; parmi les actions relatives à la réhabilitation des *habitats,* citons les réintroductions); 5) nidification en captivité pour les espèces les plus rares.

Un très grand nombre d'actions ont été entreprises dans ces secteurs, dans le monde entier; toutes les espèces menacées sont l'objet de recherches approfondies et en divers endroits sont réalisés des projets de reproduction en captivité d'espèces rares; rappelons le programme de reproduction en captivité des rapaces, qui, depuis des années, est mené à bien par le Laboratoire d'ornithologie de la Cornell University, programme en vertu duquel on s'est attaché à libérer en zone sauvage des sujets nés en captivité; ou encore celui des canards et oies du monde entier qui se déroule au Wildfowl Trust de Slimbridge, en Angleterre, lequel, entre autres succès, a réussi à éviter l'extinction de la bernache des Hawaii, la très rare *Branta sandvicensis,* ou oie néné. De très nombreuses aires de grande importance pour les naturalistes ont été affectées à des parcs, réserves, oasis de protection et ont permis la survie de nombreuses espèces à l'état libre.

Avant toute opération de réintroduction, il convient de procéder à des études approfondies dans le but de déterminer avec certitude les caractéristiques et les exigences écologiques et de comportement de l'espèce à réintroduire ainsi que les caractères de la zone où s'effectuera la remise en liberté; il faut aussi préparer soigneusement les sujets à réintégrer (en en étudiant la sous-espèce, le rapport des sexes, etc.) et les procédés de remise en liberté. De toute évidence, les sujets réintégrés devront être soigneusement suivis et contrôlés.

Une opération de réintroduction ne devrait se faire qu'une fois éliminées, dans la zone où les sujets sont relâchés, les causes qui en avaient précédemment provoqué l'extinction. Des projets de réintroduction ont été établis et déjà partiellement réalisés en Europe pour le vautour fauve, dans le Massif Central, en France, pour le gypaète dans les Alpes occidentales, pour le grand duc d'Europe en Suisse et en Allemagne, pour le pygargue et l'outarde en Grande-Bretagne. Une autre initiative de protection consiste à mettre en œuvre des nids artificiels, qui augmentent la possibilité de trouver des sites permettant la nidification pour différentes espèces.

Il y a déjà longtemps que, pour venir en aide aux populations rares et menacées de vautours d'Europe, on a organisé des points d'alimentation artificiels avec charognes (charniers organisés), le but étant de faciliter la découverte de la nourriture à ces espèces en voie de disparition. Des charniers ont ainsi été organisés en Sardaigne pour les derniers vautours qui y vivent encore, selon un projet du WWF dirigé par l'ornithologue Helmar Schenk. Toutes ces initiatives, ainsi que d'autres plus simples et directes consistant à planter des végétaux facilitant la nidification et l'alimentation des oiseaux sauvages, ont déjà donné bien souvent des résultats encourageants. Mais il importe que chacun de nous se rende compte qu'il peut faire beaucoup pour changer la situation critique actuelle par l'exemple de son propre comportement, par la diffusion minutieuse des idées de protection et de gestion rationnelle de la nature, ainsi que par l'adhésion à des groupes organisés qui luttent pour faire aboutir les mêmes idées.

OISEAUX DU MONDE

1 ACANTHIS FLAMMEA

Sizerin flammé

Classification Ordre des Passériformes, famille des Fringillidés.
Caractéristiques Longueur env. 12,5 cm. Les parties supérieures présentent une coloration brun grisâtre rayée de noir, la gorge et le haut de la poitrine sont rosés, les flancs sont rose jaunâtre avec raies noires, le ventre est blanchâtre ; le front et le sommet du crâne sont de couleur rouge et sur la tête on observe une tache d'un rouge plus vif. Il y a des taches noires au-dessus et au-dessous du bec.
Milieu Forêts nordiques, surtout de bouleaux, de conifères (ou avec aulnes, saules et genévriers), zones montagneuses, toundra.
Diffusion Europe septentrionale, Asie septentrionale et Amérique du Nord. Quelquefois, accomplit des déplacements plus au sud.
Vie et mœurs Niche généralement sur les conifères, les bouleaux, les aulnes et les saules. Le nid est en coupe, constitué de brindilles, branchettes, racines, lichens et plumes. Dans ces nids se fait la ponte, en général de 4 à 5 œufs (parfois de 3 à 7) qui sont couvés par la femelle pendant 10 à 13 jours. Les poussins, nidicoles, sont nourris par les deux parents et quittent le nid au bout de 11 à 14 jours. Le sizerin fait une ou deux couvées par an. Il se nourrit surtout de graines (particulièrement d'aulne et de bouleau) mais il est aussi insectivore.

---

2 ACCIPITER GENTILIS

Autour des palombes

Classification Ordre des Falconiformes, famille des Accipitridés.
Caractéristiques Longueur 48 à 58 cm. Ressemble à un gros épervier. Le mâle est plus petit que la femelle. Les adultes présentent une coloration brun cendré foncé dans les parties supérieures, tandis que les parties inférieures sont blanchâtres, fortement barrées de sombre. Les jeunes ont les parties supérieures plus claires, tirant sur le rougeâtre, et les parties inférieures fauves, avec grosses taches brun foncé.
Milieu Forêts et bois de plaine et de montagne offrant des espaces de clairières.
Diffusion Europe, Asie paléarctique, Amérique septentrionale.
Vie et mœurs Niche sur les arbres. Dans le nid sont pondus de 2 à 3 œufs (rarement 1 à 5) à 3 jours d'intervalle. L'incubation est surtout faite par la femelle, que le mâle nourrit pendant cette période, et dure de 36 à 41 jours. Les poussins se couvrent de plumes entre 18 et 38 jours d'âge. Ils quittent le nid vers le 40e jour et effectuent leur premier vol à 45 jours ; ils deviennent suffisamment indépendants à 70 jours. L'autour est un redoutable chasseur des bois : il suit sa proie à travers les arbres à basse altitude, volant vite et très habilement. Il chasse les oiseaux, en particulier les corvidés, columbidés, turdidés, phasianidés, tétraonidés, et même les mammifères (lièvres et rats), ainsi que les lézards et les insectes. Il dévore sa proie sur le terrain.

3 ACCIPITER NISUS

Épervier d'Europe

Classification Ordre des Falconiformes, famille des Accipitridés.
Caractéristiques Longueur 27 à 37 cm; la femelle, plus grande que le mâle, a les parties supérieures foncées et les parties inférieures blanchâtres, fortement barrées de brun foncé. Le mâle présente une coloration foncée (tirant sur le gris ardoise) dans le haut et rougeâtre à rayures dans le bas. Chez les jeunes, les parties supérieures sont brunes, avec plumes ourlées de rougeâtre, les parties inférieures étant plus amplement rayées.
Milieu Bois et forêts de plaine et de montagne comportant des clairières.
Diffusion Europe, Asie paléarctique, nord-ouest de l'Afrique.
Vie et mœurs Pond une seule couvée de 4 à 5 œufs (parfois 2 à 7) dans un nid fait de brindilles, branchettes, substances végétales, et construit sur des arbres, de préférence dans des bois de conifères. Les œufs sont pondus à intervalles de 2 à 4 jours. L'incubation, confiée à la femelle seule, commence au moment de la ponte du 2ᵉ ou du 3ᵉ œuf, et dure de 35 à 42 jours. Le mâle alimente la femelle pendant la durée de la couvaison. Les petits se couvrent de plumes en 13 à 28 jours, et ne sont prêts pour le premier vol qu'au bout du 32ᵉ jour, mais ils continuent à dépendre de leurs parents pendant encore 27 jours environ. L'épervier chasse en volant bas et vite le long des lisières des bois, au-dessus des buissons, capturant surtout des oiseaux et leurs poussins, ainsi que de petits mammifères et des insectes.

---

4 ACROCEPHALUS ARUNDINACEUS

Rousserolle turdoïde

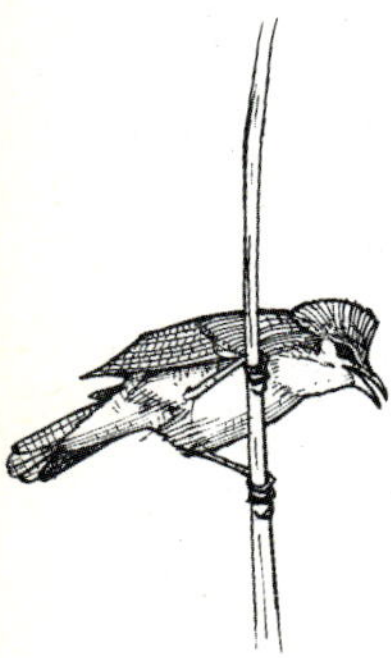

Classification Ordre des Passériformes, famille des Sylviidés.
Caractéristiques Longueur 18,5 cm environ; c'est la plus grande des fauvettes de marais européennes. Le bec est plus long et plus massif que celui des autres fauvettes palustres d'Europe et le sourcil est marqué. La coloration du plumage est marron foncé sur le dos et plus clair sur le dessous.
Milieu Zones palustres, cannaies, le long des rivières et au bord des lacs.
Diffusion Europe, Afrique, Asie.
Vie et mœurs Niche au milieu des roseaux, construisant un nid formé de matières végétales tressées, établi dans les roseaux eux-mêmes. Elle ne pond qu'une seule couvée. généralement composée de 4 à 6 œufs (rarement 3), qui sont couvés pendant 14 à 15 jours, à la fois par les deux sexes. Les poussins sont nourris par les deux parents et restent encore une douzaine de jours au nid. La rousserolle turdoïde émet un chant que l'ornithologue G. Mountfort définit comme « âpre et prolongé » : une série de notes qui sonnent comme : « karra-karra, krik-krik, gark-gark ». Elle se nourrit de préférence d'insectes et invertébrés divers. En Hongrie, on a même observé un couple qui nourrissait ses petits avec des petits poissons.

5 ACROCEPHALUS SCHOENOBAENUS

Phragmite des joncs

Classification Ordre des Passériformes, famille des Sylviidés.
Caractéristiques Longueur environ 12,5 cm ; sourcil marqué, de couleur crème. Coloration sombre, dans les tons marron ; diverses rayures dans les parties supérieures ; croupion fauve, parties inférieures claires. Les individus juvéniles présentent une coloration plus jaunâtre, avec de petites taches en haut de la poitrine et de la gorge.
Milieu Zones humides, cannaies, végétation basse avec buissons.
Diffusion Europe, Asie, Afrique.
Vie et mœurs Niche au milieu des roseaux ou dans la végétation basse. Pond une seule couvée, généralement de 5 à 6 œufs, parfois de 3 à 8. L'incubation, dévolue surtout à la femelle, dure de 13 à 14 jours. Les oisillons, nidicoles, sont élevés par les deux parents et restent au nid de 10 à 12 jours après éclosion. Le phragmite des joncs se nourrit de préférence d'insectes et autres invertébrés.

---

6 AEGITHALOS CAUDATUS

Mésange à longue queue

Classification Ordre des Passériformes, famille des Paridés.
Caractéristiques Longueur environ 14 cm. Les adultes ont la tête, le cou et les parties inférieures blanches (parmi les nombreuses sous-espèces, l'*Aegithalos caudatus caudatus* a la tête complètement blanche, tandis que l'*A.c. rosaceus* présente un large sourcil noir) ; le dos est généralement noir grisâtre, le croupion est rosé ; la queue, caractéristique, est longue et progressive. Chez les jeunes, les côtés de la tête sont brunâtres ainsi que la nuque, et le dos est brun. Le vol est onduleux et irrégulier
Milieu Bois, parcs, jardins.
Diffusion Europe, Asie.
Vie et mœurs Construit un nid caractéristique à la fourche des branches d'arbres ou sur des buissons. Mâle et femelle coopèrent à la construction (qui dure environ trois semaines). Le nid qui en résulte est un amas ovoïde de mousse, de lichens, de substances végétales, avec ouverture sur le dessus. La femelle y pond de 8 à 12 œufs (parfois 5 à 16) qu'elle couve, de préférence, pendant que le mâle la nourrit, pendant 12 à 14 jours. Les oisillons, nidicoles, quittent le nid à l'âge de 14 à 18 jours. La mésange accomplit des déplacements erratiques, parfois même en groupes de 50 individus. Elle se nourrit d'insectes, de larves, d'araignées et autres invertébrés.

7 AEGYPIUS MONACHUS

Vautour moine

Classification Ordre des Falconiformes, famille des Accipitridés.
Caractéristiques Longueur 103 cm. Présente une coloration foncée, uniforme, tirant sur le brun-noir. La tête et le cou ont la peau nue, de couleur gris-bleu, avec duvet noirâtre sur la tête et collier de plumes autour du cou. Les jeunes non encore adultes ont la tête couverte d'un fin duvet noir épais. En vol, il déploie une grande taille, avec la queue légèrement cunéiforme.
Milieu Plaines et zones de montagne boisées.
Diffusion Ce vautour devient de plus en plus rare. On le trouve en Asie centrale (de la Turquie à l'Afghanistan), en Mongolie et dans l'Oural. La situation européenne est de plus en plus préoccupante : le moine se reproduit abondamment en Espagne du sud-ouest et dans l'île de Majorque; des populations plus réduites vivent en Yougoslavie, en Grèce et en Crimée; des couples isolés et des individus solitaires se trouvent encore en Sardaigne, à Chypre et en Crète.
Vie et mœurs Niche généralement sur des arbres, construisant un grand nid grossier, réutilisé d'année en année. La ponte ne compte qu'un œuf unique. Les deux parents couvent à tour de rôle, pendant 52 à 55 jours. Le poussin est nourri par les parents au moyen d'aliments régurgités, et se couvre de plumes au bout de 30 à 60 jours. Le premier vol a lieu à l'âge de 100 jours. Le jeune reste alors auprès de son nid pendant encore 6 semaines. Ce rapace se nourrit presque exclusivement de charognes.

---

8 AGAPORNIS FISCHERI

Inséparable de Fischer

Classification Ordre des Psittaciformes, famille des Psittacidés.
Caractéristiques Les inséparables atteignent une longueur de 13 à 17 cm; ils ont la queue arrondie et un plumage dans la couleur duquel le vert prédomine. Suivant les avis de divers ornithologues, il existerait de 6 à 9 espèces d'inséparables. Leur nom (que confirme le nom scientifique *Agapornis,* du grec « oiseau de l'amour ») caractérise le lien très étroit qui unit les couples de ces espèces. L'inséparable de Fischer présente une coloration de plumage verdâtre sombre sur le dessus, la tête et la poitrine étant marron et verdâtres sauf dans la partie antérieure qui est un peu rougeâtre. Un anneau blanc entoure l'œil.
Milieu Steppes, avec bois et forêts.
Diffusion Afrique méridionale.
Vie et mœurs On les rencontre souvent en groupes nombreux dans des lieux où il est facile de se procurer de la nourriture, composée surtout de graines. Le nid est placé dans des cavités d'arbres, certaines espèces d'inséparables transportant dans leur bec les matériaux de construction, tandis que d'autres les insèrent dans le plumage du dos ou du croupion. La couvée comprend généralement de 5 à 6 œufs, que la femelle couve pendant environ 21 jours. Les poussins, nidicoles, quittent le nid vers le quarantième jour, mais ils restent avec les parents pendant deux semaines de plus.

9 AGELAIUS PHOENICEUS

Étourneau à ailes rouges

Classification Ordre des Passériformes, famille des Ictéridés.
Caractéristiques Une des espèces les plus communes de la famille est longue de 20 à 25 cm. La coloration du plumage du mâle est complètement noire, sauf une large tache rouge écarlate sur les épaules. La femelle est de couleur marron sur les parties supérieures, et d'un blanc sale sur les parties inférieures, avec des raies foncées. Le bec est long et mince, et les pattes sont noires. Espèce voisine : troupiale tricolore *(Agelaius tricolor)*, avec une tache rouge foncé bordée de blanc.
Milieu Marais et terrains cultivés.
Diffusion Amérique du Nord.
Vie et mœurs Cette espèce, qui a considérablement augmenté son aire de dispersion géographique au cours de ces dernières années, est souvent de mœurs grégaires. Le nid est presque toujours construit dans des cannaies, des buissons ou même des arbres de petite taille au voisinage de l'eau ; toutefois, ces derniers temps, elle a commencé à construire le nid dans des terrains cultivés. Le nid est en forme de coupe, et entretissé de fibres végétales ; il abrite de 3 à 5 œufs, généralement 4, qui sont couvés pendant 11 à 12 jours, exclusivement par la femelle. Les oisillons volent à l'âge de 10 à 11 jours. D'habitude, deux couvées sont élevées chaque année. Le régime alimentaire est à base d'insectes et autres invertébrés pendant la bonne saison, et de graines et de grains en automne et hiver.

---

10 AIX GALERICULATA

Canard mandarin

Classification Ordre des Ansériformes, famille des Anatidés.
Caractéristiques Long de quelque 42 cm, le mâle présente une coloration incomparable. Il a des plumes de couleur orangée sur les ailes — qui ressemblent à des « voiles » verticales —, d'amples moustaches latérales de couleur marron, la poitrine foncée, le bec rouge, le haut du crâne noirâtre, une grande plage blanche derrière et au-dessus de l'œil. La femelle présente une coloration terne d'un gris brunâtre, avec un miroir alaire vert et un bec noirâtre. Les mâles non encore adultes en livrée postnuptiale ressemblent aux femelles, mais leur bec est toujours noir et non noirâtre.
Milieu Étangs, eaux intérieures, lacs.
Diffusion Introduit artificiellement en Europe, Asie (particulièrement Chine et Japon).
Vie et mœurs Niche généralement dans des cavités d'arbres. Pond presque toujours une seule couvée, de 9 à 12 œufs, que la femelle couve pendant une durée de 28 à 30 jours. Les canetons, nidifuges, sont actifs et indépendants et suivent la mère qui les garde et les élève pendant les premiers temps.

11 ALAEMON ALAUDIPES
Sirli du désert

Classification Ordre des Passériformes, famille des Alaudidés.

Caractéristiques Longueur environ 20 cm. Présente un bec recourbé caractéristique et une queue assez longue. La couleur est terne, brun grisâtre sur le dessus, poitrine claire rayée, ventre blanc, dos clair.

Milieu Zones désertiques et sableuses, avec végétation rare ou nulle, pierrailles.

Diffusion Afrique, Asie.

Vie et mœurs Construit un nid grossier au sol, en général à l'abri d'une touffe d'herbes ou d'un buisson. Pond 2 à 4 œufs de couleur claire avec grosses taches brun-vert ou roses. Ne pond qu'une seule couvée ; on dispose de peu de renseignements sur la durée d'incubation et d'élevage des petits. Le sirli du désert se nourrit de graines et d'insectes, particulièrement de larves qu'il extrait du sol grâce à son bec caractéristique. Une espèce voisine, l'alouette de Dupont *(Chersophilus duponti),* longue d'environ 18 cm, avec une livrée plus rayée et un bec légèrement moins courbe, est très répandue en Afrique septentrionale.

---

12 ALAUDA ARVENSIS
Alouette des champs

Classification Ordre des Passériformes, famille des Alaudidés.

Caractéristiques Longueur 18 cm. Parties supérieures brunâtres finement rayées de noir ; partie inférieure blanc fauve, avec larges raies foncées sur la poitrine. Les rectrices de la queue sont blanches, ainsi que les bords postérieurs des ailes en vol. La tête porte une petite huppe. Les jeunes sont brun foncé sur le dessus, avec des pointes blanches aux plumes.

Milieu Zones ouvertes et herbeuses, campagnes, steppes, landes.

Diffusion Europe, Asie, Afrique du nord-ouest.

Vie et mœurs Niche au sol, dans des dépressions abritées par des touffes d'herbe, construisant des nids faits d'herbes sèches et de racines, très difficilement visibles. Pond 2 ou 3 couvées, de 3 ou 4 œufs (parfois 5, et rarement 7). L'incubation, assurée par la femelle, dure 11 jours. Les oisillons, nidicoles, sont nourris par les deux parents, quittent le nid à 9 à 10 jours et volent bien au bout de 20 jours. Le régime alimentaire est essentiellement à base de substances végétales : pépins, grains, graines, pousses, etc. Au printemps et en été, l'alouette est insectivore. Pendant la période de nidification, l'alouette s'élève souvent en vol à quelques centaines de mètres au-dessus du sol, en chantant à contre-vent, redescendant ensuite à terre avec les ailes serrées, et les rouvrant à peu de distance du sol.

13 ALCA TORDA
Petit pingouin

Classification Ordre des Charadriiformes, famille des Alcidés.
Caractéristiques Long de 42 cm environ, il a un plumage noir sur le dessus et blanc sur le dessous. Les rémiges secondaires ont la pointe blanche, formant un liséré blanc sur le bord postérieur de la partie basale des ailes, en vol. Le bec, robuste, traversé par une ligne blanche, est caractéristique. A la période de la reproduction, on observe une ligne blanche allant de la base du bec à l'œil. En hiver, la gorge et les côtés du cou, qui sont noirs en été, deviennent blancs. Chez les jeunes, la partie supérieure est marron foncé.
Milieu Pleine mer, récifs, plages caillouteuses.
Diffusion Niche le long des côtes de l'Europe septentrionale, des côtes nord-est de l'Amérique du Nord et du Groenland. On le rencontre comme hivernant plus au sud.
Vie et mœurs Mœurs grégaires. Niche en grandes colonies, souvent mêlé à d'autres espèces voisines comme les guillemots, au milieu des rochers, sur les récifs et même parmi les cailloux sur les rivages. Il pond un seul œuf (parfois deux) dans les crevasses, les cavités, et sur les corniches rocheuses, au milieu des cailloux, sans construire de nid. Les deux parents couvent pendant une période de 25 à 35 jours, et collaborent à l'élevage du poussin, qui quitte le nid à l'âge de 12 à 15 jours, pour aller jusqu'à la mer, accompagné d'un adulte. Il se nourrit de poissons, de crustacés et de mollusques.

---

14 ALCEDO ATTHIS
Martin-pêcheur d'Europe

Classification Ordre des Coraciiformes, famille des Alcédinidés.
Caractéristiques Longueur 16 cm. C'est un oiseau ne pouvant prêter à confusion du fait de ses vives couleurs et de son corps trapu, au long bec robuste et aplati. Les parties supérieures du corps présentent une coloration qui, suivant la réfraction de la lumière, semble d'un bleu brillant ou d'un vert émeraude ; les parties inférieures sont de couleur châtain clair, la gorge est blanche et les pattes sont rouges. On observe souvent cet oiseau posé sur des branches ou des planchettes près de l'eau, d'où il plonge pour capturer ses proies. En général, il vole bas sur l'eau faisant parfois du sur-place ; son vol est rapide et accompagné d'un frémissement d'ailes.
Milieu Voisinage des cours d'eau (rivières, torrents, canaux, lacs) et des zones palustres.
Diffusion Europe, Asie, Afrique septentrionale.
Vie et mœurs En manière de nid, il creuse une longue galerie sur les berges des rivières, dans des tas de sable, le long des rives, sur 45 à 130 cm. La galerie se termine par une « chambre », constituant le véritable nid. Le martin-pêcheur y pond 6 à 7 œufs (parfois de 4 à 8, rarement 10), qui sont couvés par les deux parents pendant 19 à 21 jours. Les jeunes, élevés par les deux parents, quittent le nid à l'âge de 23 à 27 jours. Il se nourrit de poissons, d'insectes, de vers et de mollusques.

15 ALECTORIS GRAECA
Perdrix bartavelle

Classification Ordre des Galliformes, famille des Phasianidés.
Caractéristiques Longue de 35 cm, elle présente une coloration de plumage brun-gris sur le dessus, plus claire au-dessous, et dans les tons jaunes sur le ventre, d'un brun-gris sur la poitrine et blanchâtre rayé de sombre sur les flancs. De loin, on la distingue facilement de la perdrix rouge *(Alectoris rufa)* et de la chukar *(Alectoris chukar)* par son collier noir bien marqué.
Milieu Régions relativement élevées, pierreuses ou rocheuses, zones montagneuses, même légèrement boisées. En hiver, elle descend à des altitudes plus basses.
Diffusion Europe du sud-est, sud-ouest et région centro-méridionale d'Asie.
Vie et mœurs Niche sur le sol dans les rochers et les zones pierreuses à végétation rare. Ne fait en général qu'une seule couvée, de 8 à 14 œufs, parfois de 6 à 21. Les œufs sont pondus à des intervalles de 24 à 36 heures. La femelle seule couve, et l'incubation dure de 24 à 26 jours. Les poussins, nidifuges, sont élevés par les deux parents et atteignent la taille adulte en deux mois. Ils restent ensemble et se réunissent en groupes à l'automne. Ils émettent des appels qui sonnent comme « uit-uit-uit-pitchi-i » et un chant au printemps et à l'automne.

---

16 ALECTORIS RUFA
Perdrix rouge

Classification Ordre des Galliformes, famille des Phasianidés.
Caractéristiques Longueur 32 cm environ. Difficile à distinguer de loin de la bartavelle *(Alectoris graeca),* mais de près on note le large collier brun rougeâtre qui part de la ligne noire et se continue par de petites taches claires. Le dessus du corps est brun rouille, la poitrine est gris bleuâtre, le dessous tend vers le jaunâtre, les flancs sont rayés, mais de façon moins dense que chez la bartavelle.
Milieu Zones cultivées, terrains incultes, collines, terrains argileux, sableux ou pierreux.
Diffusion Sud-ouest de la France, péninsule Ibérique, nord-ouest de l'Italie, Corse et îles limitrophes ; réintroduite en Angleterre.
Vie et mœurs Niche au sol, parmi la végétation clairsemée et les pierres. Elle pond en général une seule couvée, mais la femelle peut pondre deux couvées successives dans deux nids différents, l'une d'elles étant couvée par le mâle et l'autre par la femelle. La couvée comprend en général de 10 à 16 œufs, parfois de 7 à 20, plus rarement jusqu'à 28. La durée d'incubation est de 23 à 25 jours. Les poussins, nidifuges, restent ensemble jusqu'à la saison de reproduction suivante.

17 AMANDAVA AMANDAVA

Bengali commun

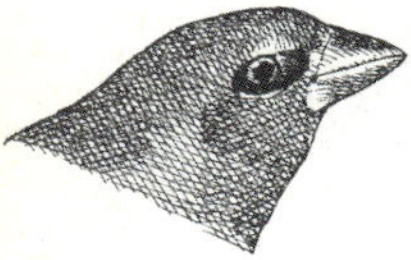

Classification Ordre des Passériformes, famille des Estrildidés.
Caractéristiques La famille des Estrildidés est très voisine de celle des Plocéidés. Elle comprend des espèces chez lesquelles le dessin de l'intérieur de la bouche est typique, avec ses lignes ou points foncés sur le palais, la langue et la base du bec, particulièrement chez les jeunes. Le bengali commun est long d'environ 10 cm. Le mâle présente une coloration assez vive — rougeâtre avec les ailes marron —, la queue foncée, de petites taches blanches sur le corps, le bec rougeâtre. La femelle a des couleurs plus ternes, gris-marron avec queue de ton plus foncé, bec rougeâtre. Les deux sexes ont une tache périoculaire noirâtre.
Milieu Forêt, zones palustres, cannaies, cours d'eau.
Diffusion Originaire du Sud-Est asiatique.
Vie et mœurs Oiseau très répandu dans le commerce, à l'instar de bon nombre d'estrildidés. A été importé par l'homme dans beaucoup d'îles tropicales, en basse Égypte, d'où il est ensuite disparu, etc. Quelques individus échappés de captivité se sont ensuite reproduits en liberté dans différents pays européens, France, Allemagne, Italie. Se nourrit de substances végétales.

---

18 AMAZONA AESTIVA

Amazone à front bleu

Classification Ordre des Psittaciformes, famille des Psittacidés.
Caractéristiques Les amazones sont des perroquets typiquement arboricoles et grimpeurs, dont la longueur varie de 26 à 47 cm suivant les espèces. La couleur prédominant dans leur plumage est le vert. L'ornithologue Kurt Kolar compte 26 espèces dans le genre *Amazona*. L'amazone à front bleu est longue de 35 à 41 cm, présentant un plumage surtout vert, avec du rouge et du bleuâtre sur les ailes, la tête dans les tons jaunes, sauf la nuque verte et le front bleu.
Milieu Forêts.
Diffusion Amérique du Sud.
Vie et mœurs Niche dans des trous d'arbres, où elle pond généralement deux œufs, couvés surtout par la femelle. L'incubation dure une trentaine de jours. Le régime alimentaire est à base de substances végétales (graines, noix, fruits). Deux espèces d'amazones sont en train de se raréfier : l'amazone de Guilding *(Amazona guildingui)* de l'île de Saint-Vincent, longue d'environ 41 cm, et l'amazone impériale *(Amazona imperialis)*, la plus grande espèce, longue de quelque 47 cm.

19 ANARHYNCHUS FRONTALIS

Bécasseau de Nouvelle-Zélande

Classification Ordre des Charadriiformes, famille des Charadriidés.
Caractéristiques Plumage gris-brun sur le dessus, plus clair sur le dessous, avec une fine barre noire juste sous le cou. Le bec est celui, caractéristique, des pluviers, mais avec l'extrémité déviée vers la droite.
Milieu Plages, zones côtières; régions humides.
Diffusion Nouvelle-Zélande.
Vie et mœurs L'*Anarhynchus* est un oiseau vraiment caractéristique par la conformation particulière, unique, de son bec, déjà manifeste quand l'oiseau est très jeune, qui lui permet d'extraire les proies (invertébrés divers) de sous les pierres, toujours du même côté. Les modifications que présentent les becs de différentes espèces de charadriiformes sont typiques de leurs spécialisations alimentaires. Rappelons le tourne-pierres *(Arenaria interpres)* et l'avocette *(Recurvirostra avosetta)*, objet d'autres fiches, et l'*Eurynorhynchus pygmaeus* du nord-est de la Sibérie, dont le bec, aplati en spatule, ramasse les aliments comme le fait le canard souchet *(Anas clypeata)*.

---

20 ANAS ACUTA

Canard pilet

Classification Ordre des Ansériformes, famille des Anatidés.
Caractéristiques Le mâle est long de 66 à 70 cm, la femelle de 55 à 58 cm. Le mâle présente, en livrée nuptiale, la tête et le cou sombres avec une bande blanche qui descend des deux côtés du cou jusqu'à la poitrine, blanche elle-même ; les flancs et le dos sont grisâtres. le miroir alaire est vert, les scapulaires sont noires, le dessous de la queue est noir, l'abdomen est blanc, et les plumes centrales de la queue sont noires et longues. La femelle est de couleur terne, brunâtre, avec une forme élancée, un cou mince et une queue pointue. Les jeunes et les mâles en plumage « d'éclipse » (postnidification) ressemblent à la femelle, mais le dessus du corps est plus foncé.
Milieu Zones de toundras, lacs, marais, estuaires, bords de mer.
Diffusion Europe, Amérique, hiverne aussi en Afrique.
Vie et mœurs Niche dans des trous du sol, parmi la végétation basse. Pond une seule couvée, généralement de 7 à 9 œufs (plus rarement 6 à 12), que la femelle couve pendant 21 à 23 jours. Les canetons, nidifuges, volent vers l'âge de 7 semaines. Le canard pilet se nourrit principalement de substances végétales (graines, algues, plantes aquatiques) mais aussi d'invertébrés.

21 ANAS CRECCA
Sarcelle d'hiver

Classification Ordre des Ansériformes, famille des Anatidés.
Caractéristiques Long de 35 cm, c'est le plus petit des canards d'Europe. Le mâle (ci-contre) porte une raie blanche horizontale sur les scapulaires, la tête est châtain foncé avec une bande verte partant de l'œil et se continuant vers l'arrière, et des zones jaunâtre clair s'étendent des deux côtés du postérieur, qui est noir. La femelle est brunâtre, et les deux sexes ont le miroir alaire vert bordé de clair.
Milieu Zones palustres, étangs, estuaires, côtes, lacs, clairières.
Diffusion Europe, Asie, Afrique, Amérique du Nord.
Vie et mœurs Niche sur le sol, au milieu de la végétation, en particulier dans les zones palustres. Pond de 8 à 12 œufs (parfois jusqu'à 16), couvés par la femelle, tandis que le mâle reste dans le voisinage, pendant une durée de 21 à 28 jours. Les canetons, nidifuges, ont un bec, des pattes et des doigts gris noirâtre. Ils prennent leur vol vers l'âge de 44 jours.

---

22 ANAS PENELOPE
Canard siffleur

Classification Ordre des Ansériformes, famille des Anatidés.
Caractéristiques Le mâle (ci-contre) peut atteindre la longueur de 49 cm. Il a la tête châtain avec le front jaunâtre, le dos et les flancs gris blanchâtre et la poitrine brun rosé ; le dessous de la queue est noir bordé de blanc. La femelle peut atteindre la longueur de 46 cm, avec une coloration plus uniforme, plus fauve que celle des autres femelles de canards. Mâle et femelle ont le bec gris-brun avec la pointe noire, et en vol on peut noter le miroir alaire vert bordé de blanc et l'abdomen clair. Les jeunes ressemblent à la femelle.
Milieu Lacs, rivières, bruyères, marécages, lagunes, estuaires, côtes, même zones boisées.
Diffusion Europe, Asie, Afrique.
Vie et mœurs Niche au sol, au milieu de la végétation ; pond une seule couvée, généralement de 7 à 8 œufs, plus rarement de 6 à 10. L'incubation est assurée par la femelle et dure de 22 à 25 jours. Les canetons, nidifuges, sont soignés par la femelle, occasionnellement aidée par le mâle, et deviennent indépendants vers l'âge de 6 semaines. L'alimentation du canard siffleur est presque exclusivement végétale.

23 ANAS PLATYRHYNCHOS

Canard col-vert

Classification Ordre des Ansériformes, famille des Anatidés.

Caractéristiques Le mâle (ci-contre) atteint la longueur de 57 cm, la femelle, de 49 cm. Le premier a le cou vert avec un collier blanc, la poitrine brunâtre, le dessus du corps gris clair. La femelle est brunâtre. En vol, on découvre le miroir alaire violet-pourpre, compris entre deux raies blanches. Le mâle présente ce plumage, en général, de septembre à juin ; en juillet-août il porte le plumage d'éclipse, qui le fait ressembler beaucoup à la femelle.

Milieu Zones palustres, lacs, rivières, estuaires, lagunes, étangs.

Diffusion Europe, Asie paléarctique, nord-ouest de l'Afrique, Amérique du Nord.

Vie et mœurs Niche près de l'eau, à l'abri de la végétation. Pond en moyenne 10 à 12 œufs (plus rarement 7 à 16), qui sont couvés par la femelle, pendant 28 à 29 jours. Les jeunes, nidifuges, élevés surtout par la mère, volent au bout de 7 à 8 semaines. Le col-vert se nourrit de matières végétales (graines, pousses, bourgeons, feuilles, baies, grains) mais aussi d'insectes, mollusques, crustacés et vers.

---

24 ANAS QUERQUEDULA

Sarcelle d'été

Classification Ordre des Ansériformes, famille des Anatidés.

Caractéristiques Le mâle (ci-contre), long d'environ 40 cm, présente une bande blanche, large, qui va, en courbe, de l'œil à la nuque. Le plumage est brun bigarré sur la poitrine et les flancs ; l'abdomen est blanc. Les plumes scapulaires sont longues et bordées de blanc grisâtre. La femelle est longue d'environ 36 cm, avec un plumage de coloration brunâtre uniforme. En vol, le miroir vert bordé de blanc ressort, et, chez le mâle, la partie antérieure des ailes, de couleur gris bleuâtre. Les jeunes ressemblent à la femelle.

Milieu Marais, lacs, étangs, zones palustres à végétation abondante, en général.

Diffusion Europe, Asie, Afrique (accomplit partiellement une migration circulaire, suivant en effet un itinéraire différent lors de chaque passage).

Vie et mœurs Niche au sol, au milieu de la végétation. Pond une couvée, généralement de 8 à 11 œufs, parfois de 6 à 14, que la femelle couve pendant 21 à 23 jours. Les canetons, nidifuges, sont élevés par la femelle et volent au bout de 5 à 6 semaines. L'alimentation de la sarcelle d'été est constituée de substances animales et végétales (petits poissons, petits amphibiens, crustacés, mollusques, insectes, vers, bourgeons, feuilles, racines, grains).

25 ANASTOMUS LAMELLIGERUS

Bec-ouvert

Classification Ordre des Ciconiiformes, famille des Ciconiidés.
Caractéristiques C'est un oiseau long d'environ 80 cm. La coloration du plumage est noirâtre avec des reflets métalliques. Le bec est caractéristique : les deux mandibules, en effet, ne se touchent qu'à la base et à la pointe du bec ; dans la partie médiane, où le contact fait défaut, la mandibule supérieure est dotée de formations cornées semblables à des soies. Une espèce similaire est l'anastome indien *(Anastomus oscitans)*, au plumage blanc, avec ailes et queue noires et pieds blanc rougeâtre.
Milieu Zones plantées d'arbres, cannaies, lacs et régions palustres.
Diffusion Afrique.
Vie et mœurs La structure particulière du bec ne permet pas à ces espèces de saisir les batraciens et autres animaux du même genre, mais elle se révèle très utile pour ouvrir les coquilles des mollusques bivalves ou pour extraire le corps des limaçons de la coquille. Les becs-ouverts nichent sur les arbres, au milieu des buissons, ou des cannaies. Le bec-ouvert indien niche en colonies pouvant être formées de 60 couples, et, tout comme son congénère africain, bat du bec. Il vole avec le cou légèrement recourbé.

---

26 ANHINGA ANHINGA

Anhinga d'Amérique

Classification Ordre des Pélécaniformes, famille des Anhingidés.
Caractéristiques D'aspect très élancé, avec un cou très long et un bec très effilé, il mesure 85 à 90 cm de longueur et présente un plumage entièrement noir avec des raies blanches sur les ailes. Le plumage est le même chez les deux sexes, mais la femelle est plus brune. Le bec est de couleur jaune, les pieds sont palmés.
Milieu Marais, rivières à cours lent, étangs.
Diffusion Régions tropicales et équatoriales d'Amérique du Sud.
Vie et mœurs Cherche sa nourriture en nageant complètement immergé dans l'eau, sauf le long cou et la tête. Les nids sont construits avec des branches sur les arbres voisins de l'eau et reçoivent de 2 à 5 œufs, généralement 3 à 4. Le mâle et la femelle participent à l'incubation, qui dure de 25 à 28 jours. Les petits sont nourris par les deux parents et restent au nid pendant quelques semaines. Cette espèce niche en colonies, souvent avec d'autres oiseaux aquatiques. La nourriture est tirée exclusivement de l'eau, et se compose surtout de poissons, mais aussi d'insectes aquatiques, de batraciens et de serpents. Grâce à la longueur de leur cou (doté d'un nombre de vertèbres plus grand que celui des autres oiseaux), qui se détend brusquement, et à leur bec, qu'ils utilisent comme un harpon, les anhingas capturent n'importe quelle proie.

27 ANHINGA RUFA
Anhinga d'Afrique

Classification Ordre des Pélécaniformes, famille des Anhingidés.
Caractéristiques Longueur 85 à 91 cm. Cou long et mince, bec droit et pointu, queue longue ; plumage noir sur la plus grande partie du corps, des ailes et de la queue ; les tectrices et les scapulaires présentent un centre blanc. chez le mâle adulte, le sommet du crâne et la partie postérieure du cou sont noirs et châtains ; le reste du cou est marron, avec une raie blanche, tandis que chez la femelle, le haut du crâne et l'arrière du cou sont bruns, la partie basse du cou étant fauve. Chez les individus juvéniles, la gorge et la partie antérieure du cou sont blanches.
Milieu Zone palustres avec roseaux, lacs, eaux intérieures.
Diffusion Afrique, Proche-Orient et Turquie.
Vie et mœurs Mœurs plutôt solitaires et retirées. Niche en colonies parmi les roseaux, les zones broussailleuses au voisinage de l'eau, ou sur des arbres. Dans le nid, fait de branches sèches et plutôt volumineux, sont pondus de 3 à 5 œufs, couvés pendant un mois environ. Le régime alimentaire est à base de poissons et d'animaux aquatiques, capturés sous l'eau dans laquelle l'oiseau nage habilement, utilisant son long bec pour transpercer les proies. En surface, il les lance en l'air et les avale en projetant la tête en avant.

---

28 ANSERANAS SEMIPALMATA
Oie semi-palmée

Classification Ordre des Ansériformes, famille des Anatidés.
Caractéristiques Le nom latin du genre signifie « oie-canard ». Cette espèce fait partie de la sous-famille des Anséranatinés et ressemble à la fois à une oie et à un canard. Le nom de l'espèce, « semi-palmée », fait référence au fait que les doigts ne sont pas palmés, sauf juste à la base des doigts eux-mêmes. Le plumage est noir et blanc, les pattes jaune orangé ; le bec est orangé, avec du noir à la partie inférieure. Une caractéristique est fournie par le renflement osseux existant au sommet de la tête. La mue des rémiges, cas unique chez les anatidés, se fait en phases successives, permettant à cette espèce d'être toujours capable de voler. La trachée de l'oie semi-palmée est très longue (chez le mâle elle peut atteindre la longueur de 1,50 m).
Milieu Zones palustres, avec arbres.
Diffusion Nouvelle-Guinée, Australie, Tasmanie.
Vie et mœurs L'oie semi-palmée vit généralement en groupes, s'arrêtant souvent sur les arbres. Elle se nourrit de substances végétales : herbes, fruits, tubercules. Elle pond une couvée, généralement de 5 à 14 œufs, dans un nid construit dans une zone palustre et fait de boue, d'herbes et de feuilles. Les deux parents couvent à tour de rôle, et l'incubation dure environ 35 jours.

29 ANSER ANSER
Oie cendrée

Classification Ordre des Ansériformes, famille des Anatidés.
Caractéristiques Longueur de 70 à 89 cm (le mâle est plus grand que la femelle). Présente une couleur de plumage brun grisâtre uniforme, avec des bords clairs aux parties supérieures des plumes ; la queue est grise avec la pointe blanche, les plumes de couverture de la queue sont blanches, la poitrine et l'abdomen sont gris brunâtre, avec quelques petites taches noires ; bec orangé ou rosé, pattes et pieds rouges. Chez les sujets jeunes, les pattes sont plus grisâtres, et il n'y a pas de petites taches noires sur la poitrine.
Milieu Marais, prairies humides, estuaires, lacs, champs cultivés et secs.
Diffusion Europe, Asie.
Vie et mœurs L'oie cendrée est l'ancêtre des formes domestiques, objet d'un élevage intensif de nos jours. Elle a des mœurs grégaires, et vole souvent en troupes dans la formation classique en « V » renversé. Elle niche généralement dans des dépressions de terrain, parmi la végétation. Elle pond une seule couvée, formée de 4 à 6 œufs (rarement de 3 à 8), que la femelle couve pendant 27 à 28 jours. Les oisons, nidifuges, sont indépendants à l'âge de 8 semaines environ. L'oie cendrée se nourrit de substances végétales (herbes, tubercules, graines, plantes aquatiques). Elle émet un cri caractéristique, fort et profond, que l'on peut représenter par un « onk-onk » nasal.

---

30 ANSER CAERULESCENS
Oie des neiges bleue

Classification Ordre des Ansériformes, famille des Anatidés.
Caractéristiques Le mâle est long de 78 cm, la femelle de 70 cm. La sous-espèce définie à proprement parler comme oie des neiges *(Anser caerulescens atlanticus)* présente une coloration blanche, avec des rémiges primaires noires, le bec rouge, les pattes roses, et parfois des taches orangées sur la tête. Les tectrices et les rémiges primaires à leur base sont grises. Chez les jeunes sujets, le dessus est gris brunâtre, le dessous blanc grisâtre ; le bec et les pattes sont gris. La sous-espèce dite oie des neiges bleue *(Anser caerulescens caerulescens)* présente une coloration gris bleuâtre avec tête et cou blancs.
Milieu Toundras, étangs, marécages, côtes marines, lacs, prairies, champs herbeux.
Diffusion Sibérie, Amérique du Nord, Groenland, Chine et Japon. Elle se montre en Europe du Nord et va hiverner jusqu'au Mexique.
Vie et mœurs De mœurs grégaires, elle niche au sol en colonies. Pond généralement de 5 à 6 œufs, qui sont couvés par la femelle. Les oisons, nidifuges, sont élevés par les deux parents. L'oie des neiges se nourrit surtout de substances végétales (herbes, baies, grains, riz sauvage, plantes aquatiques), mais parfois aussi d'invertébrés. On en voit passer de grands vols aux époques de migrations.

31 ANTHROPOIDES VIRGO

Demoiselle de Numidie

Classification Ordre des Gruiformes, famille des Gruidés.
Caractéristiques Longue d'environ 95 cm, elle est un peu plus petite que la grue cendrée *(Grus grus) ;* elle a une touffe de plumes formant une sorte de huppe derrière chaque œil. Le plumage est gris-bleu cendré, cependant qu'une grande partie du cou et des pennes allongées de la poitrine et des ailes sont noires. Les tectrices secondaires intérieures sont longues et se prolongent dans la queue. En vol, comme les autres grues, elle a le cou tendu.
Milieu Terrains découverts, plaines, régions d'eaux douces, zones palustres, steppes, régions cultivées.
Diffusion Afrique, Asie, rare en Europe.
Vie et mœurs Niche au sol dans la végétation et au voisinage de l'eau. Elle pond une seule couvée, généralement de 2 œufs, parfois de 1 à 3. Les deux sexes, mais principalement la femelle, s'occupent de l'incubation, qui dure environ 28 à 30 jours. Les petits, nidifuges, sont élevés par les deux parents, auprès desquels ils restent jusqu'à ce qu'ils soient devenus complètement indépendants. La demoiselle de Numidie se nourrit de substances végétales, d'insectes et d'autres invertébrés.

---

32 ANTHUS CAMPESTRIS

Pipit rousseline

Classification Ordre des Passériformes, famille des Motacillidés.
Caractéristiques Longueur jusqu'à 16 cm ; aspect élancé, plus que chez d'autres espèces du genre *Anthus ;* coloration marron sur le dessus, le dessous plus clair, généralement sans rayures, sourcil assez apparent. Les pattes sont jaunâtres, et longues, ainsi que la queue. Les individus jeunes portent des rayures sur la poitrine.
Milieu Zones cultivées et incultes, plaines.
Diffusion Europe, Asie, Afrique.
Vie et mœurs Niche au sol, dans des dépressions cachées par la végétation. Pond en général une seul couvée, mais il lui arrive d'en faire deux. Les œufs sont habituellement au nombre de 4 à 5, plus rarement de 6, et sont couvés par les deux parents, mais surtout par la femelle, pendant une durée de 13 à 14 jours. Les oisillons, nidicoles, sont élevés par les deux parents, et quittent le nid vers l'âge de 12 à 14 jours. Se nourrit d'insectes et autres invertébrés.

33 ANTHUS PRATENSIS
Pipit des prés

Classification Ordre des Passériformes, famille des Motacillidés.
Caractéristiques Longueur jusqu'à 14,5 cm ; couleur marron à rayures sombres sur le dessus, claire à rayures plus petites et plus nombreuses à la partie inférieure. Les rectrices extérieures sont blanches, les pattes brunâtres, avec l'ongle postérieur long. Une espèce semblable est le pipit des arbres *(Anthus trivialis)*, à la poitrine jaunâtre, aux pattes tirant sur le rose, avec ongle postérieur court. Le pipit des arbres, contrairement au pipit des prés, se pose volontiers sur les arbres, et son chant est différent.
Milieu Régions de pâturages, landes, zones palustres, cultures, végétations décomposées.
Diffusion Europe, Asie, Afrique.
Vie et mœurs Niche au sol, au milieu de la végétation ; pond généralement deux couvées, en moyenne de 3 à 5 œufs, parfois de 7. L'incubation dure de 11 à 15 jours environ, et elle est assurée par la femelle. Les oisillons, nidicoles, sont élevés par les deux parents, et quittent le nid à l'âge de 10 à 14 jours. Le pipit des prés se nourrit surtout d'insectes et autres invertébrés, ainsi que de produits végétaux (comme les graines).

---

34 ANTHUS SPINOLETTA
Pipit spioncelle

Classification Ordre des Passériformes, famille des Motacillidés.
Caractéristiques Longueur jusqu'à 16 cm, légèrement plus gros et plus élancé que le pipit des prés *(Anthus pratensis)* et que le pipit des arbres *(Anthus trivialis)* ; il présente un bec plutôt long et des pattes plus foncées que les autres espèces du genre *Anthus*. La sous-espèce de montagne *(A.s. spinoletta)* a les rectrices extérieures blanches, les parties inférieures blanchâtres et teintées de rose à la saison de reproduction, rayées en automne-hiver, le sourcil blanc. Les sous-espèces côtières *(A.s. littoralis et A.s. petrosus)* sont de couleur plus foncée, avec les parties inférieures finement rayées et les rectrices extérieures grisâtres.
Milieu Zones de montagnes, rivages marins, régions boueuses, littoraux, eaux intérieures, zones palustres.
Diffusion Europe, Asie, Afrique, Amérique du Nord.
Vie et mœurs Niche au sol, dans des dépressions et des cavités, parfois près de la végétation. Pond une ou deux couvées, en général de 4 à 6 œufs, que la femelle couve pendant une période de 14 jours environ. Les petits, nidicoles, sont élevés à la fois par les deux parents, et quittent le nid vers l'âge de 16 jours. Se nourrit particulièrement d'insectes et autres invertébrés.

35 APTENODYTES FORSTERI

Manchot empereur

Classification Ordre des Sphénisciformes, famille des Sphéniscidés.
Caractéristiques Longueur pouvant atteindre jusqu'à 115 cm, avec une longueur de plumes atteignant 4,2 cm et un poids moyen d'environ 30 kg. Le plumage s'étend jusqu'à la zone dorsale. Le haut du corps est de couleur foncée, noire ; le bas est blanchâtre, avec des tons de jaune. La coloration du cou est caractéristique, avec la large tache jaunâtre qui le distingue du manchot royal *(Aptenodytes patagonica).*
Milieu Régions côtières et pleine mer.
Diffusion Côtes du continent antarctique, particulièrement celles qui font face à l'océan Glacial.
Vie et mœurs Les manchots empereurs se déplacent rarement au-delà de l'Antarctique. Ils pondent, comme le rappelle l'ornithologue B. Stonehouse, leurs œufs en automne, quand les eaux marines proches des côtes se couvrent de glaces. Les femelles retournent alors à la mer, cependant que les mâles prennent soin des œufs, se réchauffant l'un près de l'autre. Pendant quelque 90 jours, dont 62 à 64 d'incubation effective, ils restent sans nourriture aucune. Quand les petits sortent de l'œuf, les femelles reviennent et élèvent leurs propres petits. Les mâles vont alors à la mer, pour se nourrir, et reprennent leur poids normal au bout de 14 à 22 jours. Le développement des petits est très lent.

---

36 APTENODYTES PATAGONICA

Manchot royal

Classification Ordre des Sphénisciformes, famille des Sphéniscidés.
Caractéristiques Longueur ne dépassant pas 95 cm, à plumes longues de 2,9 cm, et poids moyen de 15 kg. La zone dorsale est dépourvue de plumes, contrairement à ce qui se passe pour le manchot empereur. Le haut du corps est noir, le bas, blanchâtre. Une tache jaune caractéristique très étroite à sa base existe de chaque côté de la tête.
Milieu Côtes et pleine mer.
Diffusion Régions sous-antarctiques et tempérées-froides.
Vie et mœurs Le manchot royal pond ses œufs en période estivale. Les deux sexes s'occupent de l'incubation, qui dure de 51 à 57 jours. A la naissance, les petits sont couverts d'un duvet laineux, et ils sont élevés en colonies pendant la période hivernale tout entière. Ils sont parfois nourris à intervalles de 14 jours. Les manchots royaux, comme le rappelle l'ornithologue B. Stonehouse, qui en a longuement étudié la biologie, élèvent 2 petits tous les 3 ans. La première année, ils pondent un œuf précocement, la deuxième, en retard, et la troisième, ils ne pondent absolument pas. Le manchot royal a fait l'objet d'une chasse assidue, pour son plumage et son huile. A l'âge d'un an, les petits sont tout à fait semblables aux adultes.

37 APTERYX AUSTRALIS
Kiwi

Classification Ordre des Aptérygiformes, famille des Aptérygidés.
Caractéristiques Longueur 54 à 55 cm (le bec mesure de 10 à 20 cm). C'est un oiseau extrêmement caractéristique. La femelle, un peu plus grande que le mâle, pèse environ 3 kg ; le mâle en pèse 2. Le bec, long et recourbé, porte à la base de longues soies. Les rémiges sont au nombre de 13, le membre antérieur n'a pas de second doigt, les pattes sont courtes et robustes, avec des griffes aiguës. Les petits offrent une coloration semblable à celle des adultes, avec un plumage plus doux. Une autre espèce est le kiwi tacheté, ou aptéryx d'Owen *(Apteryx owenii).*
Milieu Zones herbeuses, même de montagne, maquis dégagés.
Diffusion Nouvelle-Zélande.
Vie et mœurs Ce sont des oiseaux de mœurs essentiellement nocturnes, restant généralement cachés dans des cavités durant le jour. Leur alimentation est surtout constituée d'invertébrés (insectes, lombrics) ainsi que de baies tombées sur le sol. Ils construisent leur nid, en général, sous les racines des arbres, sur le sol, dans des buissons, parmi les rochers. Ils pondent un ou deux œufs, d'un poids de 450 g environ. C'est le mâle qui couve, pendant une durée de 75 à 80 jours. Les poussins, recouverts de duvet, restent au nid pendant à peu près cinq jours, puis se déplacent, guidés par le mâle. Le kiwi parvient à la maturité sexuelle à l'âge de 5 ou 6 ans.

---

38 APUS APUS
Martinet noir

Classification Ordre des Apodiformes, famille des Apodidés.
Caractéristiques Longueur jusqu'à 16,5 cm, allure vraiment impossible à confondre. En vol, le martinet offre une silhouette caractéristique, avec ses longues ailes et sa queue courte et fourchue. Le plumage est de couleur noire à reflets brunâtres, avec menton blanchâtre. Le vol est vif et rapide.
Milieu Zones urbaines aussi bien que rurales.
Diffusion Europe, Asie, Afrique.
Vie et mœurs On l'a défini comme l'oiseau le plus aérien qui soit, car en effet il passe la majeure partie de sa vie en vol ; de mœurs sociables, il remplit l'air de sa présence, de son cri, qui est une stridulation prolongée (srii-srii-srii) et de ses vols turbulents. Il niche dans des cavités, sous les tuiles des toits des constructions neuves ou anciennes, dans les rochers. La couvée est de 3 œufs (parfois de 2 ou 4), pondus à des intervalles de 2 à 3 jours de l'un à l'autre, et la période d'incubation est en général de 14 à 20 jours (jusqu'à 27 jours). Les oisillons, nidicoles, sont élevés par les deux parents, et volent à l'âge de 5 à 8 semaines. Le martinet se nourrit d'insectes et d'invertébrés aériens, qu'il capture au vol.

39 APUS MELBA

Martinet à ventre blanc

Classification Ordre des Apodiformes, famille des Apodidés.
Caractéristiques Long de quelque 21 cm, il est plus gros que le martinet noir *(Apus apus)* ; son plumage est brun, avec les parties inférieures blanches et une bande pectorale foncée. En vol, il se signale par la gorge et le ventre blancs, et par la bande foncée de sa poitrine. La queue est fourchue.
Milieu Zones rocheuses, de montagne ou de rivage.
Diffusion Europe méridionale, Asie, Afrique.
Vie et mœurs De mœurs sociables, il se rassemble en troupes nombreuses qui tournoient autour des lieux de nidification. Il construit dans les fentes de rochers et sous les avancées de toits des nids en forme de coupe ; il niche habituellement en colonies. Il pond une seule couvée, généralement de 3 œufs (parfois 2, plus rarement de 1 ou 4), qui sont couvés par les deux parents, pendant 18 à 33 jours. Les petits, nidicoles, sont élevés par les deux parents, et volent à l'âge de 6 à 10 semaines. Il se nourrit d'insectes et autres invertébrés.

---

40 AQUILA CHRYSAETUS

Aigle royal

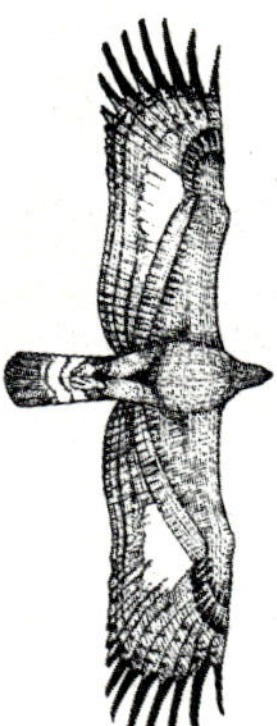

Classification Ordre des Falconiformes, famille des Accipitridés.
Caractéristiques Sa longueur peut atteindre 82 cm. Son plumage est brun foncé uniforme. L'envergure dépasse 2 m. Les sujets jeunes présentent des zones blanches à l'articulation carpale de l'aile et à la base de la queue.
Milieu Zones de montagne à différentes altitudes.
Diffusion Europe, Asie, Afrique septentrionale et Amérique du Nord.
Vie et mœurs Niche sur des rochers et parfois sur des arbres, construisant un nid grossier, occupé pendant plusieurs années consécutives, constitué d'un volumineux amas de branches, brindilles, substances végétales. En général, dans une aire de reproduction, l'aigle royal se construit plusieurs nids (généralement de 2 à 3 et jusqu'à 10) qui sont occupés alternativement au cours des années. Il pond, à intervalles de 3 à 4 jours, généralement 2 œufs (plus rarement 1 ou 3). L'incubation dure en général 43 à 45 jours, et c'est habituellement la femelle qui couve. Les petits, nidicoles, se couvrent de plumes entre 30 et 50 jours, et prennent leur vol vers l'âge de 63 à 70 jours. L'aigle royal atteint la maturité sexuelle, en général, au bout de 4 ans. Il chasse des mammifères et des oiseaux de taille petite et moyenne, mais se nourrit à l'occasion de charognes. Le territoire de reproduction de l'aigle royal s'étend sur environ 8 000 à 10 000 hectares.

41 AQUILA HELIACA

Aigle impérial

Classification Ordre des Falconiformes, famille des Accipitridés.
Caractéristiques Longueur d'environ 75 cm ; plumage de couleur sombre, avec tache claire sur la nuque et blanche sur les épaules (d'un blanc plus étendu chez la sous-espèce *A. h. adalberti).* Les jeunes ont un plumage plus clair, tirant sur le fauve, avec raies sur le dessous du corps. Tarses couverts de plumes.
Milieu Plaines, zones de maquis, bois.
Diffusion La sous-espèce *Aquila heliaca heliaca* est répandue en Europe orientale et en Asie centrale occidentale ; la sous-espèce *Aquila heliaca adalberti,* très rare, subsiste avec une soixantaine de couples en Espagne méridionale et quelques rares spécimens en Afrique du nord-ouest.
Vie et mœurs L'aigle impérial niche sur les arbres et pond en général 2 œufs (parfois 3, très rarement 4), qui sont couves par les deux parents, pendant environ 43 jours. Les jeunes volent à l'âge de 60 jours, et restent encore 2 à 3 semaines auprès des parents. Il se nourrit de mammifères (lapins et autres rongeurs), de reptiles et d'oiseaux. La sous-espèce rare *adalberti* fait l'objet de programmes de conservation, conduits par le W.W.F. et la Sociedad Española de Ornitologia.

---

42 AQUILA VERREAUXII

Aigle de Verreaux

Classification Ordre des Falconiformes, famille des Accipitridés.
Caractéristiques Longueur 76 à 90 cm ; c'est une espèce de grande taille. Les serres et le bec sont très robustes. Le plumage est complètement noir ; une tache blanche en forme de V se trouve sur le dos, et les bases de la queue et des tectrices primaires des ailes sont aussi de couleur blanche. L'iris est de couleur brune. Le jeune est de couleur brun rougeâtre rayé de clair, avec deux taches blanches sur les parties inférieures des ailes. La femelle est plus grande que le mâle, atteignant une envergure de 2,10 m et un poids de 5,7 kg, alors que le mâle ne dépasse pas 3,6 kg.
Milieu Savanes, déserts, montagnes.
Diffusion Centre et sud de l'Afrique.
Vie et mœurs Hante tout type de milieu ouvert à végétation clairsemée d'arbres, pourvu qu'il y existe des parois rocheuses, pour l'édification du nid. Il s'élève jusqu'à 3 000 à 3 500 mètres d'altitude. Le nid est construit sur des rochers, au moyen de branchages secs. Chaque couple possède de 1 à 3 nids. La ponte normale est de 2 œufs (de 1 à 3), couvés par les deux parents pendant 43 à 46 jours. Les aiglons, qui naissent à intervalles de 2 à 3 jours, sont nourris par les deux adultes et volent à l'âge de 95 à 100 jours. Le régime alimentaire de l'aigle de Verreaux comprend 80 % de mammifères, le reste étant composé d'oiseaux terricoles.

43 ARDEA CINEREA
Héron cendré

Classification Ordre des Ciconiiformes, famille des Ardéidés.
Caractéristiques Longueur jusqu'à 90 cm. Le haut du corps est gris cendré, les pennes des ailes sont noires, le dessous du corps blanc grisâtre ; une raie sombre court le long du cou dans la partie antérieure et la huppe noire, caractéristique, pend derrière la tête. Les sujets jeunes sont de couleurs plus uniformes et plus grises, sans le noir sur la tête, et avec une crête plus courte.
Milieu Régions palustres, lagunes, estuaires, zones boisées proches de l'eau.
Diffusion Europe, Asie, quelques régions d'Afrique.
Vie et mœurs Niche en colonies, en général en hauteur sur les arbres, plus rarement au sol dans les buissons et les roseaux, souvent avec d'autres espèces. Il pond de 3 à 6 œufs (plus rarement 2 à 7) à intervalles d'à peu près 2 jours. Les deux parents couvent durant 23 à 28 jours, et les petits, à la naissance, reçoivent les soins des deux adultes, restant au nid pendant 50 à 55 jours. Le héron cendré se nourrit de poissons, de batraciens, de petits mammifères aquatiques, de petits oiseaux, de mollusques, de crustacés, d'insectes et même de substances végétales.

---

44 ARDEA PURPUREA
Héron pourpré

Classification Ordre des Ciconiiformes, famille des Ardéidés.
Caractéristiques Longueur jusqu'à 79 cm ; ressemble au héron cendré, mais son aspect est plus élancé et il est plus petit. Le dos et les ailes sont foncées, de couleur gris ardoise ; le cou est rougeâtre, rayé de noir. Le sommet du crâne est noir, la poitrine marron à raies noires sur les côtés. Il a une houppe noire sur la nuque, de longues pennes sur le dos et à la base du cou. Les jeunes ont une couleur sable plus accentuée, le haut du crâne marron et les parties inférieures fauves.
Milieu Cannaies, marais, lagunes, étangs, terrains humides.
Diffusion Europe, Asie, Afrique.
Vie et mœurs Niche isolément ou en colonies, au sol, parmi les roseaux. A intervalles de 3 jours, pond 4 à 5 œufs (parfois 3 ou 6) dont l'incubation, assurée par les deux sexes, dure 24 à 28 jours. Les petits sont élevés par les deux parents, et sont en état de voler vers le quarante-deuxième jour. Ils seront indépendants à l'âge de 60 jours environ. Le héron pourpré est moins sociable que le héron cendré ; il se nourrit de petits oiseaux, de poissons, de batraciens, d'invertébrés, et même de petits mammifères.

45 ARDEOLA IBIS

Héron garde-bœufs

Classification Ordre des Ciconiiformes, famille des Ardéidés.
Caractéristiques Sa longueur atteint 51 cm. C'est un petit héron blanc portant une touffe de plumes fauves plus longues sur le sommet de la tête et, en été, sur le dos et sur la gorge. En hiver, il présente une coloration plus pâle. Les pattes sont jaunes, orangées ou rougeâtres à la saison de la reproduction. Le bec est jaune, à base rougeâtre, à la même époque. Les jeunes ont les pattes noirâtres et le bec plus clair.
Milieu Marais, marécages, mais aussi zones boisées, prairies, champs labourés parcourus par des troupeaux de bétail.
Diffusion Sud de la péninsule Ibérique, France méridionale, Asie, Afrique. Sa répartition s'est étendue aux Amériques, à partir de la Guyane britannique, d'où, à partir de 1930 (en provenance d'Afrique), il s'est répandu jusqu'en Amérique du Nord.

Vie et mœurs Le héron garde-bœufs, de mœurs grégaires, niche en colonies avec d'autres espèces de hérons. Il pond 4 à 5 œufs (rarement 6), que les deux parents couvent durant 21 à 25 jours. Les petits restent au nid une trentaine de jours. Le héron garde-bœufs chemine au milieu du bétail au pâturage, en quête d'insectes, sautant parfois sur la croupe des animaux pour en capturer les parasites ; il fréquente à l'occasion les animaux sauvages, éléphants, rhinocéros, hippopotames.

---

46 ARDEOLA RALLOIDES

Crabier commun

Classification Ordre des Ciconiiformes, famille des Ardéidés.
Caractéristiques Sa longueur atteint 45 cm et il a un aspect trapu ; le plumage est de couleur marron clair, les ailes sont blanches et il porte une touffe de plumes sur la tête. Les pattes sont verdâtres (elles deviennent roses au point culminant de la saison des amours). Le bec est verdâtre, tacheté de sombre en hiver, et il devient noir et bleu pendant la saison des amours. Les sujets jeunes ont la poitrine rayée de marron. Quand il est posé, on remarque mieux la couleur sable rougeâtre du plumage ; en vol, le blanc des ailes, de la queue et du croupion ressort davantage.
Milieu Régions de marais, lagunes, étangs, zones plantées d'arbres.
Diffusion Europe méridionale, Sud-Ouest asiatique, Afrique.

Vie et mœurs Niche au sein de la végétation palustre, sur les arbres, dans les roseaux, ou les buissons, ou au sol. Il pond une seule couvée, de 4 à 6 œufs (plus rarement 7), dont l'incubation est effectuée par les deux parents pendant une période de 22 à 24 jours. Les petits, nidicoles, sont élevés par les deux parents, et restent au nid pendant environ 32 jours. Le crabier commun se nourrit de poissons, insectes, larves, vers et herbes.

47 ARDEOTIS KORI
Outarde de Kori

Classification Ordre des Gruiformes, famille des Otididés.
Caractéristiques Plus grande que la grande outarde *(Otis tarda),* elle atteint une longueur de 100 à 130 cm ; elle est d'une corpulence élancée, avec des pattes assez longues. Le plumage est de couleur marron, avec du noir sur le dessus, du blanc sur le dessous. Le cou est gris blanchâtre et la tête noire, avec une houppe de plumes foncées. Le bec est jaunâtre, ainsi que les pattes. Parmi les autres espèces d'outardes, on citera l'outarde arabe *(Ardeotis arabs)* et l'outarde de Denham *(Meotis denhami)* africaine, l'outarde d'Inde *(Ardeotis nigriceps)* qui pèse dans les 20 kilos et dont l'envergure atteint 2,50 m.
Milieu Steppes, savanes.
Diffusion Afrique.
Vie et mœurs A la saison des amours, les mâles relèvent la queue, mettant en évidence les plumes blanches inférieures, restent immobiles, corps vertical et ailes pendantes. En outre, ils gonflent leur gorge qui peut grossir de quatre fois son volume normal. L'outarde de Kori niche dans des dépressions de terrain.
Les Boers lui donnaient le nom de « dindon de la gomme », parce qu'elle marque une prédilection pour la résine gommeuse de l'acacia, bien qu'elle se nourrisse aussi d'autres substances végétales et d'invertébrés.

---

48 ARENARIA INTERPRES
Tourne-pierres

Classification Ordre des Charadriiformes, famille des Charadriidés.
Caractéristiques Long de quelque 22 cm, il est d'une couleur qui, particulièrement durant la période estivale, présente une grande vivacité, les parties supérieures étant marron foncé avec des taches noires qui constituent une caractéristique de la coloration de la face. En hiver, le plumage est brun terne, avec la gorge blanche. Les pattes sont orangées, et le robuste bec est noir.
Milieu Régions palustres, côtes rocheuses et à galets, eaux intérieures, régions de toundra.
Diffusion Europe, Amérique du Nord, centrale et du Sud, nord de l'Afrique et de l'Asie.
Vie et mœurs Le nom vulgaire de cette espèce lui vient de l'habitude de retourner les pierres, les cailloux et les coquilles en quête des vertébrés dont elle se nourrit. Niche sur le sol, au milieu de la végétation. Pond une seule couvée, généralement de 4 œufs (parfois de 3, plus rarement de 5) que couvent les deux parents, mais surtout la femelle, pendant 22 à 23 jours. Les poussins, nidifuges, sont élevés par les deux parents. Le tourne-pierres se nourrit d'insectes, de crustacés et de mollusques.

49 ARGUSIANUS ARGO

Argus géant

Classification Ordre des Galliformes, famille des Phasianidés.
Caractéristiques D'une longueur pouvant atteindre 2 m, pesant de 10 à 11,5 kg, c'est un oiseau qui ne prête à aucune confusion. En effet, chez le mâle, les rémiges secondaires sont plus longues que les primaires (cas unique chez les oiseaux). Les rectrices sont au nombre de 12, dont les deux médianes sont très longues (à peu près trois fois plus que les autres). La peau du cou et de la tête, chez le mâle, est généralement nue, et de couleur bleu ciel. La femelle porte sur l'occiput une touffe de plumes très fines. La couleur générale du plumage est brunâtre. L'argus est le seul galliforme dépourvu de glande uropygienne.
Milieu Régions boisées.
Diffusion Malaisie, Bornéo, Sumatra.
Vie et mœurs Pendant la parade nuptiale, le mâle se pavane dans un espace de 4 à 5 mètres de diamètre. Il déploie son magnifique plumage, attirant les femelles. La femelle pond généralement 2 œufs, dont l'incubation dure 24 à 25 jours. Les poussins sont nidifuges et restent longtemps avec la mère qu'ils suivent de près dans ses déplacements. La taille adulte est atteinte à peu près à l'âge de 1 an. L'ornithologue H. Sigurd Raethel rappelle qu'un argus a vécu en captivité pendant 30 ans.

---

50 ASIO FLAMMEUS

Hibou brachyote ou hibou des marais

Classification Ordre des Strigiformes, famille des Strigidés.
Caractéristiques Longueur jusqu'à 37 cm : plumage de couleur fauve clair, parties inférieures présentant de larges raies. En vol, lorsque les ailes sont allongées, on peut apercevoir une grande tache foncee a l'emplacement des « carpes ». Se pose fréquemment sur le sol et vole généralement bas.
Milieu Régions découvertes, plaines, landes, zones palustres.
Diffusion Europe, Asie, Afrique, Amérique du Nord, centrale et du Sud.
Vie et mœurs Chasse en général la nuit, mais on a pu l'observer en plein jour. Il émet des cris du genre « bou-bou-bou » ou « ki-ou ». Niche au sol, dans la végétation. Pond une ou deux couvées, généralement de 4 à 8 œufs (plus rarement 3 : mais jusqu'à 14 lorsque les ressources alimentaires du milieu sont abondantes). L'incubation, qui dure de 24 à 28 jours environ, est assurée par la femelle. Les petits, nidicoles, sont nourris par la femelle, tandis que le mâle procure les aliments ; ils quittent le nid au bout de 12 à 17 jours, et il leur faut encore 10 jours de plus pour qu'ils soient en état de voler. Régime alimentaire : petits mammifères, oiseaux, insectes.

51 ASIO OTUS
Hibou moyen duc

Classification Ordre des Strigiformes, famille des Strigidés.
Caractéristiques D'une longueur pouvant atteindre 35 cm, il présente une couleur d'un gris fauve tacheté, sur le dessus et sur le dessous, d'un ton fauve à larges raies et à fines rayures. Il porte de caractéristiques petites touffes de plumes sur la tête ; les yeux sont jaunes. En vol, il se distingue du hibou brachyote *(Asio flammeus)* par le dessous des ailes, plus foncé d'apparence dans l'ensemble.
Milieu Forêts de conifères et mixtes.
Diffusion Europe, Asie, Afrique et Amérique septentrionales.
Vie et mœurs Niche dans des trous d'arbres, dans de vieux nids de corvidés abandonnés, dans des nids d'écureuil, rarement au sol. Pond généralement une couvée de 4 à 5 œufs (plus rarement de 3 à 8) qui sont couvés par la femelle pendant 25 à 30 jours. Les petits (voir dessin ci-contre), nidicoles, sont nourris par la femelle, à laquelle le mâle procure les aliments, et quittent le nid à l'âge de 23 à 24 jours. Le hibou moyen duc se nourrit de petits mammifères, oiseaux et invertébrés.

52 ATHENE NOCTUA
Chevêche commune

Classification Ordre des Strigiformes, famille des Strigidés.
Caractéristiques Longueur jusqu'à 21 cm, petite taille, grosse tête, haut du corps brunâtre, avec raies et taches blanches, dessous blanchâtre à rayures foncées.
Milieu Régions découvertes, plaines, campagne.
Diffusion Europe, Afrique septentrionale, Asie.
Vie et mœurs Niche dans des trous d'arbres, de roches, de vieux édifices. Pond une, et parfois deux couvées, généralement de 3 à 6 œufs, parfois de 2 à 8, que la femelle couve pendant 28 à 29 jours. Les petits, nidicoles, sont élevés par les deux parents et peuvent quitter le nid à l'âge de 4 semaines environ, bien qu'ils ne soient pas en état de voler avant la cinquième semaine. La chevêche se nourrit de petits rongeurs, petits oiseaux, divers invertébrés (insectes, vers de terre). Elle émet un cri caractéristique, plaintif, « couccouiou », et un autre, un peu plus fort, « iourrou ».

53 AYTHYA FERINA
Fuligule milouin

Classification Ordre des Ansériformes, famille des Anatidés.
Caractéristiques Le mâle (ci-contre), qui peut atteindre la longueur de 46 cm, a la tête marron rougeâtre, le dos et les flancs gris clair, avec taches vermiculaires plus claires, la poitrine, le dessous et le dessus de la queue noirs. La femelle, dont la longueur peut atteindre 42 cm, présente en général une coloration brun foncé, avec joues, gorge et base du bec plus claires. Les pattes sont grisâtres, le bec noir avec une bande bleu pâle. Le mâle, en livrée postnuptiale ou d'éclipse, est semblable à la femelle.
Milieu Lacs, régions palustres, estuaires.
Diffusion Europe, Asie.
Vie et mœurs Niche dans la végétation au voisinage de l'eau. Pond une seule couvée de 6 à 11 œufs, occasionnellement jusqu'à 18. La femelle couve pendant environ 24 à 26 jours. Les canetons, nidifuges, sont élevés par la mère, qui les entretient jusqu'à leur indépendance, qui a lieu vers l'âge de 7 à 8 semaines. Le milouin se nourrit surtout de substances végétales, racines, feuilles, pousses, semences, herbes, mais aussi d'invertébrés (insectes, vers, crustacés), d'amphibiens et de petits poissons.

---

54 AYTHYA FULIGULA
Fuligule morillon

Classification Ordre des Ansériformes, famille des Anatidés.
Caractéristiques Le mâle (ci-contre), d'une longueur de 42 cm, présente un plumage noir à flancs blancs, avec une touffe noire sur la tête. La femelle, longue de 38 cm, et les sujets jeunes sont de couleur brun foncé. En vol, le morillon apparaît noir, avec le dessous blanc, la tête, le cou, la poitrine, le bord des ailes et la queue noirs. Les pattes sont grisâtres, le bec bleu foncé chez le mâle et grisâtre chez la femelle.
Milieu Lacs, régions palustres.
Diffusion Europe, Asie, Afrique.
Vie et mœurs Niche sur le sol, dans la végétation près de l'eau. Pond une seule couvée de 5 à 12 œufs (occasionnellement jusqu'à 14), que la femelle couve pendant une durée de 23 à 25 jours. Les canetons, nidifuges et entretenus par la femelle, sont aptes à plonger quelques heures à peine après l'éclosion, et volent vers la sixième semaine. Le morillon se nourrit aussi bien de substances végétales (herbes, baies, plantes aquatiques) que d'animaux (invertébrés, mollusques, petits poissons).

55 BALAENICEPS REX

Bec-en-sabot

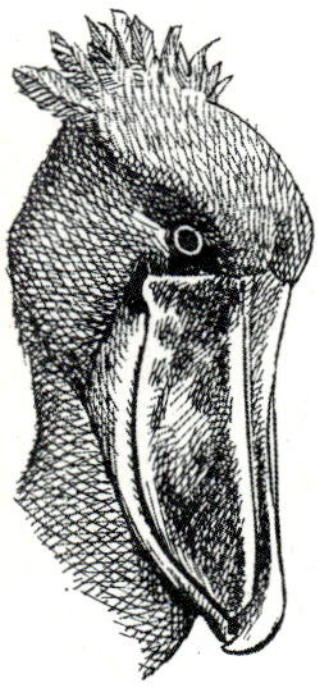

Classification Ordre des Ciconiiformes, famille des Balaenicipitidés.
Caractéristiques Longueur jusqu'à 120 cm, oiseau extrêmement caractéristique, plumage gris noirâtre, bec extraordinairement haut et large (en conséquence, le crâne est très volumineux). Sur le sommet de la tête, il y a une courte touffe de plumes.
Milieu Bords de rivières, régions palustres.
Diffusion Afrique (localisée).
Vie et mœurs Vole très habilement, profitant parfois des courants ascensionnels pour pratiquer le vol à voile. Aussi bien à terre qu'en vol, il porte le bec appuyé contre la poitrine, de façon générale. Il a des mœurs de préférences solitaires, bien qu'on ait observé de petits groupes (jusqu'à 7 individus). Il se nourrit en général de poissons, de batraciens, d'invertébrés (notamment de mollusques) et s'alimente même la nuit. Son nid est une plateforme de substances végétales, située au milieu de la végétation aquatique. La couvée est de 2 ou 3 œufs. Les petits sont nidifuges et recouverts d'un fin duvet.

---

56 BALEARICA PAVONINA

Grue couronnée

Classification Ordre des Gruiformes, famille des Gruidés.
Caractéristiques Les gruidés sont des oiseaux très caractéristiques, aux longues pattes et au cou élancé, dont la taille varie de 90 à 150 cm. En vol, les grues portent la tête et le cou tendus en avant, au contraire des hérons (ardéidés) qui volent avec le cou recourbé en S. La grue couronnée mesure 95 cm de long, son plumage est de teinte sombre tirant sur le noirâtre, avec blanc jaunâtre sur les ailes. Sur la face, derrière les yeux, se trouve une partie claire. Une caractéristique remarquable est la touffe de plumes sur la tête. Il en existe deux sous-espèces, la *B.p. pavonina* et la *B.p. ceciliae ;* certains savants attribuent aussi à cette espèce la *Balearica regulorum* dont on connaît deux sous-espèces.
Milieu Territoires découverts, savanes.
Diffusion Afrique.
Vie et mœurs La grue couronnée est un des rares gruidés qui se perche sur les arbres. Le nid est construit au sol ou sur des arbustes bas, et reçoit en général 2 œufs. Comme le rappelle W. Makatsch, les grues subissent la mue du plumage une fois par an, sauf en ce qui concerne les rémiges qui ne font l'objet d'une mue que tous les 2 ans, de façon simultanée, ce qui interdit l'envol pendant plusieurs semaines, tandis que la grue couronnée perd ses rémiges graduellement et reste donc toujours en état de voler. La grue couronnée se nourrit d'invertébrés et de substances végétales.

57 BOMBYCILLA GARRULUS
Jaseur de Bohême

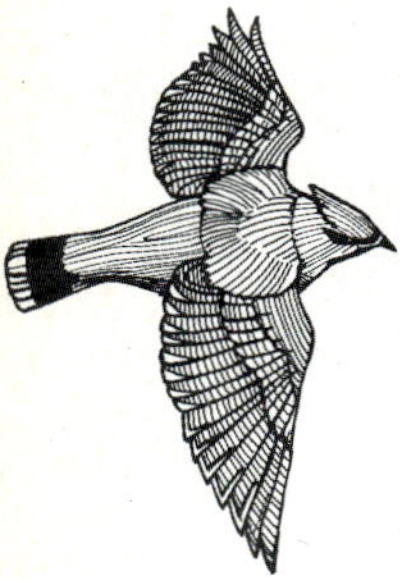

Classification Ordre des Passériformes, famille des Bombycillidés.
Caractéristiques Longueur 18 cm, poids moyen 55 g. Le dessus du corps est de couleur marron, avec croupion gris, extrémité de la queue jaune et tache noire sur la gorge et derrière l'œil. Le dessous du corps est brun rosé. Les ailes présentent une combinaison jaune, rouge et blanc à la pointe. Les jeunes, qui n'ont pas de tache noire à la tête, ont le dessous du corps rayé.
Milieu Bois de conifères et de bouleaux.
Diffusion Europe et Asie septentrionales.
Vie et mœurs La limite sud de l'aire de reproduction de cette espèce est située vers le 62ᵉ et le 63ᵉ degré de latitude Nord. Le nid est posé sur des arbres (souvent conifères) et consiste en une coupe de branchettes, lichens et herbes. Chaque année, une seule couvée de 5 œufs, couvés exclusivement par la femelle, pendant 13 à 14 jours, est élevée. Les petits, nidicoles, sont nourris et aidés par les deux parents, et volent vers l'âge de 15 à 17 jours. Le jaseur se nourrit surtout de baies et de fruits, mais aussi d'insectes, qui forment une bonne partie de l'alimentation de la progéniture. Une caractéristique de cette espèce est constituée par les invasions (mouvements d'émigration), qui se répètent à intervalles de plusieurs années, et qui sont dues probablement à la surpopulation qui a lieu dans les zones de résidence, certaines années très favorables à la reproduction.

---

58 BOTAURUS STELLARIS
Butor étoilé

Classification Ordre des Ciconiiformes, famille des Ardéidés.
Caractéristiques Longueur pouvant atteindre 76 cm ; coloration très mimétique, avec les parties supérieures fauve doré foncé, à rayures serrées, noires, parties inférieures plus claires, elles aussi rayées de brun rougeâtre foncé. Sommet du crâne noir et pattes de couleur vert pâle. Les jeunes sont semblables aux adultes, mais avec une coloration plus uniforme. Une de leurs caractéristiques est la position adoptée dans les roseaux, corps allongé, cou et bec tournés vers le haut. On ne le voit pas souvent en vol, mais on note alors les ailes, vastes et arrondies.
Milieu Cannaies, zones palustres, lagunes.
Diffusion Europe centrale et méridionale, nord-ouest de l'Afrique, Afrique du sud, Asie centrale et occidentale.
Vie et mœurs De mœurs discrètes, vit en solitaire et se rencontre plus facilement au crépuscule. Niche dans les roseaux. Pond 4 à 6 œufs (plus rarement 3 ou 7) à 2 ou 3 jours d'intervalle, que la femelle commence à couver dès la ponte du premier œuf. La durée de l'incubation est de 25 à 26 jours. Les petits quittent le nid au bout de 2 à 3 semaines, et deviennent indépendants vers l'âge de 8 semaines.
Le mâle peut être polygame. Le butor se nourrit de petits mammifères et oiseaux, de poissons, crustacés, insectes, autres invertébrés, substances végétales. Il lance un appel rauque et émet un chant profond, qui s'entend de loin.

59 BRANTA CANADENSIS

Bernache du Canada

Classification Ordre des Ansériformes, famille des Anatidés.

Caractéristiques Mesure 90 à 100 cm de longueur et pèse de 4 à 6 kg. La tête, le cou et la queue sont noirs, poitrine et ventre de couleur gris-brun, les parties supérieures de couleur marron. De chaque côté de la tête se trouve une large tache blanche qui s'étend jusqu'à la gorge.

Milieu Champs près des marais d'eau douce, lacs à rives boisées.

Diffusion Amérique septentrionale et Europe septentrionale.

Vie et mœurs Niche dans les îlots couverts de végétation et de broussailles, dans les lacs et les marais, formant des colonies avec les nids qui sont placés à une certaine distance les uns des autres. Le nid est posé dans une cavité du sol, fourrée de végétaux et de duvet. Chaque année il n'est élevé qu'une seule couvée, de 5 ou 6 œufs (de 2 à 11), couvés exclusivement par la femelle pendant 28 à 30 jours. Les deux parents s'occupent ensemble des oisons, nidifuges, qui abandonnent le nid dès l'éclosion, et volent vers l'âge de 9 semaines, mais restent encore longtemps groupés avec leurs parents. La nourriture consiste surtout en herbes, graines et autres substances végétales mélangées de mollusques, de petits poissons et de batraciens. Cette espèce, originaire d'Amérique du Nord, a été introduite avec succès en Europe à la fin du XVIIIe siècle, et désormais elle se reproduit aussi en Grande-Bretagne et en Suède.

---

60 BRANTA LEUCOPSIS

Bernache nonnette

Classification Ordre des Ansériformes, famille des Anatidés.

Caractéristiques Mesure 58 à 67 cm de longueur ; atteint une envergure de 127 cm et pèse jusqu'à 2,2 kg. Les parties supérieures sont de couleur grise avec des barres noires et blanches, les parties inférieures sont blanches. La tête, le cou et la poitrine sont noirs, la face et le front sont blancs.

Milieu Marais saumâtres, prairies, toundras, rives rocheuses de rivières.

Diffusion Régions arctiques d'Europe et d'Asie, Groenland.

Vie et mœurs De mœurs grégaires, niche en colonies sur les rochers bordant les fleuves et les marais. Le nid est posé dans un creux de terrain fourré de duvet. L'unique couvée annuelle est formée de 3 à 5 œufs (parfois 6), qui sont couvés par la femelle pendant 24 à 25 jours. Les petits, nidifuges, quittent le nid sitôt après l'éclosion, et se dirigent vers le voisinage de l'eau. Avec l'aide des deux parents, ils volent au bout de 7 semaines. Cette espèce se nourrit surtout d'herbes, de plantes aquatiques, d'algues marines et, pour une minorité, de mollusques et de crustacés. C'est une espèce migratrice, qui hiverne dans certaines régions de l'Europe centrale et septentrionale, souvent au voisinage de la mer. Les grands vols qui se forment à la saison d'hiver consacrent les heures nocturnes à la quête des aliments.

61 BRANTA RUFICOLLIS

Bernache à cou roux

Classification Ordre des Ansériformes, famille des Anatidés.
Caractéristiques Elle mesure de 50 à 55 cm de longueur, 120 cm d'envergure et pèse environ 1,6 kg. La couleur du plumage des parties supérieures et inférieures est une combinaison de noir et de blanc (en particulier, on distingue une bande sur les flancs, le dessous de la queue et une tache sur les joues, de couleur blanche). Le cou et la poitrine sont rougeâtres. Les sujets jeunes ont des teintes plus pâles.
Milieu Toundras côtières, steppes herbeuses.
Diffusion Asie septentrionale, Europe orientale.
Vie et mœurs Le milieu de reproduction se situe dans des steppes herbeuses, le long des rivières et dans les toundras côtières. Le nid est posé sur le sol, dans un creux de faible profondeur, et il est garni de matières végétales et de duvet. Il s'y élève une seule couvée par an, consistant en 4 à 5 œufs, couvés uniquement par la femelle pendant que le mâle monte la garde près du nid. Les petits, nidifuges, suivent les parents hors du nid. La nourriture est surtout composée d'herbes et de graines. La population de cette espèce est plutôt réduite, et selon une estimation de l'« International Council for Bird Preservation » (1973) les 30 000 à 40 000 individus qui hivernent en Roumanie représentent la majeure partie de la population mondiale.

---

62 BRANTA SANDVICENSIS

Bernache des Hawaii ou oie néné

Classification Ordre des Ansériformes, famille des Anatidés.
Caractéristiques D'une longueur pouvant atteindre 60 à 70 cm, elle présente dans son plumage une combinaison de marron, de gris, de blanc et de noir ; la tête est couverte de plumes noires, le bec et les pattes sont noirs. La bernache des Hawaii fait preuve d'adaptation à la vie terrestre qu'elle mène sur les pentes volcaniques : pattes longues et doigts robustes.
Milieu Pentes semi-arides des volcans, avec végétation rare et broussailleuse, entre 1 500 et 2 500 m au-dessus du niveau de la mer.
Diffusion Dans l'île d'Hawaii, sur les pentes des volcans Mauna Kea, Mauna Loa et Houalalai. Réintroduite en 1962 sur le cratère du Haleakala, dans l'île de Mavi, de l'archipel des Hawaii.

Vie et mœurs L'oie néné pond de 4 à 6 œufs dans des dépressions du terrain près de broussailles ou d'herbes. Elle se nourrit d'herbes et de baies. C'est une espèce très rare, qui a été en danger d'extinction. En 1950, il était resté en liberté environ 50 oies néné. L'ornithologue Peter Scott captura un mâle et deux femelles, qu'il éleva dans son « Wildfowl Trust » en Angleterre. De ces trois oies sont descendus par l'élevage 800 sujets ; 200 individus ont été réintroduits dans les Hawaii et 180 ont été confiés à différents jardins zoologiques importants.

63 BUBO BUBO
Grand duc d'Europe

Classification Ordre des Strigiformes, famille des Strigidés.
Caractéristiques Long de 65 à 70 cm, il est de grande taille avec les parties supérieures de couleur brun-fauve à taches brun foncé et les parties inférieures fauves à raies noires. La femelle est plus grande que le mâle. Les touffes sur les oreilles sont caractéristiques. Les yeux sont de couleur orangée. Il atteint une envergure de 1,50 m et un poids de 2,7 kg (mâle) et de 3,2 kg (femelle).
Milieu Forêts, zones rocheuses, bois.
Diffusion Europe, Asie, Afrique.
Vie et mœurs Niche à différentes altitudes, de la plaine à la zone des contreforts et à la montagne. Les constantes de milieu qu'il recherche sont, pour son territoire de nidification, les parois rocheuses, les bois et les terrains cultivés. Le nid est établi sur les rochers et dans des cas particuliers sur le sol ou sur un arbre. La couvée qu'il élève une fois l'an comporte de 2 à 3 œufs (rarement de 1 à 6), pondus à des intervalles de 2 à 4 jours. C'est la femelle qui les couve, l'incubation durant de 34 à 36 jours. Les petits, alimentés par les deux parents, quittent le nid entre 6 et 10 semaines et volent vers l'âge de 14 semaines. Le grand duc chasse, de préférence à l'aube et au coucher du soleil, des petits mammifères, des oiseaux, des serpents, des lézards, des grenouilles, des poissons et de gros insectes.

---

64 BUBO LACTEUS
Grand duc lacté

Classification Ordre des Strigiformes, famille des Strigidés.
Caractéristiques De grande taille, il mesure 53 à 61 cm de longueur. Son plumage est de couleur gris-brun uniforme, plus clair et rayé de fines barres noires dans les parties inférieures. Deux bandes foncées délimitent le disque facial, de couleur blanc sale. L'iris est brun-noir. L'envergure est de 1,50 m environ, la femelle étant un peu plus grande que le mâle.
Milieu Zones forestières à clairières.
Diffusion Afrique centrale et méridionale.
Vie et mœurs Les milieux de prédilection sont les forêts (le long du cours des rivières), même les plus denses et les plus enchevêtrées, où ne vit pas habituellement le grand duc d'Europe. Le nid est placé dans une cavité d'arbre, mais plus souvent dans un nid abandonné de grand oiseau rapace. En général 2 œufs y sont pondus, occasionnellement 1 ou 2, que les deux parents vont couver pendant plusieurs dizaines de jours. Les petits, une fois en état de voler, restent encore auprès des parents pendant quelques semaines. Les adultes mettent en scène des parades ostentatoires, feignant d'être blessés, lorsqu'un prédateur s'approche de leur nid. Le régime alimentaire se compose de proies de taille appréciable, capturées au sol dans les clairières ou à l'orée des bois : lièvres, damans, oiseaux, serpents, chauves-souris et gros insectes.

65 BUBO VIRGINIANUS
Grand duc de Virginie

Classification Ordre des Strigiformes, famille des Strigidés.
Caractéristiques Long de 43 à 53 cm, il porte deux grandes touffes de plumes de teinte sombre sur la tête. Le plumage est brun foncé avec taches noires sur les parties supérieures, plus clair avec barres noires dans les parties inférieures. L'iris est d'un jaune brillant. La couleur du plumage présente une grande variété et tend à être plus foncée ou plus claire suivant les races géographiques, dont 16 au moins ont été recensées.
Milieu Forêts, déserts, zones de broussailles et rocheuses.
Diffusion Amérique septentrionale et méridionale.
Vie et mœurs. Espèce très adaptable, que l'on rencontre dans toutes sortes de milieux. Elle niche dans des nids de rapaces abandonnés, dans des creux de rochers et parfois à même le sol. Elle pond de 1 à 5 œufs (habituellement 2 ou 3) que les deux parents couvent pendant 35 jours. Les petits, du fait que les œufs sont pondus en plusieurs jours, ne naissent pas simultanément, et ils sont en état de voler à l'âge de 9 à 10 semaines. Cette espèce se nourrit d'un grand nombre d'animaux : des insectes aux lièvres et jusqu'aux oiseaux de la taille d'un canard ou d'une perdrix, en passant par une remarquable variété de rongeurs, petits mammifères carnivores, et même des poissons.

---

66 BUCEPHALA CLANGULA
Garrot

Classification Ordre des Ansériformes, famille des Anatidés.
Caractéristiques Longueur de 38 à 43 cm. Le mâle, en plumage nuptial, a le cou et les parties inférieures blancs, le dos noir à raies blanches et la tête noire avec une tache blanche sur chaque joue. La femelle a les parties supérieures et les flancs gris, la tête marron sans taches et un collier blanc, lequel manque chez les sujets non adultes.
Milieu Lacs et rivières en terrains boisés (taïga septentrionale, zones littorales).
Diffusion Europe, Asie et Amérique septentrionales.
Vie et mœurs Cette espèce installe son nid dans des trous de troncs d'arbres (parfois dans des terriers de lapins à proximité de l'eau). Elle y pond de 6 à 11 œufs (à intervalles de 36 heures environ) que la femelle seule couve pendant 27 à 32 jours. Les canetons, nidifuges, quittent bientôt le nid pour aller à l'eau, avec l'assistance de la mère. Les garrots, qui hivernent près des lacs les plus grands et souvent aussi au bord de la mer, se nourrissent principalement de crustacés, mollusques, vers et petits poissons, ainsi que de substances végétales. Ils vont chercher leur nourriture sous la surface des eaux, s'immergeant jusqu'à une profondeur de 7 mètres. Les parades nuptiales des mâles, qui consistent en une série d'attitudes rituelles accomplies dans l'eau, commencent à la fin janvier.

67 BUCERO BICORNIS
Grand calao ou calao bicorne

Classification Ordre des Coraciiformes, famille des Bucérotidés.
Caractéristiques C'est un gros oiseau au plumage noir à grandes raies blanches sur les ailes et sur la queue. Le cou est blanc-jaune, les côtés de la face noirs. Le bec, comme chez tous les bucérotidés, est grand et robuste, légèrement recourbé vers le bas et surmonté d'une singulière structure, le casque, sur la mandibule supérieure. Il existe des différences de couleur du bec et de l'anneau oculaire, ainsi que de l'œil lui-même, entre le mâle et la femelle. Le crâne du calao, surmonté du casque, pèse dans les 320 g. On en distingue deux sous-espèces, le *Bucero bicornis homrai,* qui atteint la longueur de 120 cm, le bec du mâle pouvant mesurer 29,5 cm de long, et le *B. b. bicornis,* plus petit, chez qui le bec du mâle atteint la longueur de 25 cm. Une espèce voisine est le *Bucero rhinoceros,* ou calao rhinocéros.
Milieu Forêts, bois.
Diffusion Sud-Est asiatique.
Vie et mœurs Niche dans des cavités, comme tous les autres bucérotidés (à l'exception des calaos terrestres) ; le mâle mure la cavité en laissant une fente par laquelle il nourrit la femelle et les petits, de fruits, d'invertébrés et de petits vertébrés.

---

68 BUCORVUS LEADBEATERI
Calao terrestre

Classification Ordre des Coraciiformes, famille des Bucérotidés.
Caractéristiques Les calaos terrestres peuvent atteindre la longueur totale de 110 cm et un poids de 3,5 à 4 kg. Ils ont des tarses assez développés et les parties latérales de la tête ainsi que la gorge nues, cependant que les narines sont protégées par une touffe de plumes qui les couvrent. Cet oiseau a un plumage de couleur noire avec du blanc sur les ailes. Le bec est robuste, surmonté d'un casque assez petit. Les parties nues sont rougeâtres (d'un rouge nuancé de bleuâtre chez la femelle). Le bec atteint la longueur de 17 cm chez le mâle et de 15,5 cm chez la femelle. Le calao terrestre d'Abyssinie *(Bucorvus abyssinicus),* dont le mâle porte un bec d'environ 22 cm, est considéré par certains savants comme une sous-espèce du *B. leadbeateri.*
Milieu Savanes, steppes.
Diffusion Afrique.
Vie et mœurs Les calaos terrestres construisent leur nid sur les arbres (surtout le baobab) et ce sont les seuls bucérotidés qui ne murent pas leur femelle dans le nid. Ils pondent généralement 2 œufs, qui sont couvés pendant environ un mois par la femelle. Les petits, nidicoles, séjournent au nid pendant 3 mois de plus et restent avec les parents pendant encore 9 mois. Ils atteignent la maturité sexuelle à l'âge d'environ 3 ans.

69 BUPHAGUS AFRICANUS

Buphage ou pique-bœufs à bec jaune

Classification Ordre des Passériformes, famille des Sturnidés.
Caractéristiques La sous-famille des buphaginés comprend des espèces au bec court et robuste, aux pattes courtes, aux griffes solides et acérées, à la queue pointue. Le buphage africain atteint la longueur de 21 cm ; c'est un oiseau dont le plumage est de couleur brun noirâtre, avec le dessous jaune clair, la tête grisâtre, le bec robuste et jaune à pointe rougeâtre. Le bec est doté de bords très tranchants, ce qui permet au pique-bœufs d'extirper les tiques et d'explorer la peau des grands mammifères africains auxquels il tient compagnie (éléphants, rhinocéros). Le buphage à bec rouge *(Buphagus erythrorynchus)* est lui aussi de couleur brunâtre, avec le bec rouge et un cercle de peau nue et jaune autour de l'œil.
Milieu Steppes, savanes.
Diffusion Afrique.

Vie et mœurs Les buphages se rassemblent sur la peau des mammifères ongulés et s'y nourrissent de parasites et d'insectes, jouant en outre le rôle de « sentinelle » pour ces mammifères, qu'ils avertissent quand un danger les menace. Ils nichent dans les cavités des arbres (et aussi sous le toit des maisons), pondant en général de 3 à 5 œufs qui sont couvés pendant 11 à 12 jours. Les petits sont nidicoles, et restent au nid de 28 à 29 jours.

---

70 BURHINUS ŒDICNEMUS

Œdicnème criard ou courlis de terre

Classification Ordre des Charadriiformes, famille des Burhinidés.
Caractéristiques Longueur pouvant atteindre 40 cm. Couleur mimétique marron rayé. Sur les ailes, on remarque une tache blanche et une double barre, alors que vues de dessous, elles sont très claires, avec le bord postérieur foncé. La tête est ronde, les yeux sont jaunes, le bec est jaune et noir, les pattes sont jaunâtres. Cet oiseau se déplace souvent sur le sol, aisément, grâce à sa couleur mimétique ; son vol est droit, en général à faible altitude, les pattes dépassent la queue. Les jeunes sont semblables aux adultes.

Milieu Zones pierreuses, sableuses, collines nues, zones à végétation rare, marais, régions cultivées.
Diffusion Europe centrale et méridionale, Sud-Ouest asiatique, Asie méridionale, Afrique du Nord.

Vie et mœurs Mœurs solitaires à la saison de nidification (au cours des migrations, on peut en observer de nombreux groupes). Niche au sol, dans des trous ou de légères dépressions où il pond généralement 2 œufs (plus rarement 3) que couvent les deux parents pendant une période de 25 à 27 jours. Les jeunes, nidifuges, sont élevés par les deux parents et deviennent indépendants vers l'âge de 6 semaines. L'œdicnème ne pond qu'une seule couvée (parfois, exceptionnellement, 2). Il se nourrit de divers invertébrés, et parfois de poussins, de faisans et de perdrix, de petits rats, etc.

71 BUTEO BUTEO

Buse variable

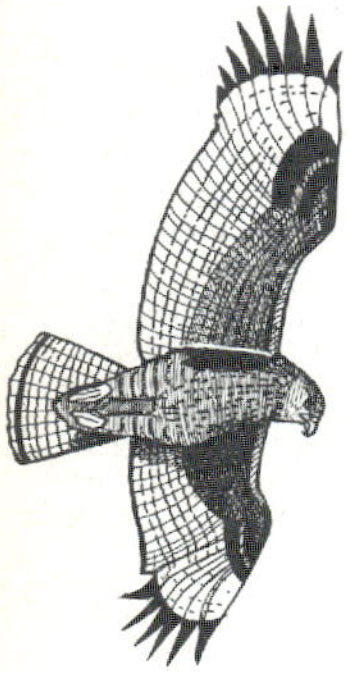

Classification Ordre des Falconiformes, famille des Accipitridés.
Caractéristiques Elle mesure de 51 à 58 cm de longueur, avec une envergure pouvant atteindre 1,35 m et un poids variant entre 0,5 et 1,2 kg, la femelle étant plus grande que le mâle. Le plumage offre de nombreuses nuances (rougeâtre, pâle, mélanique, etc.) mais il est essentiellement brun sur le dessus, blanc sale sur le dessous, avec des rayures serrées et des taches brunes. L'iris est jaune-brun, les pattes sont jaunes ; les jeunes diffèrent peu des adultes en ce qui concerne la couleur du plumage.
Milieu Forêts, bois, montagne moyenne, campagne plantée d'arbres.
Diffusion Europe et Asie centrales et méridionales.
Vie et mœurs Construit un nid presque toujours dans des arbres (parfois sur des rochers). Une seule couvée est élevée chaque année, comptant 3 ou 4 œufs pondus à 2 ou 3 jours d'intervalle. Ces œufs sont couvés par les deux parents (mais surtout par la femelle) pendant environ 33 à 35 jours. Les petits, nidicoles, volent vers l'âge de 40 à 45 jours, aidés et nourris par les deux parents, qui en prennent soin longtemps encore après qu'ils ont quitté le nid. Les buses capturent une grande variété de proies, surtout mammifères rongeurs (jusqu'à la taille du lapin) petits oiseaux et reptiles, mais ne dédaignent pas les charognes.

---

72 BUTEO JAMAICENSIS

Buse de la Jamaïque

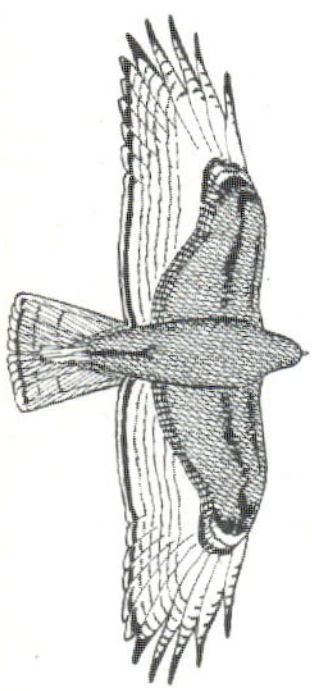

Classification Ordre des Falconiformes, famille des Accipitridés.
Caractéristiques Longueur environ 50 à 65 cm, envergure de 1,30 à 1,45 m. Parties supérieures de couleur marron, queue de couleur fauve noisette, parties inférieures blanchâtres à rayures foncées. La femelle (poids moyen : 1,2 kg) est légèrement plus grande que le mâle (poids moyen : 1 kg). Il existe des variations dans la couleur du plumage, qui peut être plus clair ou plus foncé. Espèce voisine : buse de Swainson *(Buteo swainsoni).*
Milieu Déserts, zones cultivées et boisées, collines rocheuses.
Diffusion Amérique septentrionale et centrale.
Vie et mœurs C'est une espèce ordinairement sédentaire, mais dans des régions plus froides elle est migratrice. Dans le choix de son habitat elle est éclectique, nichant du niveau de la mer jusqu'à la montagne moyenne, dans toutes sortes de milieux. Le nid, construit au moyen de branchages sur les arbres, sur des cactus ou des rochers, est souvent occupé plusieurs années de suite. Les œufs, au nombre de 1 à 3 (parfois 4), sont couvés par les deux parents pendant 28 à 32 jours. Les jeunes volent vers l'âge de 45 jours et pendant quelques semaines de plus sont encore instruits par leurs parents dans l'art de la chasse. Ce rapace se nourrit surtout de rongeurs et de lapins, mais aussi de serpents et d'oiseaux de taille moyenne.

73 BUTORIDES VIRESCENS

Héron crabier vert

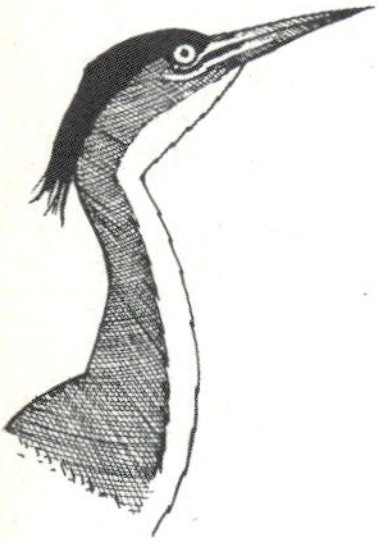

Classification Ordre des Ciconiiformes, famille des Ardéidés.
Caractéristiques Plutôt petit, il mesure de 45 à 55 cm de longueur, et comme tous les hérons, il a les ailes longues et arrondies, les pattes longues, le bec mince et pointu. Les parties inférieures sont de couleur marron fauve à l'exception de la gorge, qui est blanche. Le dos et les ailes sont de couleur gris-vert, plus foncé sur le dos. Les pattes sont jaunes. Les sujets jeunes, bruns, ont des raies claires et foncées. La tête porte une courte touffe de plumes, qui se hérissent lorsque l'oiseau est effrayé.
Milieu Marais et étangs d'eau douce et saumâtre.
Diffusion États-Unis et Amérique centrale.
Vie et mœurs Oiseau de mœurs migratoires, hivernant dans les zones septentrionales de l'Amérique du Sud, il niche en petites colonies ou solitairement dans les arbres situés à proximité de l'eau. Le nid, fait de branches sèches et tapissé d'herbes, reçoit 3 à 6 œufs (ordinairement 4 ou 5) qui sont couvés par les deux parents pendant 19 à 21 jours. Les petits volent vers l'âge de 21 à 23 jours. Pour se procurer sa nourriture, ce héron se tient immobile dans les eaux peu profondes et, de son bec pointu, transperce ses proies — essentiellement petits poissons, petits batraciens et insectes.

---

74 CALCARIUS LAPONICUS

Bruant lapon

Classification Ordre des Passériformes, famille des Embérizidés.
Caractéristiques Long de 14 cm, il pèse à peu près 24 g. Le mâle en livrée nuptiale a la tête, la poitrine et les flancs noirs, une raie blanche sur l'œil et les joues, la nuque de couleur marron ; les parties supérieures sont brunes, les parties inférieures, blanches. La femelle est d'un brun uniforme sur le dessus et ressemble aux jeunes et au mâle en livrée hivernale. Les bords extérieurs de la queue sont blancs.
Milieu Toundras, plaines littorales herbeuses.
Diffusion Régions arctiques d'Europe, Asie et Amérique.
Vie et mœurs Le nid, posé dans une dépression de terrain, est une coupe d'herbes, de mousse, de crins et de plumes. L'unique couvée annuelle compte 5 ou 6 œufs, pondus à intervalles d'un jour. L'incubation, assurée principalement par la femelle, dure de 10 à 14 jours. Les petits, nidicoles, sont nourris par l'un et l'autre parents, et volent à l'âge de 12 à 15 jours. Cette espèce cherche sa nourriture sur le sol et son régime est surtout composé de graines de plantes herbacées et, à la bonne saison, d'insectes. Le bruant lapon migre vers les plaines côtières à végétation herbacée de régions plus méridionales, où il passe l'hiver, adoptant un comportement grégaire.

75 CALIDRIS ALBA
Sanderling ou bécasseau des sables

Classification Ordre des Charadriiformes, famille des Scolopacidés.
Caractéristiques Longueur jusqu'à 20 cm, couleur très claire durant la période automne-hiver ; tête et parties inférieures du corps blanches, tandis que les parties supérieures sont gris-brun. En été, la tête, le cou, les parties supérieures et le haut de la poitrine sont brun bariolé de noir, les parties inférieures blanches. En vol on observe une barre alaire blanche faisant contraste avec l'aile foncée.
Milieu Zones côtières sableuses et de galets, zones marécageuses, toundras à végétation clairsemée.
Diffusion Régions circumpolaires arctiques . Hiverne plus au sud, en Afrique, Asie, Amérique, Europe, Australie.
Vie et mœurs On l'observe souvent en groupes denses. Il niche dans des dépressions et creux de terrain, qu'il recouvre de feuilles sèches et autres substances végétales. Pond une couvée unique de 4 œufs (exceptionnellement 3) que couvent les deux parents, mais principalement la femelle, pendant 23 à 24 jours. Les petits, nidifuges, sont élevés par les deux parents et sont indépendants vers l'âge de 23 à 24 jours. Le sanderling se nourrit d'invertébrés (insectes, vers, crustacés, mollusques).

---

76 CALIDRIS ALPINA
Bécasseau variable

Classification Ordre des Charadriiformes, famille des Scolopacidés.
Caractéristiques Longueur environ 19 cm ; couleur brun foncé sur le dessus, plus clair sur les parties basses, ventre noir. Quelques rayures fines marquent le haut de la poitrine. Le bec est légèrement recourbé du bout vers le bas. En période hivernale, la couleur est gris foncé et le ventre est blanc. En vol, on remarque une raie blanche sur les ailes et du blanc sur les côtés dans la partie haute de la queue, qui est foncée.
Milieu Marais, lagunes, régions de prés humides, zones littorales.
Diffusion Europe, Asie et Amérique septentrionales, nord et nord-ouest de l'Afrique.
Vie et mœurs Niche au sol, dans les tourbières, dans les marais saumâtres. Pond une seule couvée, normalement de 4 œufs (occasionnellement de 2 à 6), qui sont couvés par les deux parents pendant une période de 21 ou 22 jours. Les petits, nidifuges, sont élevés par les deux parents, mais plus particulièrement par la femelle ; ils deviennent indépendants en 25 jours environ. Le bécasseau variable se nourrit d'invertébrés (mollusques, vers, insectes, etc.) et de substances végétales.

77 CALIDRIS CANUTUS

Maubèche canut

Classification Ordre des Charadriiformes, famille des Scolopacidés.
Caractéristiques Longueur jusqu'à 25 cm. En période de printemps-été, les parties supérieures sont de couleur marron tacheté de sombre, la tête et les parties inférieures sont de couleur rouille. En livrée hivernale, la couleur du plumage est gris cendré sur le dessus, et blanc au-dessous. La maubèche canut est d'aspect robuste, trapu, à cou, bec et pattes courts. En vol, on voit ressortir une barre blanche aux ailes et le croupion clair.
Milieu Terrains humides ou pierreux, à végétation clairsemée, côtes sableuses ou boueuses, estuaires, marais.
Diffusion Cercle polaire arctique ; hiverne plus au sud, en Asie, Afrique, Europe et Amérique.
Vie et mœurs Niche dans des creux ou dépressions du sol, dans les lichens. Pond généralement 4 œufs (plus rarement 3) que couvent les deux membres du couple, pendant environ 20 à 25 jours. Les petits, nidifuges, sont élevés surtout par le mâle et deviennent indépendants au bout d'environ 3 semaines. Se nourrit d'invertébrés et de substances végétales. Se rencontre souvent en vols importants le long des côtes boueuses et sableuses. Il émet un « tuit-uit » et un « not » grave.

---

78 CALIDRIS MINUTA

Bécasseau minute

Classification Ordre des Charadriiformes, famille des Scolopacidés.
Caractéristiques Longueur jusqu'à 14,5 cm, présente en été une couleur brunâtre sur le dessus et blanche sur le dessous. En hiver, les parties supérieures sont grisâtres et les parties inférieures toujours blanches. Les pattes sont noires ; en vol, on remarque les flancs et le croupion, qui sont blancs, et en hiver une sorte de « V » clair sur le dos. Une espèce très voisine est le bécasseau de Temminck *(Calidris temminckii)*, dont la longueur est de 14 cm et qui présente une couleur plus grisâtre et des pattes claires.
Milieu Toundras, zones herbeuses, zones marécageuses, côtes.
Diffusion Europe et Asie septentrionales, hiverne plus au sud.
Vie et mœurs Niche au sol dans des creux et dépressions. Pond une seule couvée, généralement de 4 œufs (plus rarement de 3) qui sont couvés surtout par la femelle. Les petits, nidifuges, sont élevés par les deux membres du couple. Le bécasseau minute se nourrit d'invertébrés (insectes, vers, mollusques) et de graines.

79 CALLIPEPLA SQUAMATA

Colin écaillé

Classification Ordre des Galliformes, famille des Phasianidés.
Caractéristiques De petite taille (25 à 30 cm) et d'aspect plutôt trapu, il est doté de pattes robustes grâce auxquelles il se déplace avec agilité. Son plumage est de couleur gris-marron à taches grises et blanches sur les parties antérieures, qui lui donnent un aspect « écailleux ». Les deux sexes sont semblables.
Milieu Zones arides et semi-arides, prairies.
Diffusion Amérique septentrionale (ouest des États-Unis et Mexique).
Vie et mœurs Pendant la période de nidification, l'espèce est solitaire, mais en automne-hiver, il se forme des compagnies de nombreux individus. Quand il est menacé par un prédateur, ce colin préfère courir sur le sol et profiter de sa coloration mimétique plutôt que de prendre la fuite en volant. Il niche dans les concavités du sol, qu'il tapisse d'herbes et de plumes. La couvée est de 9 à 16 œufs (habituellement 12 à 14) que couve pendant environ 21 jours la femelle, qui prend soin de la progéniture. On ne sait pas à quel âge exact les petits sont capables de voler, mais ils quittent le nid dès leur naissance et se nourrissent par eux-mêmes. La nourriture est composée pour un tiers d'insectes et pour le reste de graines et de substances végétales.

---

80 CALYPTE ANNA

Colibri anna

Classification Ordre des Apodiformes, famille des Trochilidés.
Caractéristiques Longueur environ 8,5 cm. C'est un colibri avec le sommet de la tête et la gorge rouges, le dessus du corps vert-gris foncé et le dessous blanc, avec les flancs plus foncés ; les femelles ont une couleur verdâtre plus accentuée sur le dessus.
Milieu Régions de maquis, bois, jardins.
Diffusion Amérique septentrionale et centrale.
Vie et mœurs Niche dans un petit nid en coupe couvert de lichens, dans des arbres ou des buissons. Il y pond 2 œufs blancs. La couvée, pour tous les colibris, comporte presque toujours 2 œufs (rarement 1 ou 3) qui sont couvés pendant 14 à 21 jours. Les petits quittent le nid en moyenne à l'âge de 22 ou 23 jours. L'ornithologue américain F.G. Stiles a étudié pendant trois ans en Californie la biologie de ce petit colibri ; c'est une espèce très agressive qui défend avec véhémence les arbustes en fleurs (le colibri se nourrit de nectar), et son cycle de reproduction est étroitement lié à celui de la floraison. En outre, la prolifération d'arbustes à fleurs dans les pardins californiens, depuis quelques années, semble responsable de l'accroissement des effectifs numériques du *Calypte anna*.

81 CAPRIMULGUS EUROPAEUS

Engoulevent d'Europe

Classification Ordre des Caprimulgiformes, famille des Caprimulgidés.
Caractéristiques Il est doté d'ailes longues et pointues, ses pattes sont faibles et son bec est large et plat. Long en moyenne de 24 cm, il pèse 80 g. Les sexes sont à peu de chose près semblables, avec un plumage très mimétique, de couleur marron piqueté finement de fauve et de brun. Le mâle, en vol, présente des taches blanches au bout des ailes et des rectrices extérieures.
Milieu Clairières de bois, terrains arides à végétation clairsemée, dunes sableuses.
Diffusion Europe, Asie, nord-ouest de l'Afrique.
Vie et mœurs De mœurs nocturnes, il passe les heures de lumière diurne posé immobile au sol ou sur une branche, peu visible grâce à la coloration mimétique de son plumage. Le nid est posé sur le sol dans une cavité restée nue, sans apport de matières. Chaque année y sont élevées 2 couvées de 2 œufs chacune, dont l'incubation est assurée par les deux membres du couple (la femelle, d'habitude, pendant les heures de jour) pendant 18 jours. Les petits, couverts de duvet et en partie nidifuges, sont nourris et soignés par les deux parents, et volent vers l'âge de 16 à 18 jours. Les engoulevents, de mœurs migratrices, se nourrissent pendant la nuit, avalant en vol des insectes volants, grâce à la vaste ouverture de leur bouche.

---

82 CARDINALIS CARDINALIS

Cardinal

Classification Ordre des Passériformes, famille des Fringillidés.
Caractéristiques Longueur de 18 à 22 cm. Porte une longue huppe sur la tête, son bec est court et conique, et il s'en sert pour briser les semences et les graines. Son plumage est écarlate, sauf la gorge et la base du bec, qui sont noires. La crête de la femelle est plus réduite que celle du mâle : chez elle les parties supérieures sont brunes et les parties inférieures jaune clair. En hiver, le mâle revêt la livrée propre à la femelle et aux jeunes.
Milieu Régions découvertes et cultivées avec arbres et buissons, parcs.
Diffusion Amérique du Nord (régions du centre et de l'est) et îles Hawaii, où il a été introduit par l'homme.
Vie et mœurs C'est une espèce en expansion et, au cours des dernières années, elle a conquis de nouveaux territoires au nord. Le nid, construit dans des buissons ou sur des arbres, est petit et formé d'une petite coupe en matières végétales entretissées. La ponte comporte en général 3 ou 4 œufs (de 3 à 6) couvés pendant 12 jours, peut-être par les deux membres du couple. Les petits quittent le nid vers le quatorzième jour. Chaque année, 2 couvées (parfois 3) sont élevées. Le cardinal se nourrit surtout de baies et de graines, mais aussi d'insectes et autres petits invertébrés.

83 CARDUELIS CARDUELIS
Chardonneret élégant

Classification Ordre des Passériformes, famille des Fringillidés.
Caractéristiques Longueur jusqu'à 12 cm. Sexes semblables. Parties supérieures marron-fauve, croupion blanc, parties inférieures marron, ailes caractéristiques, noires barrées de jaune. La tête offre l'aspect d'un petit masque noir, blanc et rouge. Les individus jeunes ont les parties supérieures marron-gris et les parties inférieures plus blanchâtres.
Milieu Bois, parcs, jardins, pâturages, champs avec chardons.
Diffusion Europe, Asie occidentale, nord-ouest de l'Afrique.
Vie et mœurs Niche sur les branches des arbres, parfois dans des buissons et broussailles. Le nid, en forme de coupe, est construit par le couple à l'aide de racines, de brindilles, de mousses, de lichens, etc. Le chardonneret y pond de 4 à 7 œufs (parfois 3 à 7), qui sont couvés par la femelle, elle-même nourrie par le mâle, pendant 12 à 14 jours. Les petits, nidicoles, quittent le nid au bout de 13 à 15 jours. Le chardonneret fait 2 couvées dans l'année, parfois 3. Il se nourrit de graines, en particulier de celles du chardon, mais dans son alimentation entrent également des insectes et divers invertébrés. Le mâle fait la cour à la femelle par des inclinations du corps d'un côté et de l'autre, en tenant les ailes ouvertes et en leur imprimant de rapides oscillations.

---

84 CARDUELIS CHLORIS
Verdier d'Europe

Classification Ordre des Passériformes, famille des Fringillidés.
Caractéristiques Longueur 14 à 15 cm. La couleur des parties supérieures est vert olive, avec davantage de jaune au croupion. Les flancs sont gris-vert, les parties inférieures sont vert jaunâtre avec des nuances grises. Sur les ailes et sur les rectrices, il y a du jaune. En période printanière, le jaune et le vert sont plus vifs. Chez la femelle, les parties supérieures sont plus brunâtres et les parties inférieures plus grises. Les jeunes ressemblent à la femelle mais portent des raies blanches sur les parties supérieures et inférieures. Le vol est ondoyant.
Milieu Bois, jardins, parcs, vergers.
Diffusion Europe, Asie, Afrique du nord-ouest.
Vie et mœurs Niche sur les arbres, dans les haies et parmi les buissons, où il construit un nid grossier en forme de coupe, bien rembourré intérieurement Il y pond de 4 à 6 œufs (rarement 3 ou 8), que la femelle couve pendant 13 à 14 jours, nourrie par le mâle. Les petits, nidicoles, restent au nid de 13 à 16 jours. Les jeunes sont élevés par les deux parents, et nourris au moyen d'aliments régurgités. Le verdier fait 2 couvées par an (plus rarement 3). Il se nourrit de graines, de préférence oléagineuses, ainsi que de mûres, de pousses d'arbres fruitiers, sans dédaigner pour autant, parfois, un régime insectivore.

85 CARDUELIS SPINUS

Tarin des aulnes

Classification Ordre des Passériformes, famille des Fringillidés.
Caractéristiques Longueur 11 cm ; poids, 12 à 14 g. Le bec est court et robuste, adapté à un régime essentiellement granivore. Chez le mâle, le plumage est jaune-vert avec des raies brunes sur les flancs et un croupion jaune. Le sommet de la tête et le menton sont noirs. La femelle et les petits sont plus gris, avec les parties inférieures presque blanches, et sans la couleur noire sur la tête.
Milieu Jardins, terrains cultivés, bois (surtout de conifères).
Diffusion Europe et Asie centro-septentrionales.
Vie et mœurs Le nid, construit sur des branches de conifères, est constitué d'une petite coupe d'herbes, de mousses, de laine et de crins. Il y a deux couvées par an, chacune de 3 à 5 œufs (parfois de 2 à 6), pondus à la cadence de un par jour. L'incubation, assurée exclusivement par la femelle, dure de 11 à 14 jours. Les petits, nidicoles, sont élevés par les deux parents, pendant 13 à 15 jours, âge auquel ils sont en état de voler. Le régime alimentaire est composé essentiellement de graines de conifères (sapins), de feuillus (aulnes), d'herbes (chardons). Néanmoins, la progéniture est nourrie d'insectes, au moins dans la première phase de croissance. Pendant l'hiver, les tarins ont des mœurs grégaires et s'associent souvent à d'autres fringillidés pour la quête de leur pitance.

---

86 CARIAMA CRISTATA

Cariama (ou sériéma) huppé

Classification Ordre des Gruiformes, famille des Cariamidés.
Caractéristiques Les espèces de cette famille se distinguent par un long cou, de longues pattes, un plumage touffu et une longue queue. Le cariama huppé, l'espèce la plus grande, atteint à peu près une longueur totale de 1 m. Le plumage est jaune-brunâtre avec passages plus foncés sur le dessus, plus clair dans les parties inférieures. La queue est noire et blanche, le bec et les pattes sont d'un rougeâtre orangé. Le tour des yeux est une zone bleu-clair. La tête est surmontée d'une huppe de plumes raides.
Milieu Régions boisées.
Diffusion Amérique du Sud.
Vie et mœurs Les cariamidés, ou sériémas, sont des oiseaux vivant de préférence à terre, bons coureurs et voiliers assez médiocres. Ils se nourrissent de substances végétales (fruits) et animales (des invertébrés aux serpents). Le cariama huppé s'élève jusqu'à l'altitude de 2 000 m en zone de montagne tempérée, d'après C.C. Olrog. Il vit généralement par couples, formant de petits groupes à la période automne-hiver. Il fait son nid à la fourche des branches, pondant généralement 2 ou 3 œufs que couvent les deux parents pendant une période de 24 jours environ.

87 CASUARIUS CASUARIUS
Casoar à casque

Classification Ordre des Casuariiformes, famille des Casuariidés.
Caractéristiques Le casoar à casque présente une hauteur au dos de 100 cm environ. La longueur du tarso-métatarse est de 30 cm et le poids peut atteindre 85 kg. Les pattes, très fortes, sont dotées de trois doigts (la griffe du doigt intérieur est droite et peut mesurer jusqu'à 10 cm). La tête est surmontée d'un appendice semblable à un cimier, notablement incurvé vers le haut chez le casoar à casque. Sur la partie antérieure du cou se trouvent deux caroncules glabres. La famille des Casuariidés compte d'autres espèces, dont le casoar unicaronculé *(Casuarius unappendiculatus)* et le casoar de Bennett *(Casuarius bennetti).*
Milieu Hauts plateaux (jusqu'à 3 000 m pour le casoar de Bennett).
Diffusion Australie septentrionale et Nouvelle-Guinée.
Vie et mœurs Se nourrit surtout de fruits et de petits animaux (l'intestin est très court). En 1957 on a pu voir en Europe, à Amsterdam, le premier casoar vivant. Il mène une vie solitaire ; à la saison des amours, mâles et femelles se réunissent en petits groupes familiers. Le nid, à même le sol, est recouvert de substances végétales, où sont pondus de 3 à 8 œufs. L'incubation dure de 49 à 56 jours et est assurée par le mâle, qui s'occupe aussi des soins à donner à la progéniture.

---

88 CENTROCERCUS UROPHASIANUS
Tétras centrocerque

Classification Ordre des Galliformes, famille des Tétraonidés.
Caractéristiques Oiseau de grande taille, long d'environ 70 cm. Les plumes de la queue sont longues et pointues. Le mâle a la poitrine et la gorge de couleur noire et de longues plumes d'un blanc pur sur les parties inférieures. La femelle, plus petite, est dépourvue des plumes blanches sur les parties inférieures. Les mâles, pendant la parade nuptiale, présentent sur les côtés du jabot deux sacs de peau nue de couleur jaune vif.
Milieu Prairies à végétation herbacée et touffes de sauge.
Diffusion Amérique du Nord.
Vie et mœurs Cette espèce est étroitement liée à la sauge, en ce qui concerne son alimentation et sa nidification. De mœurs grégaires, les mâles se rassemblent au printemps dans des terrains propres aux ébats collectifs des parades nuptiales (arènes ou « leks »), où ils se pavanent en présence des femelles, en déployant les plumes de leur queue et en gonflant leurs sacs vocaux. Le nid est construit dans un creux de terrain entouré de touffes de sauge. La ponte compte de 7 à 15 œufs (généralement 9 ou 12), que la femelle couve pendant à peu près 22 jours. Les poussins, nidifuges, sont en état de voler une à deux semaines après la naissance. L'alimentation se compose de feuilles, pousses et fleurs de sauge, de plantes variées, et d'insectes.

89 CEPHALOPTERUS ADORNUS

Céphaloptère orné

Classification Ordre des Passériformes, famille des Cotingidés.
Caractéristiques D'une longueur pouvant atteindre jusqu'à 51 cm, c'est un oiseau singulier. Le plumage est de couleur noire, le bec seul, et particulièrement la mandibule inférieure, étant clair. La tête est ornée d'une huppe noire à reflets métalliques en saillie à la pointe du bec. En outre, de la gorge et de la poitrine pend une formation membraneuse qui peut atteindre la longueur de 33 à 40 cm. Cette sorte de sac gulaire peut être dilaté. L'ornithologue Wilhelm Meise le compare à un cône de sapin à écailles ouvertes. Parmi les autres espèces de cotingidés, on rappellera les singuliers *Procnias* longs de 20 à 26 cm, dont une espèce, l'araponga *(Procnias tricarunculata)*, porte trois caroncules sur le front et sur les côtés de la racine du bec.
Milieu Forêts.
Diffusion Du Costa Rica à la Bolivie.
Vie et mœurs Le céphaloptère émet des cris profonds sonnant comme de forts mugissements, ce qui lui vaut d'être appelé aussi « oiseau-taureau ». Cette faculté vient de ce qu'il est doté d'une trachée-artère fortement élargie. Le sac gulaire pend tandis que l'oiseau lance ses appels au cours de la parade amoureuse. Ses mœurs ont été étudiées en particulier par l'ornithologue Helmut Sick. Il se nourrit de fruits.

---

90 CERTHIA FAMILIARIS

Grimpereau familier

Classification Ordre des Passériformes, famille des Certhiidés.
Caractéristiques D'aspect élancé, avec un long bec mince et légèrement recourbé, il mesure 12 cm de longueur et pèse environ 7 à 10 g. Le plumage est de couleur brune à raies fauves sur les parties supérieures, d'un blanc pur sur les parties inférieures. Les sexes sont semblables, ainsi que les sujets jeunes. Une espèce très voisine, le grimpereau ordinaire *(Certhia brachydactyla)*, qui vit en Europe centro-méridionale et dans le nord-ouest africain, se distingue de la précédente par le fait d'avoir les parties inférieures grises et non blanches.
Milieu Bois et forêts de conifères et de feuillus.
Diffusion Régions centrales et septentrionales d'Europe et d'Asie.
Vie et mœurs Le nid est construit de chaumes d'herbes, de racines et de mousse, par les deux membres du couple, dans une fente de tronc ou des branches d'arbres. Deux nichées y sont élevées chaque année. La couvée se compose habituellement de 6 œufs (de 3 à 9), confiés à la femelle seule pendant 14 ou 15 jours. Les petits, nidicoles, sont élevés par les deux parents et volent à l'âge de 14 à 16 jours. Les grimpereaux recherchent leur nourriture, constituée d'invertébrés, en s'agrippant aux troncs des arbres qu'ils explorent minutieusement du pied à l'extrémité des branches latérales.

91 CERYLE RUDIS

Martin-pêcheur pie

Classification Ordre des Coraciiformes, famille des Alcédinidés.
Caractéristiques Pouvant atteindre la longueur de 25 cm, c'est un oiseau qui ne saurait prêter à confusion ; le mâle est noir à sa partie supérieure, avec des plumes ourlées et rayées de blanc, particulièrement sur la queue et les ailes. Au-dessous, le plumage est blanc, avec deux bandes pectorales gris argent. La femelle présente une coloration très semblable à celle du mâle, mais elle n'a qu'une seule bande noire, interrompue en son milieu. Le bec et les pattes sont noirs. Les individus jeunes montrent une coloration plus uniforme. Parmi les autres espèces d'alcédinidés on citera le martin-pêcheur américain *(Megaceryle alcyon)* dont la longueur peut atteindre 37 cm, répandu en Amérique septentrionale et centrale.
Milieu Lacs, rivières, zones littorales.
Diffusion Afrique, Asie centrale et Sud-Est asiatique.
Vie et mœurs Il creuse un tunnel long d'une trentaine de centimètres qui se termine par une chambre de ponte, où sont pondus généralement 4 œufs (parfois de 2 à 6), qui sont couvés par les deux parents ; ceux-ci élèvent et nourrissent ensemble les petits oiseaux au nid.

---

92 CETTIA CETTI

Bouscarle

Classification Ordre des Passériformes, famille des Sylviidés.
Caractéristiques Oiseau long d'environ 14 cm, d'un poids d'environ 13 à 15 g, au plumage de couleur brun rougeâtre sur la tête, le dos, la queue et le croupion, d'un blanc sale sur les parties inférieures. Un sourcil blanc est bien visible sur les yeux. La femelle et les jeunes sont semblables au mâle. Les ailes sont courtes et arrondies, la queue, plutôt longue, est souvent tenue relevée.
Milieu Cannaies et végétation basse et drue au voisinage de l'eau.
Diffusion Europe méridionale, nord-ouest de l'Afrique et Asie occidentale.
Vie et mœurs Le nid est une coupe plutôt grossière de feuilles sèches tapissée de crins, de plumes et d'inflorescences de roseaux, posée au milieu des roseaux ou des broussailles, à faible hauteur par rapport au sol. Le nid est construit par la femelle. Chaque année y sont élevées une ou deux couvées, de chacune 4 œufs (de 3 à 5) couvés exclusivement par la femelle pendant 13 jours. Les oisillons, nidicoles, sont élevés par les deux parents, et quittent le nid vers l'âge de 12 jours. Il est probable que le mâle est polygame. Le régime alimentaire est composé d'insectes et d'autres invertébrés (parmi lesquels figurent aussi de petits mollusques) et pour une petite part, aussi, de graines.

93 CHARADRIUS ALEXANDRINUS
Gravelot à collier interrompu

Classification Ordre des Charadriiformes, famille des Charadriidés.
Caractéristiques Longueur 16 cm ; le bec est court et les pattes sont plutôt longues et robustes. Le poids moyen est de 40 g. Les parties supérieures sont de couleur marron clair, les parties inférieures sont blanches, sauf une sorte de masque noir traversant l'œil et deux taches, de la même couleur, sur les côtés de la poitrine. La femelle et les jeunes ont un plumage aux tons légèrement plus pâles. Les pattes sont noires.
Milieu Côtes marines et lagunes saumâtres, étendues de sable et de boue au voisinage des eaux, zones marécageuses.
Diffusion Europe, Asie, Afrique septentrionale et occidentale.
Vie et mœurs Le nid est installé dans une légère dépression du terrain, sommairement revêtue de brindilles et débris végétaux. Il y est probablement élevé deux nichées par an. La ponte est ordinairement de 3 œufs (de 2 à 4) que couvent les deux adultes pendant 24 jours. Les poussins, nidifuges, sont couverts de duvet dans des tons mimétiques. Ils se procurent leur nourriture par leurs propres moyens, mais sous la surveillance et la garde des parents. Ils volent 25 jours après leur naissance. La nourriture est constituée d'insectes, vers, mollusques et crustacés recueillis sur le sol. Lorsqu'un prédateur s'approche du nid, les adultes peuvent feindre d'être blessés pour détourner l'attention du prédateur des œufs ou des petits.

---

94 CHAUNA TORQUATA
Chauna à collier

Classification Ordre des Ansériformes, famille des Anhimidés.
Caractéristiques Les anhimidés sont des oiseaux ressemblant aux oies, aux pattes longues et robustes, sans palmure entre les doigts. Ils pèsent de 2 à 3 kg environ. Sur les os du métacarpe on note la présence de deux éperons pointus, caractère singulier chez les ansériformes. L'organe sexuel mâle, en outre, fait défaut. Pendant un certain temps, ces oiseaux ont été classés parmi les rallidés ou les ciconiidés. On estime maintenant que les anhimidés descendent des mêmes ancêtres que les anatidés. Les espèces du genre *Chauna* ont 12 plumes rectrices. Le chauna à collier atteint la longueur de 90 cm. Son plumage présente une coloration caractéristique, grisâtre, plus foncée sur le dessus, avec un collier noir ; le bec est jaunâtre, le tour des yeux et les pattes sont rouges, la tête porte une touffe de plumes.
Milieu Zones palustres, à proximité des cours d'eau.
Diffusion Zones marécageuses d'Amérique du Sud, le long du rio de la Plata.
Vie et mœurs Vivent généralement en groupes et sont d'excellents nageurs, malgré l'absence de palmure entre les doigts. Ils se nourrissent surtout de substances végétales. Ils construisent leur nid près de l'eau, y pondent 5 ou 6 œufs, que couvent les deux membres du couple ; les petits sont nidifuges. Les indigènes élèvent les chaunas à collier comme animaux domestiques.

95 CHIONIS ALBA
Grand bec-en-fourreau

Classification Ordre des Charadriiformes, famille des Chionidés.
Caractéristiques Cette famille comprend des espèces dont le poids tourne autour des 600 g et de longueur variant de 38 à 42 cm. Ce sont des oiseaux à bec court renforcé par une formation disposée sur la mandibule supérieure ; les pattes sont courtes, elles aussi ; la face est partiellement nue et couverte de verrues. A l'angle de l'aile, il existe un éperon osseux rudimentaire qui sert d'arme. Le plumage, de couleur blanche, recouvre un duvet gris sous-jacent. Comme ils vivent dans les régions froides de l'Antarctique, ces oiseaux ont sous la peau une couche grasse d'environ 1 cm. L'autre espèce est le petit bec-en-fourreau *(Chionis minor)*, dont le bec est noir.
Milieu Côtes, glaces.
Diffusion Antarctique.
Vie et mœurs Ces oiseaux sont bien adaptés à la vie au froid. En outre de la protection que constitue leur couche de graisse, ils peuvent ébouriffer leur plumage, se tenir sur une seule patte et s'abriter dans les fentes des rochers. Ils se nourrissent d'invertébrés, de substances végétales, d'œufs, d'oiseaux, de résidus. Ils construisent des nids d'herbes, d'algues, de coquilles d'escargots, parfois à 1 m de profondeur. Ils pondent de 2 à 4 œufs qui sont couvés par les deux membres du couple pendant environ 28 jours.

96 CHIROXIPHIA CAUDATA
Manakin à queue longue

Classification Ordre des Passériformes, famille des Pipridés.
Caractéristiques La famille des pipridés comprend des espèces de taille variant de 8,5 à 16 cm, aux tarses presque toujours couverts d'écailles, au bec effilé ; les mâles ont un plumage à couleurs très vives. Ces oiseaux sont caractérisés par leurs « danses » dans les parades nuptiales ; celles-ci se déroulent sur des branches minces, dépourvues de feuilles et de ramifications et sont accompagnées de manifestations sonores, cris, battements d'ailes et aussi craquements et grincements produits par les rémiges secondaires particulièrement conformées à cet effet par l'épaississement du rachis, par des vexilles extérieurs renforcés, par les tuyaux séparés du cubitus et reliés à celui-ci par des attaches musculaires spéciales. Le manakin à queue longue possède un plumage bleu, noir aux ailes, et rougeâtre au sommet de la tête.
Milieu Forêts.
Diffusion Amérique du Sud.
Vie et mœurs Les pipridés vivent généralement dans la forêt, entre 1 et 5 m du sol. Ils se nourrissent de substances végétales (baies) et d'invertébrés. La femelle construit le nid, couve les 2 œufs qu'elle y pond, et s'occupe des petits, qui sont nidicoles. Les mâles exécutent leurs danses nuptiales caractéristiques en inclinant la tête, en sautant sur place ou en tournant de 180° suivant les espèces.

97 CHLIDONIAS HYBRIDA
Guifette moustac

Classification Ordre des Charadriiformes, famille des Laridés.
Caractéristiques La longueur peut atteindre 33 cm ; le plumage est, en période estivale, d'une coloration noire sur la tête, blanche sur les joues et la gorge, gris foncé presque noirâtre sur les parties inférieures, avec les tectrices intérieures des ailes blanches, les pattes et le bec rouges. En hiver, le front et les parties supérieures sont blancs, le dessus de la tête est rayé de blanc et noir. Les individus jeunes sont gris-brun sur le dessus. Une espèce voisine, la guifette leucoptère *(Chlidonias leucopterus)*, a en été la tête, l'abdomen, la poitrine et les tectrices alaires intérieures noirs et le dessus des ailes blanc.
Milieu Lagunes, étangs, marais.
Diffusion Europe, Asie, Afrique, Australie.
Vie et mœurs Niche en colonies, amassant roseaux et substances végétales sur l'eau et les accrochant à la végétation aquatique. Pond généralement 3 œufs (parfois 2 ou 4) qui sont couvés par les deux sexes, mais surtout par la femelle. Les petits sont élevés par les deux parents. La guifette moustac, comme ses autres congénères, se nourrit surtout d'insectes aquatiques.

---

98 CHLIDONIAS NIGER
Guifette noire

Classification Ordre des Charadriiformes, famille des Laridés.
Caractéristiques Longueur d'environ 25 cm. Le plumage nuptial est très remarquable : le dos, la queue, les ailes et les parties inférieures (à l'exception du dessous de la queue qui est blanc) sont gris-noir, les pattes sont rouges. En plumage hivernal, les parties inférieures sont blanches, une surface noirâtre existe sur la tête, les parties supérieures sont grisâtres. Les jeunes ont le sommet de la tête noirâtre, les parties supérieures gris-marron, les parties inférieures blanches.
Milieu Marais, étangs, lagunes, lacs, rivières.
Diffusion Europe, Amérique du Nord.
Vie et mœurs Niche en colonies en construisant un assemblage grossier de roseaux et de plantes aquatiques sur l'eau même, contre la végétation marécageuse. Pond une seule couvée, le plus souvent de 3 œufs (parfois 2 ou 4) qui sont couvés par les deux sexes, mais principalement par la femelle, pendant 14 à 17 jours. Les petits sont élevés par les deux parents et volent vers l'âge de 3 à 4 semaines. La guifette se nourrit principalement d'insectes aquatiques.

99 CICONIA (SPHENORHYNCHUS) ABDIMII
Cigogne d'Abdim

Classification Ordre des Ciconiiformes, famille des Ciconiidés.
Caractéristiques Oiseau plutôt petit, pouvant atteindre 75 cm ; plumage noir sur le dessus, partie postérieure du dos blanche, ainsi que les plumes de couverture inférieures de la queue. La tête et le cou sont noir verdâtre, la face est rouge clair, les parties inférieures sont blanches, le bec et les pattes verdâtres. Une espèce africaine caractéristique est le tantale *(Ibis ibis)* dont la longueur peut atteindre jusqu'à 105 cm et dont le plumage est blanc satiné, le bord des ailes et la queue sont noir moiré, le bec jaune, les pattes et la face rouges.
Milieu Régions découvertes, prairies, abords des villages.
Diffusion Afrique.
Vie et mœurs La cigogne d'Abdim forme souvent de grandes colonies et dans certaines régions elle niche sur le toit des cabanes. Comme le signale l'ornithologue Kay Curry Lindahl dans son ouvrage splendide sur les migrations (1977), la cigogne d'Abdim effectue le mouvement migratoire le plus spectaculaire d'Afrique : elle niche au nord de l'équateur, se déplace à travers la forêt pluviale équatoriale et les savanes, parvenant jusqu'à l'Afrique du Sud.

---

100 CICONIA CICONIA
Cigogne blanche

Classification Ordre des Ciconiiformes, famille des Ciconiidés.
Caractéristiques D'une longueur pouvant atteindre 102 cm, elle présente un plumage blanc, avec les plumes scapulaires, les tectrices alaires primaires et secondaires noires. Les pattes et le bec sont d'un rouge brillant. Chez les jeunes, le plumage est blanc, avec du brun sur les ailes ; bec et pattes sont de couleur brun rougeâtre. La cigogne reste souvent posée sur une seule patte. En vol, à la différence des hérons, elle porte le cou tendu et non replié en « S ».
Milieu Prairies, plaines, régions marécageuses. Niche sur des arbres ou sur des édifices.
Diffusion Europe centro-méridionale, Espagne, Turquie, Proche-Orient, Asie centrale et orientale, Afrique.
Vie et mœurs Niche en réoccupant pendant des années consécutives le même nid, volumineuse plate-forme de branchages secs, construits sur des arbres ou des édifices (on connaît les images traditionnelles des cigognes sur les toits de bien des pays d'Europe). Elle pond de 3 à 5 œufs (rarement de 1 à 7) dont l'incubation dure de 25 à 30 jours. Les jeunes sont élevés par les deux parents et quittent le nid à l'âge de 53 à 55 jours. Au cours des « parades nuptiales », la cigogne produit des bruits caractéristiques en faisant claquer rythmiquement son bec.

101 CICONIA NIGRA

Cigogne noire

Classification Ordre des Ciconiiformes, famille des Ciconiidés.
Caractéristiques Son envergure atteint 2 m en moyenne et son poids moyen est de 3 kg. Sa longueur est d'environ 96 cm. Le plumage des adultes est noir à reflets verts et pourpres sur le dos, les ailes, le cou et la tête ; le reste est blanc. Le bec et les pattes sont rouges. Les jeunes se distinguent par des tons plus atténués, et par la couleur gris-vert du bec et des pattes.
Milieu Marais, prairies et terrains rocheux en régions boisées.
Diffusion Europe, Afrique et Asie.
Vie et mœurs Niche habituellement sur de grands arbres et, plus rarement, sur des saillies ou dans des cavités des parois rocheuses, toujours dans des régions rudes et caillouteuses, à proximité de milieux aquatiques. Le nid, construit en branchages secs et herbes, est réoccupé d'année en année. Une seule couvée y est élevée, comprenant 3 à 5 œufs (ordinairement 4), pondus à intervalles de 2 jours l'un de l'autre. L'incubation est assurée par les deux membres du couple, et dure 30 à 35 jours. Ensuite, les deux parents s'occupent ensemble des petits, nidicoles, capables de voler à l'âge de 63 à 71 jours. Le régime alimentaire de la cigogne noire consiste en vers, petits poissons, insectes aquatiques, amphibiens et reptiles.

---

102 CINCLUS CINCLUS

Cincle plongeur ou merle d'eau

Classification Ordre des Passériformes, famille des Cinclidés.
Caractéristiques Longueur 17 cm, poids moyen 60 g, silhouette trapue et queue courte. Parties supérieures noires, poitrine blanche, ventre marron ou brun suivant les sous-espèces. Les sexes sont semblables. Les jeunes sont de couleur grise dans les parties supérieures, tachetés de gris et blanc dans les parties inférieures.
Milieu Torrents de collines et de montagnes.
Diffusion Nord-ouest africain, Europe et Asie septentrionales.
Vie et mœurs Le nid est construit par les deux sexes dans les rochers, les racines d'arbres (au voisinage de l'eau) souvent derrière une cascade. C'est une construction en mousse et feuilles sèches. Il s'y élève 2 et parfois 3 couvées dans l'année. Chacune se compose de 5 œufs (de 3 à 8) pondus à un jour d'intervalle de l'un à l'autre, que couve la femelle seule pendant 15 à 18 jours. Les petits, nidicoles, sont soignés par les deux parents et volent à l'âge de 19 à 25 jours. Le merle d'eau recherche sa pitance soit le long des rives au milieu des cailloux, soit sur le fond des torrents en plongeant durant quelques secondes en s'aidant des pattes, des ailes et de la queue. Cette nourriture consiste essentiellement en insectes aquatiques, larves de ces derniers, petits crustacés, vers et alevins.

103 CIRCAETUS CINEREUS
Circaète brun

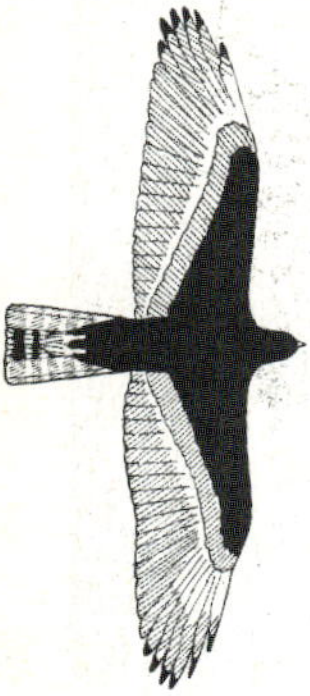

Classification Ordre des Falconiformes, famille des Accipitridés
Caractéristiques C'est un grand oiseau, long de 73 à 78 cm, aux ailes plutôt longues et dont l'envergure est de 180 cm environ. La femelle est légèrement plus grande que le mâle. Le plumage est de couleur brun-marron uniforme, aussi bien dans les parties supérieures que dans les inférieures. L'iris est de couleur jaune. Les individus jeunes sont plus pâles que les adultes et sont rayés de clair.
Milieu Savanes, régions boisées à vastes espaces découverts.
Diffusion Afrique centro-méridionale.
Vie et mœurs Niche à des altitudes variées, de la plaine aux hauts plateaux montagneux jusqu'à environ 2 500 m. Les nids sont construits aux sommets des acacias et des euphorbes au moyen de branches sèches. Un seul œuf est pondu, et il est couvé exclusivement par la femelle pendant à peu près 45 jours (40 à 52). Le petit au nid est nourri d'abord par la femelle seule, puis aussi par le mâle, et il vole vers l'âge de 100 à 109 jours. Comme méthode de chasse, ce rapace utilise deux techniques générales : l'une consiste à survoler à faible altitude les étendues herbeuses en se tenant prêt à foncer sur la proie, l'autre à guetter du haut d'un affût (un arbre ou un pieu) la proie sur laquelle il se jette ensuite en quelques puissants coups d'ailes. Le régime comprend 70 % de reptiles, surtout des serpents.

---

104 CIRCAETUS GALLICUS
Circaète Jean-le-blanc

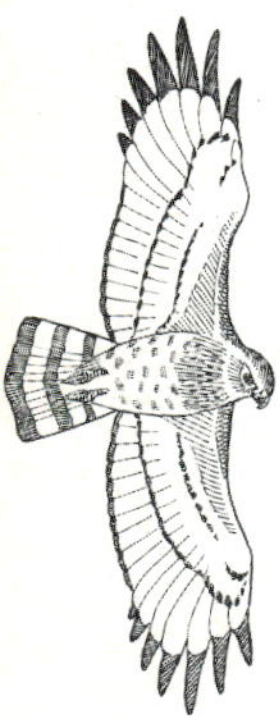

Classification Ordre des Falconiformes, famille des Accipitridés.
Caractéristiques Sa longueur atteint 63 à 69 cm. Il offre une notable variabilité de coloration, généralement brune sur le dessus et plus claire au-dessous ; la tête et le haut de la poitrine sont bruns. En vol, les parties inférieures claires ressortent (blanc avec des rayures brunes en quantité variable suivant les sujets et queue rayée). Sont caractéristiques l'iris jaune orangé et la tête, qui apparaît relativement robuste par rapport au corps. Les jeunes ressemblent aux adultes, mais sont plus clairs.
Milieu Végétation du maquis, zones découvertes peu boisées, bois à vastes clairières et reliefs rocheux.
Diffusion Europe centro-méridionale, Afrique du nord-ouest, Asie centrale et méridionale.
Vie et mœurs Niche sur des arbres, de préférence à feuillage persistant (en de rares occasions, sur des rochers). Pond un œuf unique par couvée, généralement assurée par la femelle, que nourrit le mâle pendant une durée de 47 jours environ. Le petit quitte le nid vers l'âge de 60 jours et vole vers 70 à 75 jours. Le régime du circaète Jean-le-blanc est pour la plus grande partie constitué de reptiles, surtout serpents et lézards. Il lui arrive de se nourrir aussi de vipères et autres serpents venimeux.

105 CIRCUS AERUGINOSUS

Busard des roseaux ou harpaye

Classification Ordre des Falconiformes, famille des Accipitridés.
Caractéristiques Longueur de 48 à 55 cm, femelle un peu plus grande que le mâle. Le plumage est brunâtre foncé. Le mâle adulte a la queue, les rémiges secondaires et certaines des tectrices alaires gris cendré, qui forment, en vol, un véritable contraste avec les primaires, qui sont noires. Le dessous du corps est rouge foncé. La femelle (dessin ci-contre) est brun foncé, avec épaules et tête claires. Les sujets juvéniles sont semblables à la femelle.
Milieu Marais, cannaies, régions humides en général, campagnes découvertes et terrains herbeux près de l'eau.
Diffusion Europe, Asie, Afrique.
Vie et mœurs Niche généralement au sol dans la végétation au milieu des roseaux. Le nid est un amas de roseaux et de branches sèches, construit principalement ou entièrement par la femelle qui y pond habituellement 4 ou 5 œufs (parfois de 3 à 8). L'incubation (33 à 38 jours) est aussi assurée presque exclusivement par la femelle, que le mâle alimente pendant ce temps. Les jeunes volent à l'âge de 35 à 40 jours et suivent les adultes pendant encore 2 à 3 semaines de plus. Le busard des roseaux se nourrit d'amphibiens, reptiles, petits mammifères et petits oiseaux.

---

106 CIRCUS PYGARGUS

Busard cendré ou busard montaigu

Classification Ordre des Falconiformes, famille des Accipitridés.
Caractéristiques Sa longueur peut atteindre 40 à 45 cm. Le mâle (dessin ci-contre) présente un plumage gris cendré à raie sombre au milieu de l'aile, à rémiges extérieures noires, les parties inférieures étant plus claires. La femelle est brunâtre avec une tache blanche au début de la queue. Dans les parties inférieures elle est plus rougeâtre. Les jeunes ressemblent à la femelle. Il existe des espèces voisines, comme le busard Saint-Martin *(Circus cyaneus)*, dont le mâle est semblable à celui du busard cendré mais est dépourvu de la raie foncée au milieu de l'aile, le bord postérieur de l'aile étant, en revanche, noir, le dessous du corps étant d'autre part plus clair ; le busard pâle *(Circus macrourus)*, lui, est beaucoup plus clair, dépourvu de raies noires sur les ailes. Les femelles de ces deux espèces sont marron avec le blanc au début de la queue plus ou moins grand.
Milieu Marais, bruyères.
Diffusion Europe, Asie, Afrique.
Vie et mœurs Niche au sol, dans la végétation. Pond de 4 à 5 œufs (parfois 3 à 10) à intervalles de 1 à 3 jours. Ces œufs sont couvés dès la ponte du premier et l'incubation dure de 27 à 30 jours pour chaque œuf. Les jeunes volent à l'âge de 35 à 40 jours. Le busard cendré se nourrit de batraciens, reptiles, petits oiseaux et mammifères.

107 CISTICOLA JUNCIDIS

Cisticole des joncs

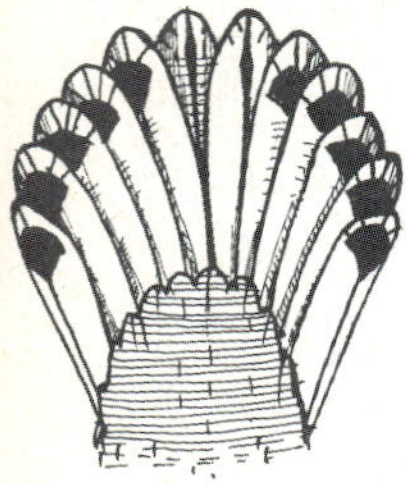

Classification Ordre des Passériformes, famille des Sylviidés.

Caractéristiques Petite fauvette, longue de 10 cm et pesant de 8 à 9 g, d'aspect élancé et mince, au bec effilé adapté à une alimentation insectivore. Le plumage est de couleur brune dans les parties supérieures, avec des raies fauves et rougeâtres, blanc sale dans les parties inférieures, avec des passages rougeâtres sur les flancs et la poitrine. La queue est courte et ronde. Les sexes sont semblables, ainsi que les sujets juvéniles.

Milieu Terrains secs ou humides, prairies, champs de céréales.

Diffusion Europe méridionale, Afrique, Asie et Australie.

Vie et mœurs Le nid est construit parmi les herbes hautes et denses à faible hauteur au-dessus du sol et souvent à proximité de l'eau. C'est une coupe allongée, entretissée d'herbes et de toiles d'araignées. Cette espèce élève 2 et même 3 couvées chaque année, de chacune 4 à 6 œufs. Ceux-ci sont couvés pendant 11 à 12 jours et les petits restent au nid pendant 12 à 14 jours ; ils sont alors en âge d'accomplir des vols de courte durée. L'alimentation est constituée de petits insectes (diptères, coléoptères, orthoptères). Ces oiseaux sont très visibles lorsqu'ils volent à faible hauteur au-dessus du terrain dans leur propre territoire, en émettant un chant persistant à résonance sifflante.

---

108 CLAMATOR GLANDARIUS

Coucou-geai

Classification Ordre des Cuculiformes, famille des Cuculidés.

Caractéristiques Mesure 38 à 45 cm de longueur et atteint le poids de 220 g. Le plumage des adultes est de couleur brune sur les parties supérieures avec des taches blanches, et crème sur les parties inférieures. La longue queue porte des taches blanches et la tête une huppe de plumes grises. Cette crête manque chez les sujets juvéniles, dont les pennes primaires sont de couleur rougeâtre.

Milieu Maquis méditerranéen, olivettes, plaines plantées d'arbres.

Diffusion Europe méridionale, Afrique et Moyen-Orient.

Vie et mœurs Le coucou-geai est une espèce parasite, qui pond ses œufs dans le nid de corvidés (pour l'Europe et la Turquie, on a signalé 5 espèces-hôtes : corneille noire, grand corbeau, geai des chênes, pie bleue et surtout pie d'Europe). La femelle pond 1 œuf ou 2 dans le nid de l'espèce parasitée, éliminant 1 ou 2 œufs du propriétaire légitime, et répète cette opération dans 4 ou 5 nids différents. L'éclosion a lieu après 14 jours d'incubation et les petits parasites sont élevés ensemble avec les petits corvidés. Ces jeunes volent à l'âge de 24 jours, et sont alimentés encore longtemps par les parents adoptifs. L'alimentation se compose surtout de chenilles processionnaires du pin et d'insectes variés (orthoptères, coléoptères et hémiptères).

109 COCCOTHRAUSTES COCCOTHRAUSTES

Gros-bec

Classification Ordre des Passériformes, famille des Fringillidés.
Caractéristiques D'une longueur de 17,5 cm et d'un poids moyen de 55 g, le gros-bec se distingue par son bec très haut et robuste, de couleur gris-bleu ; les ailes sont noires avec une bande blanche aux épaules, le croupion et la pointe de la queue sont blancs. Les parties supérieures restantes sont de couleur marron, sauf la gorge qui est noire. Les parties inférieures sont châtain rosé. Les jeunes sont bruns, avec une tache jaune sur la gorge.
Milieu Bois de feuillus et de conifères, parcs et vergers.
Diffusion Europe, Asie, nord-ouest africain.
Vie et mœurs Le nid est une coupe de branchettes, petites racines et lichens, construite sur les arbres presque uniquement par la femelle. D'ordinaire, il n'y est élevé qu'une seule couvée annuelle (parfois 2) qui compte 5 œufs (de 2 à 7) que couve pendant 12 à 14 jours la femelle, aidée de temps à autre par le mâle. Les oisillons, nidicoles, sont nourris par les deux parents et volent à l'âge de 10 à 14 jours. Grâce à son bec très robuste (capable de développer une force de 45 kg), le gros-bec brise même les graines aux enveloppes les plus dures. Le régime se compose de baies, graines, noix, etc. De mœurs sédentaires, cette espèce peut effectuer des déplacements erratiques et de véritables migrations locales.

---

110 COCHLEARIUS COCHLEARIUS

Bec-en-cuiller

Classification Ordre des Ciconiiformes, famille des Ardéidés.
Caractéristiques C'est un oiseau remarquable par son bec large et aplati, dont la longueur peut atteindre 7 cm, large d'environ 5 cm, et qui se termine en crochet (ce bec a fait l'objet de discussions interminables entre spécialistes qui n'admettaient pas l'appartenance de cette espèce à la famille des ardéidés). Le plumage, dans ses parties supérieures, est de couleur grisâtre, dans ses parties inférieures, il est plus clair avec des passages jaune-rouge sur les côtés. Le sommet de la tête est noir et porte une touffe de plumes sombres. Les sujets juvéniles sont marron pour la plupart.
Milieu Le long des cours d'eau, lacs et zones marécageuses.
Diffusion Zones tropicales d'Amérique.
Vie et mœurs Mœurs surtout crépusculaires et nocturnes. La touffe de plumes de la nuque s'érige dans les cérémonies de parade nuptiale, et pendant que cette touffe est dressée, les mâles et les femelles battent du bec, cependant que le mâle tourne autour de la femelle qui s'aplatit au sol en allongeant le cou. Généralement, le bec-en-cuiller vit solitaire ou par couples. Avec l'étrange bec dont il est doté, il se nourrit de préférence d'invertébrés aquatiques.

111 COLAPTES AURATUS
Colapte doré

Classification Ordre des Piciformes, famille des Picidés.
Caractéristiques Long de 30 à 35 cm, il possède un bec long et pointu, des pattes et une queue très robustes, avec lesquelles il se maintient lorsqu'il s'agrippe au tronc des arbres. Le plumage des parties supérieures est marron à barres noires, le croupion est blanc, il y a du noir sur la queue et sur les ailes. Les parties inférieures sont d'un blanc sale avec une raie écarlate sur la nuque et des taches noires sur le ventre. La surface inférieure des ailes et de la queue est jaune. Le mâle se distingue de la femelle par une raie noire traversant chacune des joues.
Milieu Bois, terrains cultivés, forêts, le long des cours d'eau.
Diffusion Amérique septentrionale.
Vie et mœurs D'habitude, il se nourrit en s'agrippant au tronc des arbres, mais il lui arrive souvent de descendre au sol pour manger des fourmis. Il niche dans des trous d'arbres et de murs. La couvée comprend de 5 à 10 œufs, que couvent les deux adultes pendant 11 à 12 jours. Les petits sont alimentés par les deux parents et quittent le nid à l'âge de 25 à 28 jours. La nourriture est formée pour une part importante de fourmis, ainsi que d'autres insectes, avec une petite proportion de fruits sauvages, graines et baies.

---

112 COLINUS VIRGINIANUS
Colin de Virginie

Classification Ordre des Galliformes, famille des Phasianidés.
Caractéristiques C'est un oiseau de petite taille (longueur d'environ 25 cm) et d'aspect trapu, au plumage de couleur marron, plus clair avec raies blanches dans les parties inférieures. Le corps est foncé, légèrement crêpé, avec un sourcil blanc, ainsi qu'une tache blanche sur la gorge. Chez la femelle ces mêmes parties ne sont pas blanches mais de couleur ocré jaunâtre. On observe d'importantes différences de colorations du plumage suivant les diverses populations.
Milieu Terrains cultivés, prairies avec broussailles.
Diffusion États-Unis.
Vie et mœurs Cette espèce, introduite en bien des régions même hors d'Amérique, s'est bien adaptée à tous les milieux découverts où l'on trouve des haies de buissons pouvant abriter le nid, qui est bien caché au sein de la végétation et tapissé d'herbes. La femelle abandonne difficilement le nid même si elle est menacée. Elle pond de 12 à 20 œufs (ordinairement de 14 à 16) que les deux parents couvent pendant 23 ou 24 jours. Les poussins, nidifuges, volent moins de 2 semaines après la naissance. La nourriture du colin de Virginie est constituée pour la plus grande part de substances végétales de toutes sortes (graines, pousses, baies), mais aussi d'insectes, qui forment la base de l'alimentation de la progéniture.

113 COLIUS STRIATUS

Coliou strié ou oiseau-souris

Classification Ordre des Coliiformes, famille des Coliidés.
Caractéristiques Les colious sont des oiseaux qui se distinguent par une crête de plumes, un plumage moelieux, de longues rémiges (pouvant atteindre 25 cm de longueur) et des doigts dont le premier et le quatrième peuvent se retourner aussi bien en avant qu'en arrière. On les appelle « oiseaux-souris » surtout à cause de la couleur de leur plumage, d'un gris brunâtre, et aussi de l'habitude qu'ils ont de circuler rapidement dans les broussailles comme des souris. Ce coliou est doté d'un plumage gris-brun à rayures transversales à peine marquées. Suivant les différentes sous-espèces, il peut avoir la mandibule supérieure noire et l'autre argentée, ou bien une tache jaune à la base du bec.
Milieu Forêts, le long des rivières.
Diffusion Afrique.
Vie et mœurs Ils vivent en petits groupes familiaux de 5 à 7 individus, parfois en compagnies de plus de 30. Ils se construisent un nid en forme de coupe dans les broussailles ou les haies, pondant en général de 2 à 5 œufs qui sont couvés par les deux membres du couple pendant une période de 11 à 12 jours. Les petits, nidicoles, effectuent leur premier vol à l'âge de 2 semaines et demie. Les jeunes restent avec les parents et sont indépendants vers l'âge de 2 mois.

---

114 COLUMBA LIVIA

Pigeon biset ou pigeon sauvage

Classification Ordre des Columbiformes, famille des Columbidés.
Caractéristiques Long de 23 cm, il a le plumage d'un gris uniforme avec des reflets verts et pourpres sur le cou. Sur chaque aile il porte deux bandes noires transversales et sur la queue une bande terminale de la même couleur. Le croupion est blanc, les pattes sont rouge-pourpre. Le plumage est le même chez les adultes et chez les jeunes. Cette espèce est l'ancêtre des pigeons domestiques dont, par des sélections artificielles, sont issues de nombreuses variétés domestiquées (pigeon voyageur, pigeon boulant, pigeon-paon, etc.).
Milieu Côtes rocheuses maritimes et intérieures, et campagnes limitrophes.
Diffusion Europe, Afrique septentrionale, Asie.
Vie et mœurs De mœurs grégaires, il niche d'ordinaire en colonies dans les anfractuosités et les grottes des parois rocheuses. Le nid est une construction sommaire de branchettes et de substances végétales à laquelle les deux adultes coopèrent. Chaque année sont élevées de 2 à 3 couvées de chacune 2 œufs (parfois 3) que couvent les deux parents pendant 17 à 19 jours. Les petits, nidicoles, sont nourris par les deux parents au moyen d'une sécrétion laiteuse tirée du jabot. L'alimentation des pigeons se compose essentiellement de substances végétales (grains et graines, baies et pousses).

115 COLUMBA PALUMBUS

Pigeon ramier ou palombe

Classification Ordre des Columbiformes, famille des Columbidés.
Caractéristiques Mesure 41 cm de longueur. Son plumage est gris dans les parties supérieures, à l'exception d'une tache blanche de chaque côté du cou et sur chaque aile. Le reste est de couleur rosée. La queue se termine par une large bande noire, tandis que les pattes sont de couleur rouge-pourpre. Le plumage des jeunes présente des tons plus atténués.
Milieu Bois de feuillus et de conifères, champs plantés d'arbres.
Diffusion Europe, Asie occidentale et méridionale, nord-ouest de l'Afrique.
Vie et mœurs Le nid est construit en général sur des arbres avec des branchettes sèches, très rarement sur des édifices, des rochers ou sur le sol. Chaque année, il s'y élève 2 ou 3 nichées (peut-être même 4, selon certains savants). La ponte est ordinairement de 2 œufs, rarement d'un seul ; l'incubation est assurée par les deux membres du couple et dure 17 jours. Les pigeonneaux, nidicoles, sont soignés par les deux parents, et volent à l'âge de 28 à 35 jours. Les ramiers se nourrissent de substances végétales (grains, graines, baies, glands). Les parades nuptiales consistent en inclinaisons et caresses réciproques du mâle et de la femelle accompagnées de douces actions du bec sur le plumage.

---

116 CORACIAS GARRULUS

Rollier d'Europe

Classification Ordre des Coraciiformes, famille des Coraciidés.
Caractéristiques Mesure 28 cm de longueur et pèse en moyenne 140 g. Le bec est très robuste et les ailes sont assez larges. Le plumage, semblable dans les deux sexes, est bleu, avec le dos rougeâtre et les ailes bleu foncé ainsi que la queue. Les jeunes ont des couleurs plus atténuées.
Milieu Forêts ouvertes, campagnes à boisement clairsemé, maquis méditerranéen.
Diffusion Europe méridionale, nord-ouest africain, Asie occidentale.
Vie et mœurs Le nid est construit dans des trous d'arbres, des cavités de rochers ou d'édifices, et consiste en une garniture, sans cohésion d'herbes et de plumes. Il y est pondu chaque année une seule couvée de 4 ou 5 œufs (parfois 7), que les deux parents couvent pendant 18 ou 19 jours. La progéniture, nidicole, est entretenue et nourrie par les deux membres du couple et vole à l'âge de 26 à 28 jours. Le rollier d'Europe a l'habitude de rester perché sur une branche ou un autre perchoir, d'où il s'élance sur sa proie. Il se nourrit de préférence d'insectes (gros coléoptères et orthoptères), d'autres invertébrés, de petits rongeurs, batraciens, reptiles et oiseaux.

117 CORAGYPS ATRATUS
Urubu

Classification Ordre des Falconiformes, famille des Cathartidés.
Caractéristiques Long de 55 à 68 cm, il est complètement de couleur noire, y compris la peau nue de la face. En vol apparaît nettement une tache blanche sur le dessous des ailes. Il atteint le poids de 1,9 kg, et une envergure de 1,50 m environ.
Milieu Régions découvertes à reliefs rocheux.
Diffusion Amérique du Nord et du Sud (des États-Unis à la Patagonie).
Vie et mœurs Il vit dans les régions au climat le plus chaud, couvertes de bois et de prairies. Il niche souvent en colonies, sur les parois rocheuses et jusque sur les habitations. Presque toujours, il pond 2 œufs (parfois 1 ou 3) à intervalles de 2 jours et l'incubation en est assurée par les deux membres du couple, qui participent ensemble à l'éducation des petits. Ceux-ci abandonnent le nid après environ 10 semaines. La nourriture se compose essentiellement de charognes, et aussi parfois d'œufs et de fruits du palmier à huile. Il ne tue que rarement les petits animaux terrestres. Comme son bec, long et mince, est plutôt faible, ce rapace est contraint pour se nourrir d'attendre que des vautours d'espèces plus robustes déchirent la peau des charognes.

---

118 CORVUS ALBICOLLIS
Corbeau-pie d'Afrique

Classification Ordre des Passériformes, famille des Corvidés.
Caractéristiques La famille des corvidés renferme des oiseaux dont la taille varie de 18 à 70 cm, possédant 10 rémiges primaires et 12 rectrices (sauf chez une espèce qui n'en a que 10). La couleur du plumage est généralement terne, mais certaines espèces présentent quelques couleurs vives. Parmi les espèces de cette famille, on peut distinguer, pour raisons de commodité, 7 groupes : geais, pies, podoces (geais du désert d'Asie centrale), casse-noix, corbeaux, choucas et l'espèce *Ptilostomus afer* qui constitue un groupe à elle seule. Dans le groupe des corbeaux, on compte des espèces dont la coloration est principalement noirâtre, dont le bec est robuste et pourvu de soies. Le corbeau-pie, dont la longueur peut atteindre 50 cm, présente un plumage noirâtre avec la nuque traversée par une bande blanche.
Milieu Régions rocheuses, broussailles.
Diffusion Afrique orientale et méridionale.
Vie et mœurs Cette espèce niche dans des trous de parois rocheuses, plus rarement dans des arbres. Les parents élèvent les petits, qui sont nidicoles, jusqu'à leur indépendance. Après l'éducation des petits, les adultes errent par couples, se réunissant souvent en grands groupes (jusqu'à 100 individus). Le corbeau-pie se nourrit de souris, de rats, de gros insectes.

119 CORVUS CORAX
Grand corbeau

Classification Ordre des Passériformes, famille des Corvidés.
Caractéristiques Longueur de 51 à 63 cm, envergure de 120 cm environ, poids moyen de 1 à 1,3 kg. Le corps est tout entier de couleur noire avec des reflets métalliques visibles dans de bonnes conditions de lumière. Le bec est massif et de couleur noire comme les pattes. La queue est plutôt longue et en forme de coin. Les jeunes sont semblables aux adultes.
Milieu Zones montagneuses, côtes rocheuses.
Diffusion Europe, Asie, Afrique du Nord et Amérique du Nord.
Vie et mœurs Le grand corbeau hante les milieux rocheux à végétation clairsemée et à arbres rares, souvent à des altitudes élevées. Le nid est ordinairement installé dans des anfractuosités de rochers, plus rarement dans des arbres, et consiste en un grand amoncellement de branches sèches, tapissé de laine et de crin, construit par les deux parents à la fois. L'unique couvée annuelle compte de 4 à 6 œufs (parfois 3 ou 7) pondus à intervalles de 1 ou 2 jours et couvés par la seule femelle pendant 20 ou 21 jours. Les petits, nidicoles, sont soignés par les deux parents et sont en état de voler à l'âge de 5 à 6 semaines. La nourriture est composée d'une grande variété de substances animales (charognes, petits mammifères et oiseaux, grands insectes et reptiles) et végétales (fruits et graines).

---

120 CORVUS CORONE
Corneille noire

Classification Ordre des Passériformes, famille des Corvidés.
Caractéristiques Mesurant de 43 à 46 cm de longueu avec une envergure de 92 à 100 cm, elle pèse de 450 à 580 g. Il en existe 2 sous-espèces (que certains auteurs tiennent pour deux espèces distinctes) : la corneille noire *(Corvus corone corone)* et la corneille mantelée *(Corvus corone cornix)*, laquelle est de couleur grise à l'exception de la tête et des ailes, qui sont noires (dessin ci-contre). Dans les zones où les deux espèces cohabitent, on trouve des hybrides avec des caractères intermédiaires. Dans tous les cas, du reste, les deux sexes sont semblables, ainsi que les jeunes.
Milieu Champs cultivés, terrains plantés d'arbres.
Diffusion Europe et Asie septentrionale.
Vie et mœurs Niche d'habitude dans les arbres, parfois aussi dans les rochers. Le nid est une construction de branches sèches tapissée de laine. Il n'y a chaque année qu'une seule couvée, composée de 4 à 6 œufs (rarement jusqu'à 7) que la femelle couve seule pendant 18 à 20 jours ; les petits, nidicoles, sont nourris par les deux parents et volent à l'âge de 4 à 5 semaines. Cette espèce est très éclectique dans le choix de l'habitat et de l'alimentation : elle se nourrit en effet de graines, fruits et autres substances végétales en même temps que d'insectes, mollusques, vers, petits vertébrés et charognes.

121 CORVUS FRUGILEGUS
Corbeau freux

Classification Ordre des Passériformes, famille des Corvidés.
Caractéristiques D'une longueur moyenne de 44 cm, il a une envergure de 90 cm et pèse environ 450 g. Le plumage est noir à reflets violacés. Près de la base du bec, il existe une plage de peau nue de couleur grise, qui fait défaut chez les jeunes qui ont, à la place, des plumes noires. Le bec est gris foncé.
Milieu Campagnes boisées.
Diffusion Europe et Asie. Il a été introduit en Nouvelle-Zélande.
Vie et mœurs Niche en colonies (dénommées parfois d'un nom anglais : « rookeries ») sur les arbres à la limite des bois. Le nid est une coupe de branches sèches tapissée d'herbes, de laine et de feuilles, construite par les deux membres du couple. Chaque année il n'y est élevé qu'une seule couvée, composée de 3 à 5 œufs (parfois jusqu'à 9) pondus à intervalles d'un jour. Seule la femelle les couve, pendant 16 à 20 jours. Les petits, nidicoles, volent à l'âge de 29 ou 30 jours, après avoir été nourris et soignés par les deux parents. Le corbeau freux se nourrit surtout de céréales, fruits, baies, insectes, vers, charognes, et aussi d'œufs et de poussins de petits oiseaux. Les parades nuptiales commencent en plein hiver. Sur un arbre ou à terre, le mâle, avec les ailes pendantes et la queue étendue, s'incline de façon répétée devant la femelle en lui offrant de la nourriture avec son bec.

---

122 CORVUS MONEDULA
Choucas des tours

Classification Ordre des Passériformes, famille des Corvidés.
Caractéristiques Long d'environ 30 cm, il pèse en moyenne 220 g (les mâles sont légèrement plus grands que les femelles). Le plumage est uniformément noir, à l'exception d'une tache grise sur la nuque, moins marquée chez les jeunes. Le bec, robuste, est noir, ainsi que les pattes.
Milieu Bois dégagés, campagnes plantées d'arbres, récifs marins, villes.
Diffusion Europe, nord-ouest africain, Asie occidentale.
Vie et mœurs Les choucas des tours sont de mœurs grégaires et nichent en colonies dans les trous des arbres, des parois rocheuses et des édifices. Le nid consiste en une coupe de branchettes tapissée de laine et de crins. L'unique couvée annuelle est composée de 4 à 6 œufs (parfois de 2 à 9), pondus à la cadence de un par jour et couvés exclusivement par la femelle pendant 17 ou 18 jours. Les petits, nidicoles, sont élevés par les deux parents et volent au bout de 28 à 32 jours. L'alimentation se compose aussi bien de substances animales que de produits végétaux. Le comportement social du choucas des tours, étudié à fond par l'éthologue K. Lorenz. est plutôt évolué : il existe de nombreuses vocalisations et attitudes destinées à la formation des couples et à la création (et au maintien) d'une hiérarchie de dominance au sein de la colonie.

123 COTURNIX COTURNIX

Caille des blés

Classification Ordre des Galliformes, famille des Phasianidés.
Caractéristiques Longue de 17,5 cm, parties supérieures brunâtres irrégulièrement tachées de noir, avec barres transversales fauves ou crème. Chez le mâle, le milieu du menton est noir ou brun foncé, ainsi que la gorge; il existe une tache en « U » à la base de la gorge. La poitrine est brunâtre, les parties inférieures sont claires. La femelle a la gorge blanche et de petites taches noires sur la poitrine. Les plumes des parties supérieures présentent une raie centrale claire en forme de flèche.
Milieu Régions cultivées, prairies, prés incultes.
Diffusion Europe, Asie et Afrique.
Vie et mœurs Niche au sol, dans des dépressions au milieu de la végétation. Elle ne pond qu'une seule couvée, parfois 2 (mais, comme cela se produit chez beaucoup d'autres espèces d'oiseaux, la seconde couvée peut être une couvée de remplacement si, pour un motif quelconque, la première vient à être détruite). La ponte compte de 7 à 12 œufs (parfois 6 à 18) que la femelle couve pendant 16 à 21 jours. Les poussins, nidifuges, se couvrent rapidement de plumes et volent vers l'âge de 19 jours. L'alimentation de la caille est essentiellement composée de substances végétales, mais le régime alimentaire des petits comprend aussi différents invertébrés.

---

124 CRAX RUBRA

Grand hocco ou hocco à huppe grise

Classification Ordre des Galliformes, famille des Cracidés.
Caractéristiques Les cracidés ont le corps élancé, de longues pattes, des ailes courtes et arrondies et une queue assez longue, dont la longueur peut, chez certaines espèces, dépasser un peu celle des ailes. Le bec est robuste, légèrement arqué, souvent pourvu d'une protubérance de forme variée sur la partie supérieure. Dans le pied, le doigt postérieur, bien développé, est placé sur le même plan que les autres doigts lorsque l'oiseau court. Le grand hocco est long d'environ 95 cm, le mâle est le plus souvent noir, avec une huppe sur la tête. La partie ventrale est blanchâtre et sur la mandibule supérieure du bec, il existe une protubérance jaune. La femelle présente un plumage de couleur variable, tirant sur le marron, rouille ou jaunâtre, sans protubérance, et une crête noire à taches noires et blanches sur la tête.
Milieu Forêts, hauts plateaux.
Diffusion Mexique et nord-ouest de l'Amérique du Sud.
Vie et mœurs Le hocco construit un nid fait de substances végétales dans des arbres et y pond 2 œufs. Il a coutume de se percher sur les arbres, mais passe une grande partie de son temps au sol, se nourrissant de substances végétales (fruits, graines). Pendant la parade nuptiale, les mâles émettent un appel à sonorité étouffée.

125 CREX CREX

Râle des genêts ou roi des cailles

Classification Ordre des Gruiformes, famille des Rallidés.
Caractéristiques Longueur pouvant atteindre 26,5 cm, couleur fauve grisâtre à taches noires sur le dessus, claire dans les parties inférieures avec flancs et dessous de la queue rayés de marron rougeâtre. Les ailes sont châtaines, la poitrine et les joues grises. La femelle est de couleurs plus ternes. Les individus jeunes ont les flancs moins rayés et ne présentent pas de gris.
Milieu Pâturages, herbages, champs cultivés, régions de marais à végétation riche.
Diffusion Europe, Asie, Afrique.
Vie et mœurs De mœurs solitaires et crépusculaires par préférence, il se repose souvent dans les hautes herbes. Il niche au sol, au sein de la végétation. Il pond une couvée, quelquefois 2, composée généralement de 8 à 12 œufs (parfois de 6 à 14). L'incubation est principalement assurée par la femelle et dure environ 14 ou 15 jours. Les petits, nidifuges, qui sont élevés par les deux parents (ou par la femelle seule), peuvent voler au bout d'environ 5 semaines et sont complètement emplumés en 7 à 8 semaines. Cet oiseau se nourrit d'invertébrés, de graines, de verdure, de grains. Le nom populaire de « roi des cailles » lui vient du fait qu'on le rencontre souvent là où se trouve aussi la caille *(Coturnix coturnix)*.

---

126 CUCULUS CANORUS

Coucou gris

Classification Ordre des Cuculiformes, famille des Cuculidés.
Caractéristiques Possède une queue longue et des ailes étroites et pointues. Il mesure 32 cm de longueur et pèse environ 110 g. Le mâle est de couleur gris-bleu sur le dessus, blanche à raies noires dans les parties inférieures. La femelle passe par deux phases distinctes : une grise, semblable au mâle, l'autre rougeâtre dans laquelle les parties supérieures sont rouges à rayures noires et les parties inférieures blanches à raies noires et passages fauves. Les jeunes passent aussi par ces deux phases, quel que soit leur sexe.
Milieu Clairières, champs cultivés.
Diffusion Europe, Asie et Afrique.
Vie et mœurs L'espèce a des mœurs parasitaires et les femelles pratiquent la polyandrie, s'accouplant à plusieurs mâles. Chaque femelle, spécialisée dans le choix d'une seule espèce-hôte (probablement celle par laquelle elle-même a été élevée), pond de 8 à 12 œufs dans l'année (jusqu'à 25 dans des conditions artificielles), chacun dans un nid de l'oiseau parasité, dont elle rejette un des œufs. L'éclosion a lieu au bout de 12 jours et demi d'incubation et le jeune coucou a pour premier soin de jeter hors du nid les œufs ou les oisillons légitimes. Alimenté et soigné par les parents adoptifs, il vole à l'âge de 20 à 23 jours. Le coucou se nourrit d'insectes.

127 CURSORIUS CURSOR
Courvite isabelle

Classification Ordre des Charadriiformes, famille des Glaréolidés.
Caractéristiques Sa longueur est de 23 cm, son envergure atteint 50 cm ; son bec est long et légèrement recourbé, son plumage est couleur sable très clair, à l'exception des plumes primaires et de la surface inférieure des ailes, qui sont noires. Au-dessus de l'œil, le sourcil est blanc. Les pattes sont de couleur crème. Les jeunes ont les parties supérieures rayées de brun et la poitrine tachetée de noir.
Diffusion Afrique, Asie occidentale.
Milieu Déserts et semi-déserts sableux ou caillouteux.
Vie et mœurs Cette espèce fréquente les terrains sableux et caillouteux à végétation herbacée clairsemée, sur lesquels elle est en parfaite harmonie mimétique. Elle fait son nid dans un creux peu profond et nu de terrain sec entièrement exposé aux rayons solaires. Chaque année il n'est élevé qu'une seule couvée, deux dans certains cas. Elle se compose ordinairement de 2 œufs (rarement 3) que couvent les deux membres du couple pendant un temps qui n'est pas connu. Les petits, nidifuges, quittent le nid dès le premier jour de leur naissance, et suivent les adultes, qui leur procurent la pitance. Le courvite isabelle capture ses proies sur le sol ; sa nourriture est surtout composée d'insectes, mais aussi de petits lézards.

---

128 CYANOPICA CYANUS
Pie bleue

Classification Ordre des Passériformes, famille des Corvidés.
Caractéristiques Longueur d'environ 35 cm. Plumage présentant une coloration typique : la tête porte un capuchon noir jusqu'à la nuque, les ailes sont bleues mais les bords intérieurs des rémiges primaires sont noirs ; la queue est longue et bleue, les parties supérieures sont de couleur gris-brun, les parties inférieures sont claires, les flancs sont gris-brun.
Milieu Bois, jardins, zones de maquis à chêne-liège, pin, chêne vert.
Diffusion On en connaît trois populations isolées : une en Espagne et Portugal, une en Mongolie septentrionale et Transbaïkalie et une troisième de la Sibérie orientale à la Chine et au Japon. On ignore encore les motifs exacts d'un isolement aussi net qui, selon toute probabilité, devrait être en rapport avec les vicissitudes climatologiques des périodes glaciaires et postglaciaires.
Vie et mœurs La pie bleue niche dans les arbres, construisant dans une fourche de branche un nid où elle pond de 5 à 7 œufs (parfois jusqu'à 9) que couve la femelle pendant environ 20 jours. Les petits sont élevés par les deux parents et alimentés au moyen de nourriture régurgitée. Elle ne pond qu'une seule couvée. Elle se nourrit de graines, d'insectes et d'autres petits animaux.

129 CYGNUS ATRATUS
Cygne noir

Classification Ordre des Ansériformes, famille des Anatidés.
Caractéristiques Il présente un aspect incomparable du fait de son plumage entièrement noir, sauf le bord des rémiges, qui est blanc et visible seulement en vol. Le bec est rouge tacheté de blanc. Le cou semble plus long, en proportion, que celui des autres cygnes. Son envergure atteint presque 2 m.
Milieu Régions de marécages, plans d'eau.
Diffusion Australie ; a été introduit en Nouvelle-Zélande dans la seconde moitié du XIXe siècle.
Vie et mœurs Il a des mœurs grégaires. Il construit de grands nids, qui peuvent avoir jusqu'à 1 m de diamètre. Il pond généralement de 5 à 6 œufs, que les deux membres du couple couvent pendant environ 40 jours. Les petits sont couverts d'un duvet grisâtre. Un an après sa naissance, le jeune, dont le plumage était gris brunâtre, prend le plumage d'adulte. La beauté de cette espèce fait que de nombreux zoos et parcs s'en procurent, alimentant ainsi le triste commerce des espèces sauvages. Le cygne noir se nourrit surtout de substances végétales.

---

130 CYGNUS OLOR
Cygne domestique

Classification Ordre des Ansériformes, famille des Anatidés.
Caractéristiques Long d'environ 150 cm (dont une bonne part revient au cou), il atteint l'envergure de 2,30 m environ et pèse de 10 à 23 kg. Le plumage des adultes est complètement blanc ; les pattes sont noires et le bec est orangé et noir. Les jeunes sont de couleur gris-brun, avec la partie antérieure du cou blanche et le bec gris.
Milieu Marais, lacs.
Diffusion Europe et Asie.
Vie et mœurs Les couples sont solitaires et très agressifs à l'égard des voisins ; ils construisent leur nid au sec, mais aussi dans l'eau au milieu de la végétation palustre. C'est une large plate-forme de substances végétales, avec un creux central tapissé de duvet. Il s'y élève chaque année une couvée de 5 à 7 œufs (de 4 à 12), couvés surtout par la femelle pendant 34 à 38 jours. Les petits, nidifuges, suivent leurs parents à l'eau et volent à l'âge de 4 mois. Les jeunes atteignent la maturité sexuelle au bout de 3 ou 4 ans. La nourriture de cette espèce consiste surtout en plantes aquatiques, mollusques et aussi petits poissons Lors de la parade nuptiale, le mâle et la femelle s'enlacent par le cou et se lissent réciproquement les plumes de la tête, interrompant par à-coups le cérémonial pour plonger la tête dans l'eau et ensuite étendre le cou.

131 DACELO GIGAS

Martin-chasseur géant ou kookaburra

Classification Ordre des Coraciiformes, famille des Alcédinés.
Caractéristiques Sa longueur atteint 42 à 47 cm, son poids 360 g, la longueur de son bec 8 à 10 cm. C'est un gros martin-pêcheur à plumage foncé dans les parties supérieures, avec du blanc aux ailes, une queue assez longue rayée de noir et de rougeâtre. Les parties inférieures sont claires, blanchâtres ; une raie foncée existe sur le front et les côtés de la tête. Le bec est robuste et massif, la mandibule supérieure est foncée, l'inférieure claire.
Milieu Bois, parcs, jardins.
Diffusion Australie, Tasmanie, Nouvelle-Guinée.
Vie et mœurs Niche dans des troncs creux ou des tanières creusées dans les arbres, ou encore dans des nids de termites arboricoles, préalablement vidés. Il pond généralement 2 à 4 œufs que couvent les deux parents durant environ 25 jours. Les petits, nidicoles, restent au nid pendant une trentaine de jours, après quoi, tout en étant hors du nid, ils continuent à être nourris par les parents pendant un certain temps (jusqu'à 40 jours). Le martin-chasseur géant est appelé kookaburra par les indigènes australiens, et les colons anglais l'ont baptisé « laughing jackass » (baudet ricaneur), à cause de son cri perçant, semblable à un ricanement. Il se nourrit d'invertébrés, de petits reptiles, de petits oiseaux, de serpents.

---

132 DAPTION CAPENSIS

Damier du Cap

Classification Ordre des Procellariiformes, famille des Procellariidés.
Caractéristiques Sa longueur atteint 35 cm, à peu près la taille du goéland argenté, et son plumage est caractéristique, avec ses parties supérieures blanches et noires, les ailes de couleur foncée avec une tache blanche. La tête, les côtés de la face et le cou sont noirs, les parties inférieures sont blanches, le bec et les pattes sont noirs. Les individus jeunes sont semblables aux adultes.
Milieu Iles rocheuses, côtes, haute mer.
Diffusion Dans les océans méridionaux, hors de la période de la reproduction, il peut dépasser l'équateur et se rencontrer plus au nord.
Vie et mœurs Il plonge, même d'une hauteur de 10 à 15 m. S'approche des navires ou les suit. Niche sur les récifs des îles antarctiques au cours de l'été du sud (dans les océans du Sud, cette saison commence en décembre et finit en mars). Il pond une seule couvée, constituée d'un œuf unique, placé à l'abri dans les rochers. Après la période de reproduction, entre avril et mai, le damier du Cap se livre à une dispersion postnuptiale qui l'amène dans des régions plus septentrionales, parfois au-delà du 25e degré de latitude Sud. Il se nourrit de poissons et d'autres animaux marins.

133 DELICHON URBICA

Hirondelle de fenêtre

Classification Ordre des Passériformes, famille des Hirundinidés.
Caractéristiques Mesure 12 à 13 cm de longueur et pèse de 16 à 25 g. Le plumage de la tête, du dos, des ailes et de la queue est noir-bleu. Les parties inférieures et le croupion sont blancs. La queue est fourchue. Les sexes et les jeunes sont semblables. Les pattes, plutôt courtes, permettent la marche sur le sol.
Milieu Champs cultivés, dans le voisinage des constructions et des parois rocheuses, villes.
Diffusion Europe, Asie centrale et méridionale, nord-ouest africain.
Vie et mœurs Elle construit son nid en petites colonies sous les corniches des constructions et sur les parois rocheuses naturelles. Il consiste en une demi-sphère de boue et de brins de paille (matériaux ramassés sur le sol). Tous les ans sont élevées 2 ou 3 nichées formées chacune de 4 à 5 œufs (de 2 à 6). L'incubation est assurée par les deux parents pendant 13 à 19 jours. Les adultes soignent et nourrissent ensemble la progéniture, nidicole, qui vole à l'âge de 19 à 25 jours. Les jeunes de la première couvée peuvent rester auprès du lieu où se trouve le nid et coopérer à l'alimentation des petits des dernières couvées. Les hirondelles de fenêtre se nourrissent d'insectes (surtout de diptères) capturés en plein vol.

---

134 DENDROCOPOS MAJOR

Pic épeiche

Classification Ordre des Piciformes, famille des Picidés.
Caractéristiques Long d'environ 23 cm, il a le dos noir avec des taches blanches sur les épaules, la queue noire, le haut de la tête noir avec une tache jaunâtre au front et une tache rouge à la nuque (n'existant que chez le mâle adulte, tandis que chez les jeunes des deux sexes, le haut de la tête est rouge) ; la face est claire et cernée de noir, les parties inférieures sont blanches, les tectrices inférieures de la queue sont rouges. Des espèces voisines sont : le pic mar *(Dendrocopos medius)*, le pic épeichette *(Dendrocopos minor)*, le pic rouge syriaque *(Dendrocopos syriacus)* et le pic à dos blanc *(Dendrocopos leucotos)*.
Milieu Bois mixtes, parcs, jardins.
Diffusion Europe, Asie, nord-ouest africain.
Vie et mœurs Niche, comme les autres pics, dans les cavités des arbres, pondant une seule couvée composée généralement de 4 à 7 œufs (parfois de 3 à 8) que couvent les deux parents, mais surtout la mère, pendant environ 16 jours. Les petits quittent le nid à l'âge de 18 à 21 jours. Le pic épeiche se nourrit d'invertébrés présents dans le bois des arbres et aussi de pignons. Le « tambourinage » du bec, particulièrement dur, sur le bois des arbres indique aussi l'occupation du territoire de l'oiseau.

135 DENDROCOPOS VILLOSUS

Pic chevelu

Classification Ordre des Piciformes, famille des Picidés.
Caractéristiques Long d'environ 24 cm, il est d'ordinaire complètement blanc ou bien gris clair sur le ventre), avec la queue et les ailes noires, celles-ci tachetées de blanc (détail particulièrement visible en vol). Sur la tête, il existe une tache noire que termine une zone de couleur rouge écarlate sur la nuque (elle manque chez la femelle) ; des raies noires formant un dessin sur les joues blanches complètent la coloration de la tête. On a distingué, en fait, 21 variétés géographiques de cette même espèce, dont 12 en Amérique du Nord.
Milieu Tous genres de bois et de forêts.
Diffusion Amérique du Nord et centrale.
Vie et mœurs Cette espèce est généralement sédentaire, mais on observe en hiver un déplacement considérable d'oiseaux vers les régions les plus méridionales. Elle niche dans le bois mort des arbres, souvent à une hauteur importante. Dans la cavité du tronc choisi, 3 à 6 œufs (habituellement 4) sont pondus, que couvent les deux parents, lesquels s'occupent ensemble de la progéniture. On ne connaît pas de façon précise la durée d'incubation, ni l'âge auquel les petits sont en état de voler. Le régime alimentaire est surtout composé d'insectes et d'araignées et, pour une petite part, aussi de fruits et de graines.

---

136 DENDROICA FUSCA

Figuier de Blackburn

Classification Ordre des Passériformes, famille des Parulidés.
Caractéristiques Oiseau de petite taille (longueur de 12 à 13 cm) au bec long et mince, adapté à un régime insectivore. Parties supérieures de couleur noire sauf une tache sur la tête, des sourcils de couleur orangée et deux larges raies jaunes sur le dos. La gorge et la poitrine sont rouge orangé, le ventre et les flancs plus clairs avec des raies noires. Aussi bien la femelle que le mâle et les jeunes ont des couleurs plus ternes en plumage d'hiver.
Milieu Bois de conifères.
Diffusion Amérique du Nord.
Vie et mœurs C'est une espèce migratrice, qui abandonne les bois de conifères (pins, sapins, mélèzes) des zones septentrionales pour hiverner dans les forêts d'Amérique centrale et méridionale, jusqu'au Pérou. Le nid est construit exclusivement par la femelle avec des branchettes, des racines et du duvet de plantes sur une branche horizontale de conifère. Elle y pond 4 ou 5 œufs (le plus souvent 4), qu'elle couve pendant 12 ou 13 jours. Les petits sont nourris par les deux parents et volent au bout du même temps. On ne sait pas si cette espèce opère deux pontes par saison, mais cela se produit chez des espèces voisines. La nourriture se compose surtout d'insectes et d'araignées, capturés dans le feuillage et sur les branches, et, dans une moindre proportion, de baies sauvages.

137 DICRURUS MACROCERCUS
Drongo à longue queue

Classification Ordre des Passériformes, famille des Dicruridés.
Caractéristiques Les dicruridés, ou drongos, constituent une famille de passériformes au bec robuste, un peu recourbé du bout et entouré de longues soies. La longueur totale est comprise entre 17 et 37 cm (compte non tenu de l'extension des rectrices). Le plumage est généralement noir (sauf chez deux espèces) à reflets métalliques, les pattes sont courtes. Le drongo à longue queue présente une coloration d'un noir brillant et une longue queue bifourchue. Le drongo de paradis *(Dicrurus paradiseus)* atteint la longueur de 36 cm ; son plumage est noir, sa tête porte une huppe, sa queue est longue et présente deux rectrices très longues, qui se terminent en spatules. Sa voix est mélodieuse.
Milieu Régions découvertes, plaines, forêts.
Diffusion Asie méridionale.
Vie et mœurs L'ornithologue Charles Vaurie note que ces oiseaux ont des mœurs solitaires, sont arboricoles et insectivores. Ils construisent des nids plats, fort petits, généralement dans des fourches de branches, même à 15 m de hauteur. Bertram F. Smythies observe que ces oiseaux pondent en général 3 ou 4 œufs (mais aussi de 2 à 5). Le drongo à longue queue se pose souvent sur le dos des bœufs, s'emparant au vol des insectes.

---

138 DIOMEDEA EPOMOPHORA
Albatros épomophore

Classification Ordre des Procellariiformes, famille des Diomédéidés.
Caractéristiques L'albatros épomophore est avec l'albatros hurleur *(Diomedea exulans)* l'oiseau marin doté de la plus grande envergure, allant de 2 m à plus de 3,20 m. Son poids atteint 7 à 8 kg. Cette espèce a un plumage remarquablement blanc. L'albatros commun, ou albatros de Steller *(Diomedea albatrus)*, a été autrefois en grand nombre sur toutes les îles du groupe des Bonin, au sud-est du Japon ; à l'heure actuelle, on ne le trouve plus que sur l'île de Torishima ; un recensement effectué en avril 1962 n'a relevé la présence que de 47 individus.
Milieu Haute mer, îles.
Diffusion Mers de l'hémisphère austral.
Vie et mœurs Le mode de reproduction des albatros a été étudié par différents ornithologues, en particulier par L.E. Richdale. D'après ce savant, ces albatros reviennent sur les lieux de leur naissance vers l'âge de 4 à 7 ans, et il n'est pas exclu que les premières tentatives de nidification se soient soldées par un échec, la maturité sexuelle complète n'ayant pas été atteinte. La nidification se fait sur le sol, en colonies, dans des nids construits en amas de substances végétales. La ponte ne comprend qu'un œuf unique, que couvent les deux parents pendant environ 79 jours. Le petit est élevé par les deux parents et vole vers l'âge de 263 jours.

139 DIOMEDEA EXULANS

Albatros hurleur

Classification Ordre des Procellariiformes, famille des Diomédéidés.
Caractéristiques L'albatros hurleur peut dépasser les 3 m d'envergure et la longueur de 1 m. La couleur générale du plumage est blanchâtre, avec du gris foncé sur les ailes. Les petits sont de couleur brune, avec la partie antérieure de la tête blanche.
Milieu Haute mer, îles.
Diffusion Mers de l'hémisphère austral.
Vie et mœurs Niche, parfois isolément, dans des nids posés sur le sol et faits d'amas de substances végétales. Il pond un seul œuf que couvent à tour de rôle les deux membres du couple pendant une période comprise entre 70 et 80 jours. Le petit est soigné par les deux parents jusqu'à ce qu'il soit en mesure de se défendre par lui-même, ce qui demande en général environ 5 semaines. Le premier vol est effectué à l'âge de 278 jours. En raison du temps considérable que nécessitent les soins au petit, l'albatros hurleur ne se reproduit en général que tous les 2 ans. Chez les albatros il existe une série complète de cérémonies de cour prénuptiale au cours desquelles la queue est déployée en éventail tandis que les ailes sont étendues et la tête et le cou tendus, en même temps que la pointe du bec vient souvent se cacher entre les scapulaires et que l'oiseau émet des bruits étranges.

---

140 DIOMEDEA IMMUTABILIS

Albatros de Laysan

Classification Ordre des Procellariiformes, famille des Diomédéidés.
Caractéristiques Les albatros ont des tubes nasaux, typiques des procellariiformes, peu apparents, non réunis entre eux et situés sur les côtés de la partie supérieure du bec. Les rémiges sont très longues (la partie de l'aile du cubitus comprend jusqu'à 27 à 40 rémiges secondaires). L'albatros de Laysan, long de quelque 80 cm, a le plumage blanc avec les ailes foncées.
Milieu Haute mer, îles.
Diffusion Mers de l'hémisphère boréal.
Vie et mœurs Les albatros pratiquent le vol à voile, se laissant porter par les courants ascensionnels provoqués par le choc des masses d'air contre les vagues. Souvent, ils planent au-dessus de la mer, ou nagent. Comme beaucoup d'oiseaux de mer, les albatros boivent l'eau de mer en éliminant une grande partie des sels qu'elle contient par des glandes nasales situées dans une cavité crânienne au-dessus des orbites. Les albatros se nourrissent principalement de céphalopodes, mais aussi de poissons, de crustacés et de déchets variés, de certaines substances végétales; parfois ils chassent certains oiseaux de mer. Ils accomplissent des déplacements importants et souvent se portent loin des mers de l'hémisphère austral. L'albatros de Laysan se reproduit chaque année, et pond un seul œuf.

141 DIPHYLLODES MAGNIFICUS

Paradisier magnifique

Classification Ordre des Passériformes, famille des Paradiséidés.
Caractéristiques Les représentants du genre *Diphyllodes* présentent une coloration de plumage particulièrement éclatante. Ce ne sont pas de très gros oiseaux (leur longueur est de l'ordre de 20 cm). Le mâle de cette espèce a une couleur mélangée de brun, de marron foncé, de jaune et de vert, et deux longues rectrices centrales. La femelle a le plumage d'un brun uniforme, plus foncé sur le dessus. L'espèce voisine, le paradisier république *(Diphyllodes respublica)* ou « croix du Christ », montre chez le mâle une couleur brune, verte, jaune, rouge et bleue.
Milieu Forêts.
Diffusion Nouvelle-Guinée.
Vie et mœurs Les paradisiers, ou oiseaux de paradis, constituent une famille de très beaux oiseaux au plumage éclatant, apparentés aux oiseaux-jardiniers. Ils se nourrissent principalement de baies et de fruits, ainsi que d'insectes. Leurs pattes sont très robustes. Ils pratiquent des parades amoureuses au cours desquelles les mâles étalent leur merveilleux plumage, soit sur des arbres, soit dans des clairières de la forêt.

---

142 DROMAS ARDEOLA

Dromas

Classification Ordre des Charadriiformes, famille des Dromadidés.
Caractéristiques La famille des Dromadidés est représentée par cette unique espèce, longue de 35 à 40 cm, et pesant environ 400 g (les femelles sont un peu plus légères). Les pattes sont longues et foncées, le plumage est de couleur blanchâtre avec du noir aux ailes et sur le dos ; le bec, noir, est robuste et long, avec une conformation particulière de la mandibule inférieure. Les ailes et le dos des individus jeunes présentent du gris brunâtre, qui se poursuit sur le cou et la tête avec des raies plus foncées. En vol, il allonge la tête et étend les pattes au-delà de la queue.
Milieu Côtes sableuses, lagunes.
Diffusion Afrique orientale et Sud-Ouest asiatique.
Vie et mœurs Les dromas se réunissent en groupes près des côtes sableuses, cherchant leur nourriture sur la plage et dans la boue. Ils se nourrissent d'invertébrés (particulièrement de crabes, de mollusques et de vers). Ils émettent un cri rauque, « krou-ouk ». Le dromas niche dans un tunnel creusé dans le sable, qui peut avoir jusqu'à 2 m de long et se termine par une chambre d'incubation obscure. Il pond un seul œuf ; le petit est nidifuge, mais s'abrite dans le terrier pendant un certain temps.

143 DROMICEIUS NOVAEHOLLANDIAE
Emeu ou émou

Classification Ordre des Casuariformes, famille des Dromaéidés.
Caractéristiques Avec une hauteur totale de 180 cm, une hauteur au dos de 100 cm environ, cet oiseau peut atteindre le poids de 55 kg et une longueur de bec de 12 cm. La corpulence est massive, la couleur du plumage est brunâtre. Les pieds sont munis de 3 doigts. Il n'y a pas de glande uropygienne et l'organe sexuel mâle est rétractile. L'émeu noir *(Dromiceius minor)* est aujourd'hui complètement éteint (hauteur au dos d'environ 80 cm).
Milieu Steppes broussailleuses.
Diffusion Australie.
Vie et mœurs Le nid est un creux de terrain situé près d'un buisson et tapissé d'herbes, de feuilles, etc. Des femelles différentes y pondent de 15 à 25 œufs, qui sont couvés par un mâle pendant une durée de 52 à 60 jours, suivant les pauses pratiquées par le mâle pour se procurer la nourriture et l'eau. Les petits (dessin ci-contre) ont une couleur blanchâtre typique, à raies marron. Ils atteignent leur développement complet et la maturité sexuelle au bout de deux ou trois ans. L'émeu peut atteindre une vitesse de course de 50 km/h. Les ancêtres des émeus actuels ont vécu en Australie au cours du Pléistocène supérieur, il y a de cela 50 000 à 100 000 ans. L'émeu se nourrit de fruits et de graines.

---

144 DRYOCOPUS MARTIUS
Pic noir

Classification Ordre des Piciformes, famille des Picidés.
Caractéristiques Longueur d'environ 45 cm, plumage uniformément noir. Le mâle a le sommet de la tête rouge et légèrement crêté. Chez la femelle, cette marque rouge est limitée à une tache à l'arrière de la tête. Le bec est clair.
Milieu Forêts et bois de conifères, hêtres, peupliers, cerisiers, aulnes ou bouleaux.
Diffusion Europe, Asie.
Vie et mœurs A l'origine, il vivait dans les vastes forêts de feuillus, comptant beaucoup de vieux arbres abattus et malades; actuellement on le rencontre aussi dans les bois de conifères et de peuplement mixte. Selon G. Mountfort, son cri est un fort « klia », ainsi qu'un « krri-krri-krri-krri » et un « tchok-tchok-tchok ». Il niche dans les trous des arbres. Il pond une seule couvée de 4 à 6 œufs (parfois 9), que couvent les deux parents pendant environ 12 à 14 jours. Les petits, nidicoles, sont alimentés par les parents au moyen d'aliments régurgités, et quittent le nid vers 24 à 28 jours. Le pic noir se nourrit principalement de fourmis, mais aussi d'autres insectes se trouvant dans l'écorce et le bois.

145 DUMETELLA CAROLINENSIS

Oiseau-chat

Classification Ordre des Passériformes, famille des Mimidés.
Caractéristiques Long d'environ 20 à 22 cm, il possède un plumage d'un gris uniforme, à l'exception de la tête, qui est noire, et d'une tache couleur noisette au-dessous de la queue. Les deux sexes sont semblables. Le nom de cet oiseau lui a été donné à cause de son cri, qui ressemble à un miaulement. Le bec est long et mince.
Milieu Forêts, zones couvertes de broussailles, jardins et parcs.
Diffusion Amérique septentrionale.
Vie et mœurs C'est un oiseau plutôt commun, que l'on rencontre souvent au voisinage des habitations. De mœurs migratrices, il gagne en été les parties les plus septentrionales de son aire géographique. Il installe son nid, fait de branchettes, de feuilles et de chaumes d'herbes, dans des buissons, des plants de vigne et des arbres de petite taille. La couvée est généralement composée de 4 œufs (de 2 à 6), qui sont couvés par la femelle et le mâle pendant 12 à 15 jours. Les petits, élevés par les deux parents, quittent le nid entre 9 et 15 jours après leur naissance. Habituellement, deux couvées sont élevées chaque année. Le régime alimentaire de l'oiseau-chat se compose pour moitié de substances végétales (baies, fruits et graines) et pour l'autre d'insectes, d'araignées et d'autres invertébrés, mais les petits reçoivent uniquement une alimentation animale.

---

146 EGRETTA GARZETTA

Aigrette garzette ou petite aigrette

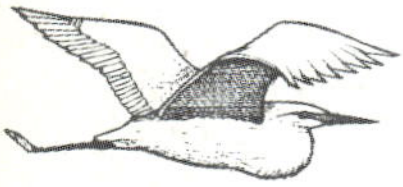

Classification Ordre des Ciconiiformes, famille des Ardéidés.
Caractéristiques Longue de 56 cm, elle a un plumage entièrement blanc, et les adultes ont en été une crête de plumes blanches et les scapulaires blanches allongées. Le bec est de couleur foncée, ainsi que les pattes ; les pieds sont jaunes.
Milieu Lagunes, étangs, zones de marais, zones plantées d'arbres près de l'eau.
Diffusion Partie de l'Europe, Asie méridionale, Afrique, Australie.
Vie et mœurs Niche en colonies, souvent avec d'autres espèces, construisant son nid dans les buissons ou sur les arbres. Elle pond à intervalles de 1 à 2 jours, généralement 4 œufs (mais aussi de 3 à 6) qui sont couvés pendant 21 à 25 jours. Les petits sont élevés par les deux parents et abandonnent le nid au bout d'environ 30 jours. L'aigrette garzette se nourrit de petits poissons, de mollusques, de vers, de crustacés, d'insectes et de larves.

147 ELANUS CAERULEUS
Elanion blanc

Classification Ordre des Falconiformes, famille des Accipitridés.
Caractéristiques Long de 32 cm, il pèse en moyenne 230 g. Ses ailes sont longues et sa queue est fourchue. La tête est blanche, de même que les parties inférieures et la queue. Les parties supérieures sont de couleur gris-bleu pâle, sauf les « épaules », qui sont noires. L'iris est rouge-pourpre et les pattes sont jaunes. Les sujets jeunes sont de couleur gris-brun supérieurement et blanc inférieurement, avec des raies brunes et des passages rougeâtres.
Milieu Terrains découverts avec de rares arbres, savanes, semi-déserts.
Diffusion Europe méridionale, Afrique et Asie.
Vie et mœurs Cette espèce atteint l'altitude de 3000 m et préfère les milieux arides avec peu d'arbres. Elle construit son nid, en branchages secs, sur une branche d'arbre isolé. Elle élève une seule couvée par an, composée de 3 ou 4 œufs (parfois 5) qui sont couvés presque exclusivement par la femelle pendant 26 jours. Les petits présentent de grandes variations de taille, parce que les œufs sont pondus à des intervalles de 2 à 3 jours l'un de l'autre. Ils sont élevés par les deux parents et volent vers l'âge de 5 semaines. Ils se nourrissent surtout de petits mammifères, et moins fréquemment de petits oiseaux et d'insectes capturés parfois en vol.

---

148 EMBERIZA CALANDRA
Bruant proyer

Classification Ordre des Passériformes, famille des Embérizidés.
Caractéristiques Il mesure 18 cm de longueur et pèse en moyenne 60 g (le mâle est légèrement plus grand que la femelle). Le plumage des parties supérieures est de couleur ocre à raies foncées, celui des parties inférieures est de couleur blanc sale à taches noires. Les jeunes sont sensiblement identiques aux adultes.
Milieu Champs cultivés, terrains incultes avec arbres.
Diffusion Afrique septentrionale, Europe et Asie occidentale.
Vie et mœurs Le nid est placé sur le sol dans l'herbe drue et les chardons, quelquefois dans des buissons, et il consiste en une coupe de chaumes d'herbes, de crins et de petites racines. D'ordinaire il y a chaque année 1 ou 2 couvées (rarement 3) de 4 à 6 œufs (de 1 à 7), couvés exclusivement par la femelle pendant 12 à 14 jours. C'est la femelle qui s'occupe de la progéniture, nidicole, qui vole vers l'âge de 12 jours. La collaboration du mâle est occasionnelle, et la polygamie de celui-ci a été établie. Le bruant proyer se nourrit de graines de plantes herbacées et de céréales, ainsi que d'insectes. Au cours de la parade nuptiale, le mâle chante en volant, avant de se laisser tomber auprès de la femelle et de se livrer à une danse avec les ailes pendantes et la queue étendue. Cette espèce est parfois migratrice, parfois sédentaire.

149 EMBERIZA CIRLUS
Bruant zizi

Classification Ordre des Passériformes, famille des Embérizidés.
Caractéristiques Long d'environ 16 cm, il pèse environ 20 g. Le mâle a les parties inférieures jaune citron avec la gorge noire et les flancs rayés. La tête, de couleur vert olive, est rayée de noir et de jaune. Les parties supérieures sont châtaines. La femelle et les jeunes présentent des tons plus atténués.
Milieu Terrains cultivés, campagne plantée d'arbres.
Diffusion Europe méridionale, Proche-Orient et nord-ouest africain.
Vie et mœurs Le nid est posé dans des buissons (parfois au sol ou dans un petit arbre). Il consiste en une coupe d'herbes, de mousse et de racines. Il reçoit chaque année 2 ou 3 couvées, dont chacune se compose de 4 œufs. Ceux-ci sont couvés exclusivement par la femelle pendant 11 à 13 jours. Les petits, nidicoles, sont nourris et soignés au nid presque exclusivement par la femelle, et volent à l'âge de 11 à 13 jours. Le bruant zizi se nourrit de graines mais consomme aussi des insectes. Au cours de la parade nuptiale, le mâle adopte des attitudes semblables à celles du mâle du bruant jaune *(Emberiza citrinella)* et présente à la femelle des chaumes d'herbes, mais sans toutefois contribuer à la construction du nid. De mœurs généralement sédentaires, il présente des comportements migratoires dans certaines régions.

---

150 EMBERIZA CITRINELLA
Bruant jaune

Classification Ordre des Passériformes, famille des Embérizidés.
Caractéristiques Long d'environ 16 cm, il pèse environ 30 g. Le plumage des parties supérieures est brun à raies plus claires et plus foncées, tandis que la tête et les parties inférieures sont de couleur jaune citron, avec des raies foncées sur les flancs. Les rectrices extérieures de la queue sont blanches. La femelle et les jeunes ont une tache jaune moins étendue et plus pâle.
Milieu Terrains cultivés, campagnes avec des arbres.
Diffusion Europe et Asie.
Vie et mœurs Le nid est construit dans des buissons, dans des haies et dans l'herbe haute et drue. La femelle construit toute seule une coupe d'herbe et de mousse (fourrée de crins). Chaque année y sont élevées 2 ou 3 nichées, chacune comptant de 3 à 5 œufs (parfois 2 à 6), que couve la femelle pendant 11 à 14 jours. Les petits sont nidicoles et élevés et soignés par les deux parents ; ils volent au bout de 16 jours. Le bruant jaune se nourrit surtout de graines, de céréales et, pour une petite part, d'invertébrés (insectes, araignées). Au début de la saison de reproduction, les couples s'isolent des petites troupes qui se forment en hiver pour la quête de la pitance et entament les parades nuptiales pendant lesquelles le mâle exécute autour de la femelle une danse où il porte la tête haute (le bec pointé vers le ciel), la queue droite et les ailes vibrantes et à demi déployées.

151 EMBERIZA HORTULANA
Bruant ortolan

Classification Ordre des Passériformes, famille des Embérizidés.
Caractéristiques Long d'environ 16 cm, il pèse en moyenne 24 g. Le mâle a les parties inférieures de couleur fauve orangé, la gorge jaune, la tête et la poitrine vert olive. Les parties supérieures sont brunes, rayées de noir. La femelle présente des taches noires sur la poitrine, les jeunes sont plus foncés et rayés dans les parties inférieures. Parmi les espèces voisines, citons l'ortolan gris *(Emberiza caesia)* dont le mâle a la tête et la poitrine de couleur grise et la gorge rougeâtre. On le trouve dans les régions orientales du bassin méditerranéen.
Milieu Terrains cultivés, campagne plantée d'arbres.
Diffusion Europe, Afrique et Asie occidentale.
Vie et mœurs Le nid est une coupe d'herbes et de radicelles, disposé au milieu de l'herbe et parfois directement au sol, construit exclusivement par la femelle. Les 2 couvées annuelles se composent de 4 à 6 œufs chacune, que la femelle couve seule pendant 11 à 14 jours. Les petits, nidicoles, sont nourris par les deux parents et volent à l'âge de 10 à 15 jours. La nourriture de cette espèce se compose de graines de plantes herbacées et d'insectes qui représentent l'élément le plus important de l'alimentation des petits. Ses mœurs sont migratrices ; il migre en hiver dans les régions méridionales de son aire de dispersion.

152 EMBERIZA SCHOENICLUS
Bruant des roseaux

Classification Ordre des Passériformes, famille des Embérizidés.
Caractéristiques Long d'environ 15 cm. Le mâle a la tête et la gorge noires avec un demi-collier sur la nuque et les côtés du cou. Les parties supérieures sont d'un noir rougeâtre, le croupion est gris, les parties inférieures sont blanchâtres et rayées de brun foncé sur les flancs. La femelle a la tête brun rosé rayé de noir, le menton et la gorge blanchâtre. Les jeunes ressemblent à la femelle, mais ont davantage de raies sur le dessus.
Milieu Régions de marais, cannaies, lacs, landes humides.
Diffusion Europe, Asie septentrionale et centrale.
Vie et mœurs Niche sur le sol ou à faible hauteur au-dessus de celui-ci dans des touffes d'herbes en zone humide. Le nid, en forme de coupe, est fait de substances végétales ; le bruant des roseaux y pond généralement 4 ou 5 œufs (plus rarement 6 ou 7) qui sont couvés par la femelle pendant une durée de 12 à 14 jours. Elle pond 2 ou 3 couvées dans l'année. Les petits, nidicoles, sont élevés par les deux parents et restent au nid pendant 10 à 13 jours. Le bruant des roseaux se nourrit surtout de graines, mais consomme aussi divers invertébrés (petits mollusques, araignées, chenilles, insectes et leurs larves). L'espèce est généralement sédentaire, avec différentes populations migratrices. Son vol est effectué en zigzag.

153 EPHIPPIORHYNCHUS SENEGALENSIS
Jabiru d'Afrique

Classification Ordre des Ciconiiformes, famille des Ciconiidés.
Caractéristiques Il atteint la longueur de 150 cm, une envergure de 240 cm et un poids de 6 kg. Son plumage est blanc, mais les ailes et le croupion sont noirs (sur les ailes on observe des reflets bleuâtres), le cou et la tête sont noirs, le bec est long et coloré de rouge et de noir, avec une tache jaune. Les individus jeunes offrent une couleur gris brunâtre. Le jabiru américain *(Mycteria americana)* est un oiseau au plumage blanc, à la tête, au cou et aux pieds noir bleuâtre et glabres. Le jabiru asiatique *(Xenorhynchus asiaticus),* répandu dans les régions s'étendant de l'Asie méridionale à l'Australie, offre une coloration semblable à celle du jabiru d'Afrique, mais il lui manque la vive coloration du bec.
Milieu Le long des rives des lacs et cours d'eau, et régions de marais.
Diffusion Afrique.
Vie et mœurs Niche généralement isolément sur des arbres ou des buissons, formant de petits groupes dans des régions de marais et le long des rives des lacs. Se nourrit de poissons et d'animaux aquatiques (invertébrés). Il pond 3 œufs.

---

154 EREMOPHILA ALPESTRIS
Alouette hausse-col

Classification Ordre des Passériformes, famille des Alaudidés.
Caractéristiques D'une longueur pouvant atteindre 17 cm, cette espèce a, sur le dessus, le plumage d'un brun rosé à raies foncées sur le dos, les flancs gris rougeâtre, les ailes brun foncé, la queue brune avec du blanc sur les côtés. La tête et la partie antérieure du cou sont jaunes avec une raie noire et deux petites touffes de plumes sombres sur la tête. Les parties inférieures sont claires, le haut de la poitrine à la base du cou est noir.
Milieu Toundras, steppes, côtes, zones de marais.
Diffusion Europe, Asie, Afrique septentrionale, Amérique.
Vie et mœurs Niche au sol, au milieu de la végétation ou dans les pierres. Pond deux couvées, généralement de 4 œufs (parfois de 2 à 7) qui sont couvés par la femelle pendant 10 à 14 jours environ. Les petits, nidicoles, sont élevés par les deux parents et quittent le nid vers l'âge de 9 à 12 jours. L'alouette hausse-col se nourrit d'invertébrés (mollusques, crustacés, insectes) et de substances végétales (graines, pousses et bourgeons).

155 ERITHACUS RUBECULA

Rouge-gorge

Classification Ordre des Passériformes, famille des Turdidés.
Caractéristiques Long de 13,5 cm, il pèse en moyenne 16 g. Les sexes sont semblables, ayant les parties supérieures de couleur vert olive, la poitrine rouge orangé et le ventre blanc. Les jeunes sont de couleur brune à raies et taches rouges et fauves.
Milieu Bois, parcs, campagnes plantées d'arbres et d'arbustes.
Diffusion Europe, Proche-Orient.
Vie et mœurs C'est une espèce plutôt éclectique dans le choix de son habitat et en hiver elle fréquente même les cannaies des zones de marais et les prés. Le nid est construit par la femelle dans les arbustes et les racines des arbres ou dans des cavités de rochers dans les zones arbustives. Ce nid est une coupe de matières végétales, de plumes et de crins. Chaque année, deux ou trois couvées sont pondues, chacune d'elles composée de 5 à 6 œufs (de 3 à 9), qui sont couvés exclusivement par la femelle pendant 12 à 15 jours. Les petits, nidicoles, sont nourris par les deux parents et volent à l'âge de 12 à 15 jours. Le régime alimentaire est constitué d'insectes, d'autres invertébrés, de baies, et de graines (celles-ci surtout en hiver). Le rouge-gorge manifeste un comportement territorial marqué même en dehors de la période de reproduction. Une attitude fréquente d'agressivité consiste à dresser la queue en écartant les ailes et en mettant bien en évidence les vives couleurs de la poitrine.

---

156 EUDOCIMUS RUBER

Ibis rouge

Classification Ordre des Ciconiiformes, famille des Threskiornithidés.
Caractéristiques C'est un oiseau surprenant, au plumage rouge et au long bec recourbé vers le bas. Les individus jeunes ont un plumage rose brunâtre, particulièrement sur la tête, le cou et les ailes. Une espèce voisine, l'ibis blanc *(Eudocimus albus)*, vit surtout en Amérique centrale.
Milieu Le long des rives des cours d'eau et des lacs, et régions de marais.
Diffusion Amérique méridionale.
Vie et mœurs Parfois, l'ibis rouge fait couple avec l'ibis blanc, ce qui fait que certains ornithologues, comme le rapporte le spécialiste Hans Kumerloeve, les considèrent comme appartenant à la même espèce. Il niche sur les arbres — ceux des mangroves en particulier — en colonies plus ou moins nombreuses. Le mâle procure les matériaux pour la construction du nid, que la femelle dispose suivant son bon plaisir. L'ibis rouge pond généralement 2 œufs (l'ibis blanc de 3 à 4), qui sont couvés pendant 21 à 23 jours. Les petits, nidicoles, sont élevés par les deux parents et quittent le nid vers l'âge de 2 ans. L'ibis rouge a fait l'objet d'une chasse acharnée et il est aujourd'hui protégé dans beaucoup de régions de son aire de dispersion.

157 EUDROMIA ELEGANS
Tinamou huppé

Classification Ordre des Tinamiformes, famille des Tinamidés.
Caractéristiques A une certaine époque, les tinamidés ont été classés dans l'ordre des Galliformes, surtout en raison de leur ressemblance avec la pintade, qui est un numididé. Leur longueur varie de 20 à 53 cm et leur poids de 450 g à 2,300 kg. Cette espèce présente une coloration des plus mimétiques, avec des plumes allongées sur la tête. Les ailes sont courtes et l'aptitude au vol est réduite, comme chez tous les tinamidés. Elle ne possède pas de doigt postérieur.
Milieu Maquis, broussailles, steppes, plaines.
Diffusion Amérique méridionale.
Vie et mœurs Les tinamidés se nourrissent de préférence de substances végétales (petits fruits, graines, baies, feuilles, fleurs, racines) et aussi d'invertébrés (insectes, mollusques). Ce sont des animaux terricoles, volant rarement. En général ils vivent isolés, sauf à la saison de reproduction. Mâles et femelles pratiquent la polygamie et la polyandrie. Ils nichent au sol ; c'est le mâle qui couve, tout en s'écartant journellement du nid pour la recherche de sa nourriture. Les petits, nidifuges, quittent le nid dès le premier jour et suivent le mâle. Suivant les espèces, ils pondent de 1 à 16 œufs, et la période d'incubation dure de 16 à 22 jours.

---

158 EUDROMIAS MORINELLUS
Pluvier guignard

Classification Ordre des Charadriiformes, famille des Charadriidés.
Caractéristiques Longueur pouvant atteindre 22 cm. Le plumage de printemps est caractéristique : parties supérieures d'un gris brunâtre tendant vers le noir, joues et gorge blanches, poitrine brune traversée par une bande blanche, parties inférieures marron orangé avec ventre noirâtre, dessous de la queue blanc, pattes jaunes. Le plumage d'automne et d'hiver est de couleur plus terne, sans les contrastes de la livrée estivale. Les jeunes ont des couleurs semblables à celles des adultes en hiver.
Milieu Toundras, collines sans végétation, zones caillouteuses à végétation rare à des altitudes élevées, prairies, côtes, marais.
Diffusion Certaines régions d'Europe, d'Afrique et d'Asie septentrionale.
Vie et mœurs Dans les zones les plus méridionales de son aire de dispersion, il niche dans des régions montagneuses ; le nid est une fosse creusée dans le sol, parfois grossièrement tapissée de mousse et de lichen. La ponte compte généralement 3 œufs (parfois de 2 à 4), qui sont couvés presque exclusivement par le mâle pendant une durée de 21 à 26 jours. Les poussins sont nidifuges. Élevés en général par le mâle, ils sont indépendants vers l'âge de 4 semaines. Le pluvier guignard se nourrit principalement d'insectes.

159 EUDYPTES CRESTATUS

Gorfou sauteur

Classification Ordre des Sphénisciformes, famille des Sphéniscidés.
Caractéristiques Long de quelque 55 cm, il pèse 2,5 kg ; ses plumes atteignent une longueur de 2,9 cm. Les espèces appartenant au genre *Eudyptes* sont caractérisées par la présence d'une petite touffe de plumes au-dessus des yeux et du robuste bec rougeâtre. Dans la plupart de ces espèces, le mâle est plus grand que la femelle et les petits ont des touffes plus réduites. Le gorfou sauteur a les parties supérieures noires, les inférieures blanches. Les pieds sont dotés de solides griffes qui permettent à l'oiseau de s'agripper aux rochers quand les vagues l'entraînent vers la terre ferme. Cette espèce se déplace en sautant à pieds joints, et les Anglais lui ont donné le nom de « rock hopper », ou sauteur de rocher.
Milieu Mers, côtes.
Diffusion Iles autour de l'Antarctique, et îles de Head, dans la bande subantarctique.
Vie et mœurs Niche en colonies nombreuses ; la ponte est de 2 œufs. Les espèces du genre *Eudyptes* abandonnent les lieux de nidification vers la fin de l'été ou en automne pour se porter vers la haute mer où elles séjournent pendant 3 à 5 mois, en effectuant probablement quelques déplacements vers le nord. Les adultes retournent ensuite au même nid et les jeunes à la colonie même où ils sont nés.

---

160 EURYPYGA HELIAS

Caurale soleil

Classification Ordre des Gruiformes, famille des Eurypygidés.
Caractéristiques D'une longueur de 41 cm, il pèse environ 220 g. Son plumage est moelleux et compact, à la manière de celui des strigiformes. Il est de couleur marron grisâtre dans les parties supérieures, avec des raies noires (plus fines sur la queue) ; le cou est brun, la tête noire avec des raies blanches, la poitrine brune et les parties inférieures sont claires. Le cou et les pattes sont assez longs.
Milieu Forêts, au voisinage des cours d'eau.
Diffusion Du Mexique méridional à la partie septentrionale de l'Amérique du Sud.
Vie et mœurs Vit généralement en solitaire ou en couples. Il adopte une position particulière, avec la queue et les ailes complètement déployées, qui est, en pratique, une attitude de menace, bien qu'on l'ait longtemps interprétée comme faisant partie de la parade nuptiale. Il construit un nid assez volumineux fait de branches et de rameaux secs ; il pond en général 2 œufs que les deux membres du couple couvent pendant environ 27 jours. Les petits doivent rester au nid pendant 21 jours, si l'on s'en tient à des observations faites en captivité. François Haverschmidt rapporte que ce gruiforme se nourrit d'invertébrés (mollusques, insectes).

161 FALCO BIARMICUS

Faucon laneret (mâle) ou lanier (femelle)

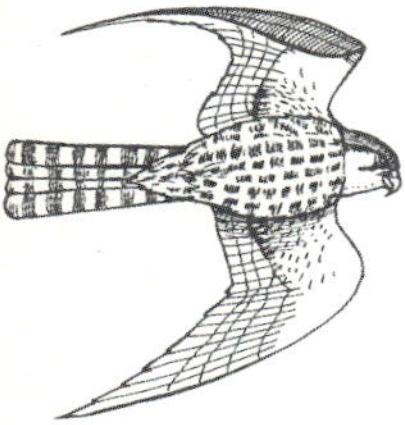

Classification Ordre des Falconiformes, famille des Falconidés.
Caractéristiques Il mesure 42 cm de longueur, pèse en moyenne 570 g (les femelles sont plus grandes que les mâles) et atteint une envergure de 110 cm. Le plumage est de couleur brune sur le dessus, blanchâtre avec des taches noires sur le dessous. Le haut de la tête est de couleur rougeâtre et la tête porte deux « moustaches » noires plutôt fines. Chez les individus jeunes, le plumage est plus foncé et tacheté.
Milieu Terrains dégagés et rocheux, déserts, semi-déserts.
Diffusion Afrique, bassin méditerranéen.
Vie et mœurs Le nid est ordinairement installé dans des cavités de rochers ou dans de vieux nids d'autres oiseaux (grand corbeau, aigle, etc.). Le couple n'y apporte aucun matériau nouveau, et l'unique couvée annuelle est pondue sur la roche nue ; elle compte 3 à 4 œufs (parfois 5). Ceux-ci sont couvés par les deux membres du couple, pendant une durée de 31 à 38 jours ; les deux parents s'occupent ensemble de leur progéniture, qui est nidicole et prend son vol à l'âge de 45 jours, mais reste dans les environs du nid avec les parents pendant encore 4 semaines. La nourriture se compose surtout d'oiseaux, de mammifères, de reptiles et d'insectes. Lors de la parade nuptiale, le mâle exécute des piqués sur la femelle, laquelle peut voler sur le dos et présenter ses serres à son partenaire.

162 FALCO MEXICANUS

Faucon des prairies

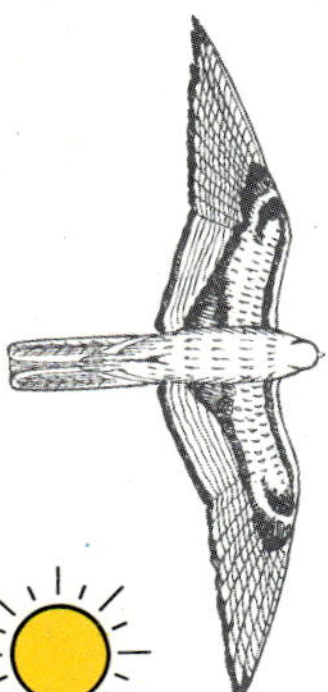

Classification Ordre des Falconiformes, famille des Falconidés.
Caractéristiques D'une forme agile et allongée, il mesure environ 43 cm de longueur et atteint le poids de 800 g. La femelle est un peu plus grande que le mâle. La couleur des parties supérieures est marron foncé, celle des parties inférieures, blanche avec des taches brunes et une traînée brune qui traverse la joue en partant de l'œil.
Milieu Plaines arides et steppes avec parois rocheuses.
Diffusion Amérique du Nord (de la Colombie britannique au Mexique).
Vie et mœurs Les zones fréquentées par ce rapace sont en général arides et dépourvues d'arbres, mais avec des hauteurs et des parois rocheuses permettant la nidification. Les œufs, habituellement au nombre de 4 ou 5 (de 3 à 6), sont déposés à même la roche dans une cavité nue ou dans le nid d'un grand corbeau. L'incubation est effectuée par les deux parents et dure environ 31 jours. Les petits, nidicoles, viennent au monde à intervalles d'un jour l'un de l'autre, sont nourris par les deux parents et quittent le nid à l'âge de 40 jours. La nourriture est composée surtout de moyens et petits oiseaux, capturés souvent au vol, de mammifères et quelquefois de lézards et de gros insectes. Ce rapace est sédentaire dans les régions où le climat est tempéré et migrateur dans les autres régions.

163 FALCO PEREGRINUS

Faucon pèlerin

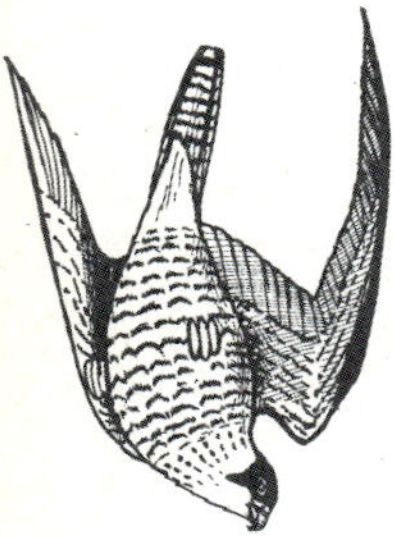

Classification Ordre des Falconiformes, famille des Falconidés.
Caractéristiques Long d'à peu près 43 cm, il a les parties supérieures foncées, de couleur gris-bleu foncé ou marron foncé suivant les sous-espèces, les parties inférieures blanc-rose avec des rayures de couleur noire. La femelle est plus grande, de couleur plus foncée dans les parties supérieures et plus rayée dans les parties inférieures. Le haut et les côtés de la tête sont foncés, avec une large traînée sombre. En vol, le faucon pèlerin présente une silhouette compacte, avec les ailes longues et pointues; son vol est très rapide, comprenant des battements d'ailes alternant avec des vols planés. On connaît différentes sous-espèces du faucon pèlerin : l'ornithologue Dementev en relève 22.
Milieu Zones rocheuses dégagées, zones littorales rocheuses, et aussi zones boisées et bruyères.
Diffusion Parfaitement cosmopolite.
Vie et mœurs Il niche sur les rochers, plus rarement dans les arbres, dans de vieux nids d'autres gros oiseaux. Il pond une seule couvée de 3 ou 4 œufs (parfois de 2 à 6) qui sont couvés par les deux sexes pendant environ 28 à 29 jours. Les jeunes volent à l'âge de 35 à 42 jours et dépendent encore des adultes pendant environ 2 mois. L'éventail de l'alimentation du faucon pèlerin est très large, comprenant de préférence oiseaux et petits mammifères.

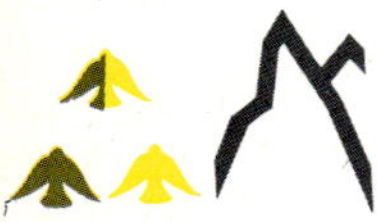

---

164 FALCO RUSTICOLUS

Gerfaut

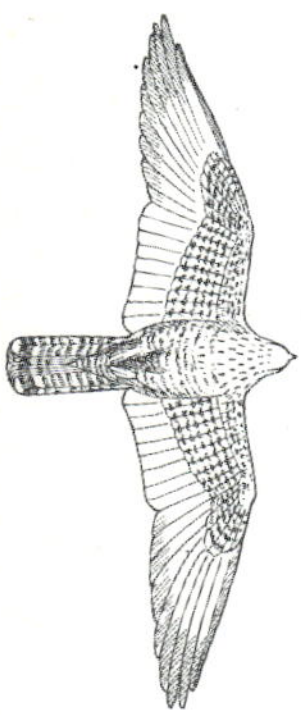

Classification Ordre des Falconiformes, famille des Falconidés.
Caractéristiques De grande taille et d'aspect robuste, il mesure de 50 à 59 cm de longueur, 130 cm d'envergure. La femelle (poids moyen 1,7 kg) est plus grande que le mâle (poids moyen 1,1 kg). Il existe plusieurs phases de coloration du plumage; dans les phases sombres, les adultes ont les parties supérieures de couleur grise et les parties inférieures blanches à taches foncées; dans la phase claire, le plumage est complètement blanc avec un petit nombre de taches noires. L'iris est brun, les pattes sont jaunes.
Milieu Littoral marin rocheux, toundras.
Diffusion Régions arctiques d'Europe, d'Asie et d'Amérique.
Vie et mœurs Le nid est placé au pied des falaises et au milieu des rochers, et parfois dans le nid d'autres grands oiseaux. Le gerfaut ne se reproduit pas régulièrement chaque année, et cela semble dépendre des conditions climatiques (qui influent sur la condition physique des adultes en hiver) et des disponibilités alimentaires au cours de l'été. La couvée compte 3 ou 4 œufs (de 2 à 7) pondus à intervalles de 3 jours entre l'un et l'autre, que couve la femelle pendant 28 ou 29 jours. Les petits, nidicoles, sont élevés par les deux parents et volent vers l'âge de 46 à 49 jours. Le Gerfaut se nourrit surtout de perdrix, d'oiseaux de mer, d'anatidés, de mammifères.

165 FALCO SPARVERIUS

Faucon des moineaux

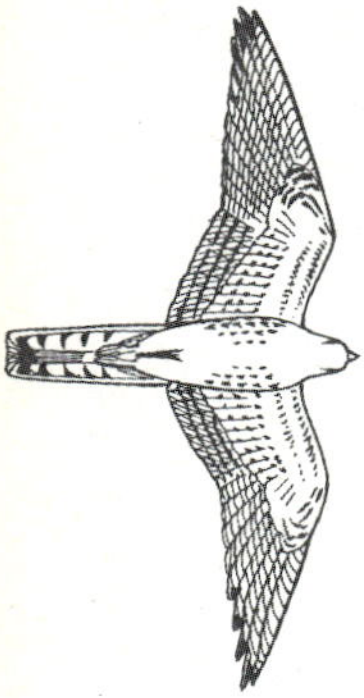

Classification Ordre des Falconiformes, famille des Falconidés.
Caractéristiques Long d'environ 25 à 30 cm, il a les ailes longues et étroites, et la queue plutôt longue. Le mâle a les parties supérieures de couleur noisette, sauf les ailes qui sont grises à taches noires. La tête est blanche, la nuque de couleur grise et noisette et les joues portent chacune trois raies noires. Les parties inférieures sont ocre tacheté de noir. La femelle et les jeunes sont légèrement différents et de couleurs moins brillantes. Le poids moyen du mâle est de 100 g, celui de la femelle de 110 g.
Milieu Zones désertiques et dégagées avec peu d'arbres.
Diffusion Amérique septentrionale et méridionale.
Vie et mœurs Cette espèce, assez adaptable, est fréquente même dans les villes ; elle a un vol agile et rapide, qui reste interrompu de temps en temps quand l'oiseau reste immobile en l'air en battant rapidement les ailes au « point fixe ». Elle fait son nid dans des trous d'arbres ou de constructions. Elle y pond de 3 à 7 œufs (généralement 4 ou 5), couvés principalement par la femelle pendant 29 à 30 jours. Les petits sont en état de voler 30 jours environ après la naissance. Le faucon des moineaux se nourrit principalement d'insectes en été et de souris et petits oiseaux en hiver.

---

166 FALCO SUBBUTEO

Faucon hobereau

Classification Ordre des Falconiformes, famille des Falconidés.
Caractéristiques Il mesure de 38 à 48 cm de longueur et pèse en moyenne 180 g (mâle) et 225 g (femelle). L'envergure est d'environ 80 cm. Les adultes ont les parties supérieures de couleur gris foncé, les parties inférieures d'un blanc sale avec des raies noires serrées. La région du dessous de la queue et les « pantalons » (plumage de la base des pattes) sont de couleur rougeâtre. Sur chaque joue on distingue une traînée noire. L'iris est de couleur marron ; les pattes sont jaunes. Chez les individus jeunes, le plumage est plus brun sur le dessus et il manque la couleur rougeâtre des parties inférieures.
Milieu Campagnes boisées, bruyères, clairières des bois.
Diffusion Europe, Asie, nord-ouest africain.
Vie et mœurs Les hobereaux ne construisent pas un nid propre, mais ils utilisent un vieux nid de corvidé ou d'un autre falconidé, construit dans un arbre. L'unique couvée annuelle se compose de 2 ou 3 œufs, pondus à intervalles de 2 ou 3 jours. L'incubation, assurée principalement par la femelle, dure 28 jours. Les petits, nidicoles, sont soignés par les parents pendant une durée de 28 à 32 jours, et à cet âge ils sont en état de voler. Les proies, capturées surtout au vol grâce à l'agilité et à la vélocité de cette espèce, sont surtout des petits oiseaux, des insectes et parfois des chiroptères.

167 FALCO TINNUNCULUS
Faucon crécerelle

Classification Ordre des Falconiformes, famille des Falconidés.
Caractéristiques Long d'environ 34 cm, il pèse en moyenne 200 g (la femelle est un peu plus grande que le mâle) et atteint une envergure de 80 cm. Chez le mâle, les parties supérieures sont de couleur châtaine à taches noires, les parties inférieures, fauve à taches noires. La tête et la queue sont grises : la tête est traversée sur chaque côté d'une traînée et le bout de la queue est noir et blanc. Chez la femelle et chez les jeunes, les parties supérieures, y compris la tête et la queue, sont brun barré de foncé. Les pattes sont jaunes, l'iris est brun.
Milieu Terrains découverts, champs cultivés, littoral marin rocheux.
Diffusion Europe, Asie et Afrique.
Vie et mœurs Cette espèce est plutôt éclectique dans le choix de son habitat et s'élève jusqu'à la haute montagne. Elle fait son nid dans des cavités de rochers, d'édifices et de troncs d'arbres; souvent, dans les arbres, elle occupe un nid abandonné par d'autres oiseaux. Une seule couvée annuelle est élevée, comptant 4 ou 5 œufs (maximum 9) pondus à intervalles de 2 à 3 jours, qui sont couvés surtout par la femelle pendant 27 à 29 jours. Les petits, nidicoles, reçoivent les soins des deux parents, et volent à l'âge de 27 à 39 jours. La nourriture se compose de petits mammifères, de petits oiseaux, de reptiles et d'insectes.

---

168 FICEDULA HYPOLEUCA
Gobe-mouches noir ou becfigue

Classification Ordre des Passériformes, famille des Muscicapidés
Caractéristiques Long de 13 cm il pèse environ 13 g. Le mâle en livrée nuptiale a les parties supérieures noires et les inférieures blanches. Les côtés de la queue, le front et une partie des ailes sont également blancs. La femelle dans les parties supérieures est de couleur gris-brun, dans les parties inférieures elle est de couleur blanc sale. Les jeunes ressemblent à la femelle mais présentent des teintes plus brunes et rougeâtres.
Milieu Bois de feuillus et de conifères.
Diffusion Europe, Afrique septentrionale.
Vie et mœurs Le nid est souvent installé à proximité de l'eau, dans des trous de troncs d'arbres, d'origine naturelle ou produits par le travail des pics, et dans des cavités de constructions. L'unique couvée annuelle se compose de 4 à 7 œufs (de 1 à 11, mais il est probable que les couvées les plus importantes appartiennent à deux femelles). Les œufs sont couvés par la femelle pendant 12 à 13 jours. Les petits, nidicoles, sont entretenus par les deux parents et volent à l'âge de 13 à 16 jours. Le becfigue se nourrit d'insectes. Le mâle, qui peut pratiquer la polygamie, défend la possession de la cavité destinée à la reproduction, et invite la femelle, par une série de postures, à la visiter et à en prendre possession.

169 FRANCOLINUS JACKSONI

Francolin de Jackson

Classification Ordre des Galliformes, famille des Phasianidés.
Caractéristiques Les francolins sont des galliformes présentant certaines ressemblances avec les perdrix grises (genre *Perdrix)* telles que les pattes robustes qui, chez les mâles, sont dotées de 1 ou 2 éperons aiguisés, la queue courte et légèrement arrondie, constituée de 14 rectrices. Comme le signale l'ornithologue Heinz Sigurd Raethel, il y a 34 espèces de francolins en Afrique et 5 en Asie occidentale et méridionale. Le francolin de Jackson présente une coloration uniforme marron foncé, bec et pattes rouges, parties inférieures couleur rouille à raies blanches. Le mâle est plus grand que la femelle.
Milieu Marque une prédilection pour les forêts de montagne et les boisements mixtes de bambous.
Diffusion Kenya (Afrique).
Vie et mœurs Les francolins sont des oiseaux terricoles et ils nichent même sur le sol. Le francolin à gorge noire *(Francolinus afer)* des steppes broussailleuses et des régions agricoles africaines pond dans un nid « mimétisé » de 5 à 9 œufs qui sont couvés pendant 18 à 20 jours par la femelle. Le très beau francolin *(Francolinus francolinus),* qui fut autrefois présent même en Sicile et en Italie (ayant probablement été introduit en Espagne, Sicile et Grèce au Moyen Age), pond par terre 6 ou 7 œufs, qui sont couvés pendant 21 à 23 jours.

---

170 FRATERCULA ARCTICA

Macareux moine ou perroquet de mer

Classification Ordre des Charadriiformes, famille des Alcidés.
Caractéristiques Longue d'environ 30 cm, cette espèce est facilement reconnaissable. En été, le bec, de forme triangulaire et comprimé latéralement, est rouge, bleu et jaune, tandis qu'en hiver le bec est plus petit parce qu'il perd ces couleurs, restant gris-brun avec la pointe jaunâtre. Le plumage est blanc et noir et les pattes sont d'un orangé brillant. Les jeunes ont un bec noirâtre et plus petit.
Milieu Zones rocheuses et herbeuses dans les îles, sur la côte, haute mer.
Diffusion Côtes de l'Europe septentrionale, Islande, Groenland, nord-ouest américain.
Vie et mœurs Niche en colonies dans des terriers déjà creusés par les lapins ou par des procellariiformes, ou encore dans des trous creusés dans la terre, parmi des rochers et dans les zones herbeuses. Il pond 1 œuf (parfois 2) par couvée, et l'incubation, assurée principalement par la femelle, dure de 40 à 43 jours. Les petits, nidicoles, restent sur place pendant 40 jours, après quoi ils s'en vont à la mer à l'âge de 47 à 51 jours.

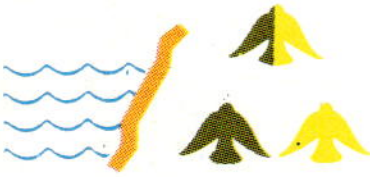

171 FREGATA MAGNIFICENS

Frégate superbe

Classification Ordre des Pélécaniformes, famille des Frégatidés.
Caractéristiques Longueur environ 1 m. Le nom de frégatidés leur a été donné à cause de leurs mœurs « pirates », ces oiseaux ayant l'habitude de dérober leur nourriture aux autres oiseaux de mer. La frégate superbe a une envergure dépassant 2,50 m ; le mâle a un plumage de couleur noire à reflets pourprés, avec au menton une poche à la peau nue de couleur rouge orangé qui, au temps des parades de cour, se gonfle comme un ballon. La femelle est de couleur noir brunâtre et ses parties inférieures sont claires. Les jeunes ont la tête, le cou et les parties inférieures de couleur blanche. Comme espèces voisines, citons la frégate ariel et la petite frégate *(Fregata ariel* et *Fregata minor).*
Milieu Pleine mer, eaux littorales tropicales, îlots.
Diffusion Dans l'Atlantique (golfe du Mexique, mer des Antilles et îles du Cap-Vert) et le long des côtes américaines du Pacifique.
Vie et mœurs Niche généralement en colonies, construisant un nid fait de brindilles et branches sèches entrelacées, sur un arbre ou un buisson robuste. Pond un seul œuf blanc opaque que les deux sexes couvent pendant une quarantaine de jours. Le jeune est complètement emplumé au bout de 4 à 5 mois. En plus des aliments qu'elle dérobe aux autres oiseaux, la frégate se nourrit de poissons et d'autres animaux marins.

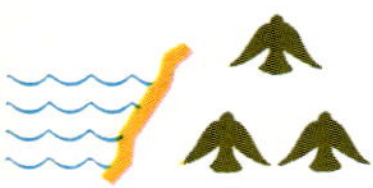

---

172 FRINGILLA COELEBS

Pinson des arbres

Classification Ordre des Passériformes, famille des Fringillidés.
Caractéristiques Longueur 15 cm. Le mâle a le front noir, le haut du crâne et la nuque gris-bleu ; le dos est blanc châtain, et, plus bas, vert jaunâtre. Les côtés de la tête et du cou, la gorge et la poitrine sont rougeâtres, tandis que le dessous de la queue est blanchâtre. La femelle a les parties supérieures de couleur brun-gris verdâtre, les parties inférieures gris brunâtre. Les jeunes, qui ressemblent à la femelle, ont des plaques blanchâtres sur la nuque et le croupion d'un vert brunâtre.
Milieu Bois, jardins, parcs, zones cultivées avec arbres.
Diffusion Europe, Asie, Afrique du nord-ouest.
Vie et mœurs Construit un nid cupuliforme en mousse, lichen, herbe, plume, etc. Il pond une ou deux couvées par an, composées de 4 ou 5 (parfois 2 à 8) œufs chacune. Les œufs sont pondus quotidiennement ; l'incubation débute quand le dernier œuf a été pondu et c'est la femelle qui s'en acquitte, pour une durée de 11 à 13 jours. Les petits, nidicoles, sont élevés par les deux parents et quittent le nid au bout de 12 à 15 jours. Le pinson des arbres, dont l'alimentation est essentiellement granivore, se nourrit aussi de pulpe de fruits et de substances végétales, ainsi que d'invertébrés.

173 FRINGILLA MONTIFRINGILLA
Pinson du Nord

Classification Ordre des Passériformes, famille des Fringillidés.
Caractéristiques D'une longueur de 15 cm, il pèse en moyenne 24 g et il est doté d'un bec assez robuste. En livrée estivale, le mâle a la tête et le dos noirs, le croupion et deux bandes sur les ailes, blancs. Les épaules et la poitrine sont de couleur orangée. La femelle est brune avec des raies sur les parties supérieures et chez elle la couleur orangée est plus pâle. Les jeunes, ainsi que les mâles en livrée hivernale, ressemblent à la femelle.
Milieu Bois de bouleaux et de conifères, terrains cultivés.
Diffusion Europe et Asie septentrionales.
Vie et mœurs Le nid est le plus souvent construit sur un conifère (rarement dans un buisson), par la femelle, et consiste en une coupe de mousse, d'écorce, de lichen, de laine, etc. L'unique couvée annuelle compte de 5 à 7 œufs (jusqu'à 8) pondus à cadence quotidienne, et couvés exclusivement par la femelle pendant 11 à 12 jours. Les petits, nidicoles, reçoivent les soins des deux parents et volent à l'âge de 11 à 13 jours. La nourriture se compose surtout de graines, de baies et d'insectes. En hiver, cette espèce effectue des mouvements migratoires vers le sud et manifeste des mœurs grégaires, formant des vols de plusieurs milliers d'individus qui s'installent pour la nuit dans des « dortoirs » collectifs.

174 FULICA ATRA
Foulque noire

Classification Ordre des Gruiformes, famille des Rallidés.
Caractéristiques D'une longueur d'environ 38 cm, elle présente un plumage noir, avec bec et plaque frontale blancs. En vol, on peut noter une étroite bordure blanche sur les rémiges secondaires. Les pattes et les pieds sont verdâtres. Les jeunes sont de couleur gris brunâtre, avec gorge et poitrine blanches.
Milieu Lacs, rivières, zones de marais, lagunes.
Diffusion Europe, Asie, nord-ouest africain, Australie.
Vie et mœurs Niche au sol ou sur l'eau au milieu de la végétation. Le nid est une construction sommaire de branches sèches, de feuilles et substances végétales, souvent flottant sur l'eau parmi la végétation. La femelle pond 2 couvées, parfois 3, comptant en général de 6 à 9 œufs (parfois de 5 à 15) que couvent les deux parents pendant environ 21 à 24 jours. Les petits, nidifuges, sont élevés par les deux parents, et sont indépendants vers l'âge de 8 semaines. La foulque noire se nourrit d'herbes, de graines, de plantes aquatiques et aussi d'invertébrés (mollusques, vers, insectes). Elle émet des cris brefs et aigus : « kiouc-kiouc », « couc », « cou-cou-cou ».

175 FULMARUS GLACIALIS
Fulmar ou pétrel glacial

Classification Ordre des Procellariiformes, famille des Procellariidés.
Caractéristiques Long d'environ 47 cm, il présente des parties supérieures d'un gris noirâtre ; la tête, le cou et les parties inférieures sont blanc jaunâtre. Le bec est caractéristique des procellariiformes. Il existe aussi une variété foncée, les parties inférieures elles-mêmes étant de couleur foncée. Il pratique un vol plané, en formant des cercles. Il marche sur l'eau pendant un certain moment avant de prendre son vol et parfois il plonge.
Milieu Pleine mer, îlots et récifs rocheux, parfois aussi zones côtières en plaine.
Diffusion Europe septentrionale, Groenland, Amérique du Nord. Il se déplace parfois vers le sud.
Vie et mœurs Il niche en colonies sur les côtes rocheuses. Il pond une seule couvée, composée d'un seul œuf, rarement de deux. Les deux sexes participent à l'incubation, qui dure de 55 à 57 jours. Les jeunes, comme les adultes, lorsqu'ils sont irrités, lancent par le bec une giclée de substance huileuse à forte odeur de musc. Les jeunes quittent le nid à l'âge de 46 à 51 jours. Le fulmar se nourrit de mollusques, de crustacés, de poissons, de déchets, de carcasses d'animaux marins. Pendant la parade nuptiale, le couple allonge le cou en balançant la tête avec le bec ouvert et en poussant des cris gutturaux.

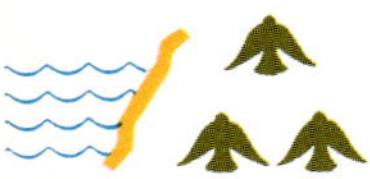

---

176 FURNARIUS RUFUS
Fournier roux

Classification Ordre des Passériformes, famille des Furnariidés.
Caractéristiques Long d'environ 19 cm, il pèse dans les 75 g. C'est un oiseau dont la couleur dominante est brunâtre, le dessus étant plus foncé, montrant un ton rougeâtre, surtout à la queue, et le dessous plus clair. Il a un bec long et mince, une bande blanche au-dessus de l'œil, des pattes noires et une longue queue.
Milieu Pâturages, zones plantées d'arbres.
Diffusion Amérique du Sud.
Vie et mœurs Les fourniers roux construisent un nid au voisinage de leur point d'observation sur leur territoire propre, à une hauteur variable, de 2 à 30 m. Parfois, le nid est établi sur un autre nid préexistant, arrivant jusqu'à quatre superpositions différentes. Le nid est une construction singulière, faite de quatre parois en morceaux d'argile encastrés les uns dans les autres et maçonnés extérieurement à l'aide de brindilles et de bouses de vache, et intérieurement avec des brins d'herbes. La construction du nid, d'après l'ornithologue Helfried Hermann, dure généralement de 10 à 16 jours. Un seul couple peut construire simultanément jusqu'à 4 nids. On a trouvé des nids pesant de 2 à 6,750 kg. La couvée est de 3 ou 4 œufs, couvés de 14 à 18 jours ; les petits, nidicoles, quittent le nid vers l'âge de 21 à 26 jours.

177 GALERIDA CRISTATA

Alouette huppée

Classification Ordre des Passériformes, famille des Alaudidés.
Caractéristiques Longue de 17 cm, elle pèse environ 40 g. Le dessus est de couleur sable, à raies foncées, le dessous de couleur crème à rayures brunes sur la poitrine. La tête porte une huppe de plumes foncées. Les jeunes sont presque semblables aux adultes. Parmi les espèces voisines, on peut citer l'alouette huppée de Thékla *(Galerida theklae),* chez laquelle la poitrine porte davantage de taches, qui vit en Afrique du Nord, dans la péninsule Ibérique et en certains endroits de France.
Milieu Campagnes cultivées, steppes arides.
Diffusion Afrique, Europe, Asie.
Vie et mœurs C'est une espèce des régions sèches couvertes d'une végétation herbacée clairsemée. Elle construit sur le sol même un nid en forme de coupe d'herbes sèches et de crin, édifié par les deux membres du couple. Chaque année, elle élève deux et même trois couvées de chacune 3 à 5 œufs (jusqu'à 6), couvés exclusivement par la femelle pendant 12 à 13 jours. Les petits, nidicoles, sont nourris par les deux parents, et volent vers l'âge de 18 jours. La nourriture est composée surtout de substances végétales (graines de graminées) mais aussi d'insectes qui forment la majeure partie de l'alimentation de la progéniture.

---

178 GALLINAGO GALLINAGO

Bécassine des marais

Classification Ordre des Charadriiformes, famille des Scolopacidés.
Caractéristiques Longue d'environ 26 cm, elle présente un plumage brunâtre, noir et roux, rayé de crème sur le dessus, avec des raies claires sur la tête. Le bec est long et droit et l'oiseau le tient tourné vers le bas quand il vole. Sur les côtés de la queue, il y a peu de blanc. Le vol, en zigzag, est caractéristique.
Milieu Prairies humides, marais, rizières.
Diffusion Europe, Asie, Afrique, Amérique du Nord.
Vie et mœurs Pendant les parades nuptiales, elle exécute des vols obliques, au cours desquels les rémiges extérieures, très écartées, produisent un son vibré. Elle pond une couvée, parfois 2, constituée généralement de 4 œufs (parfois 3), qui sont couvés par la femelle pendant environ 18 à 20 jours. Les petits, nidifuges, sont élevés par les deux parents et sont capables de voler vers l'âge de 19 ou 20 jours. La bécassine émet un cri rauque, sonnant comme « siep », lorsqu'on la fait se lever en vol. Son régime alimentaire est composé de différents invertébrés (vers, insectes, larves, mollusques, crustacés) ainsi que de substances végétales.

179 GALLINULA CHLOROPUS

Poule d'eau

Classification Ordre des Gruiformes, famille des Rallidés.
Caractéristiques Longueur 32 cm (le mâle est légèrement plus grand que la femelle), poids moyen 250 g. Le plumage est de couleur noir-brun, à l'exception des plumes du dessous de la queue et d'une raie sur le flanc, dont la couleur est blanche. Le bec et la plaque frontale cornée sont de couleur jaune et rouge ; les pattes sont vertes. Les jeunes présentent une couleur uniformément brune sur le dessus, grise au-dessous, avec un bec de couleur verdâtre.
Milieu Etangs, rivières et marais avec cannaies et buissons.
Diffusion Europe, Afrique, Asie, Amérique centrale et du Sud.
Vie et mœurs Edifié à proximité de l'eau, le nid est une sorte de plate-forme. Les deux membres du couple le construisent au moyen de substances végétales et y élèvent 2 ou 3 couvées par an, comptant chacune de 5 à 11 œufs (jusqu'à 21, mais les couvées les plus importantes peuvent appartenir à deux femelles). Les deux parents couvent les œufs durant 19 à 22 jours. Les poussins (dessin ci-contre), nidifuges, volent vers l'âge de 6 à 7 semaines, toujours assistés par les parents. Les jeunes de la première couvée peuvent collaborer à l'alimentation de ceux des couvées suivantes. Cette espèce se nourrit surtout de végétaux, mais aussi d'invertébrés aquatiques et de petits poissons.

---

180 GALLUS GALLUS

Coq sauvage ou coq bankiva

Classification Ordre des Galliformes, famille des Phasianidés.
Caractéristiques C'est l'ancêtre du coq domestique. Le mâle peut peser jusqu'à 1,3 kg. Les tarses du mâle portent un long ergot. La queue est formée de 14 à 16 rectrices. Le plumage du mâle est typique, avec du rougeâtre, du vert, du noir et du bleuâtre. Il porte une crête charnue sur la tête et des barbillons sur les côtés du bec. La femelle est brunâtre, plus petite, et dépourvue de crête et de barbillons. D'autres espèces voisines sont le coq de Sonnerat *(Gallus sonneratii)*, le coq de Lafayette *(Gallus lafayettii)*, le coq sauvage de Java *(Gallus varius)*.
Milieu Forêts, bois, maquis.
Diffusion Asie orientale.
Vie et mœurs Le coq bankiva a été domestiqué dans des temps très anciens, dans sa région d'origine. Trois groupes de coqs sont cités comme ancêtres des différentes races domestiques actuellement vivantes : les coqs terricoles, les coqs asiatiques de Cochinchine et les coqs de combat. Ils nichent sur le sol et les œufs pondus, généralement 5 à 6 (9 au maximum), sont couvés par la femelle. Les coqs bankiva vivent en groupes, sauf au temps de la reproduction. Au printemps, chaque mâle, combattant pour son territoire, s'accouple à 3 à 5 femelles.

181 GARRULUS GLANDARIUS

Geai des chênes

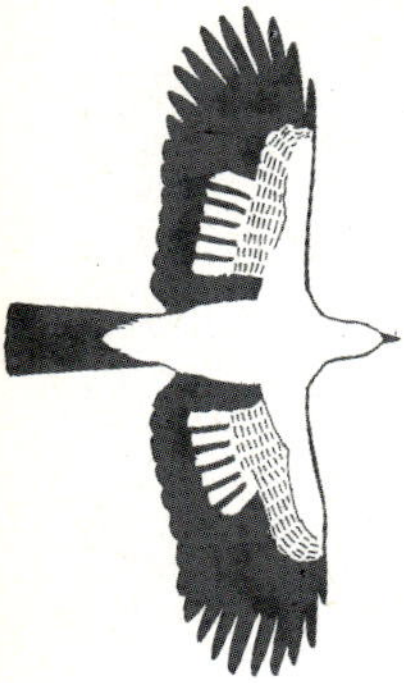

Classification Ordre des Passériformes, famille des Corvidés.
Caractéristiques Il mesure 32 cm et pèse environ 170 g. Le plumage est brun rosé, à l'exception de la queue, qui est noire, et du croupion, blanc, ainsi que d'une crête de plumes blanches et noires sur la tête. Les ailes présentent des tectrices bleues avec des raies noires et une grande tache blanche. Les jeunes et la femelle sont sensiblement semblables au mâle.
Milieu Bois de conifères et de feuillus.
Diffusion Europe, Asie, nord-ouest de l'Afrique.
Vie et mœurs Le nid est fait d'une coupe de branchettes sèches garnie de crins et de petites racines et il est posé sur des arbres. Chaque année le geai élève une couvée de 5 à 7 (parfois de 3 à 10) œufs que les deux parents couvent pendant 16 ou 17 jours. Les petits, nidicoles, sont assistés et nourris par les deux membres du couple et volent à l'âge de 19 ou 20 jours. La nourriture du geai se compose surtout de graines, de baies, de noix et de glands, mais aussi de gros insectes, d'invertébrés et parfois d'œufs et de poussins de passériformes pris dans les nids. Avant la saison de la reproduction, les geais se livrent à des jeux collectifs et adoptent des comportements singuliers, déployant leurs ailes pour en montrer les brillantes couleurs.

---

182 GAVIA ARCTICA

Plongeon arctique ou plongeon lumme

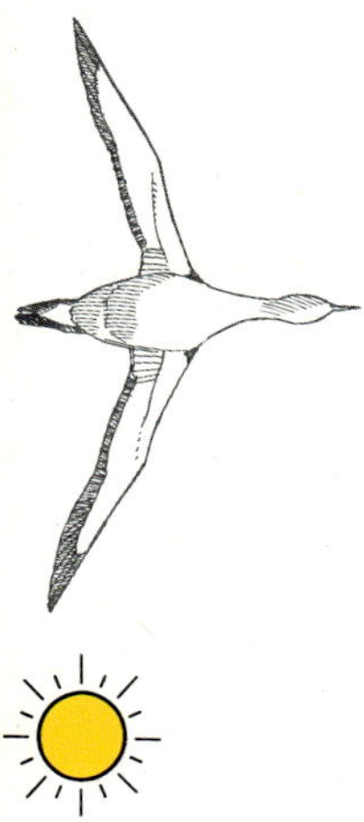

Classification Ordre des Gaviiformes, famille des Gaviidés.
Caractéristiques Il mesure de 58 à 67 cm de longueur et 120 cm d'envergure, avec un poids de 2 à 2,7 kg. Le plumage nuptial des adultes est de couleur noire sur le dessus avec des taches d'un blanc-gris sur le cou ; la gorge est noire avec de fines raies blanches, le dessous est blanc. Le bec est noir. Les adultes en hiver et les jeunes ont le dessus gris et le dessous blanc.
Milieu Lacs, eaux littorales.
Diffusion Amérique du Nord, Asie et Europe septentrionales.
Vie et mœurs Niche près des lacs, dans des terrains découverts (toundras) ou boisés (taïgas). Il amasse dans une dépression du sol des substances végétales et pond 2 œufs, représentant l'unique couvée annuelle. Les deux sexes participent à l'incubation, qui dure 28 ou 29 jours. Les poussins, nidifuges, vont à l'eau et sont nourris par les deux parents. Ils volent à l'âge de 2 mois et sont alors en état de se nourrir par leurs propres moyens. Les plongeons lummes se nourrissent en effectuant de longues immersions sous l'eau, jusqu'à la profondeur de 20 m et plus. Ils utilisent leurs pattes pour se propulser. Leurs proies sont surtout des poissons de petite taille, des crustacés et des mollusques. L'espèce est migratrice et hiverne souvent près des grands lacs ou au bord de la mer.

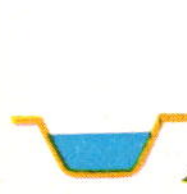

183 GAVIA IMMER

Plongeon imbrin ou plongeon glacial

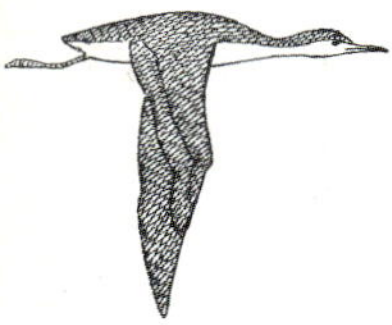

Classification Ordre des Gaviiformes, famille des Gaviidés.
Caractéristiques Il mesure 80 cm de longueur et 130 cm d'envergure, avec un poids qui peut atteindre 4,2 kg (les mâles sont plus grands que les femelles). En plumage nuptial, les adultes ont le dos taché de blanc et de noir, la tête et le cou noirs avec un collier de raies blanches. Les parties inférieures sont blanches. Le bec, long et pointu, est noir. En hiver, jeunes et adultes ont le dessus de couleur grise et le dessous de couleur blanche.
Milieu Lacs, zones littorales.
Diffusion Régions arctiques d'Europe et d'Amérique.
Vie et mœurs Le nid est d'habitude posé sur un îlot, près de l'eau ou au milieu des roseaux, et consiste soit en une dépression à peine garnie, soit en une large plate-forme de matières végétales. L'unique couvée annuelle est composée de 2 œufs (parfois 1 ou 3) que les deux parents couvent pendant 29 ou 30 jours. Les parents s'occupent des poussins, nidifuges, qui volent à l'âge de 12 semaines, mais sont déjà capables de se suffire à eux-mêmes à l'âge de 5 semaines. La nourriture se compose de poissons, crustacés et mollusques capturés au cours d'immersions qui durent de 40 à 60 secondes. Cette espèce, comme le plongeon arctique, doit courir quelques mètres à la surface de l'eau avant de pouvoir prendre son vol.

---

184 GELOCHELIDON NILOTICA

Sterne hansel

Classification Ordre des Charadriiformes, famille des Laridés.
Caractéristiques Longueur d'environ 39 cm. Le plumage est gris clair sur le dessus et blanc sur le dessous. Le bec, court et robuste, est noir sur toute sa longueur, ainsi que le haut de la tête. En hiver, la tête est blanche, nuancée de gris, et peut présenter quelques raies noires. La queue est à peine fourchue. Les tarses sont plus longs que chez la sterne caugek *(Sterna sandvicensis).* Les jeunes ont le sommet de la tête et le dessus du corps nuancés de fauve, avec des taches marron sur le dos.
Milieu Zones palustres et côtes sableuses.
Diffusion Europe, Est asiatique, Australie, Amérique.
Vie et mœurs Niche au sol en colonies, de préférence sur des plages sableuses. Le nid est creusé dans le sable ou la terre et revêtu de matières végétales. La femelle pond une seule couvée, généralement composée de 3 œufs (parfois de 2 à 5), qui sont couvés par les deux sexes pendant une durée de 22 ou 23 jours environ à partir de la ponte du dernier œuf. Les poussins, semi-nidifuges, sont élevés par les deux parents et volent vers l'âge de 4 à 5 semaines. La sterne hansel se nourrit de poissons, de petits mammifères, d'œufs et de petits oiseaux, de lézards, de grenouilles, de têtards et d'invertébrés.

185 GEOCOCCYX CALIFORNIANUS
Coucou de Californie

Classification Ordre des Cuculiformes, famille des Cuculidés.
Caractéristiques Il est long d'environ 60 cm, avec un aspect élancé, des pattes robustes et une queue très longue. Le plumage est de couleur sombre sur le dessus avec taches blanches, blanc sale avec rayures noires au-dessous. Une touffe de plumes noires surmonte la tête. Les pattes sont bleues, ainsi que le bec. Les deux sexes sont semblables.
Milieu Zones désertiques avec buissons et cactus.
Diffusion Amérique du Nord.
Vie et mœurs Il est de mœurs terricoles, car ses ailes, courtes, ne lui permettent que des vols courts et sa longue queue lui sert de gouvernail pour les changements de direction dans sa rapide course au sol (jusqu'à 24 km/h). Le nid est construit sur un buisson ou un cactus. La couvée comprend de 2 à 8 œufs (habituellement 3 à 5), que couve la femelle pendant 17 ou 18 jours. On ne sait pas exactement quand les petits sont capables de voler, mais dès l'âge de 3 semaines ils courent et cherchent leur nourriture de façon autonome. L'alimentation se compose d'animaux capturés au sol : lézards, serpents, même venimeux, scorpions, petits rongeurs et oiseaux. Lorsqu'il s'attaque à un serpent, il épie les mouvements du reptile et attend le moment propice pour lui asséner un coup de bec sur la nuque.

---

186 GERONTICUS EREMITA
Ibis chevelu

Classification Ordre des Ciconiiformes, famille des Treskiornithidés.
Caractéristiques Longueur environ 72 cm. Plumage sombre à reflets métalliques verts et pourpres. Sur la nuque, quelques longues plumes forment un toupet caractéristique. La tête et la gorge sont nues, de couleur rouge foncé, le haut de la tête étant bleu ; le bec est long et un peu arqué et les pattes sont rouge foncé. Les sexes sont semblables.
Milieu Zones humides et montagneuses, souvent près des zones habitées.
Diffusion Au début du XVIIe siècle, on le trouvait encore dans le sud de l'Europe. L'espèce, très menacée, se réduit à quelques colonies au Proche-Orient et dans le nord-ouest de l'Afrique.
Vie et mœurs Niche en colonies au milieu des rochers. Il pond 3 ou 4 œufs (plus rarement 5 ou 6) dont l'incubation débute avec la ponte du premier œuf et dure de 27 à 28 jours. Les petits restent au nid de 46 à 51 jours. L'ibis chevelu se nourrit d'insectes, mais aussi de petits oiseaux, de mammifères et de reptiles. L'espèce est devenue extrêmement rare : le braconnage, le bouleversement des milieux et les insecticides sont responsables de cette disparition progressive. Elle fait actuellement l'objet de projets de conservation du W.W.F.

187 GLAREOLA PRATINCOLA

Glaréole à collier

Classification Ordre des Charadriiformes, famille des Glaréolidés.

Caractéristiques Mesurant environ 22 cm de longueur, elle a des ailes longues et fines et une queue fourchue. Les parties supérieures sont de couleur brun olive, les inférieures de couleur fauve, avec une tache crème sur la gorge et la poitrine. La base de la queue est blanche, les pattes et la queue étant noires. Les jeunes ont une large bande pectorale à raies sombres. Une espèce voisine, *Glareola nordmanni*, se distingue de la précédente par la surface inférieure des ailes, qui est noire (et non châtaine) ; on la trouve en Europe orientale et en Asie (Sibérie occidentale).

Milieu Eaux saumâtres, plaines et marécages.

Diffusion Europe méridionale, Afrique du Nord, Asie occidentale.

Vie et mœurs Niche en colonies, plaçant son nid dans des dépressions peu profondes du sol, entourées ou non de végétation. Elle y élève une couvée de 3 œufs (de 2 à 4), que les deux parents couvent pendant 17 à 18 jours. Les poussins, semi-nidifuges, sont nourris par les parents pendant les premiers temps, puis, à l'âge de 8 à 10 jours, se nourrissent par eux-mêmes et prennent leur vol à l'âge de 22 jours. Cette espèce capture au vol des insectes de taille moyenne (orthoptères et coléoptères) dont elle se nourrit.

---

188 GOURA CRISTATA

Pigeon couronné ou goura

Classification Ordre des Columbiformes, famille des Columbidés.

Caractéristiques Les pigeons couronnés appartiennent à la sous-famille des gourinés. Ce sont des oiseaux que l'on voit souvent dans les parcs et jardins zoologiques, comme éléments ornementaux. Ils ont un plumage de couleur grisâtre et portent sur la tête une touffe ou couronne de plumes en forme d'éventail. Les mâles ont une longueur de 75 à 85 cm et un poids d'environ 1,3 kg. Le goura couronné a le plumage bleuâtre nuancé de gris cendré. La couronne et la pointe de la queue sont de couleur gris-bleu pâle. Les yeux sont bordés de noir et sur les ailes apparaît une tache blanche, tandis que sur le milieu du dos se trouve une bande marron. Les pattes sont grisâtres, les pieds rougeâtres, et le bec est gris. On en connaît deux autres espèces : le pigeon couronné de Victoria *(Goura victoria)* et le goura de Scheepmaker *(Goura scheepmakeri)*.

Milieu Forêts.

Diffusion Nouvelle-Guinée orientale et îles voisines.

Vie et mœurs Ces oiseaux se nourrissent principalement de fruits, de baies et aussi de graines. Ils vivent solitaires ou en groupes, circulant en rond sur le sol pour se nourrir. Ils nichent dans les arbres et pondent 2 œufs. Souvent chassés, les gouras font actuellement l'objet d'une protection spéciale.

189 GRACULA RELIGIOSA
Mainate religieux

Classification Ordre des Passériformes, famille des Sturnidés.
Caractéristiques Les mainates constituent un groupe de la famille des Sturnidés qui comprend 6 genres et 12 espèces, dont la longueur totale varie de 24 à 37 cm. Le mainate religieux, long de 25 cm, est un oiseau très connu, malheureusement objet d'un commerce important, à cause de son habileté à imiter la voix humaine quand il est retenu en captivité. Son plumage est de couleur noire, son bec est robuste et jaune, et il porte des lobes charnus jaunes, de différentes formes suivant les sous-espèces (beaucoup d'ornithologues dénombrent 11 sous-espèces de mainates religieux). Les ailes sont noires, bordées de blanc. Parmi les autres espèces, citons *Gracula ptilogenys,* de Ceylan, et *Streptocitta albicollis,* des îles Célèbes.
Milieu Forêts et bois proches de l'eau.
Diffusion Sud-Est asiatique.

Vie et mœurs Cet oiseau a des mœurs grégaires et vit généralement en groupes nombreux. Il se nourrit principalement de fruits, mais aussi d'invertébrés. Sa voix offre des ressources très variées et, en particulier, les individus jeunes ayant dépassé l'âge d'un an sont capables d'imiter la voix humaine de façon remarquable. Le mainate pond généralement de 2 à 4 œufs. Les petits, nidicoles, quittent le nid au bout d'environ 4 semaines et deviennent indépendants vers 6 à 8 semaines.

---

190 GRUS GRUS
Grue cendrée

Classification Ordre des Gruiformes, famille des Gruidés.
Caractéristiques Longue de 112 cm, elle présente une couleur de plumage grisâtre, avec une bande blanche sur les côtés de la tête et du cou ; la face et la gorge sont noires. Le sommet de la tête est rouge et les rémiges secondaires sont allongées, constituant une sorte de queue noirâtre retombante. Les individus jeunes ont la tête et les parties supérieures plus brunes et une queue moins touffue. En vol, on remarque la position allongée du cou et la base noire des rémiges.
Milieu Zones de marais, champs, steppes.
Diffusion Europe, Asie, Afrique septentrionale.

Vie et mœurs La grue émet des cris forts et gutturaux (par exemple « krou-ou » ou « kr-r-r »). Elle migre généralement en adoptant une formation de vol en V. Elle a des mœurs grégaires, sauf pendant la saison de la reproduction. Elle niche sur le sol, au milieu de la végétation. Elle pond une seule couvée, composée en général de 2 œufs (parfois de 1 ou 3), qui sont couvés par les deux sexes, mais principalement par la femelle, pendant 28 à 30 jours. Les poussins, nidifuges, sont élevés par les deux parents et sont indépendants vers l'âge de 10 semaines.

191 GRUS LEUCOGERANUS
Grue blanche de Sibérie

Classification Ordre des Gruiformes, famille des Gruidés.
Caractéristiques Longue d'environ 137 cm, elle présente un plumage blanc, avec les rémiges primaires noires. Le bec, les parties nues de la tête et les pattes sont rouges. Le plumage des individus jeunes est brunâtre, tirant sur les tons rouille, dans les parties supérieures ; la tête couverte de plumes, et les parties inférieures sont blanches avec des taches brunâtres. Une espèce très voisine, la grue de Mandchourie ou du Japon *(Grus japonensis),* s'en distingue par la couleur du bec et des parties nues, ainsi que par une répartition différente du noir sur les ailes.
Milieu Toundras, lacs avec végétation, champs cultivés, cours d'eau.
Diffusion Asie (elle niche dans les régions septentrionales).
Vie et mœurs Elle construit des nids, faits de branches sèches et de roseaux, parmi la végétation proche de l'eau. Elle pond une seule couvée, généralement de 2 œufs, que couvent les deux membres du couple, et les petits sont élevés par les deux parents. La grue blanche de Sibérie se nourrit aussi bien d'animaux (poissons, lézards, grenouilles) que de substances végétales.

---

192 GYPAETUS BARBATUS
Gypaète barbu

Classification Ordre des Falconiformes, famille des Accipitridés.
Caractéristiques Longueur environ 108 cm. Dos, ailes et queue de couleur gris noirâtre, avec le centre des plumes blanc, parties inférieures de couleur rosée ou blanc sale. Les plumes raides et noires qui entourent l'œil et se prolongent vers le bas, au-delà du bec, en forme de barbiche, sont caractéristiques. Les sujets jeunes sont de couleur brun uniforme.
Milieu Régions de haute montagne ; survole la plaine.
Diffusion L'espèce se fait de plus en plus rare. On la trouve encore dans certaines régions d'Afrique (nord, est et sud) et en différentes régions d'Asie centrale. La population européenne marque une décroissance préoccupante : 40 à 50 couples nichent en Espagne et en Grèce, très localement, et quelques individus ou couples isolés survivent en Corse, en Crète, en Sardaigne et à Rhodes.
Vie et mœurs Le gypaète niche dans les rochers, dans des cavités et anfractuosités bien protégées. Il pond un œuf, et quelquefois deux. L'incubation, assurée par la femelle, dure environ 53 jours. Le petit est nourri par les deux parents. Il effectue son premier vol à l'âge de 107 à 117 jours. Cette espèce se nourrit surtout de charognes et de déchets organiques ; elle marque une préférence pour les gros os, qu'elle laisse souvent tomber de très haut pour les briser en morceaux, afin d'en extraire la moelle (elle possède une langue spécialisée à cet effet).

193 GYPS FULVUS
Vautour fauve

Classification Ordre des Falconiformes, famille des Accipitridés.
Caractéristiques Long de 1 m, il a un plumage de couleur brune avec queue et rémiges noires, pattes grises, cou et tête couverts de duvet blanc ; une collerette caractéristique de plumes d'un blanc crème entoure le cou. Chez les individus jeunes, la collerette est brune.
Milieu Régions accidentées et côtes rocheuses.
Diffusion Asie, Afrique du nord-ouest, Turquie. La population d'Europe est en diminution. Celle d'Espagne est encore relativement nombreuse, alors que celles des Balkans, de Sardaigne, de Grèce, de Chypre et de Sicile tendent à se réduire dangereusement.
Vie et mœurs Le vautour fauve niche dans les rochers, dans les cavités naturelles, de préférence en colonies. Il pond un seul œuf, généralement blanc à taches éventuelles d'un rouge foncé. L'incubation est assurée en commun par les deux adultes, et dure de 48 à 54 jours. Le petit est alimenté par les deux parents, à l'aide de nourriture régurgitée, et se couvre de plumes vers le soixante-dixième jour ; il accomplit son premier vol à l'âge de 110 à 115 jours. Le vautour fauve se nourrit de charognes. Aussi bien en Sardaigne qu'en Espagne, le W.W.F. a organisé des points d'alimentation continuellement approvisionnés de charognes, afin de favoriser la survie de cette espèce.

---

194 HAEMATOPUS OSTRALEGUS
Huîtrier pie

Classification Ordre des Charadriiformes, famille des Hématopodidés.
Caractéristiques Long d'environ 43 cm, cet oiseau est aisément reconnaissable à son plumage noir et blanc, à son long bec rouge et à ses pattes rouges. En période hivernale, il arbore une sorte de demi-collier blanc.
Milieu Côtes, estuaires, zones de marais.
Diffusion Europe, Asie, Afrique du nord-ouest.
Vie et mœurs Il niche dans des dépressions de terrain qu'il garnit de cailloux, de coquilles et de brindilles sèches. Il pond une seule couvée, généralement de 3 œufs (rarement de 2 ou 4), que couvent les deux adultes pendant environ 24 à 27 jours. Les poussins, nidifuges, sont élevés par les deux parents. Ils restent au nid un jour ou deux et deviennent indépendants en 34 à 37 jours. L'huîtrier pie se nourrit d'invertébrés (mollusques, crustacés, insectes) et de substances végétales. Au moyen de son bec caractéristique, il ouvre les coquilles en faisant levier sur leurs valves. Par groupes de 2 ou 3 individus, et jusqu'à 10, les huîtriers pies manifestent un comportement particulier, appelé « piping », dont on ignore encore les raisons exactes : ils déambulent le bec tourné vers le sol, en émettant de nombreux appels.

195 HAGEDASHIA HAGEDASH

Ibis hagedash

Classification Ordre des Ciconiiformes, famille des Treskiornithidés.
Caractéristiques C'est un ibis au plumage marron verdâtre à reflets bronzés, au bec recourbé vers le bas. Le nom scientifique de cette espèce lui vient du cri qu'elle pousse.
Milieu Zones de marais, zones boisées jusqu'à 2000 m d'altitude.
Diffusion Afrique.
Vie et mœurs Niche dans des arbres, de 2 à 7 m au-dessus du sol. Il pond en général 3 à 4 œufs, qui sont couvés par les deux membres du couple. L'incubation dure environ 26 jours. Les petits, nidicoles, sont élevés par les deux parents et abandonnent le nid vers le trente-cinquième jour. Quand la saison des amours a pris fin, les petits sont hors du nid et ces oiseaux se réunissent par petits groupes de plusieurs individus (jusqu'à 30).

---

196 HALIAEETUS ALBICILLA

Pygargue à queue blanche ou orfraie

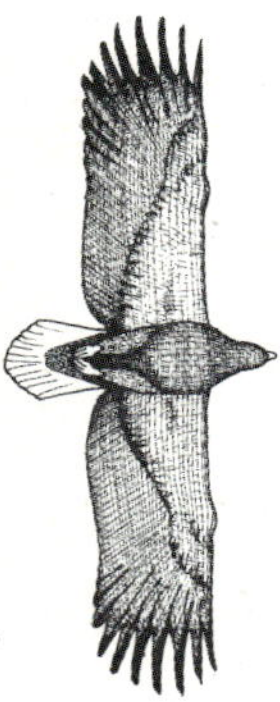

Classification Ordre des Falconiformes, famille des Accipitridés.
Caractéristiques Long d'environ 77 cm (la femelle étant généralement plus grande que le mâle), il a un aspect trapu et massif. La couleur est brunâtre, plus foncée dans les parties supérieures, avec la tête claire et la queue, cunéiforme, complètement blanche chez l'adulte et de teinte sombre chez le jeune. Le bec est gros et jaune, les pattes jaunes et noires. Les tarses ne portent pas de plumes. Son vol est celui d'un majestueux rapace aux grandes ailes rectangulaires. Une espèce voisine, *Haliaeetus leucoryphus,* est plus petite, sa couleur est plus foncée, avec la queue blanche se terminant par une barre noire.
Milieu Côtes et rochers, lacs, marécages et estuaires.
Diffusion Europe, Asie.
Vie et mœurs Niche dans les arbres, mais aussi au sol et sur les rochers, dans des nids vastes et grossiers. Il pond généralement 2 œufs (parfois 1 ou 3, plus rarement 4) que couve principalement la femelle pendant 35 à 45 jours. Les petits, élevés par les deux parents, volent vers l'âge de 70 jours, restant néanmoins dans les environs du nid pendant 35 à 40 jours. Le pygargue, ou aigle pêcheur, se nourrit surtout de poissons, de mammifères, de charognes et d'oiseaux.

197 HALIAEETUS LEUCOCEPHALUS

Pygargue à tête blanche

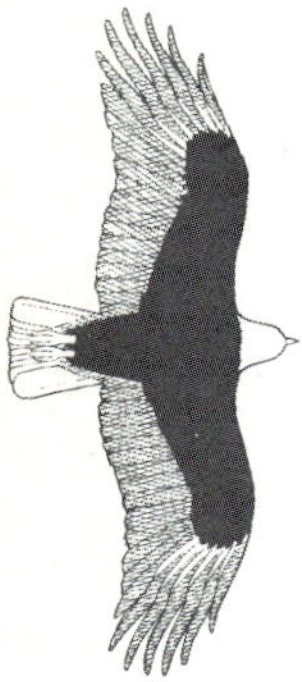

Classification Ordre des Falconiformes, famille des Accipitridés.
Caractéristiques Long d'environ 85 à 105 cm, il a un aspect plutôt robuste et une envergure de 2,45 m chez les individus les plus développés. L'adulte est entièrement brun foncé, à l'exception de la queue et de la tête qui sont blanches. Le sujet immature (qui ne commence à revêtir la livrée d'adulte qu'après la troisième année) a la tête et la queue de couleur brune comme le reste du corps. La femelle, plus grande que le mâle, pèse jusqu'à 6,3 kg (alors que le mâle ne dépasse pas 4,6 kg).
Milieu Côtes boisées et rocheuses, zones accidentées proches des lacs et des rivières.
Diffusion Amérique du Nord.
Vie et mœurs C'est un rapace ordinairement solitaire mais en hiver on peut en voir un certain nombre d'individus réunis dans une même région en quête de nourriture. Le nid, amas énorme de branchages, est édifié sur des arbres, parfois même sur des rochers. Il pond généralement 2 œufs (parfois 1 ou 3) qui sont couvés par les deux adultes pendant environ 35 jours. Les petits quittent le nid à l'âge de 10 à 11 semaines. L'alimentation est essentiellement constituée de poissons, mais aussi d'oiseaux et de mammifères de taille moyenne, parfois de charognes. Aux États-Unis, dont il est le symbole, ce rapace est en voie de disparition.

---

198 HALIAEETUS VOCIFER

Aigle pêcheur d'Afrique

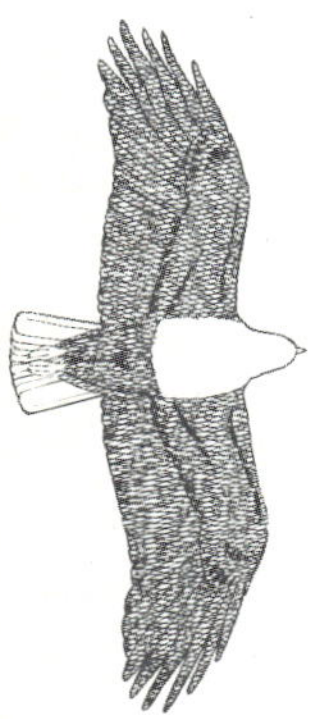

Classification Ordre des Falconiformes, famille des Accipitridés.
Caractéristiques Long de 70 à 80 cm, ce rapace a les parties supérieures de couleur brun noisette, le dessous de couleur noisette, la queue, ainsi que la tête et le cou sont blancs chez l'adulte, à raies brunes chez les individus jeunes. La femelle est plus grande que le mâle. L'envergure atteint 2,30 m chez la femelle, et près de 2 m chez le mâle. Celui-ci peut peser jusqu'à 2,6 kg (3,6 kg pour la femelle).
Milieu Rives boisées et rocheuses de lacs et cours d'eau.
Diffusion Afrique centrale et méridionale.
Vie et mœurs Niche à partir du niveau de la mer jusqu'à l'altitude de 2000 m, toujours au voisinage des zones marécageuses. Son nid, grand amas de branchages, habituellement construit sur des arbres et, quand ceux-ci font défaut, directement au sol, ou sur des buissons ou des rochers. La couvée comporte de 1 à 3 œufs (généralement 2), pondus à intervalles de 3 jours au début de la saison sèche. C'est la femelle qui les couve pendant 44 à 45 jours, avec la collaboration irrégulière du mâle. Les jeunes (il arrive souvent que des deux petits seul le plus grand survive) effectuent leur premier vol à l'âge de 65 à 75 jours. Cette espèce se nourrit surtout de poissons (90 % des proies) capturés en rapides piqués, et, accessoirement, d'oiseaux et de charognes.

199 HALIASTUR INDUS

Milan à tête blanche

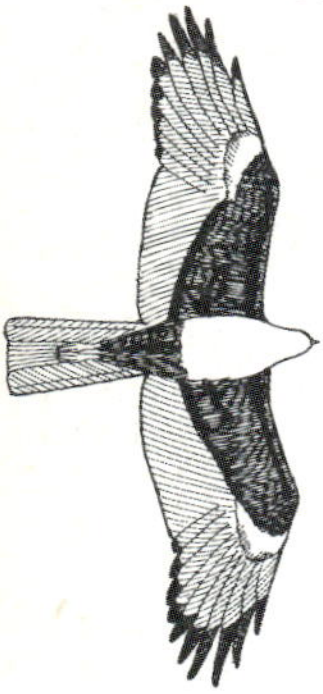

Classification Ordre des Falconiformes, famille des Accipitridés.
Caractéristiques De taille moyenne, il est long d'environ 43 à 50 cm. La coloration du corps est uniformément brun rougeâtre, à l'exception de la tête et de la poitrine, qui sont blanches. Les jeunes sont uniformément bruns, avec des raies plus claires.
Milieu Zones côtières, rizières, cours d'eau et marais.
Diffusion Inde, Ceylan, Asie tropicale, Chine méridionale et Australie septentrionale.
Vie et mœurs Il niche jusqu'à 2500 m d'altitude, toujours au voisinage des zones littorales, se risquant jusque dans les villes côtières et dans les ports en quête de nourriture. Là où il est très commun, comme en Inde, il est de mœurs grégaires. Son nid est établi sur un arbre isolé, ou quelquefois sur des constructions. Il est fait de branches sèches et de feuilles vertes, avec appoint de brins de laine, morceaux de papier et arêtes de poisson. 1 à 4 œufs (habituellement 2) y sont pondus et couvés par la femelle seule, nourrie par le mâle. L'incubation semble durer 26 ou 27 jours, mais on manque de précisions sur ce point. Les jeunes quittent le nid au bout de 50 à 55 jours (en Australie, probablement plus tôt). L'alimentation, variée, se compose de grenouilles, crabes, poissons, insectes et toutes sortes de déchets.

---

200 HIERAAETUS FASCIATUS

Aigle de Bonelli

Classification Ordre des Falconiformes, famille des Accipitridés.
Caractéristiques Long d'environ 69 cm, il a une silhouette élancée ; son plumage est foncé sur le dessus, clair à taches sombres allongées sur le dessous. Les individus jeunes ont les parties inférieures fauves. La femelle est habituellement plus grande que le mâle. En vol, apparaissent le dessous des ailes, foncé, avec une bande plus accentuée, et le ventre clair. Une espèce voisine, *Hieraaetus pennatus*, longue d'environ 52 cm, présente une certaine diversité de couleurs, avec deux variétés plus fréquentes, une foncée et une claire.
Milieu Régions boisées, certaines régions à arbres rares, régions de maquis.
Diffusion Europe méridionale, Asie centrale et méridionale, Afrique.
Vie et mœurs Niche parmi les rochers, plus rarement sur des arbres. Pond 2 œufs (parfois 1, plus rarement 3) couvés par les deux adultes, pendant une durée de 42 à 44 jours. Les petits volent vers l'âge de 65 jours mais restent encore avec les adultes pendant 8 semaines ou plus. L'aigle de Bonelli se nourrit de lapins sauvages, lièvres et autres petits mammifères, d'oiseaux (comme les perdrix), de lézards ; il chasse en se laissant tomber en piqué ou en poursuivant ses victimes le long des parois rocheuses ou au milieu du maquis.

201 HIMANTOPUS HIMANTOPUS

Échasse blanche

Classification Ordre des Charadriiformes, famille des Récurvirostridés.
Caractéristiques Oiseau ne prêtant à aucune confusion. Long d'environ 38 cm, il a le bec long et noir; le dessus du corps est noir, le dessous, blanc. En vol, les pattes longues et rouges dépassent largement la queue. En hiver, mâles et femelles ont la tête et le cou blancs, tandis qu'au printemps, le mâle a la partie postérieure de la tête noire. Les jeunes sont plus bruns, l'extrémité des plumes du dos et des ailes étant claire.
Milieu Marécages, étangs et lacs.
Diffusion Centre et sud de l'Europe, Asie, Afrique, Amérique, Australie.
Vie et mœurs De mœurs grégaires, l'échasse construit un nid fait de boue, de matières végétales, de coquilles, de fragments divers, posé au bord de l'eau ou dans la végétation palustre. L'unique couvée comporte généralement 3 œufs (parfois 4 ou 5) qui sont couvés par les deux sexes pendant 25 ou 26 jours. Les jeunes, nidifuges, sont élevés par les deux parents et deviennent indépendants au bout de 4 semaines. Ce très élégant limicole se nourrit d'insectes, d'invertébrés variés et aussi de substances végétales récoltées dans la boue ou à la surface de l'eau. Son cri correspond à une sorte de « cuip-cuip-cuip » très aigu.

---

202 HIPPOLAIS POLYGLOTTA

Hypolaïs polyglotte

Classification Ordre des Passériformes, famille des Sylviidés.
Caractéristiques Long de 13 cm, il pèse environ 11 g. Les parties supérieures sont vert olive, le dessous est jaune brillant; au-dessus de l'œil, le sourcil est très voyant. Les pattes sont roses. Les jeunes ressemblent presque parfaitement aux adultes. Le bec, long et mince, est adapté à un régime insectivore. Parmi les espèces voisines, l'hypolaïs ictérine *(Hippolais icterina)* présente un plumage à peu près semblable, à l'exception des pattes, qui sont grises.
Milieu Bois, campagnes cultivées, jardins.
Diffusion Afrique septentrionale, Europe méridionale.
Vie et mœurs C'est la femelle qui édifie son nid dans les haies bordant les champs ou dans les buissons, souvent au voisinage des clairières et au bord de l'eau. Ce nid est cupuliforme, fait d'herbes, de toiles d'araignées, de crins et de plumes. Chaque année y est élevée une seule couvée (parfois 2) de 4 œufs que la femelle couve pendant 12 ou 13 jours. Les petits, nidicoles, sont soignés par les deux parents et volent à l'âge de 12 jours. La nourriture est composée d'insectes et d'autres invertébrés capturés en vol. L'hypolaïs a deux sortes de chants : l'un imitant celui d'autres oiseaux (passereaux) et l'autre consistant en un sonore bruit de gorge. C'est une espèce migratrice, qui passe l'hiver en Afrique.

203 HIRUNDO RUSTICA
Hirondelle de cheminée

Classification Ordre des Passériformes, famille des Hirundinidés.
Caractéristiques Longue d'environ 19 cm, elle est facilement reconnaissable à sa queue fourchue aux rectrices allongées ; le plumage est bleu foncé métallique dans la partie supérieure, blanchâtre nuancé de blanc crème dans les parties inférieures ; le front et la gorge sont rougeâtres, le haut de la poitrine est barré d'une bande bleu foncé. Les jeunes ont une couleur générale plus terne, et leurs rectrices extérieures sont plus courtes. Une espèce voisine, l'hirondelle rousseline *(Hirundo daurica)*, a le croupion rougeâtre, la gorge et le dessous fauves.
Milieu Campagnes, régions cultivées près de l'eau et zones habitées à la campagne.
Diffusion Europe, Asie, Afrique, Amérique du Nord.
Vie et mœurs Grégaire, sauf à la saison de reproduction. Elle niche dans des milieux très variés, généralement près de l'eau et en rase campagne. Le nid est construit par les deux membres du couple, en forme de coupe de boue et de substances végétales. L'hirondelle élève 2 ou 3 couvées, composées de 4 ou 5 œufs en général (quelquefois de 3 à 8). L'incubation est assurée principalement par la femelle pendant 17 à 24 jours. Les petits, nidicoles, sont élevés par les deux parents et quittent le nid à l'âge de 17 à 24 jours.

---

204 HYDRANASSA TRICOLOR
Aigrette tricolore

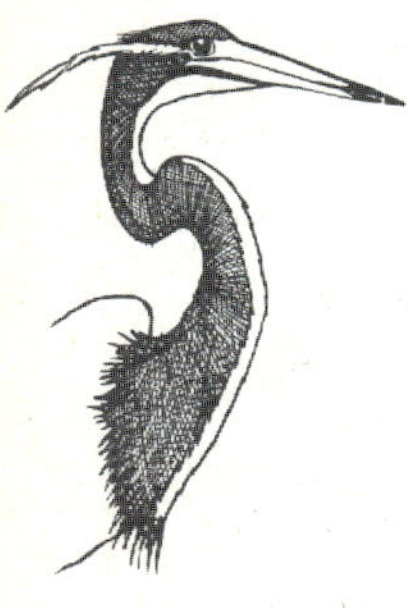

Classification Ordre des Ciconiiformes, famille des Ardéidés.
Caractéristiques Longue de 60 à 70 cm, elle a le cou long et le bec très pointu. Le plumage est de couleur brun-rouge sur le dos, blanc sur les parties inférieures, gris sur le cou et aux ailes. Chez les sujets immatures, le gris du cou est remplacé par du brun rougeâtre.
Milieu Zones littorales humides, eaux douces et saumâtres.
Diffusion Amérique du Nord et du Sud.
Vie et mœurs Généralement sédentaire, cette espèce est cependant migratrice aux confins de son aire de répartition géographique. De mœurs grégaires, elle niche en colonies dans des arbres à proximité de l'eau. Dans le nid, construit en branchages secs, elle pond d'ordinaire 3 ou 4 œufs (de 3 à 7), que couvent les deux membres du couple pendant environ 21 jours. Les petits sont soignés aussi par les deux parents. On ne dispose guère de données précises sur le développement de cette progéniture, mais on sait que les petits restent au nid pendant quelque 3 à 4 semaines. La nourriture est surtout constituée d'animaux aquatiques et de petits poissons, mais aussi d'insectes. Cette aigrette adopte une tactique de pêche particulière, se déplaçant dans l'eau avec les ailes déployées, invitant ainsi les poissons à s'abriter à l'ombre qu'elle projette sur la surface de l'eau. Elle les capture alors d'un coup de son bec effilé.

205 HYDROBATES PELAGICUS

Pétrel tempête

Classification Ordre des Procellariiformes, famille des Hydrobatidés.
Caractéristiques Longueur d'environ 15 cm, couleur foncée dans l'ensemble, croupion blanc, queue carrée, ailes longues. Le dessous du corps est également sombre. Les individus jeunes sont semblables aux adultes. Les pattes sont fines et ont les doigts antérieurs réunis par une membrane.
Milieu Pleine mer, îles et côtes rocheuses.
Diffusion Côtes de l'Atlantique et de la Méditerranée occidentale.
Vie et mœurs Le pétrel tempête vole au ras de l'eau, souvent en suivant les navires. Il niche en colonies et se rend à son lieu de nidification particulièrement au crépuscule et la nuit. Le nid, creusé par le couple, est une sorte de boyau se terminant par une cavité plus large. L'unique couvée ne compte qu'un seul œuf, blanc, que couvent les deux adultes pendant 38 à 40 jours. Les petits, nidicoles, sont alimentés par les deux parents au moyen de nourriture régurgitée, de préférence la nuit, à intervalles de 2 à 3 jours. Ils quittent le nid à l'âge de 56 à 64 jours. Le pétrel tempête se nourrit de plancton et de substances animales qu'il trouve à la surface de la mer.

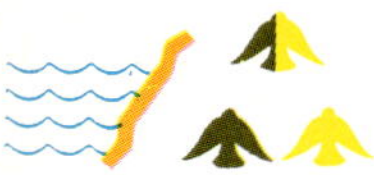

---

206 HYDROPHASIANUS CHIRURGUS

Jacana à longue queue ou faisan d'eau

Classification Ordre des Charadriiformes, famille des Jacanidés.
Caractéristiques Les jacanidés ressemblent de façon lointaine aux rallidés. Le jacana à longue queue se reconnaît d'emblée à la couleur du plumage, marron noirâtre, avec la tête et le cou blancs et du blanc aux ailes. La queue est très longue, d'où le nom de faisan d'eau. La nuque porte une tache jaune. Les pattes, comme celles des autres jacanidés, ont des doigts et des ongles extrêmement longs. Une autre espèce, le jacana africain *(Actophilornis africana),* vit en Afrique, au sud du Sahara.
Milieu Régions humides, bords des fleuves et des rivières.
Diffusion Asie méridionale.
Vie et mœurs Chez les jacanidés, les deux sexes ont des couleurs semblables, mais les femelles sont généralement plus grosses que les mâles. Le faisan d'eau, dont le comportement et la reproduction ont été étudiés par l'ornithologue Alfred Hoffmann, niche près de l'eau, pond 4 œufs qui sont couvés par le mâle presque exclusivement. La femelle peut s'accoupler avec 2, 3 ou 4 mâles. Les petits, nidicoles, nagent et plongent avec aisance.

207 HYDROPROGNE CASPIA
Sterne tschegrava ou sterne caspienne

Classification Ordre des Charadriiformes, famille des Laridés.
Caractéristiques Sa longueur atteint 52 cm ; elle présente un plumage gris pâle sur le dessus, le croupion, la queue fourchue et les parties inférieures étant blanches. Les rémiges primaires sont de couleur brun foncé vers la pointe. Les pattes sont noires, le haut et les côtés de la tête sont noirs en été et blanc rayé de noir en hiver. Le bec, robuste et gros, est rouge. Les sujets jeunes ont le sommet de la tête marron noirâtre, les parties supérieures bariolées de marron, le bec plus clair. L'espèce voisine, appelée sterne royale *(Sterna maxima)* n'a pas de couleur noirâtre aux rémiges, son bec est de ton orangé plus marqué et sa queue est plus fourchue.
Milieu Côtes marines, îles sableuses et caillouteuses, lacs, grandes rivières.
Diffusion Europe, Asie, Afrique, Amérique du Nord, Australie.
Vie et mœurs Elle fait son nid dans des dépressions de terrain, de préférence dans le sable. Elle pond une seule couvée, constituée généralement de 2 ou 3 œufs (parfois d'un seul), qui est couvée par les deux membres du couple, pendant 22 à 23 jours. Les petits, semi-nidifuges sont élevés par les deux parents ; ils quittent le nid au bout de quelques jours et volent vers l'âge de 25 à 30 jours. La sterne caspienne se nourrit surtout de poissons.

---

208 ICTERUS GALBULA
Loriot de Baltimore

Classification Ordre des Passériformes, famille des Ictéridés.
Caractéristiques Longueur 17,5 à 20 cm. Le mâle a le plumage des parties antérieures du corps, des ailes et de la queue de couleur noire, à l'exception d'une barre blanche sur les épaules. Le reste des parties inférieures et deux raies sur le dessus des ailes sont de couleur orangée. La femelle est gris olive sur le dessus et jaune pâle sur le dessous. Elle a deux raies claires sur les ailes. En hiver, la couleur du plumage est plus atténuée chez les deux sexes.
Milieu Forêts à clairières, cultures, parcs des villes.
Diffusion Amérique septentrionale et centrale.
Vie et mœurs C'est un oiseau au chant mélodieux, qui s'est adapté à la vie dans les parcs et les faubourgs des villes. Son nid, placé sur les arbres les plus hauts, est constitué de fibres végétales, de laine et de crin et a la forme d'une coupe suspendue à deux petites branches. La ponte compte généralement 4 à 6 œufs. L'incubation dure de 12 à 14 jours et elle est entièrement assurée par la femelle. Les petits sont en état de voler à l'âge de 14 jours. Cette espèce est migratrice et passe l'hiver dans les régions les plus chaudes de l'Amérique centrale. Elle se nourrit d'insectes, d'araignées et d'autres petits invertébrés, complétant son régime insectivore par des baies, des fruits et d'autres substances végétales.

209 ICTERUS ICTERUS
Troupiale du Venezuela

Classification Ordre des Passériformes, famille des Ictéridés.
Caractéristiques Les ictéridés, également appelés loriots américains, ont des tailles variant de 15 à 55 cm. Le bec est de forme conique et de longueur variable, pointu chez certaines espèces (comme les cassiques) de grande taille, et présentant un bouclier ou casque frontal. Les ailes ont neuf rémiges primaires. La couleur du plumage est assez variable. Elle est généralement noire, avec des taches brunes, rouges ou jaunes, parfois coupées de raies. Les espèces de cette famille sont au nombre de 87 ou de 93, selon les classifications; parmi celles-ci, l'espèce qui accomplit la migration la plus longue est le goglu ou bobolink *(Dolichonyx oryzivorus)*. Le troupiale du Venezuela est long de 30 à 35 cm et de couleur principalement jaune rougeâtre, avec ailes et queue noires (avec de larges taches blanches sur les ailes); la tête est noire.
Milieu Bois et forêts.
Diffusion Amérique centrale et méridionale.
Vie et mœurs Ces oiseaux sont omnivores, leur régime comportant aussi bien des invertébrés que des fruits et des graines. Ils sont généralement polygames et plusieurs espèces pratiquent le parasitisme de couvée. D'ordinaire, ils pondent 2 œufs (parfois de 4 à 6). L'incubation dure de 10 à 14 jours et les petits, nidicoles, restent au nid de 19 à 30 jours.

---

210 INDICATOR INDICATOR
Indicateur mange-miel

Classification Ordre des Piciformes, famille des indicatoridés.
Caractéristiques La famille des indicatoridés comprend des espèces dont la longueur varie entre 10 et 20 cm, possédant 9 rémiges primaires, une couleur de plumage plutôt terne (chez quelques espèces, il existe des taches jaunes ou blanches). La plupart sont des oiseaux parasites de couvée comme les coucous. L'indicateur mange-miel a le plumage de couleur brun grisâtre, plus foncé sur le dessus avec une tache claire sur le fond jaunâtre derrière l'œil. La famille comprend, entre autres espèces, le petit indicateur *(Indicator minor)*, l'indicateur nain *(Indicator exilis)* et l'indicateur bariolé *(Indicator variegatus)*. La photo ci-contre représente une femelle.
Milieu Broussailles, savanes.
Diffusion Afrique, au sud du Sahara.
Vie et mœurs Le nom d'indicateur a été donné aux espèces de cette famille, selon toute probabilité, en raison de leur habitude, notable chez le mange-miel, de servir de guide au ratel (genre *Mellivora*) — et aussi à l'homme — vers les rayons des abeilles sauvages. Le ratel et l'homme s'emparent du miel, laissant les restes à l'indicateur, qui se nourrit particulièrement de la cire contenue dans les alvéoles. On a établi que 6 espèces au moins d'indicateurs pratiquent la parasitisme de couvée. Les petits restent au nid environ un mois.

211 IXOBRYCHUS MINUTUS
Blongios nain

Classification Ordre des Ciconiiformes, famille des Ardéidés.
Caractéristiques Long d'environ 36 cm, le mâle a la nuque, le sommet de la tête, les scapulaires, le dos et le croupion noirs à reflets verdâtres; la gorge et la poitrine sont fauves, plus claires sur les côtés, la queue et les ailes sont noires, avec les tectrices alaires de couleur crème. Le bec est long, robuste, jaune nuancé de vert. La femelle a les parties supérieures brunâtres plus claires et rayées au-dessous. Les individus jeunes sont bariolés et tachetés.
Milieu Lacs, rivières, étangs, zones de marais.
Diffusion Europe, Asie occidentale, Afrique, Australie.
Vie et mœurs Le blongios nain construit un nid fait de matières végétales, de préférence au milieu des roseaux. L'unique couvée est généralement constituée de 5 à 6 œufs (parfois de 4 à 10), que les deux adultes couvent durant environ 16 à 19 jours. Les petits, nidicoles, alimentés par les deux parents, restent au nid pendant 7 à 9 jours et sont en état de voler vers le trentième jour. Cet oiseau se nourrit surtout d'insectes et de différents invertébrés. En cas d'alerte, il adopte une position mimétique caractéristique.

---

212 JACANA SPINOSA
Jacana américain

Classification Ordre des Charadriiformes, famille des Jacanidés.
Caractéristiques Les jacanidés possèdent des doigts (surtout les postérieurs) et des ongles d'une longueur exceptionnelle (une espèce, l'*Irediparra gallinacea,* est dotée d'un ongle de 7 cm!) Cette caractéristique permet aux jacanas de courir sur les feuilles surnageantes des plantes aquatiques. Le jacana américain est long de 20 cm et pèse une centaine de grammes; son plumage est marron et il est doté d'une plaque frontale jaunâtre ou rouge, il porte un éperon pointu à l'articulation de l'aile. La tête, la poitrine et le dos sont noirs, et les ailes comportent une tache jaune n'apparaissant que lorsque l'oiseau est en vol. Les pattes sont verdâtres.
Milieu Régions humides, bords des rivières.
Diffusion Du Mexique à l'Amérique du Sud.
Vie et mœurs Le nom est une déformation de celui que donnaient à ces oiseaux les indiens Toupis, « jassana ». Comme les autres espèces de jacanidés, le jacana américain se construit un nid de substances végétales, posé sur l'eau ou flottant. Il y pond généralement 4 œufs, qui sont couvés pendant une durée de 22 à 25 jours. La femelle, qui ne s'occupe que peu ou pas du tout de l'incubation, s'accouple à plusieurs mâles.

213 JUNCO OREGONUS
Junco de l'Orégon

Classification Ordre des Passériformes, famille des Fringillidés.
Caractéristiques Long d'environ 13 à 15 cm, il a la tête et le cou gris foncé, le dos et les ailes ocre clair, la queue de couleur brune et les flancs roses. Le reste des parties inférieures est blanc. Les jeunes ont le plumage rayé de brun. Il existe d'ailleurs d'importantes différences de couleurs de plumage suivant la répartition géographique. Une espèce voisine, *Junco hyemalis,* est de couleur ardoise.
Milieu Forêts mixtes de feuillus et de conifères.
Diffusion Amérique septentrionale.
Vie et mœurs Il niche jusqu'aux extrêmes régions septentrionales, d'où il migre, à l'automne, vers des régions plus tempérées. Le nid est une coupe d'herbes, de débris d'écorce et de crin, construite directement sur le sol entre les racines des arbres et les rochers. Le couvée compte de 4 à 6 œufs, à l'incubation desquels coopèrent les deux sexes pendant 11 à 12 jours. Parfois, deux couvées sont élevées dans l'année. Les petits abandonnent le nid au bout d'environ 14 jours. L'alimentation est composée en parts égales d'insectes et de graines en été, et uniquement de graines en hiver. Les petits sont nourris presque exclusivement d'insectes et de larves.

---

214 JYNX TORQUILLA
Torcol

Classification Ordre des Piciformes, famille des Picidés.
Caractéristiques Long d'environ 16 cm, il ressemble plus à un passériforme qu'à un piciforme (ordre auquel il appartient pourtant). La couleur du plumage est extrêmement mimétique : brun-gris fauve sur le dessus, fauve plus marqué dans les parties inférieures, avec des raies brunes rapprochées. Les pattes, comme chez les autres pics, ont deux doigts avant et deux doigts arrière. Les plumes du haut de la tête sont érectiles.
Milieu Bois, forêts, parcs, et même régions à arbres espacés.
Diffusion Europe, Asie, Afrique.
Vie et mœurs Son cri est un « kiou-kiou-kiou » fort, nasal et répété. Il se nourrit au sol et s'agrippe aux troncs, comme les autres pics. Il niche dans les cavités des arbres ou dans des anfractuosités de murs. Il pond une seule couvée (parfois deux) généralement constituée de 7 à 10 œufs (parfois de 5 à 14). L'incubation est assurée par les deux sexes et dure de 12 à 14 jours. Les petits, nidicoles, sont nourris par les deux parents, et abandonnent le nid à l'âge de 19 à 21 jours.

215 KAKATOE GALERITA

Cacatoès à huppe jaune

Classification Ordre des Psittaciformes, famille des Psittacidés.
Caractéristiques Les espèces de perroquets du genre *Kakatoe* (ou *Cacatua)* atteignent des longueurs variant entre 32 et 50 cm, suivant les espèces. Ils ont un plumage clair, avec une huppe couronnant la tête, et des taches sur les joues. Cette espèce fait partie de la sous-famille des cacatuinés, typique de la région indo-australasienne, dont certains membres atteignent la longueur de 80 cm, comme le cacatoès noir *(Probosciger aterrimus)*. Le cacatoès à huppe jaune mesure 50 cm; son plumage est blanc, son bec, noirâtre, et la huppe sur la tête est jaune. Parmi les autres espèces du genre, citons encore le cacatoès de Leadbeater *(Kakatoe leadbeateri)*. long de 38 cm, et le galah *(Kakatoe roseicapilla)*, long de 37 cm environ.
Milieu Broussailles, forêts.
Diffusion Australie, Nouvelle-Guinée.

Vie et mœurs Il niche dans les cavités d'arbres, où il pond généralement 2 œufs. L'incubation est assurée principalement par la femelle, et dure une trentaine de jours. Les petits, nidicoles, quittent le nid vers l'âge de 10 semaines. Le galah est l'espèce la plus répandue en Australie et subit la concurrence de l'étourneau, qui a été introduit par l'homme, en ce qui concerne l'occupation des cavités.

---

216 KETUPA ZEYLONENSIS

Chouette pêcheuse d'Indo-Malaisie

Classification Ordre des Strigiformes, famille des Strigidés.
Caractéristiques Longue d'environ 48 à 51 cm, elle a le plumage brun foncé dans les parties supérieures, plus clair sur les parties inférieures, avec de longues taches noires. Les yeux sont jaunes. Deux longues houppes de plumes de couleur foncée surmontent la tête. L'envergure des plus grands individus atteint 1,90 m.
Milieu Forêts longeant les cours d'eau, marécages et mangroves.
Diffusion Asie tropicale et Moyen-Orient (récemment éteinte en Turquie méridionale).
Vie et mœurs Ce qui est essentiel pour ce prédateur nocturne, c'est la présence de zones d'eau douce ou marine pour la quête de la nourriture et de forêts épaisses pour la nidification. On ne connaît pas encore tous les détails de la reproduction. Le nid est installé dans les trous d'arbres ou dans des nids de rapaces abandonnés. La couvée comporte de 1 à 3 œufs. Les jeunes acquièrent un plumage semblable à celui des adultes dès la première année d'existence. L'espèce se nourrit surtout de poissons (dans une faible proportion elle consomme aussi des petits oiseaux, des reptiles et des mammifères), qu'elle capture en marchant dans l'eau avec circonspection, ou encore en se lançant du haut d'un perchoir. Les doigts des pattes portent des écailles acérées avec lesquelles cet oiseau immobilise les proies gluantes.

217 LAGOPUS MUTUS
Lagopède alpin

Classification Ordre des Galliformes, famille des Tétraonidés.
Caractéristiques Long de 35 cm, il pèse de 425 à 600 g et ses pattes sont couvertes de plumes ainsi que ses doigts, ce qui lui permet de marcher dans la neige sans s'enfoncer. Il a sur l'œil une caroncule de peau rouge. En été, les parties supérieures sont de couleur grise (mâle) ou brune (femelle), les ailes et le ventre étant blancs. En hiver, le plumage est entièrement blanc, sauf les rectrices, qui sont noires. L'espèce voisine, *Lagopus lagopus,* lagopède blanc ou lagopède des saules, vit surtout dans les bosquets de saules et de bouleaux et les bruyères des régions septentrionales d'Europe, d'Asie et l'Amérique.
Milieu Régions montagneuses à végétation herbacée.
Diffusion Europe, Asie, Amérique du Nord.
Vie et mœurs Cette espèce se rencontre dans les régions de montagne, au-dessus de la végétation d'arbres et d'arbustes. Le nid est installé dans une cavité du sol, parfois protégée par des rochers ou des touffes d'herbes et garnie d'herbes et de plumes. L'unique couvée annuelle est constituée de 5 à 10 œufs (parfois de 3 à 12) pondus à intervalles de 1 à 2 jours et couvés par la femelle pendant 24 à 26 jours. Les poussins nidifuges sont capables d'effectuer leur premier vol à l'âge de 10 jours. Le régime alimentaire est à base de graines et bourgeons.

218 LANIUS COLLURIO
Pie-grièche écorcheur

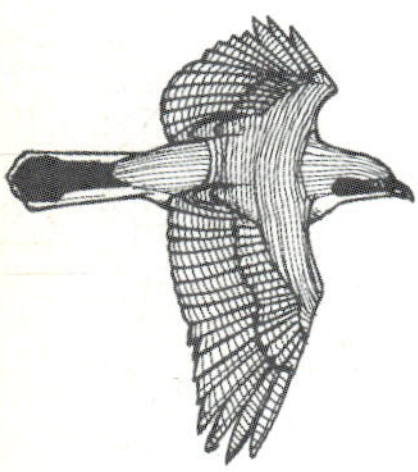

Classification Ordre des Passériformes, famille des Laniidés.
Caractéristiques Avec une longueur de 17 cm, elle pèse en moyenne 30 g. Le mâle est de couleur marron sur le dessus, le croupion et la tête étant gris, avec une raie noire en travers de l'œil. Le dessous est blanc, la queue est noire, avec les côtés gris. La femelle est brune sur le dessus, fauve sur le dessous, avec des taches foncées. Les jeunes ressemblent à la femelle.
Milieu Champs cultivés.
Diffusion Europe, Afrique, Asie de l'ouest.
Vie et mœurs La pie-grièche écorcheur construit son nid dans un buisson ou un arbre de petite taille. Elle y élève chaque année une couvée, comptant 5 à 6 œufs, que couve la femelle avec la collaboration occasionnelle de son mâle, pendant 14 à 16 jours. Les petits, nidicoles, sont nourris par les deux parents et volent vers l'âge de 12 à 16 jours. Cette espèce traite ses proies d'une façon très particulière : elle les embroche souvent sur des épines de branches, pour les consommer plus tard. Le régime alimentaire est composé d'insectes, de petits mammifères, de reptiles et de batraciens. Lors de la parade nuptiale, le mâle, les ailes pendantes et vibrantes, le bec pointé vers le ciel (pour faire ressortir la vive couleur du plumage), offre une proie à la femelle, en invitant celle-ci à visiter le buisson choisi pour l'édification du nid.

219 LANIUS EXCUBITOR

Pie-grièche grise

Classification Ordre des Passériformes, famille des Laniidés.
Caractéristiques Longue de 26 cm, elle pèse environ 65 g. Le plumage est gris sur le dessus, sauf une bande noire traversant l'œil et les ailes, également noires. Le dessous est blanc. La femelle montre des barres sombres sur la poitrine. Les jeunes sont de couleur gris-brun, avec barres sur les parties inférieures. La petite pie-grièche à poitrine rose *(Lanius minor),* plus petite, a une couleur presque semblable ; elle est répandue en Europe et Asie, et, en hiver, en Afrique.
Milieu Champs cultivés, clairières, terrains découverts.
Diffusion Amérique du Nord, Europe, Asie, Afrique du Nord.
Vie et mœurs Le nid, sorte de coupe d'herbes, de petites branches et de laine, est installé sur des buissons ou des arbres. L'unique couvée annuelle comprend 5 à 7 œufs (jusqu'à 9), que couve surtout la femelle pendant une quinzaine de jours. Les petits, nidicoles, sont nourris par les deux membres du couple, et volent vers l'âge de 19 à 20 jours, devenant indépendants vers l'âge de 35 jours. Cette espèce pratique la même tactique de chasse que la pie-grièche écorcheur *(Lanius collurio),* mais la nourriture consiste surtout en grands insectes (coléoptères et orthoptères), petits mammifères, reptiles et petits oiseaux.

---

220 LANIUS SENATOR

Pie-grièche à tête rousse

Classification Ordre des Passériformes, famille des Laniidés.
Caractéristiques Longue de 17 cm, elle pèse en moyenne 40 g. La tête et la nuque sont rougeâtres. Les parties supérieures sont de couleur brun-noir sauf deux bandes blanches sur les ailes, et le croupion, également blanc. Les parties inférieures sont blanches. Les jeunes, de couleur gris-brun, ont des barres et des traces de couleur blanche aux ailes.
Milieu Maquis méditerranéen, campagnes boisées.
Diffusion Ouest asiatique, Afrique du Nord, Europe méridionale et centrale.
Vie et mœurs Cette espèce installe son nid dans des arbres (parfois des buissons). C'est une coupe de racines et d'herbes, garnie de laine, de plumes et de crins. Il y est habituellement élevé une seule nichée annuelle (occasionnellement deux), composée de 5 à 6 œufs, que couve principalement la femelle pendant 16 jours. Les petits, nidicoles, sont nourris par les deux parents et volent à l'âge de 19 ou 20 jours. La nourriture se compose surtout d'insectes (coléoptères, orthoptères, lépidoptères), mais aussi de lézards, de jeunes oiseaux et de mammifères de petite taille. Au cours des parades nuptiales, le mâle se plante en face de la femelle, baisse la tête en gonflant ses plumes rouges et noires, et offre de la nourriture à sa compagne.

221 LARUS ARGENTATUS
Goéland argenté

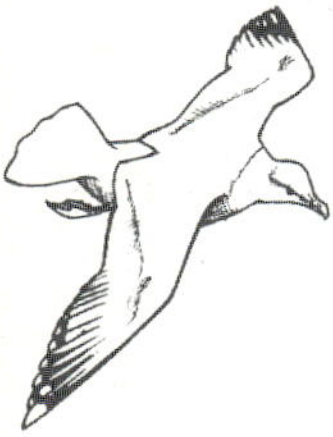

Classification Ordre des Charadriiformes, famille des Laridés.
Caractéristiques Longueur d'environ 56 cm. Plumage gris sur le dessus, clair au-dessous; la tête est blanche le bec, robuste et jaune, à taches rouges vers le bout. La couleur des pattes peut varier selon les sous-espèces, du rougeâtre au jaunâtre. Les individus immatures ont une couleur brun foncé tacheté de marron, avec des rémiges primaires foncées, le bec plus foncé, les pattes marron. Les jeunes, avant de revêtir la livrée d'adulte, ce qui se produit vers la troisième année de leur existence, sont grisâtres à taches marron.
Milieu Côtes, estuaires, lacs, rivières, mais aussi régions intérieures des terres.
Diffusion Europe, Asie, Amérique septentrionale, Afrique septentrionale.
Vie et mœurs Niche en colonies, au sol. Pond généralement 2 ou 3 œufs (à 2 ou 3 jours d'intervalle l'un de l'autre) à l'incubation desquels participent les deux adultes (mais la femelle en assure la plus grande part) pendant une durée de 25 à 33 jours. Les petits, élevés par les deux parents, volent vers l'âge de 6 semaines. Le goéland argenté se nourrit de poissons, mollusques, déchets, invertébrés variés, petits mammifères et oiseaux, substances végétales.

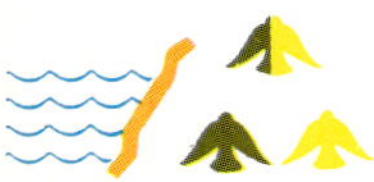

---

222 LARUS MELANOCEPHALUS
Mouette mélanocéphale

Classification Ordre des Charadriiformes, famille des Laridés.
Caractéristiques Longueur d'environ 38,5 cm. Couleur grise sur le dessus, plus claire au-dessous. Le bec est rouge avec une petite tache et assez robuste. En plumage nuptial, la tête est entièrement noire. Les adultes en vol se reconnaissent facilement parce qu'ils n'ont pas du tout de noir sur les ailes. Les individus jeunes ont des rémiges secondaires foncées et les primaires noirâtres.
Milieu Mers, côtes, eaux douces, régions de marais.
Diffusion Localisée sur les côtes de la mer Égée, de la mer Noire, dans d'autres régions de la Méditerranée et au Proche-Orient.
Vie et mœurs Niche au sol, au milieu de la végétation. Ne pond qu'une seule couvée constituée généralement de 3 œufs (parfois 2). On n'a pas beaucoup de renseignements sur sa biologie de reproduction. L'ornithologue Paul Isenmann a observé la nidification de cette espèce en Grèce, et noté qu'elle se nourrit de poissons, mollusques, vers et autres invertébrés (il a même trouvé un petit rongeur dans les déjections de l'espèce). Paul Géroudet mentionne que l'on a constaté l'existence de nichées de cette espèce en Hongrie. Voucher et Roux la signalent en Suisse, Johnson et Isenmann en Camargue, cependant qu'elle se fait de plus en plus fréquente en d'autres régions de la Méditerranée.

223 LARUS RIDIBUNDUS
Mouette rieuse

Classification Ordre des Charadriiformes, famille des Laridés.
Caractéristiques Sa longueur est d'environ 37 cm. Son plumage est grisâtre sur le dessus, plus clair au-dessous. Les pattes sont rouges, rouge jaunâtre chez les jeunes. Le bec est mince et rougeâtre. En été, la tête se couvre d'un « capuchon » marron foncé, alors qu'en hiver elle est blanche avec une tache foncée sur les côtés. En vol, on observe une bordure antérieure blanche.
Milieu Zones côtières et intérieur des terres.
Diffusion Europe et Asie.
Vie et mœurs Niche en colonies à même le sol, rarement sur des arbres. Elle pond une seule couvée, généralement de 3 œufs (parfois 2, occasionnellement jusqu'à 6), qui sont couvés par les deux parents à partir de la ponte du premier œuf, pendant une durée de 21 à 27 jours environ. Les petits sont élevés par les deux parents et volent à l'âge de 5 à 6 semaines. La mouette rieuse se nourrit de substances végétales, d'invertébrés et d'autres petits animaux.

---

224 LEIPOA OCELLATA
Leipoa

Classification Ordre des Galliformes, famille des Mégapodidés.
Caractéristiques Couleur générale grisâtre avec le dos plus brun, partie antérieure du cou et poitrine portant une ligne centrale de plumes foncées. Pattes grisâtres très robustes.
Milieu Régions sèches et broussailleuses.
Diffusion Australie.
Vie et mœurs La famille des mégapodidés se caractérise par les procédés qu'elle a adoptés pour assurer l'incubation de ses œufs. Certaines espèces exploitent directement la chaleur solaire en pondant leurs œufs le long d'un rivage aux points les plus exposés au soleil, d'autres creusent des galeries d'une profondeur pouvant atteindre jusqu'à un mètre, dans des lieux bénéficiant d'une source de chaleur d'origine volcanique, d'autres encore construisent des tas de feuilles et de terreau (qui peuvent atteindre 5 m de haut et 12 m de diamètre) où la chaleur nécessaire à l'incubation est produite par une combinaison de la chaleur solaire et de celle que produit la décomposition des feuilles. Le leipoa mâle creuse une fosse large de 2 m et profonde de 1,20 m, qu'il recouvre de branchages secs et de feuilles, qui, une fois qu'ils ont été mouillés par la pluie sont recouverts de sable et forment un petit monticule dont la hauteur peut atteindre 1,50 m. Au bout de 4 mois, la femelle pond dans ce nid jusqu'à 35 œufs, à des intervalles de 4 à 8 jours.

225 LEPTOPTILOS CRUMENIFERUS
Marabout d'Afrique

Classification Ordre des Ciconiiformes, famille des Ciconiidés.
Caractéristiques Les espèces du genre *Leptoptilos* sont de grands ciconiidés qui atteignent une longueur de 1,40 m au total, avec une envergure de 3 m et un poids de 5 kg. Deux espèces sur les trois que l'on connaît possèdent sur le cou une grosse poche de tissu conjonctif. Le marabout africain a les ailes, le dos et la queue grisâtres avec des reflets verts, les tectrices primaires de la partie terminale sont blanches, ainsi que les parties inférieures. En vol, la tête est rejetée en arrière. Certains ornithologues classent dans cette espèce, comme sous-espèce, le marabout d'Asie *(Leptoptilos dubius)*, qui vit en Inde. La troisième espèce connue *(L. javanicus)* vit dans les îles de la Sonde. Elle est dépourvue de la poche sous la gorge et son envergure atteint 3,20 m, ce qui constitue un record pour les oiseaux terrestres.
Milieu Plaines, savanes, régions de marais, lacs et cours d'eau.
Diffusion Afrique.
Vie et mœurs Il niche sur les arbres ou dans les rochers, parfois en colonies. A la fin de la saison des pluies, il pond 2 à 3 œufs qui sont couvés pendant une durée de quelque 30 jours. Les petits sont en état de voler vers l'âge de 116 jours et quittent le nid vers l'âge de 130 jours, pratiquement au début de la saison des pluies suivante. Le marabout d'Afrique se nourrit surtout de charognes.

---

226 LIMOSA LIMOSA
Barge à queue noire

Classification Ordre des Charadriiformes, famille des Scolopacidés.
Caractéristiques D'une longueur de 41 cm, elle présente en été une couleur châtaine sur la tête et sur la partie supérieure de la poitrine, avec des raies foncées, cependant que la partie inférieure de la poitrine et les flancs sont blancs, barrés de noirâtre. Les parties supérieures sont marron foncé. En hiver, le plumage est brun-gris sur le dessus, avec le dessous clair. Le bec est long, rose nuancé de noir.
Milieu Prairies et prés humides, marais, lagunes, marécages, zones littorales et plages.
Diffusion Europe, Asie.
Vie et mœurs Niche à même le sol dans des champs herbeux, des prés marécageux. Pond une seule couvée annuelle, généralement constituée de 4 œufs, parfois aussi de 3 ou de 5, pondus à 1 ou 2 jours d'intervalle. L'incubation, assurée par les deux parents, commence après la ponte du troisième ou du quatrième œuf et dure de 22 à 24 jours. Les petits, nidicoles, sont élevés par les deux parents. Ils volent vers la quatrième semaine. La barge à queue noire se nourrit d'invertébrés (insectes, crustacés, mollusques, vers), de poissons, de têtards et de substances végétales.

227 LOPHAETUS OCCIPITALIS

Aigle huppé d'Afrique

Classification Ordre des Falconiformes, famille des Accipitridés.
Caractéristiques Long de 50 à 55 cm, ce rapace est doté d'une corpulence robuste et d'un plumage très sombre. Les parties supérieures et inférieures sont uniformément brunes, presque noires, sauf une tache blanche au carpe et à la base de la queue. L'iris est jaune doré et la tête est ornée d'une longue touffe de plumes noires. Le mâle (pesant de 0,9 à 1,3 kg) est parfois plus petit que la femelle (de 1,3 à 1,5 kg).
Milieu Bois, forêts tropicales, zones cultivées.
Diffusion Afrique centrale et méridionale.
Vie et mœurs Il passe beaucoup de temps perché sur la cime d'un arbre ou sur un pieu, surveillant le terrain environnant en quête de proies possibles. Le nid est édifié à une hauteur de 7 à 20 m, sur un arbre très touffu (souvent un eucalyptus) situé habituellement dans la vallée d'une rivière. Il pond d'ordinaire 2 œufs (parfois un seul) dans la seconde moitié de la saison sèche ou encore au début de la saison des pluies. On n'a jamais vu que la femelle occupée à couver, mais on ne connaît pas la durée de l'incubation. Les petits volent à 55 jours environ, et il arrive souvent que d'une couvée de 2 seul le plus robuste survive. L'aigle huppé d'Afrique se nourrit d'animaux de petite et de moyenne taille, capturés au sol : petits mammifères, lézards, serpents et insectes.

---

228 LOPHORTYX GAMBELII

Colin de Gambel

Classification Ordre des Galliformes, famille des Phasianidés.
Caractéristiques D'une longueur d'environ 25 à 28 cm, il a un aspect trapu, avec des pattes robustes qui lui permettent de courir sur le sol à une allure rapide. Le plumage du mâle est de couleur brune sur les parties supérieures, avec diverses rayures et taches ; la poitrine est ocre avec une large tache noire et les flancs sont rougeâtres. Cette espèce est caractérisée en outre par une longue plume au sommet de la tête, recourbée en avant. La femelle et les jeunes sont de couleurs plus uniformes, tirant sur le brun. L'espèce voisine, *Lophortyx californicus*, qui vit en Californie, a la poitrine rayée, mais sans la tache noire.
Milieu Zones désertiques broussailleuses.
Diffusion Amérique septentrionale (sud-ouest des États-Unis).
Vie et mœurs Les caractéristiques des milieux fréquentés par cet oiseau sont la présence de vastes étendues sèches à végétation de broussailles, traversées de ruisseaux. Le nid est construit dans une concavité du sol, parmi les plants de sauge et les herbes. La ponte compte de 9 à 14 œufs (souvent 10 à 12) que couve la seule femelle pendant 21 à 24 jours. Les poussins sont en état de voler à l'âge de 10 jours, mais ils quittent le nid peu après leur naissance. Leur nourriture est surtout constituée de graines, de bourgeons, de fruits et d'un petit appoint d'insectes.

229 LOXIA CURVIROSTRA
Bec-croisé des sapins

Classification Ordre des Passériformes, famille des Fringillidés.
Caractéristiques Il mesure près de 16 cm de longueur et pèse environ 35 g (les mâles sont légèrement plus grands que les femelles). Chez le mâle, la tête, les parties inférieures et le croupion sont rouge pourpre ; les ailes et la queue sont brunes. La femelle a le dessus de couleur gris-vert et le dessous vert-jaune. Les jeunes ressemblent à la femelle, mais les parties inférieures sont blanchâtres à taches noires. Le bec est caractéristique, avec ses pointes qui se chevauchent.
Milieu Bois de conifères.
Diffusion Amérique du Nord, Afrique du Nord, Europe et Asie du Nord.
Vie et mœurs Cette espèce hante surtout les forêts de sapins, mais aussi les bois de pins et de mélèzes. Le nid est une coupe de branches de conifères, de mousse et de lichen, édifiée sur les arbres. L'unique couvée annuelle de 3 à 4 œufs, pondue souvent en plein hiver, coïncide avec la période de fructification des conifères. Les œufs sont pondus à intervalles d'un jour et couvés par la femelle pendant 13 à 16 jours. Les petits, nourris par les deux parents, volent à l'âge de 17 à 22 jours. Le régime alimentaire du bec-croisé est constitué de graines des conifères, qu'il extrait des cônes grâce à son bec (mais aussi de baies et d'insectes).

---

230 LUNDA CIRRHATA
Macareux du Kamtchatka

Classification Ordre des Charadriiformes, famille des Alcidés.
Caractéristiques Le corps est trapu, avec des ailes courtes et étroites ; il mesure à peu près 37 cm de long. Le plumage est complètement noir, à l'exception de la face, qui est de couleur blanche. Une touffe de plumes jaunes descend de la tête sur le dos. Le bec, large et haut, est de couleur rouge, comme les pattes, qui sont palmées. En hiver et chez les sujets immatures, les parties noires deviennent brunes.
Milieu Zones de récifs, pleine mer.
Diffusion Océan Arctique (de la mer de Béring au Japon septentrional).
Vie et mœurs Cette espèce, généralement sédentaire, hante des côtes hautes et rocheuses. Elle niche en très grandes colonies, posant son nid dans les cavités du sol, et parfois dans des fissures de rochers. Elle ne pond qu'un seul œuf que couvent les deux adultes pendant une durée que l'on n'a pu encore déterminer. Le poussin, nourri par les deux parents, vole vers l'âge de 45 jours. La reproduction une fois achevée, adultes et jeunes se dispersent en mer, dans les régions les plus riches en poisson. Par le fait, ces oiseaux se nourrissent de poissons qu'ils capturent en mer, en plongeant sous l'eau, atteignant des profondeurs importantes grâce à leurs larges pattes palmées et à leurs ailes.

231 LUSCINIA MEGARHYNCHOS
Rossignol chanteur ou rossignol philomèle

Classification Ordre des Passériformes, famille des Turdidés.
Caractéristiques Long d'environ 16 cm, il pèse en moyenne 23 g. Son plumage est marron teinté de rougeâtre dans les parties supérieures, sur la queue et le croupion ; les parties inférieures sont blanches, teintées de fauve. Les jeunes sont tachetés de brun et de blanc. Une espèce très voisine, le rossignol progné *(Luscinia luscinia)*, présente des colorations semblables (mais les parties inférieures sont tachetées de gris) et se rencontre dans le centre et l'est de l'Europe et en Asie occidentale.
Milieu Bois de feuillus, campagnes à arbres et buissons.
Diffusion Nord-ouest africain, Europe, Asie occidentale.
Vie et mœurs Le rossignol établit son nid au cœur de la végétation, souvent au voisinage de l'eau ; c'est une coupe de feuilles sèches et d'herbes, œuvre de la femelle, laquelle a aussi la charge de l'incubation de l'unique couvée annuelle, composée de 4 à 5 (parfois de 3 à 7) œufs et durant 13 ou 14 jours. Les deux parents s'occupent de la progéniture, nidicole, qui vole vers l'âge de 11 ou 12 jours. Le rossignol se nourrit surtout d'insectes, larves et invertébrés de petite taille et d'un petit appoint formé de baies. Le mâle délimite le territoire et attire la femelle par le chant, souvent nocturne, exécutant une parade nuptiale au cours de laquelle il bat des ailes et agite la queue et la tête.

---

232 LUSCINIA SVECICA
Gorge-bleue

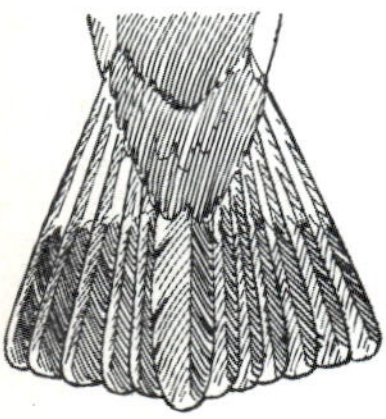

Classification Ordre des Passériformes, famille des Turdidés.
Caractéristiques Il mesure 13,5 cm et pèse en moyenne 18 g. Le bec est effilé. Le mâle a le dessus de couleur brune, sauf la base de la queue, qui est marron ; les parties inférieures sont blanches. La gorge et la poitrine sont bleues, avec une tache rougeâtre centrale chez la sous-espèce scandinave *(Luscinia svecica svecica)* et une tache centrale blanche chez la sous-espèce occidentale *(Luscinia svecica cyanecula)*, ou gorge-bleue à miroir blanc. La femelle et les jeunes sont dépourvus de la tache bleue et portent des rayures foncées.
Milieu Buissons de saules et de bouleaux, proches de l'eau.
Diffusion Centre et ouest de l'Europe, Asie septentrionale.
Vie et mœurs La femelle construit son nid sur le sol, à la base d'un buisson, ou dans les racines d'un arbre. Chaque année elle y élève une couvée (parfois 2) de 5 à 7 œufs (jusqu'à 9), qu'elle couve pendant 14 ou 15 jours. Les petits, nidicoles, sont nourris par les deux membres du couple et volent à plus de 14 jours. Le gorge-bleue se nourrit d'insectes et de leurs larves, de petits invertébrés et, en automne, de quelques baies. Le mâle exécute un chant nuptial en volant, se laissant descendre jusqu'au sol, ailes et queue étendues, puis il se pose devant la femelle tout en agitant la tête de façon répétée vers la droite et vers la gauche.

233 LYBIUS BIDENTATUS
Barbu à bec denté

Classification Ordre des Piciformes, famille des Capitonidés.
Caractéristiques Les capitonidés sont des oiseaux au plumage généralement bariolé, à tête forte, bec assez gros et entouré à sa base de soies raides. La taille de ces espèces varie de 9 à 32 cm. Les capitonidés africains sont adaptés aux milieux les plus divers, de la forêt vierge aux steppes. Les espèces du genre *Lybius* ont un bec caractéristique, dont les bords présentent des saillies ressemblant à des dents. Le *Lybius bidentatus,* long d'environ 23 cm, est l'un des plus grands parmi les barbus ; il est de couleur noirâtre sur le dessus, rouge foncé sous la gorge, la poitrine et le ventre, et les yeux sont entourés de jaune. Une espèce voisine, le barbu à collier noir *(Lybius torquatus),* longue d'environ 20 cm, présente une coloration vive, avec gorge et tête rouges, ventre jaune et une bande noire traversant la nuque et la poitrine.
Milieu Régions de terrains découverts et de broussailles.
Diffusion Afrique orientale.
Vie et mœurs Ce sont des oiseaux vivant en général solitaires ou par couples, et de mœurs arboricoles. Ils nichent dans des trous creusés dans de vieux arbres ou dans le sol. Ils pondent de 2 à 5 œufs, qui sont couvés par les deux parents. Les petits, nidicoles, restent au nid pendant plus d'une semaine. Ils se nourrissent de fruits, de graines et d'invertébrés.

---

234 LYRURUS TETRIX
Tétras-lyre ou petit coq de bruyère

Classification Ordre des Galliformes, famille des Tétraonidés.
Caractéristiques Le mâle (dessin ci-contre) est long d'environ 61 cm et particulièrement reconnaissable du fait de son plumage noir bleuâtre, de sa queue caractéristique en forme de lyre, de la barre blanche qui traverse les ailes. des tectrices inférieures de la queue qui sont blanches. La femelle, longue d'environ 42 cm, est de couleur brune à barres noires, avec dessous de la queue et dessous des ailes de couleur blanche ; la queue est légèrement fourchue. Aussi bien la femelle que le mâle portent sur l'œil une caroncule rouge ; le bec et les pattes sont brun noirâtre. Les individus jeunes ressemblent à la femelle, en plus petit.
Milieu Forêts de conifères, clairières, zones boisées, rocheuses ou à végétation basse, terrains marécageux avec végétation.
Diffusion Europe centrale et septentrionale, Asie centrale.
Vie et mœurs Niche à même le sol, dans une dépression qu'il creuse. Pond en général une couvée de 6 à 10 œufs (parfois de 5 à 16), que couve la femelle pendant 23 à 26 jours. Les petits, nidifuges, sont élevés par la femelle et volent vers l'âge d'un mois. Le régime alimentaire du petit coq de bruyère est principalement végétal.

235 MACRONECTES GIGANTEUS
Pétrel géant

Classification Ordre des Procellariiformes, famille des Procellariidés.
Caractéristiques Les pétrels géants sont des oiseaux de grande taille, pouvant atteindre 75 cm, avec une envergure proche de 2 m. En 1966, les ornithologues Bourne et Warham ont subdivisé le genre *Macronectes* en deux espèces : pétrel géant du sud *(M. giganteus),* au plumage gris brunâtre nuancé de façon variable chez les différents sujets, et *M. Halli,* pétrel géant du nord, dont le plumage ne présente pas de nuances et dont la face est blanche. Les caractéristiques générales sont celles des fulmars, les pétrels géants appartenant, selon la distinction proposée en 1965 par W.B. Alexander et d'autres ornithologues, à la sous-famille des fulmarinés, parmi les procellariidés.
Milieu Côtes, pleine mer.
Diffusion Eaux antarctiques et préantarctiques.
Vie et mœurs Les pétrels géants se nourrissent principalement d'animaux morts, de jeunes oiseaux marins, d'œufs et de poussins de manchots arrachés à des colonies de ces oiseaux. Les deux espèces se reproduisent ensemble dans les îles Macquarie : celle du nord pond au mois d'août, celle du sud un peu plus tard. Elles effectuent de longues migrations, surtout lors de la phase juvénile, atteignant les côtes du Chili, de l'Afrique et de l'Australie.

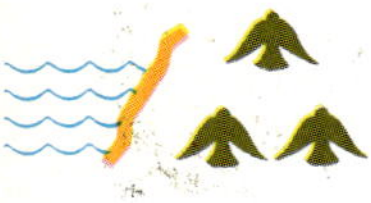

---

236 MEGACERYLE MAXIMA
Martin-pêcheur géant

Classification Ordre des Coraciadiformes, famille des Alcédinidés.
Caractéristiques Long d'environ 40 cm, il est de couleur grisâtre, à rayures blanches et noires. La tête est noirâtre et porte une touffe de plumes foncées du bout. La poitrine et les côtés du cou sont marron ; sur les parties inférieures du corps, se trouvent des zones de couleur brun rougeâtre se prolongeant sous l'abdomen chez la femelle. Le bec est robuste et noirâtre. Parmi les espèces voisines, citons le martin-pêcheur géant américain *(Megaceryle alcyon)* dont la longueur peut atteindre 33 cm, qui vit en Amérique du Nord, et le martin-pêcheur vert d'Amazonie *(Chloroceryle amazona),* pouvant atteindre 28 cm de long, qui vit en Amérique du Sud.
Milieu Au bord des rivières, des lacs.
Diffusion Afrique.
Vie et mœurs Cette espèce hante les régions de forêts le long des cours d'eau et des lacs du continent africain au sud du Sahara. Elle se perche sur les arbres et les buissons et se jette dans l'eau pour capturer ses proies (poissons, amphibiens). Elle niche souvent à plusieurs couples en petites colonies, et peut avoir deux couvées dans l'année.

237 MELANOCORYPHA CALANDRA
Alouette calandre

Classification Ordre des Passériformes, famille des Alaudidés.
Caractéristiques Elle mesure environ 19 cm de longueur et pèse en moyenne 65 g. Le corps est plutôt trapu et le bec est court et robuste. Le dessus est brun rayé de foncé et de fauve, le dessous étant fauve à raies brunes. Sur les ailes et sur le cou apparaît une tache noire. Une caractéristique, bien visible en vol, est constituée par les côtés de la queue et les bords postérieurs des ailes, qui sont blancs. La femelle et les jeunes sont semblables au mâle.
Milieu Champs cultivés, steppes, régions semi-désertiques.
Diffusion Europe méridionale, Afrique du Nord, Asie occidentale.
Vie et mœurs Cette espèce installe son nid dans une dépression peu profonde du sol, souvent sous la protection d'herbes ou d'un buisson ; c'est une coupe d'herbes sèches. Chaque année, elle élève deux nichées, dont chacune compte 4 ou 5 œufs (jusqu'à 7) que la femelle seule couve pendant 16 jours environ. Les petits, nidicoles, sont pris en charge par les deux adultes et restent au nid environ 10 jours. Le régime alimentaire de la calandre est composé principalement de graines de graminacées et, de façon secondaire, d'insectes (toutefois importants dans l'alimentation de la progéniture). Les mâles de l'espèce lancent des chants nuptiaux tout en volant à une dizaine de mètres au-dessus du sol.

---

238 MELEAGRIS GALLOPAVO
Dindon

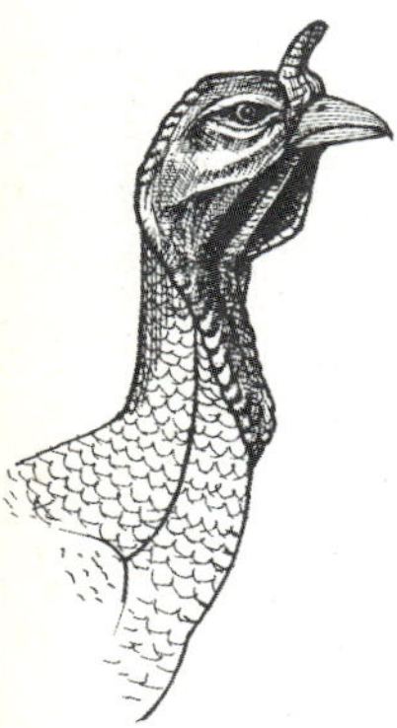

Classification Ordre des Galliformes, famille des Phasianidés.
Caractéristiques Le dindon est un gros galliforme dont les mâles adultes peuvent atteindre 100 à 125 cm de longueur et le poids de 18 kg (11 kg pour les formes sauvages). Les femelles sont plus petites et leur plumage est moins brillant. La couleur des plumes est foncée, avec des reflets verdâtres, jaunes et bronzés. La peau de la tête et du cou est rugueuse et rougeâtre, avec des passages bleus. Sur le front se trouve un appendice charnu qui grossit lorsque l'animal est à l'époque de l'amour. Il peut exister aussi des caroncules pendantes à la partie antérieure du cou, et la poitrine porte un panache de soies raides. Le dindon ocellé *(Agriocharis ocellata)* est plus petit et de couleur plus claire.
Milieu Bois à clairières et champs.
Diffusion Originaire d'Amérique septentrionale.
Vie et mœurs Ce sont des oiseaux terricoles, capables à l'occasion de voler sur 1 km et plus. Ils se nourrissent de substances végétales (glands, cerises, fraises, raisin, noix, maïs). Les dindons peuvent être polygames ou monogames. La maturité sexuelle, chez le mâle sauvage, est atteinte au bout de 2 ans. La nidification se fait à même le sol et la ponte peut compter jusqu'à 20 œufs. Les nids où le nombre d'œufs est le plus important sont attribués à plusieurs femelles. L'incubation, assurée par la femelle seule, dure 28 jours.

239 MELOPSITTACUS ONDULATUS

Perruche ondulée

Classification Ordre des Psittaciformes, famille des Psittacidés.
Caractéristiques Longue d'environ 18 cm, c'est le plus petit des membres de la sous-famille des psittacinés (tribu des platycercinés). La couleur de la forme naturelle est principalement vert clair et jaunâtre, avec les ailes plus foncées et la queue bleu noirâtre, mais en captivité — ce perroquet étant le plus répandu dans les élevages et le plus commun des oiseaux de cage — les éleveurs ont diversifié de nombreuses formes, dont la vert foncé avec nuances fauves, l'albinos, la bleue, la jaune, la grise, etc.
Milieu Régions dégagées, broussailles.
Diffusion Australie.
Vie et mœurs L'espèce a été décrite pour la première fois par Shaw en 1794. Les premières perruches ondulées ont été introduites en Europe par l'ornithologue anglais John Gould en 1840. Depuis lors, l'espèce a été élevée sur une grande échelle en captivité et, malheureusement, a été multipliée en un grand nombre de cages dans le monde entier. La ponte compte généralement de 4 à 8 œufs. Les petits, nidicoles, ouvrent les yeux à l'âge de 8 jours environ, quittent le nid au bout de 4 semaines et peuvent déjà se reproduire à l'âge de 3 mois. Ce sont des oiseaux éminemment sociables vivant en petits groupes. Ils se nourrissent de matières végétales (graines, feuilles).

---

240 MENURA NOVAEHOLLANDIAE

Ménure superbe

Classification Ordre des Passériformes, famille des Ménuridés.
Caractéristiques Cet oiseau-lyre particulièrement caractéristique mesure environ 1 m de longueur. Chez les mâles, la queue est formée d'une paire de plumes très fines, de six paires de plumes frangées et de deux rectrices extérieures très longues, plus robustes et recourbées. Ces deux plumes en forme de lyre, qui atteignent une longueur de près de 75 cm et une largeur de 4 cm à peu près, sont de couleur violette, avec des nuances argentées dans la partie inférieure, portent des dessins en forme de demi-lune et sont d'une couleur générale jaune-brun. Une espèce voisine, le ménure du Prince-Albert *(Menura alberti)*, est longue de 75 cm et ses plumes « lyres » sont noires.
Milieu Forêts.
Diffusion Australie orientale.
Vie et mœurs Niche à même le sol parmi les rochers ou dans des fourches de branches. La femelle pond un œuf unique, qu'elle couve pendant environ 6 semaines. Au cours de la parade amoureuse, le mâle replie la queue en avant, se couvrant ainsi le corps. Le régime alimentaire est surtout à base d'invertébrés. Des recherches récentes, dues à C.G. Sibley, portant sur la protéine du blanc de l'œuf, montrent une parenté certaine entre les ménuridés, les oiseaux de paradis et les oiseaux jardiniers.

241 MERGUS MERGANSER

Harle bièvre ou harle commun

Classification Ordre des Ansériformes, famille des Anatidés.
Caractéristiques Le mâle, long d'environ 75,5 cm, a la tête vert foncé, la poitrine et les flancs blancs mais parfois nuancés de rose diffus, les parties supérieures noires, le croupion et la queue gris. En vol, les ailes et le corps apparaissent blancs, la tête et les rémiges primaires noires. La femelle, longue de 57,5 cm, a la tête brunâtre, ornée d'une crête, et porte une tache blanche à la gorge ; le dos et les flancs sont grisâtres, la poitrine et les parties inférieures étant blanc rosé. En vol, on discerne une large tache alaire. Les pattes et le bec, caractéristiques du genre *Mergus,* avec les bords en dents de scie, sont rouges. Les individus jeunes sont semblables à la femelle, mais les parties supérieures sont plus brunes et la poitrine et la gorge sont grisâtres.
Milieu Lacs, rivières, zones de marais.
Diffusion Europe, Asie centrale et orientale, Amerique septentrionale.
Vie et mœurs Niche en général dans des trous d'arbres jusqu'à une hauteur de 7 à 8 m, ou encore à même le sol, dans un endroit abrité. L'incubation de la couvée (de 7 à 14 œufs, rarement 15) est assurée par la femelle pendant 32 à 35 jours. Les petits, nidifuges, sont élevés par la femelle et deviennent indépendants au bout de 5 semaines. Le harle se nourrit principalement d'animaux (poissons, amphibiens, crustacés, vers).

---

242 MEROPS APIASTER

Guêpier d'Europe

Classification Ordre des Coraciiformes, famille des Méropidés.
Caractéristiques Il mesure 27 cm de longueur et pèse en moyenne 55 g. Le bec est long et mince, les rectrices centrales de la queue dépassent les autres chez les individus adultes. Les parties supérieures sont marron et jaune, tandis que la queue et les ailes sont vert-bleu. Les parties inférieures sont bleu ciel, sauf la gorge, qui est jaune. L'iris est de couleur rouge pourpre.
Milieu Champs cultivés, terrains découverts et secs.
Diffusion Afrique méridionale, Europe méridionale, Asie.
Vie et mœurs Le guêpier niche en colonies et installe son nid au fond d'une galerie longue de 70 cm à 2,50 m, creusée du bec et des pattes par les deux membres du couple. Cette galerie s'ouvre en général sur des pentes verticales, parfois sur le sol horizontal. La chambre d'incubation, à son extrémité, est parfois tapissée des restes des insectes consommés. L'unique couvée annuelle comprend de 4 à 7 œufs (jusqu'à 10) dont l'incubation est assurée par les deux adultes pendant 24 jours. Les petits, nourris par les deux parents, sont nidicoles et aptes à voler vers l'âge de 24 jours. Le guêpier se nourrit d'insectes qu'il capture en vol ; ce sont surtout des hyménoptères (au venin desquels il est insensible), des libellules, des coléoptères, etc. Les restes non digérés sont régurgités sous forme de petites pelotes.

243 MILVUS MILVUS
Milan royal

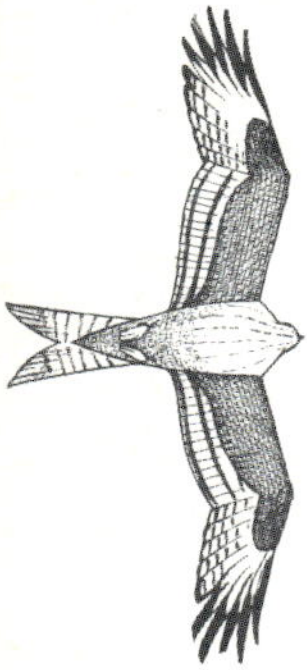

Classification Ordre des Falconiformes, famille des Accipitridés.
Caractéristiques Long d'environ 62 cm, il présente une coloration brun foncé sur le dessus, avec des plumes bordées de clair, les parties inférieures étant rougeâtres à raies sombres. Les jeunes sont de couleurs plus pâles et ternes ; la tête est plus brune. Lorsqu'il vole, on peut apercevoir sa queue longue et fourchue, claire, ses ailes longues et formant un angle, ainsi que la teinte claire du dessous de la queue. L'espèce voisine, le milan noir *(Milvus migrans)*, est longue de 57 cm environ, plus foncée et avec une queue moins fourchue.
Milieu Régions boisées, plaines, zones de culture plantées d'arbres.
Diffusion Europe, Proche-Orient, Afrique du nord-ouest. Le milan noir est répandu en Europe, Asie, Afrique et Australie.

Vie et mœurs Il niche dans les arbres, utilisant souvent un ancien nid de quelque autre rapace ou d'un corvidé. Il pond 2 ou 3 œufs (parfois 4, rarement 1 ou 5) qui sont couvés principalement ou exclusivement par la femelle pendant 28 à 30 jours. Les œufs sont pondus à intervalles de 3 jours, et l'incubation commence dès la ponte du premier. Les petits effectuent leur premier vol à l'âge de 45 à 50 jours, mais restent au nid pendant environ 2 semaines de plus. Le milan royal se nourrit de petits mammifères, de petits oiseaux, de charognes, de batraciens, de poissons et d'insectes.

---

244 MIMUS POLYGLOTTUS
Moqueur américain

Classification Ordre des Passériformes, famille des Mimidés.
Caractéristiques Long de 22 à 27 cm, il présente un aspect élancé, et sa queue est plutôt longue. Le plumage est gris foncé sur le dessus, gris clair sur le dessous. Quand il est en vol, on distingue sur les ailes deux barres et une large tache de couleur blanche à l'extrémité. Le bec, plutôt fin, est noir. Le chant se compose de notes variées, musicales, souvent imitées d'autres oiseaux.
Milieu Terrains cultivés et clairières, parcs de villes.
Diffusion États centraux et méridionaux des États-Unis.
Vie et mœurs Cette espèce se rencontre souvent dans les milieux occupés par l'homme et niche dans le voisinage des habitations. Elle édifie son nid dans les buissons ou les arbres de petite taille. Elle y pond de 3 à 6 œufs (habituellement 4 ou 5) qui sont couvés exclusivement par la femelle pendant environ 12 jours. Les petits sont élevés par les deux parents et volent à l'âge de 10 à 12 jours. C'est une espèce essentiellement sédentaire, malgré le fait que, à l'automne, les populations les plus septentrionales émigrent parfois vers le sud. La nourriture se compose de substances végétales (baies, graines, fruits sauvages) ramassées sur le terrain ou cueillies sur les branches, et de substances animales (insectes, araignées, petits invertébrés et parfois petits vertébrés). Les petits au nid sont alimentés de produits animaux.

245 **MNIOTILTA VARIA**
Fauvette noire et blanche

Classification Ordre des Passériformes, famille des Parulidés.
Caractéristiques C'est un oiseau de petite taille (longueur d'environ 12 cm) au bec long et fin et à la queue légèrement fourchue. Le plumage du mâle est de couleur noire sur le dessus, avec de larges raies blanches sur le dos et la tête; le dessous est blanc à taches grises seulement sur les flancs et la poitrine.
Milieu Bois de feuillus, surtout ceux comportant des clairières.
Diffusion Amérique septentrionale (en particulier les régions occidentales), méridionale et centrale.
Vie et mœurs C'est une espèce migratrice, qui atteint les territoires de nidification d'Amérique septentrionale après avoir passé l'hiver en Amérique centrale ou méridionale. Le nid est une coupe de feuilles, d'herbes et de crin entrelacés, posée sur le sol au pied des arbres ou au milieu du feuillage des buissons. La couvée est de 4 ou 5 œufs que couve la femelle seule pendant 10 jours ou un peu plus. Les petits sont aptes à voler vers l'âge de 8 à 12 jours, mais suivent encore les parents pendant quelque temps et sont alors nourris par ceux-ci en dehors du nid. La nourriture est composée presque exclusivement d'insectes capturés en vol ou extraits de l'écorce.

---

246 **MOLOTHRUS ATER**
Molothre noir

Classification Ordre des Passériformes, famille des Ictéridés.
Caractéristiques Long de 18 à 20 cm, le mâle est de couleur brune sur la tête et la poitrine, noire avec des reflets verts sur le reste du corps. La femelle et les jeunes sont de couleur marron foncé sur le dessus, grise sur le dessous, avec une tache noire sur la poitrine. Le bec est court et conique. Espèce semblable, le molothre bai *(Molothrus badius)*.
Milieu Terrains cultivés, haies et bois le long des rivières.
Diffusion Amérique du Nord.
Vie et mœurs Dans les zones les plus septentrionales de son aire de diffusion géographique, cette espèce est migratrice et passe l'hiver plus au sud. C'est un oiseau parasite, qui pond ses œufs dans le nid d'autres espèces (on a recensé 206 hôtes différents), surtout parulidés et plocéidés (viréo aux yeux rouges, fauvette jaune, etc.). La femelle pond à chaque saison jusqu'à 5 œufs, chacun dans un nid. La durée de l'incubation est de 10 à 12 jours, sensiblement plus courte que chez beaucoup d'autres espèces hôtes. Les petits sont aptes à voler au bout de 19 jours, et vivent en collaboration avec les propriétaires légitimes du nid. L'alimentation est constituée principalement de graines, fruits et baies. Les petits sont néanmoins généralement nourris d'insectes par les parents adoptifs.

247 MOLOTHRUS BONARIENSIS

Molothre brillant

Classification Ordre des Passériformes, famille des Ictéridés.

Caractéristiques Le plumage de cet oiseau est uniformément noir bleuâtre à reflets verdâtres sur les ailes. Les pattes ainsi que le robuste bec conique sont de teintes sombres. La famille des ictéridés à laquelle il appartient est typique du Nouveau Monde et comprend une grande variété d'espèces. Selon certains ornithologues, ces oiseaux sont originaires d'Amérique du Sud et, selon toute probabilité, au Pliocène (ère tertiaire supérieure, ayant duré de 1 à 11 millions d'années avant notre ère), après la fermeture de l'isthme centro-américain, ils migrèrent aussi en Amérique du Nord, où ils évoluèrent sous différentes formes. Beaucoup d'espèces de la famille ont un plumage jaune (d'où le nom d'*icterus)*.

Milieu Bois, terrains découverts.

Diffusion Amérique méridionale.

Vie et mœurs Comme d'autres espèces d'ictéridés, ce molothre constitue un exemple parfait de parasite de couvée. Comme l'a souligné l'ornithologue H. Friedmann, ce parasitisme est un comportement acquis assez tard dans la philogenèse des ictéridés. La femelle de cette espèce pond des œufs différant beaucoup les uns des autres par la forme et la couleur. Le poussin, nidicole, supprime les petits de l'espèce adoptive et reste au nid pendant une durée de 10 à 12 jours.

---

248 MONTICOLA SAXATILIS

Merle de roche

Classification Ordre des Passériformes, famille des Turdidés.

Caractéristiques Mesurant 19 cm de longueur, avec un poids moyen de 65 g (le mâle est légèrement plus gros que la femelle), le mâle en livrée nuptiale a la tête et le dos gris-bleu, le croupion blanc et le dessous du corps rouge brique. La femelle et les jeunes ont les parties supérieures brunes et le dessous blanc à taches sombres.

Milieu Terrains herbeux et rocheux de colline et de montagne.

Diffusion Nord-ouest africain, Europe méridionale.

Vie et mœurs Cette espèce s'élève jusqu'à des altitudes importantes (jusqu'à 3000 m dans certaines régions). Le nid est une coupe de mousse et d'herbes posée dans des cavités de rochers ou à même le sol. L'unique ponte annuelle (de 4 ou 5 œufs, parfois 6) est couvée par la seule femelle pendant 14 ou 15 jours. Les petits, nidicoles, sont élevés par les deux parents et volent vers l'âge de 14 à 16 jours. Les proies sont capturées au sol, parfois dans l'air. La nourriture se compose d'insectes, d'invertébrés variés, de petits lézards, d'amphibiens et de baies. Dans le vol nuptial, le mâle s'élève et, battant lentement des ailes, commence à chanter en décrivant des cercles. Puis il se laisse retomber vers le sol, remonte de nouveau avec l'élan acquis, pour finalement se poser définitivement.

249 MONTICOLA SOLITARIUS
Merle bleu

Classification Ordre des Passériformes, famille des Turdidés.
Caractéristiques Long de 20 cm, il pèse en moyenne 65 g. Le mâle, gris-bleu, devient noirâtre en hiver. La femelle, presque semblable aux jeunes, est gris-brun à raies plus claires. Le bec est long et mince, adapté à une alimentation principalement insectivore, et la queue est courte.
Milieu Régions rocheuses, côtes rocheuses et maquis méditerranéen.
Diffusion Afrique du Nord, Europe méridionale, Asie.
Vie et mœurs D'ordinaire, le merle bleu ne hante pas les montagnes trop élevées mais, dans l'Himalaya, on l'a rencontré à plus de 4000 mètres d'altitude. Le nid, construit en forme de coupe par la femelle, est constitué de mousse et d'herbes et posé dans des cavités de rochers, dans des récifs ou dans des édifices. Chaque année y est élevée d'habitude une seule couvée (parfois deux) de 4 à 5 œufs (parfois de 3 ou 6) que couve la femelle seule, pendant 12 ou 13 jours. Les petits, nidicoles, sont nourris par les deux parents, et volent vers l'âge de 17 jours. La nourriture est composée principalement d'insectes et d'araignées, mais aussi de lézards et de baies à l'automne. Cette espèce est sédentaire et, bien qu'elle soit de mœurs solitaires et retirées, elle n'hésite pas à coloniser aussi des monuments et des ruines dans les villes les plus peuplées (Rome, par exemple).

---

250 MONTIFRINGILLA NIVALIS
Pinson des neiges ou niverolle

Classification Ordre des Passériformes, famille des Plocéidés.
Caractéristiques Il mesure 17 cm de longueur et pèse environ 40 g. Les parties supérieures sont de couleur brune, les parties inférieures étant blanches. Les ailes sont blanches et noires, la tête est grise et la gorge noire. La femelle et les jeunes ont des couleurs plus pâles et moins marquées. Le bec des adultes est noir en été et jaune en hiver.
Milieu Montagne au-dessus de 2 000 m.
Diffusion Europe, Asie occidentale.
Vie et mœurs Cette espèce vit au-dessus de la végétation d'arbres, dans la zone des glaciers, des névés et des parois rocheuses. L'ornithologue P. Géroudet cite comme record d'altitude pour les Alpes la nidification d'un couple à 3476 m d'altitude. Le nid, placé dans une cavité de rocher ou dans un terrier de mammifère, est une coupe d'herbes, de mousse et de plumes. Chaque année y est élevée une couvée (parfois deux) de 4 ou 5 œufs que couvent les deux adultes pendant 13 ou 14 jours. Ceux-ci s'occupent ensemble de la progéniture, nidicole, apte à voler à l'âge de 21 jours. La nourriture est surtout constituée de graines et de baies, mais comprend aussi des insectes et autres petits invertébrés. Le mâle du pinson des neiges chante aussi pendant le vol nuptial, lorsque, après avoir exécuté des vols circulaires, il plane jusqu'au sol. Cette espèce devient fortement grégaire en hiver.

251 MOTACILLA ALBA

Bergeronnette grise

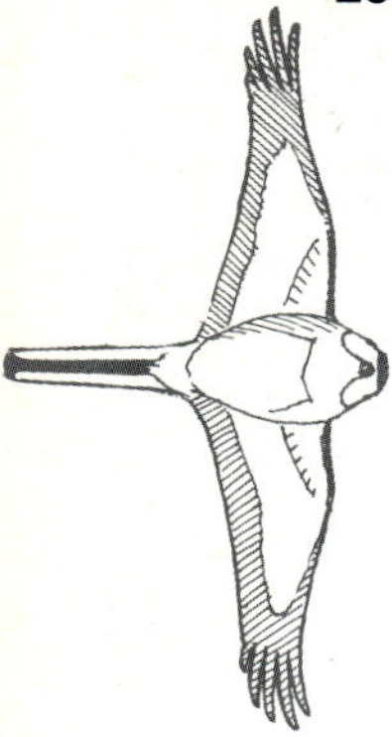

Classification Ordre des Passériformes, famille des Motacillidés.
Caractéristiques Elle mesure 17,5 cm de longueur, dont 9 pour la queue, et pèse en moyenne 23 g. Elle a le bec long et mince et les pattes plutôt longues. Le dessus est de couleur grise chez la sous-espèce continentale *(Motacilla alba alba)*, noire chez la sous-espèce anglaise *(M. alba yarrellii)*. Le dessous est blanc, et la tête et la poitrine portent un dessin caractéristique blanc et noir, un peu moins marqué chez la femelle et les jeunes. Les bords de la queue sont blancs.
Milieu Champs cultivés, prés et pâturages près de l'eau.
Diffusion Europe, Asie, nord-ouest africain.
Vie et mœurs Le nid est installé dans une cavité de rocher, d'arbre ou de construction, souvent à proximité de l'eau, et consiste en une coupe d'herbes, de mousses et de plumes que construit la femelle. Chaque année, deux couvées sont élevées ou, dans les régions septentrionales, une seule. Chacune des couvées compte 5 ou 6 œufs (parfois de 3 à 7) que la femelle couve pratiquement seule pendant 12 à 14 jours. Les petits, nidicoles, sont élevés par les deux parents et volent à l'âge de 13 à 16 jours. La bergeronnette grise trouve sa nourriture au sol, où elle se déplace de façon véloce en agitant sa longue queue. La nourriture est constituée d'insectes (surtout des diptères), de petits vers et de mollusques.

---

252 MOTACILLA CINEREA

Bergeronnette des ruisseaux

Classification Ordre des Passériformes, famille des Motacillidés.
Caractéristiques Sa longueur atteint 18 cm. Le mâle, dans sa livrée estivale, est gris olivâtre sur le dessus, avec le croupion jaune-vert, les sourcils blancs, les côtés de la tête gris avec une raie blanche, le menton et la gorge noirs (détails qui manquent dans la livrée hivernale) ; le dessous est jaune, avec du blanc sous les ailes. La femelle a le menton et la gorge blanchâtres ou tachetés de noir, et le dessous plus pâle.
Milieu Proximité des cours d'eau en zones accidentées, plaines, zones cultivées.
Diffusion Europe, Asie, Afrique septentrionale.
Vie et mœurs Cette bergeronnette établit son nid jusqu'à 1800 m d'altitude. Il s'agit d'une coupe, construite par les deux membres du couple avec des branchettes, des chaumes, de la mousse et des feuilles sèches. La couvée (parfois il y en a deux dans l'année) est généralement constituée de 4 à 6 œufs (plus rarement de 3 à 7). L'incubation, assurée surtout par la femelle, dure de 11 à 14 jours. Les petits, nidicoles, quittent le nid au bout de 11 à 13 jours, et peuvent voler vers l'âge de 17 jours. La bergeronnette boarule se nourrit surtout d'invertébrés (insectes et larves).

253 MOTACILLA FLAVA
Bergeronnette printanière

Classification Ordre des Passériformes, famille des Motacillidés.
Caractéristiques Longue d'environ 16,5 cm, elle présente une grande diversité de couleurs de plumage suivant les différentes sous-espèces. La tête du mâle adulte en livrée nuptiale est d'un gris bleuâtre, avec des sourcils blancs, le dessus vert olive, le dessous jaune, les rémiges brunes. La femelle a le sourcil blanchâtre, le dessus brun et le dessous jaune. Les différentes sous-espèces ont des couleurs variées, surtout sur la tête.
Milieu Prairies humides, zones de marais, régions cultivées voisines de l'eau.
Diffusion Variable avec la sous-espèce, mais comprend l'Europe, l'Asie, l'Afrique, l'Alaska.
Vie et mœurs Niche à même le sol, dans des dépressions, souvent au milieu de la végétation. Le nid est une petite coupe. La ponte (une ou deux par an) compte généralement 5 ou 6 œufs (rarement 7), qui sont couvés principalement par la femelle pendant 12 à 14 jours. Les petits, nidicoles, sont élevés par les deux parents ensemble, quittent le nid au bout de 10 à 13 jours et volent vers l'âge de 17 jours. C'est une espèce à large diffusion, dotée d'une variabilité génétique accentuée; chez certaines sous-espèces, le rythme et l'époque de maturation des organes sexuels sont différents, de même que l'époque du départ vers les territoires de nidification.

---

254 MUSCICAPA STRIATA
Gobe-mouches gris

Classification Ordre des Passériformes, famille des Muscicapidés.
Caractéristiques Longueur pouvant atteindre 13 à 14 cm. Parties supérieures brun grisâtre avec des raies brun foncé sur la tête. Les parties inférieures sont blanc grisâtre à raies brunes sur les côtés de la gorge, de la poitrine et sur les flancs. Les sexes sont semblables. Les jeunes ont les parties supérieures brunes à taches jaunâtre clair et les parties inférieures d'un blanc jaunâtre à raies noirâtres sur les flancs et la poitrine.
Milieu Bois, parcs et jardins.
Diffusion Europe, Afrique, Proche-Orient, Iran, Inde.
Vie et mœurs Niche sur une saillie, ou sur une fourche de branche, ou encore dans un mur recouvert de plantes rampantes ou dans un arbuste. Il construit un nid de mousse, de petites racines, de crin, de plumes, de duvet. Il y pond 4 ou 5 œufs (rarement de 2 à 7) qui sont couvés principalement par la femelle, nourrie par le mâle, pendant 11 à 15 jours. Les petits, nidicoles, quittent le nid au bout de 12 à 15 jours en moyenne et sont nourris par les parents pendant une vingtaine de jours de plus. Le gobe-mouches se nourrit d'insectes (surtout diptères, hyménoptères, coléoptères et libellules) ainsi que de vers et de baies.

255 MYZOMELA NIGRA
Méliphage noir

Classification Ordre des Passériformes, famille des Méliphagidés.
Caractéristiques Les méliphagidés comprennent des espèces dont la taille varie de 10 à 45 cm ; ils sont dotés d'une longue langue protractile couverte de soies, présentant une division près de la pointe dans beaucoup d'espèces. Les côtés de la langue s'enroulent de façon caractéristique, tendant à former une sorte de tube allongé à travers lequel sont portés au gosier le nectar et les insectes qui se nourrissent de nectar. Le bec est assez long et recourbé. De façon générale, les méliphages ont un plumage de couleur discrète, mais chez certaines espèces on observe des zones de peau nue, des excroissances charnues, des touffes de plumes colorées aux côtés de la tête. Le méliphage noir est long d'environ 10 cm, noir sur le dessus et blanc noirâtre au-dessous. La femelle a des couleurs plus ternes, brunâtres, avec des sourcils blancs.

Milieu Forêts.
Diffusion Australie.
Vie et mœurs Le méliphage noir construit un nid cupuliforme en branchettes, herbes et toiles d'araignées, dans lequel il dépose généralement 2 œufs. L'incubation est assurée principalement par la femelle (qui construit également le nid) et dure environ 18 jours. Les petits, nidicoles, restent au nid quelque 18 jours de plus, entretenus par les deux parents.

---

256 NANNOPTERUM HARRISI
Cormoran aptère des Galapagos

Classification Ordre des Pélécaniformes, famille des Phalacrocoracidés.
Caractéristiques Longue d'environ 96 cm, c'est la seule espèce de cormoran qui ne soit pas apte au vol ; c'est aussi la plus rare. Les ailes, très réduites, ne dépassent pas une longueur de 25 cm. Il pèse aux environs de 2 kg. La couleur du plumage est marron à reflets pourpres sur les pennes des ailes. La tête et le cou sont recouverts de longues plumules semblables à des poils.
Milieu Côtes rocheuses.
Diffusion Ile Isabelle, de l'archipel des Galapagos.
Vie et mœurs Le cormoran aptère des Galapagos niche sur les rochers du bord de mer, où il construit des nids faits d'algues et de branchettes. Dans ces nids, il dépose 1 ou 2 œufs, dont l'incubation demande environ 23 à 25 jours. Ce cormoran, incapable de voler, se nourrit de poissons et de mollusques, principalement de poulpes. L'espèce est maintenant protégée et, selon l'estimation de l'Union internationale pour la conservation de la nature, il n'en survit pas plus d'un millier d'individus en tout. La chasse en a été facile, à cause de l'inaptitude au vol de cet oiseau.

257 NECTARINIA FAMOSA

Soui-manga malachite

Classification Ordre des Passériformes, famille des Nectariniidés.
Caractéristiques La famille des nectariniidés englobe 8 genres comptant au total 108 espèces. Ces oiseaux, dont la longueur varie de 9 à 25 cm, sont considérés comme tenant dans l'Ancien Monde la place des colibris américains. Ils présentent en effet une série d'affinités superficielles avec les colibris. Le bec est long et mince, généralement incurvé vers le bas. Dans les ailes se trouvent 10 rémiges primaires, et dans la queue 12 rectrices. La couleur du plumage est généralement vive. Le soui-manga malachite mâle a le plumage verdâtre à reflets bronzés. Sur les flancs, il existe des plumes d'un jaune brillant. La femelle présente une couleur plus olivâtre à tendance jaune.
Milieu Forêts et régions escarpées.
Diffusion Afrique orientale et méridionale.
Vie et mœurs Le soui-manga construit un nid en forme de bourse suspendu à une branche et muni d'une ouverture, fait de matériaux divers (surtout toiles d'araignées). La ponte compte 2 œufs. Cet oiseau fréquente divers milieux, depuis les forêts en bordure des déserts jusqu'aux zones de montagnes. En général, il vit seul ou par couple, parfois en petits groupes.

---

258 NEOPHRON PERCNOPTERUS

Vautour d'Égypte ou percnoptère

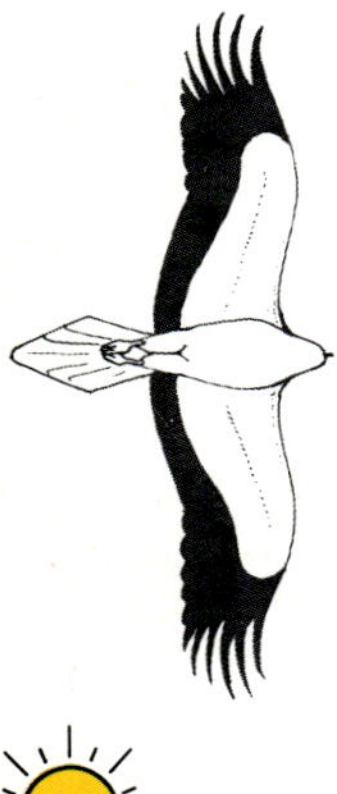

Classification Ordre des Falconiformes, famille des Accipitridés.
Caractéristiques Sa longueur atteint 61 cm. Son plumage est blanc, avec les parties terminales des ailes noires. Le bec est mince, à pointe noirâtre. La peau de la face et de la gorge est dépourvue de plumes et de couleur jaunâtre. Les jeunes sont brun noirâtre et au bout de plusieurs mues deviennent de plus en plus clairs, prenant la livrée d'adulte à la cinquième ou à la sixième année d'existence. Ils ont la peau plus foncée sur la face et la gorge.
Milieu Zones rocheuses de montagnes ou de collines, plaines et déserts
Diffusion Europe méridionale, Sud-Ouest asiatique, Afrique septentrionale et méridionale.
Vie et mœurs Niche à différentes altitudes (au niveau de la mer jusqu'à 3600 m dans le Caucase). Son nid est grossier, fait de quelques branches sèches et recouvert de débris ; il est placé dans des cavités, des creux du rocher, rarement sur des arbres. Dans ce nid sont pondus 1 ou 2 œufs (rarement 3), à intervalles de 3 à 4 jours l'un de l'autre, que couvent les deux membres du couple pendant 42 jours. Les jeunes sont élevés par les deux parents, et volent vers l'âge de 90 jours. Le percnoptère se nourrit de charognes, de déchets, de fruits pourris et même d'excréments. Il capture rarement des proies vivantes, lézards ou tortues.

259 NESTOR NOTABILIS

Kea ou nestor

Classification Ordre des Psittaciformes, famille des Psittacidés.
Caractéristiques Les perroquets de la sous-famille des nestorinés atteignent une longueur de 50 cm au total, et ils ont un plumage de couleur plutôt terne. Le kea est de couleur marron, avec le dos rougeâtre, les ailes et la queue verdâtres. Une espèce très voisine, le *Nestor meridionalis*, semble être en voie d'extinction et l'on en ignore l'effectif actuel.
Milieu Régions montagneuses, jusqu'à 1300 m d'altitude ; il descend plus bas en hiver.
Diffusion Nouvelle-Zélande.
Vie et mœurs Le coloris du plumage, le corps ramassé et robuste, le bec, font ressembler les espèces des nestorinés à des rapaces Bien que végétariens (graines, fruits, jeunes pousses), ces perroquets se nourrissent aussi de charognes, placentas de brebis, etc. Ils nichent dans des trous de troncs d'arbre, où ils pondent 2 ou 3 œufs (rarement 4) que couvent de concert le mâle et la femelle, qui suivent aussi l'élevage des petits jusqu'à leur accession à l'indépendance. L'incubation dure 29 jours. Les petits restent au nid pendant 13 semaines environ. Il y a longtemps que les éleveurs de moutons néo-zélandais ont acquis la conviction que les keas attaquent et tuent leurs bêtes. L'ornithologue Jackson, de Christchurch, admet que cela a pu se produire, mais sporadiquement.

---

260 NOTOCRAX URUTUM

Hocco huppé

Classification Ordre des Galliformes, famille des Cracidés.
Caractéristiques L'ornithologue Alexander Skutch distingue dans la famille des cracidés deux tribus : les cracinés, ou hoccos, et les pénélopinés. Aux cracinés appartiennent des espèces dont la plupart présentent une crête érectile au sommet de la tête et des protubérances charnues à la base du bec. Le hocco huppé a le dessus et la queue mouchetés de noir et de marron, le cou et le dessous orangé rougeâtre, le bec et les pattes rouges, une zone jaunâtre autour de l'œil.
Milieu Forêts, fourrés, dépressions.
Diffusion Amérique méridionale.
Vie et mœurs Les cracidés mènent une vie principalement arboricole dans les espèces de petite taille, terricole dans les grandes tailles. Ils se nourrissent surtout de substances végétales (fruits, graines, feuilles, jeunes pousses) mais aussi de quelques invertébrés et même de petits vertébrés. Ils nichent généralement dans les arbres ou les buissons, construisant un nid fait de branches, de feuilles et d'autres matières végétales. Habituellement, la ponte comprend 2 œufs, que la femelle couve pendant une durée variant de 26 à 30 jours (de 33 ou 34 jours chez le pauxi pierre, *Pauxi pauxi)* ; les petits sont nidifuges.

261 NUCIFRAGA CARYOCATACTES
Casse-noix moucheté

Classification Ordre des Passériformes, famille des Corvidés.
Caractéristiques D'une longueur pouvant atteindre 32 cm, il a un plumage brun foncé à nombreuses taches blanches; les côtés et le dessous de la queue sont blancs. Le bec est robuste et pointu. En vol, on remarque les nombreuses mouchetures claires.
Milieu Bois de conifères et forêts mixtes.
Diffusion Europe, Asie.
Vie et mœurs Niche dans les arbres. Pond une seule couvée, généralement constituée de 3 ou 4 œufs (parfois 2 ou 5), que la femelle couve pendant 17 à 19 jours. Les petits, nidicoles, sont élevés par les deux parents ensemble; ils quittent le nid entre 21 et 28 jours après l'éclosion et restent encore sous la dépendance des parents pendant environ 2 à 3 mois de plus. Le casse-noix se nourrit surtout de graines de conifères, mais aussi de baies et d'invertébrés ainsi que de petits oiseaux, à l'occasion. Cette espèce cache, en les enterrant, les graines de conifères, faisant ainsi en quelque sorte des provisions, qu'elle réussit ensuite à retrouver dans une bonne proportion lorsque le sol est recouvert de neige.

262 NUMENIUS ARQUATA
Courlis cendré

Classification Ordre des Charadriiformes, famille des Scolopacidés.
Caractéristiques Long d'environ 57 cm, il est caractéristique par son long bec recourbé vers le bas. La couleur du plumage est assez uniforme, brun rayé, plus foncé sur le dessus. Les pattes sont d'un gris verdâtre. Parmi les espèces voisines, on citera le courlis corlieu *(Numenius phaeopus)*, long de 39 cm, qui a le bec plus court et des raies foncées sur le sommet du crâne, et le courlis à bec grêle *(Numenius tenuirostris)*, long lui aussi de 39 cm et caractérisé par des taches foncées sur le dessous.
Milieu Zones marécageuses, toundras, côtes et estuaires.
Diffusion Europe, Asie, Afrique.
Vie et mœurs Niche à même le sol dans des zones humides et herbeuses. Il pond une seule couvée, généralement de 4 œufs (occasionnellement de 3 ou 5) qui sont couvés par les deux membres du couple, mais principalement par la femelle, pendant une durée de 26 à 30 jours. Les petits, nidifuges, sont élevés par les deux parents et volent vers l'âge de 5 à 6 semaines. Le cri du courlis, caractéristique, sonne précisement comme « cour-li ». Il se nourrit d'invertébrés et de substances végétales (baies, graines, blé).

263 NUMIDIA MELEAGRIS
Pintade d'Afrique

Classification Ordre des Galliformes, famille des Phasianidés.
Caractéristiques Sur le sommet de la tête on note la présence d'une sorte de casque ; le cou et la tête sont presque nus et de teinte bleuâtre ; il existe des sortes de caroncules près du bec ; le plumage est de couleur marron avec des mouchetures blanchâtres. Citons aussi la pintade vulturine *(Acryllium vulturinum)*, dépourvue de casque et portant le caractéristique collier de plumes lancéolées d'un noir bleu avec une raie blanche.
Milieu Terrains découverts, plaines, savanes, buissons.
Diffusion Afrique.
Vie et mœurs Cette pintade niche à même le sol au milieu de la végétation. Elle pond probablement une seule couvée, en général de 8 à 12 œufs (parfois jusqu'à 20, mais de telles couvées doivent être attribuées à deux femelles). L'incubation est surtout assurée par la femelle et dure 24 ou 25 jours. Les petits, nidifuges, sont élevés par la femelle. Ils peuvent rester ensemble et former de petits groupes. La pintade d'Afrique est l'espèce sauvage dont descend notre pintade domestique.

---

264 NYCTEA SCANDIACA
Harfang des neiges

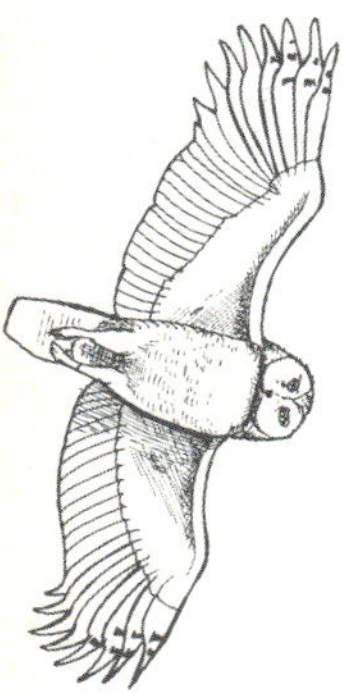

Classification Ordre des Strigiformes, famille des Strigidés.
Caractéristiques Long d'environ 52 à 65 cm, il porte un plumage blanc plus ou moins barré de marron. La femelle est plus grande et généralement plus marquée de raies que le mâle. Les individus immatures sont plus foncés.
Milieu Toundras et collines de la zone arctique. Accomplit des déplacements hivernaux au cours desquels on peut le contrôler dans des zones de marais et des régions côtières.
Diffusion Régions du cercle polaire arctique. De façon irrégulière, il peut se déplacer dans des zones très méridionales, au cours de migrations plus longues que l'on peut définir comme de véritables invasions.
Vie et mœurs On le remarque aisément quand il est posé sur des rochers ou des arbres. Il chasse en tuant sa proie en vol. Il se nourrit de petits mammifères (lapins, rats, lemmings), d'oiseaux (oies, canards, mouettes) et même d'invertébrés. Il niche à même le sol, dans des dépressions. Il pond une seule couvée (dans certains cas, quand la nourriture se raréfie, il peut ne pas nidifier du tout) constituée de 4 à 10 œufs (parfois jusqu'à 15). L'incubation, assurée par la femelle, dure de 32 à 37 jours environ. Les petits, nidicoles, abandonnent le nid à l'âge de 3 à 4 semaines, et volent vers l'âge de 8 à 9 semaines.

265 NYCTICORAX NYCTICORAX

Bihoreau commun

Classification Ordre des Ciconiiformes, famille des Ardéidés.
Caractéristiques Sa longueur atteint environ 60 cm. Il est d'aspect trapu, à pattes courtes. Les parties supérieures sont noires et grisâtres. Il porte trois longues plumes blanches sur la nuque, qui est noire ; les parties inférieures sont blanches. Les jeunes ont le dessus brun foncé à taches et raies de blanc fauve, le dessous brun grisâtre à raies sombres. En vol, on remarque la silhouette trapue et compacte, aux ailes et à la queue arrondies.
Milieu Zones de marais avec arbres, bords des rivières et des lacs.
Diffusion Europe centrale et méridionale. Asie méridionale, certaines régions d'Afrique et d'Amérique.
Vie et mœurs Si l'on excepte la période de reproduction, le bihoreau a des mœurs principalement crépusculaires. Il niche en colonies mixtes avec d'autres espèces d'ardéidés, sur des arbres ou des buissons au voisinage de l'eau. Il pond 3 ou 4 œufs (parfois 5) que les deux adultes couvent pendant une durée d'environ 21 jours. Les petits peuvent abandonner le nid au bout de 4 semaines environ, et deviennent indépendants à 7 ou 8 semaines. Le bihoreau se nourrit de poissons, amphibiens et autres animaux aquatiques. Le cri qu'il émet résonne comme un rauque « caak-couak ».

---

266 OCEANITES OCEANICUS

Pétrel océanite ou de Wilson

Classification Ordre des Procellariiformes, famille des Hydrobatidés.
Caractéristiques Long d'environ 18 cm, ce pétrel-tempête a le dessus de couleur foncée, le croupion blanc et la queue carrée. Les pattes sont assez longues et se terminent par des doigts palmés de couleur jaune, qui dépassent la queue en vol. Souvent, on a l'impression qu'il « marche » sur l'eau, avec les ailes étendues en position horizontale ou presque verticale, la queue ouverte en éventail ; il effectue ses vols planés en gardant les pattes pendantes.
Milieu Haute mer, îles rocheuses.
Diffusion Iles de l'Atlantique sud. Migration hivernale dans l'Atlantique nord.
Vie et mœurs Niche durant la période décembre-janvier dans des anfractuosités de rochers ou dans des galeries spécialement creusées par les deux membres du couple. Il pond une couvée unique, composée d'un seul œuf blanc, dont l'incubation dure de 39 à 48 jours. Le petit, nidicole, est entretenu par les deux parents et nourri au moyen d'aliments régurgités. Il se nourrit de graisse et d'huile de cétacés, ainsi que de certains invertébrés marins, comme les crustacés. Pendant la période de cour, il émet des notes âpres et répétées et les deux partenaires se posent l'un à côté de l'autre, se lissant respectivement les plumes de la tête avec le bec.

267 OCEANODROMA LEUCORRHOA
Pétrel culblanc

Classification Ordre des Procellariiformes, famille des Hydrobatidés.
Caractéristiques Long d'environ 20,5 cm, il présente un plumage de couleur foncée, avec le croupion blanc traversé par une raie gris foncé. La queue est fourchue. Cette espèce est plus grosse que le pétrel océanite et que le pétrel-tempête, avec des ailes plus longues et une couleur plus foncée. Dans le même genre, parmi les autres espèces, on citera le pétrel-tempête de Castro *(Oceanodroma castro)*, long d'environ 19 cm, à la queue peu fourchue, caractérisé par une bande blanche traversant le croupion et par une couleur générale plus foncée.
Milieu Pleine mer, îles rocheuses et boisées.
Diffusion Zones septentrionales de l'hémisphère boréal (Alaska, Islande). Migre plus au sud.
Vie et mœurs Niche en colonies, plaçant son nid dans une cavité creusée dans le sol, dans laquelle il pond un œuf blanc unique. Les deux sexes coopèrent à l'incubation qui dure 41 ou 42 jours. Le petit, nidicole, est alimenté à intervalles irréguliers par un des parents. Il ouvre les yeux vers l'âge de 15 jours. Au bout de 10 jours, sa croissance est déjà assez avancée, mais il ne quitte le nid pour se rendre à la mer que 23 à 30 jours plus tard. Il se nourrit de plancton, de restes de cétacés et de phoques, de mollusques, de petits poissons.

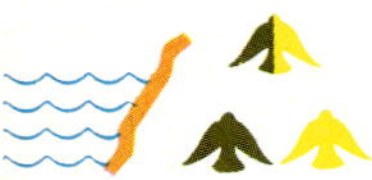

---

268 OENANTHE HISPANICA
Traquet oreillard

Classification Ordre des Passériformes, famille des Turdidés.
Caractéristiques Sa longueur peut atteindre 14,5 cm. Le mâle est de couleur fauve doré pâle sur le dessus, avec des taches noires sur les yeux et les joues, la gorge blanchâtre, ou bien encore la gorge et la face noires. La queue est blanche, les rectrices extérieures sont claires à pointe centrale foncée et les rectrices centrales sont foncées. Les couleurs de la femelle sont plus ternes, sans les taches noires de la face. Les ailes sont noires. On reconnaît deux sous-espèces : *Oenanthe hispanica hispanica* à distribution plus occidentale, et *O. hispanica melanoleuca* à distribution plus orientale.
Milieu Zones arides, rocheuses, pâtures, terrains cultivés.
Diffusion Europe méridionale, Afrique, Proche-Orient.
Vie et mœurs Niche en général au niveau du sol, parmi la végétation basse, dans un nid en coupe fait de substances végétales. Il pond deux couvées, généralement de 4 ou 5 œufs. L'incubation est assurée par la femelle et dure environ 15 jours. Les petits, nidicoles, sont élevés par les deux parents. L'alimentation du traquet oreillard est constituée principalement d'invertébrés (essentiellement insectes). C'est une espèce migratrice, qui hiverne au sud du Sahara.

269 OENANTHE OENANTHE

Traquet motteux ou culblanc

Classification Ordre des Passériformes, famille des Turdidés.

Caractéristiques Sa longueur est d'environ 14,5 cm. Le mâle a le dessus gris-brun et les ailes foncées ; une bande noire traverse l'œil, les parties inférieures sont blanches. La femelle est plus brunâtre. Mâle et femelle ont le croupion et les côtés de la queue blancs, tandis que la bande terminale et les pennes centrales de la queue sont noires. Le bec et les pattes sont noirs. Les individus jeunes sont tachetés.

Milieu Pâturages, zones pierreuses, bruyères, zones de broussailles.

Diffusion Europe, Asie, Afrique du nord-ouest, Amérique du Nord.

Vie et mœurs Niche dans des cavités, des trous du sol, des terriers de lapins. Il pond une ou deux couvées, généralement formée de 5 à 6 œufs (parfois 3 ou 8) que couvent les deux membres du couple, mais surtout la femelle, pendant environ 14 jours. Les petits, nidicoles, sont élevés par les deux parents et restent au nid pendant une quinzaine de jours. L'alimentation du culblanc se compose surtout d'invertébrés.

---

270 OPISTHOCOMUS HOAZIN

Hoazin

Classification Ordre des Galliformes, famille des Opisthocomidés.

Caractéristiques Long d'environ 60 cm, il pèse dans les 800 g. Les tarses sont très robustes et se terminent par 4 doigts. Il a 10 rémiges primaires. Le plumage est marron foncé sur le dessus et clair dans les parties inférieures; la tête porte une touffe de plumes et autour de l'œil se trouve un cerne bleuâtre. La queue est longue. Chez les très jeunes individus on note la présence d'un premier et d'un second doigt à l'aile, se terminant en un robuste crochet, qui, au bout d'un certain temps, s'atrophie. Ces crochets aident aux déplacements parmi les branches.

Milieu Forêts.

Diffusion Régions septentrionales d'Amérique du Sud.

Vie et mœurs Les hoazins vivent en petits groupes d'une dizaine d'individus. Les petits peuvent nager s'ils tombent à l'eau. Leur alimentation se composant surtout de feuilles, leur jabot est énorme (50 fois plus grand que l'estomac) et constitue, suivant Gunther Niethammer, 13 % de leur poids total. Il est situé en avant du bréchet atrophié, de sorte que la capacité de vol de l'hoazin est des plus réduites. Il niche parfois en petites colonies sur les branches, à proximité de l'eau, pondant de 2 à 5 œufs, que couvent les deux parents pendant environ 28 jours. Les petits, couverts de duvet, restent à peu près 2 semaines au nid.

271 ORIOLUS ORIOLUS
Loriot jaune ou loriot d'Europe

Classification Ordre des Passériformes, famille des Oriolidés.
Caractéristiques Il est long d'environ 24 cm. Le mâle, d'une couleur remarquable, est jaune brillant avec les ailes et la queue noir moucheté de jaune. La femelle et les individus jeunes sont vert jaunâtre, avec les ailes et la queue plus foncées et les parties inférieures à rayures foncées.
Milieu Bois, forêts, ainsi que parcs et jardins.
Diffusion Europe, Asie occidentale et nord-ouest africain.
Vie et mœurs Le nid, qui est construit presque entièrement par la femelle, est très caractéristique : c'est une coupe de branches sèches, d'herbes, de substances végétales bien assemblées, installée à la fourche de deux branches horizontales. Le loriot y pond en général 3 ou 4 œufs (rarement 6) qui sont couvés par les deux parents pendant une durée de 14 ou 15 jours. Les deux parents élèvent ensemble les petits, qui quittent le nid au bout de 14 ou 15 jours. Il arrive parfois que le loriot ponde deux couvées. Son alimentation est purement insectivore au printemps, et frugivore en automne. Le cri du mâle est caractéristique, et sonne comme « ouila-ouio ».

---

272 OTIS TARDA
Grande outarde

Classification Ordre des Gruiformes, famille des Otididés.
Caractéristiques Le mâle est long d'environ 1 m, la femelle de 80 cm. C'est donc un oiseau de grande taille dont la couleur est brunâtre à raies noires sur le dessus, et blanche sur le dessous. La tête est grisâtre, la poitrine et la base du cou sont châtains à bords noirs ; le mâle porte des plumes blanches rejetées en arrière sous le menton. En vol, on peut remarquer une bande blanche très étendue sur les ailes et la couleur noire de la moitié extérieure des rémiges. Vu de dessous, l'oiseau semble presque blanc.
Milieu Steppes, zones herbeuses, terrains cultivés.
Diffusion Certaines régions européennes (péninsule Ibérique, Allemagne orientale, et Europe de l'Est), Asie centrale.
Vie et mœurs Niche au sol parmi la végétation. Elle pond une seule couvée, généralement de 2 ou 3 œufs (exceptionnellement 4) qui sont couvés par la femelle pendant une durée de 25 à 28 jours. Les petits, nidifuges, sont élevés par la femelle qui pourvoit au début à leur alimentation. Ils volent au bout de 4 semaines, et sont indépendants vers l'âge de 5 semaines. L'outarde se nourrit principalement de substances végétales.

273 OTIS TETRAX

Outarde canepetière

Classification Ordre des Gruiformes, famille des Otididés.
Caractéristiques Cette espèce, longue de 43 cm, ressemble à la grande outarde, mais elle est plus petite. Les parties supérieures et le sommet de la tête sont de couleur sable, vermiculés ; les parties inférieures sont blanches. Au printemps, le mâle arbore un collier voyant, blanc et noir, sa face est gris bleuâtre et ses pattes sont jaune foncé. Les jeunes et les femelles, ainsi que les mâles en livrée hivernale, sont brunâtres, sans le collier ni la coloration de la face.
Milieu Régions cultivées, zones herbeuses, pâturages, régions sèches à végétation clairsemée.
Diffusion Europe méridionale, Asie, nord-ouest africain.
Vie et mœurs Cette outarde niche dans des dépressions du sol. Elle ne fait qu'une seule couvée en général, mais parfois deux. L'incubation est assurée par la femelle, entretenue par le mâle, et dure environ 20 ou 21 jours. Les petits, nidifuges, sont élevés par la femelle jusqu'à ce qu'ils soient en mesure de s'alimenter par leurs propres moyens, et deviennent indépendants. La canepetière se nourrit d'invertébrés (mollusques, insectes, vers) et de substances végétales.

274 OTUS SCOPS

Hibou petit duc

Classification Ordre des Strigiformes, famille des Strigidés.
Caractéristiques Long d'environ 19 cm, il a un plumage brun grisâtre, tacheté de clair. Les touffes de plumes auriculaires sont caractéristiques. On peut généralement rencontrer des sujets présentant deux phases de coloration, l'une plus grise et l'autre plus brune.
Milieu Bois, parcs, jardins.
Diffusion Europe centrale et méridionale, Afrique, Asie.
Vie et mœurs Le cri est caractéristique par sa sonorité mélancolique et persistante, un « kiou » ou « piou » répété, émis de préférence pendant la nuit. Il niche dans des cavités d'arbres, de murs, de vieilles constructions ou dans un vieux nid de quelque autre oiseau. Il fait une couvée annuelle de 4 ou 5 œufs (parfois de 3 ou 6) que couve la seule femelle pendant 24 ou 25 jours. Les petits, nidicoles, sont alimentés par la femelle à l'aide de nourriture apportée par le mâle et ils quittent le nid à l'âge de trois semaines : ils commencent à être indépendants vers l'âge de 7 semaines. Le hibou petit duc se nourrit principalement d'invertébrés (insectes).

275 PADDA ORYZIVORA
Padda ou calfat

Classification Ordre des Passériformes, famille des Plocéidés.
Caractéristiques Le padda est long d'environ 14 cm et l'espèce est la plus grande de la famille. La couleur du plumage est caractéristique : le bec est robuste et rose, la tête est noire et porte deux larges taches blanches sur les côtés. Le reste du plumage est gris foncé sur le dessus ; les parties inférieures, à partir du bas de la poitrine, se teintent de rose de façon diffuse ; la queue est foncée. Parmi les autres espèces de plocéidés, on citera *Amadina fasciata,* dont le plumage marron et gris avec des parties plus claires et la gorge rouge est mimétique ; le diamant perroquet *(Erythura psittacea)* est rouge et vert. Toutes ces espèces sont très connues par le fait qu'elles sont souvent élevées en cage.
Milieu Bois et forêts.
Diffusion Originaire de Java et de Bali.
Vie et mœurs Cette espèce a été importée en bien des régions du Sud-Est asiatique, des Hawaii à Sainte-Hélène, à Zanzibar et sur les côtes de l'Afrique orientale. Les premières tentatives d'élevage en captivité ont été faites en Chine et au Japon, où s'est opérée la sélection d'un padda à plumage blanc.

---

276 PAGODROMA NIVEA
Pétrel des neiges

Classification Ordre des Procellariiformes, famille des Procellariidés.
Caractéristiques Long d'environ 35 cm, il est particulièrement reconnaissable à cause de son plumage d'un blanc pur, de la tache noire qu'il porte en avant des yeux et du bec noir. On peut citer aussi le pétrel antarctique *(Thalassoica antarctica)* qui atteint la longueur de 45 cm.
Milieu Côtes, mer.
Diffusion Côtes antarctiques et, comme le mentionne B. Stonehouse, se rencontre aussi plus au sud dans des régions situées à 2000 m d'altitude et à plus de 300 km des côtes ; également dans une bande plus septentrionale, jusqu'à la côte méridionale de la Géorgie australe, à l'île Bouvet.
Vie et mœurs Se nourrit de poissons, mollusques, crustacés et autres invertébrés marins qu'il capture en survolant la surface de l'eau près de la banquise. Les œufs sont pondus vers la fin de novembre ou au début de décembre. Les petits quittent le nid en mars. Dans son ouvrage *Birds of the Ocean,* le grand ornithologue W.B. Alexander estime que, de tous les oiseaux du monde, le pétrel des neiges est celui qui vit le plus au sud.

277 PANDION HALIAETUS

Balbuzard fluviatile

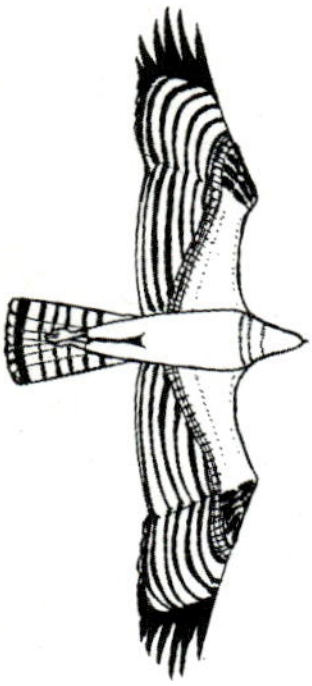

Classification Ordre des Falconiformes, famille des Pandionidés.
Caractéristiques Longueur 55 cm. Parties supérieures brun foncé, parties inférieures blanchâtres ; barre foncée traversant l'œil. En vol, les ailes forment un angle et l'on aperçoit deux taches noires dans la zone du carpe.
Milieu Régions proches de l'eau, lacs, rivières près des bois, récifs, côtes sableuses.
Diffusion Cosmopolite, mais on ne le rencontre ni dans les régions polaires ni en Amérique du Sud.
Vie et mœurs Niche dans les arbres, sur les côtes rocheuses ou sableuses, utilisant pendant plusieurs années consécutives un nid grossier, construit en branches sèches et matières végétales s'accumulant d'année en année. Il pond de 2 à 5 œufs (généralement 3) que couvent les deux membres du couple, mais surtout la femelle, pendant 35 à 38 jours. Les petits restent au nid de 51 à 63 jours environ (âge du premier né). Le balbuzard fluviatile se nourrit presque exclusivement de poissons, qu'il capture en plongeant dans l'eau et en les saisissant entre ses pattes (qui peuvent être disposées avec 2 doigts en avant et 2 en arrière, ce qui favorise la pêche).

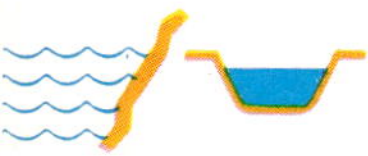

278 PANURUS BIARMICUS

Mésange à moustaches

Classification Ordre des Passériformes, famille des Paradoxornithidés.
Caractéristiques La longueur atteint 16 cm. La couleur est fauve dans les parties supérieures du plumage, gris rosé dans les parties inférieures, avec une longue queue fauve. Le mâle a la tête d'un gris cendré, avec une tache noire partant de l'œil et se continuant sur les côtés du cou. Les tectrices inférieures de la queue sont noires elles aussi. Il y a du blanc sur les ailes. La femelle est plus claire et ne présente pas de noir.
Milieu Régions comportant de l'eau et de la végétation palustre, cannaies.
Diffusion Europe, Asie centrale et occidentale.
Vie et mœurs La mésange à moustaches niche entre les roseaux, construisant son nid en forme de coupe avec des matières végétales, ouvrage auquel participent les deux membres du couple. Deux couvées y sont pondues, parfois trois, généralement constituées de 5 à 7 œufs (parfois jusqu'à 12). L'incubation de ces œufs dure de 12 à 13 jours et est assurée par les deux parents, qui élèvent ensemble les petits, nidicoles, qui restent au nid de 9 à 12 jours.

279 PARADISEA APODA

Paradisier apode ou paradisier grand-émeraude

Classification Ordre des Passériformes, famille des Paradiséidés.
Caractéristiques Parmi les merveilleux oiseaux de paradis, le genre *Paradisaea* comprend des espèces dont la longueur varie entre 63 cm et 100 cm, rectrices comprises. Les mâles portent sur le flanc une touffe tournée vers l'arrière, formée de plumes très minces qui peuvent se dresser sous l'action de muscles spéciaux. Le plumage est marron, plus foncé sur la poitrine, avec la tête jaune, la gorge verte et une tache noire autour du bec, touffe de plumes jaune d'or sur les flancs, rectrices centrales longues et filiformes. La femelle a généralement un plumage uniformément marron. Les ornithologues reconnaissent deux sous-espèces du paradisier apode. Parmi les autres, on citera le paradisier de l'archiduc Rodolphe *(Paradisea rudolphi)*, et le *Paradisea guilielmi*.
Milieu Forêts.
Diffusion Nouvelle-Guinée.
Vie et mœurs Lors de la parade nuptiale, les plumes ornementales se dressent, la queue se déploie, la tête est tournée vers le bas. Les mâles se livrent à des exhibitions collectives, souvent sur le même arbre. Le paradisier apode niche sur des arbres, construisant un nid en coupe, où sont pondus un ou deux œufs.

---

280 PARUS ATER

Mésange noire

Classification Ordre des Passériformes, famille des Paridés.
Caractéristiques Longue d'environ 11 cm, elle a le haut de la tête noir avec une tache blanche sur la nuque. Les joues sont également blanches, alors que la gorge et le haut de la poitrine sont noirs, les parties supérieures étant gris verdâtre, avec une double bande blanche sur les ailes. Les parties inférieures sont blanches, avec les flancs légèrement brunâtres ; le bec est noir et les pattes sont d'un gris bleuâtre. Les individus jeunes sont d'une couleur jaunâtre aux joues, aux parties inférieures et sur la nuque.
Milieu Bois de conifères, forêts mixtes, parcs.
Diffusion Europe, Asie, nord-ouest africain.
Vie et mœurs La mésange noire niche dans des trous d'arbres, ou de murs, rarement à même le sol. Les deux pontes annuelles comptent généralement de 7 à 9 œufs (parfois jusqu'à 12) qui sont couvés par la femelle, elle-même alimentée par le mâle, pendant une période de 14 à 18 jours. Les petits sont nidicoles et élevés par les deux parents à la fois ; ils ouvrent les yeux à l'âge de 7 à 8 jours, quittent le nid vers 16 à 19 jours et deviennent indépendants deux semaines plus tard. La mésange noire se nourrit de grains, de graines de conifères et d'autres arbres, ainsi que d'invertébrés.

281 PARUS CAERULEUS
Mésange bleue

Classification Ordre des Passériformes, famille des Paridés.
Caractéristiques Longueur environ 11 cm. Sommet de la tête, ailes et queue bleus, parties inférieures jaunes, joues blanches, raie noire traversant la nuque ; les yeux, la gorge, ainsi que le pourtour des joues, sont noirs. Le dessus du corps est verdâtre et il y a du jaunâtre sur le croupion. Le bec est noir à pointe brune, les pattes sont bleuâtres. La femelle a des couleurs moins vives. Les individus jeunes ont le dessus de couleur vert-brun et les joues jaunâtres. Le dessin représente une attitude de la parade nuptiale.
Milieu Boisements mixtes, parcs et jardins.
Diffusion Europe, Moyen-Orient et Asie centrale et méridionale, nord-ouest africain.
Vie et mœurs Niche dans des trous d'arbres ou de murs. La couvée annuelle est habituellement composée de 7 à 12 œufs (parfois de 5 à 16) qui sont couvés exclusivement par la femelle, alimentée par le mâle, pendant une durée de 12 à 16 jours. Les petits, nidicoles, sont élevés par les deux parents et restent au nid pendant environ 15 à 23 jours. La mésange bleue se nourrit d'invertébrés (insectes, leurs larves et leurs œufs), de graines diverses, parfois de baies.

---

282 PARUS CRISTATUS
Mésange huppée

Classification Ordre des Passériformes, famille des Paridés.
Caractéristiques Sa longueur est d'environ 11 à 12 cm. On la reconnaît facilement à la huppe qu'elle porte sur le sommet de la tête et qui est tachetée de blanc et noir. La face est blanche avec une bande noire qui, partant de derrière l'œil, descend en courbe sur la joue ; gorge à collier noir. Les parties supérieures sont d'un gris brunâtre, le dessous est blanchâtre, les flancs étant fauves. Le bec est noir et les pattes sont bleuâtres. La femelle a la huppe plus courte et le collier plus étroit. Les individus jeunes ont la huppe encore plus courte et le collier à peine marqué, le dessus plus foncé et le dessous blanchâtre.
Milieu Bois de conifères, forêts mixtes, parcs.
Diffusion Europe et sud des Balkans.
Vie et mœurs Niche dans des trous de vieux arbres et dans des cavités diverses. La couvée annuelle (parfois deux) comporte en général 4 à 8 œufs (plus rarement jusqu'à 11) qui sont couvés par la femelle, alimentée par le mâle, pendant une durée de 13 à 18 jours. Les petits, nidicoles et élevés par les deux parents à la fois, passent de 17 à 21 jours au nid. La mésange huppée se nourrit surtout d'invertébrés et de graines (surtout de conifères).

283 PARUS MAJOR

Mésange charbonnière

Classification Ordre des Passériformes, famille des Paridés.
Caractéristiques Longue de 14 cm environ, elle a la tête et la gorge noires, les joues blanches, les parties inférieures jaunes avec une raie noire au milieu. Le dos est d'un jaune verdâtre, sur le dessus, et grisâtre au croupion. Les rémiges sont noires, les deux primaires extérieures étant ourlées de bleuâtre, les secondaires intérieures étant grisâtres. La queue est brun bleuâtre, les rectrices extérieures sont blanches. Le bec est noir, les pattes sont bleu grisâtre. Les jeunes ont des couleurs plus pâles, moins brillantes, et la barre centrale est moins marquée.
Milieu Bois, parcs, jardins.
Diffusion Europe, Asie, nord-ouest africain.
Vie et mœurs Elle niche dans les trous des arbres et des murs ; comme les autres mésanges et les autres espèces qui nichent dans des trous, elle occupe facilement les nids artificiels en caissettes. La couvée annuelle (parfois deux) est en général constituée de 8 à 13 œufs (parfois de 7 à 15), que couve la femelle, alimentée par le mâle, pendant environ 13 à 14 jours. Les petits, nidicoles, sont élevés par les deux parents, quittent le nid au bout de 16 à 22 jours et sont indépendants entre 2 et 4 semaines. La mésange charbonnière se nourrit d'invertébrés, de graines, de baies et de grains.

---

284 PASSER DOMESTICUS

Moineau domestique

Classification Ordre des Passériformes, famille des Plocéidés.
Caractéristiques Long d'environ 14,5 cm, le mâle a le haut de la tête de couleur foncée (chez la sous-espèce *Passer domesticus italiae*, le dessus de la tête est châtain. Certains auteurs considèrent cette sous-espèce comme une espèce à part entière). La nuque est châtaine, la gorge noire et les joues blanchâtres. Le plumage, sur le dessus, est de couleur gris brunâtre, avec un peu plus de châtain sur les ailes, où l'on trouve aussi du blanchâtre ; les flancs sont roux et gris dégradé. Le bec est noir en été, brun jaunâtre en hiver ; les pattes sont de couleur brun pâle. La femelle n'a pas de noir à la gorge, et son plumage est, de façon générale, plus uniforme et brunâtre.
Milieu Zones cultivées, lieux habités, villes.
Diffusion Europe, Asie, nord-ouest africain. A été introduit dans les Amériques, en Afrique méridionale, en Australie, en Nouvelle-Zélande et dans certaines îles du Pacifique.
Vie et mœurs Les 3 couvées annuelles, comptant généralement de 3 à 5 œufs (plus rarement jusqu'à 8), sont couvées par la femelle, aussitôt la ponte achevée, pendant 11 à 14 jours. Les petits, nidicoles, sont alimentés par les parents, principalement au moyen d'insectes, et ils restent au nid pendant une quinzaine de jours.

285 PASSER MONTANUS

Moineau friquet

Classification Ordre des Passériformes, famille des Plocéidés.
Caractéristiques Longueur 14 cm environ. Le haut de la tête et la nuque sont brun clair, les parties supérieures du plumage sont brunâtres avec quelques traits noirs. Les côtés de la tête et du cou sont blancs, avec une tache noire caractéristique à l'oreille. Le menton et la gorge sont noirs. Les parties inférieures sont blanches et nuancées de grisâtre. Le bec est noir en été, brun à base jaune en hiver ; les pattes sont brun pâle. Les individus jeunes ressemblent aux adultes mais la gorge et la tache auriculaire sont de couleur gris noirâtre.
Milieu Zones plus rurales que celles que hante le moineau domestique, terres cultivées ou incultes.
Diffusion Europe, Asie. A été introduit en certains endroits du Sud-Est asiatique, d'Amérique du Nord et d'Australie.
Vie et mœurs Niche dans des trous d'arbres et de murs où il construit un nid grossier, arrondi, fait de substances végétales. La femelle y pond 2 ou 3 couvées, généralement composées de 4 à 6 œufs (plus rarement de 2 à 9) que couvent les deux membres du couple pendant une durée de 11 à 14 jours environ. Les petits, nidicoles, sont élevés par les deux parents et restent au nid environ 12 à 14 jours. L'alimentation de cette espèce est constituée de graines, de blé et de divers invertébrés (araignées, insectes).

---

286 PASSERINA CIRIS

Pape de Louisiane

Classification Ordre des Passériformes, famille des Fringillidés.
Caractéristiques Longueur environ 13 cm. Le bec est court et robuste, apte à briser les graines. Le mâle est doté d'un plumage très voyant : de couleur violette sur la tête, vert sur le dos, noir sur les ailes et la queue et rouge écarlate sur le reste du corps. La femelle est de couleur vert olive sur le dessus, jaune sur le dessous, comme les jeunes.
Milieu Broussailles, haies, clairières.
Diffusion Amérique septentrionale (États du sud des États-Unis et Mexique) et Amérique centrale.
Vie et mœurs Cette espèce, après avoir passé l'hiver en Amérique centrale, migre au printemps vers les territoires de nidification situés plus au nord. Malgré les vives couleurs du mâle, c'est un oiseau difficile à observer en raison de ses mœurs retirées. Le nid consiste en une coupe d'herbes, de racines, de fibres végétales, dissimulée dans les buissons. La ponte comprend de 3 à 4 œufs, que la femelle couve pendant une durée de 12 jours. Les petits, qui volent à l'âge de 12 jours, sont nourris et entretenus par les deux parents à la fois. L'alimentation se compose de graines, qui sont brisées grâce à la grande robustesse du bec, et d'insectes qui constituent la base de l'alimentation estivale des adultes comme des jeunes.

287 PASTOR ROSEUS (STURNUS ROSEUS)
Martin roselin

Classification Ordre des Passériformes, famille des Sturnidés.
Caractéristiques La longueur est d'environ 21,5 cm, la couleur de son plumage est très reconnaissable : le corps est de couleur rose et la tête, la queue et les ailes sont noires. Sur la tête se trouve une petite crête à peine visible. Les pattes sont roses, le bec est jaune orangé en été et brun en période hivernale. Les individus jeunes sont brunâtres, avec les ailes plus foncées.
Milieu Steppes, prairies, terrains rocheux, zones cultivées.
Diffusion Sud-est de l'Europe, Proche et Moyen-Orient.
Vie et mœurs Il niche habituellement en colonies qui changent d'aire de nidification d'une année à l'autre. La période de nidification varie suivant les disponibilités alimentaires. L'unique couvée annuelle compte généralement 5 ou 6 œufs (plus rarement de 3 à 9) déposés à la cadence de un par jour. L'incubation, assurée par la femelle, dure de 11 à 14 jours environ. Les petits, nidicoles, sont alimentés par les deux parents ensemble et restent de 14 à 19 jours au nid. Comme le fait remarquer l'ornithologue Kay Curry Lindahl, le martin roselin, nichant dans les steppes russes et hongroises, accomplit un vol automnal de 3 000 kilomètres vers l'est, jusqu'en Inde. L'alimentation est surtout composée d'insectes (orthoptères, coléoptères) et de fruits.

---

288 PATAGONA GIGAS
Colibri géant

Classification Ordre des Apodiformes, famille des Trochilidés.
Caractéristiques Les colibris ou oiseaux-mouches sont des oiseaux caractéristiques dont la taille varie de 6 à 22 cm de longueur et le poids de 2 à 20 g. Leur bec (de 6 à 110 mm) est généralement fin et leur langue longue et bifide. Le colibri géant est le plus grand des trochilidés. Gros comme un martinet, il a un plumage de teintes relativement ternes par rapport à celles de la plupart des colibris dont les couleurs sont vives. Il est marron sur le dessus, avec des reflets verdâtres sur le dos et violacés sur les ailes ; son bec est long et droit, et la queue à peine fourchue.
Milieu Zones tempérées sèches.
Diffusion Amérique méridionale.
Vie et mœurs Les ornithologues J. Berlioz et H.O. Wagner distinguent 321 espèces de trochilidés, alors que J. Peters et D. Poley en signalent 327. Les colibris, pour maintenir leur homéothermie, ont besoin d'une très grande dépense d'énergie (en raison du fait qu'un corps de petite taille par rapport à son poids a une surface plus grande qu'un corps de même forme mais de taille supérieure). Les colibris pondent généralement 2 œufs (plus rarement 1 ou 3) dont l'incubation dure de 14 à 21 jours ; les petits quittent le nid vers l'âge de 22 ou 23 jours, suivant les espèces.

289 PAVO CRISTATUS

Paon bleu

Classification Ordre des Galliformes, famille des Phasianidés.
Caractéristiques Les paons sont parmi les plus gros des phasianidés. Leurs tarses sont très hauts ; ceux du mâle sont armés d'un fort ergot. Les mâles ont les tectrices de la queue extraordinairement allongées et vivement colorées ; elles se prolongent sur la queue, laquelle comporte 20 pennes, et forment une longue traîne, qui s'élargit comme une roue au cours de la parade nuptiale. Le plumage présente un mélange de teintes vives, vert, bleuâtre, blanc, rouge. Autour des yeux se trouve une zone dénudée et la tête porte une sorte de couronne de plumes. La femelle a un plumage plus terne : elle n'a pas la longue traîne de pennes (au nombre de 18 seulement).
Milieu Le paon sauvage vit en zones de forêts et de collines, au voisinage de l'eau.
Diffusion Originaire de l'Inde, il est aujourd'hui élevé dans le monde entier.
Vie et mœurs Le paon sauvage construit un nid dans un buisson épais, ou encore, plus rarement, dans des trous d'arbres ou de murs. Il pond d'habitude de 3 à 5 œufs, dont la durée d'incubation est de 28 jours. Les petits ont une croissance lente. Chez le mâle jeune, la traîne n'atteint son développement complet qu'à l'âge de 3 ans (elle peut atteindre une longueur de 1,60 m à l'âge de 6 ans).

---

290 PELECANUS OCCIDENTALIS

Pélican brun d'Amérique

Classification Ordre des Pélécaniformes, famille des Pélécanidés.
Caractéristiques Long de 105 à 135 cm, c'est un oiseau de taille importante, aux ailes larges, au bec long et doté d'un sac de peau nue sous la mandibule inférieure, dans laquelle s'accumule la nourriture tenue en réserve. Les pieds sont palmés. Le plumage est de couleur marron-gris uniforme, plus claire sur la poitrine et le ventre. On remarque une large bande blanche de chaque côté du cou. Le bec est de couleur jaune pâle. Les sujets immatures sont dépourvus des teintes marron. L'envergure est d'environ 2,80 m. On en connaît deux sous-espèces : une septentrionale, *Pelecanus occidentalis occidentalis,* et l'autre méridionale, *Pelecanus occidentalis thagus.*
Milieu Côtes, estuaires, régions marécageuses.
Diffusion Amérique centrale et méridionale.
Vie et mœurs Hante les côtes rocheuses à proximité des eaux marines limpides et peu profondes, dans lesquelles il se procure sa nourriture en plongeant jusqu'à des profondeurs appréciables. Le nid est installé en colonies très nombreuses dans des cavités du sol ou à la base des buissons et fourré de matières végétales, de guano et de brindilles. La couvée est de 2 ou 3 œufs et l'incubation, assurée par les deux membres du couple, dure environ 4 semaines. Les petits volent vers l'âge de 9 semaines et sont aptes à se reproduire à 2 ans seulement.

291 PELECANUS ONOCROTALUS

Pélican blanc

Classification Ordre des Pélécaniformes, famille des Pélécanidés.
Caractéristiques Long de 113 à 135 cm, sans compter le bec qui atteint une longueur moyenne de 35 cm, c'est un oiseau des plus reconnaissables, sans confusion possible. Le pélican blanc est de couleur claire, le bec et la poche sous celui-ci sont jaunes, les pattes rose chair. Une espèce voisine est le pélican frisé *(Pelecanus crispus)*, mais en vol les deux espèces se distinguent par le fait que le pélican blanc a la base des ailes noire au-dessous et sur le dessus, seule l'extrémité des ailes étant noire, tandis que chez le pélican frisé le dessous des ailes est clair et la base des ailes est noire sur le dessus. Les jeunes sont de couleur brun rougeâtre.
Milieu Lacs, marais, lagunes, estuaires.
Diffusion Europe du sud-est, Asie orientale, certaines régions d'Afrique.
Vie et mœurs Il niche en colonies, dans de gros nids faits de branches et de brindilles. Il pond 2 œufs (quelquefois 3, plus rarement 4 ou 5). L'incubation, assurée par les deux sexes, dure 29 ou 30 jours. Les petits deviennent indépendants vers l'âge de 10 semaines. Le pélican se nourrit surtout de poissons, capturés dans d'étonnantes « pêcheries collectives » qu'exploitent plusieurs membres de la colonie, mais ne dédaigne ni les petits oiseaux ni les déchets.

---

292 PERDIX PERDIX

Perdrix grise

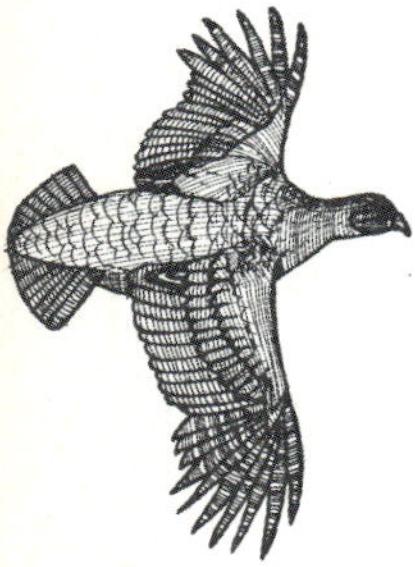

Classification Ordre des Galliformes, famille des Phasianidés.
Caractéristiques Longue d'environ 29 cm, elle est de corpulence robuste et arrondie. La tête est marron orangé, le cou et les parties inférieures sont grisâtres, les flancs rayés de châtain, le dos marron rayé de fauve. La queue est courte et rougeâtre. Le haut de la tête est plus foncé que le reste de la tête. Le mâle présente en général une large tache châtain foncé en forme de fer à cheval sur la partie inférieure de la poitrine. Cette tache est à peine marquée chez la femelle et les individus jeunes, et peut même manquer tout à fait. Chez ces sujets, la queue est en outre plus courte, les parties inférieures et le cou sont rayés de marron.
Milieu Champs cultivés, zones broussailleuses, bruyères, dunes et terrains incultes.
Diffusion Europe, Asie occidentale et centrale.
Vie et mœurs Elle niche à même le sol, parmi la végétation et dans les zones cultivées. L'unique couvée annuelle est généralement composée de 9 à 20 œufs (parfois de 8 à 23) pondus à des intervalles de 1 à 2 jours. L'incubation est assurée par la femelle et dure de 23 à 25 jours. Les petits, nidifuges, peuvent quitter le nid dès le premier jour. Généralement, ils restent groupés en famille jusqu'au printemps suivant. La perdrix grise se nourrit surtout de substances végétales mais aussi de divers invertébrés (insectes, larves).

293 PERISOREUS INFAUSTUS

Mésangeai imitateur

Classification Ordre des Passériformes, famille des Corvidés.
Caractéristiques La longueur de cette espèce est d'environ 30 cm et le mâle est un peu plus gros que la femelle. Le plumage est de couleur gris brunâtre avec la tête plus foncée. Les tectrices primaires et la base des rémiges primaires sont rougeâtres, de même que les rectrices extérieures. En revanche, les rémiges intérieures sont grisâtres. Le bec et les pattes sont de teintes sombres. En vol, on peut remarquer la couleur rouge orangé sur les ailes, le croupion et la queue.
Milieu Forêts de conifères et de bouleaux.
Diffusion Zones septentrionales d'Europe et d'Asie.
Vie et mœurs Niche dans les arbres. Pond une seule couvée, généralement de 4 œufs (rarement de 3 ou 5), qui sont couvés par la femelle, alimentée par le mâle, pendant environ 18 à 20 jours. Les petits, nidicoles, sont élevés par les deux parents, et ouvrent les yeux à l'âge de 7 ou 8 jours. Ils abandonnent le nid entre 21 et 24 jours. Ils restent ensuite en groupes familiaux pendant la période hivernale. Le mésangeai imitateur se nourrit de baies et de fruits pendant la période hivernale et d'invertébrés au printemps et en été ; il lui arrive de manger des œufs d'autres espèces d'oiseaux.

---

294 PERNIS APIVORUS

Bondrée apivore

Classification Ordre des Falconiformes, famille des Accipitridés.
Caractéristiques Ce rapace est long de 55 cm environ, et la couleur de son plumage est assez variable, présentant des phases diverses (plus claire, plus foncée, et intermédiaire). Les parties supérieures tirent sur le marron foncé, les parties inférieures sont claires, à barres et dessins foncés. Le bec est noir à base grise, doté d'une cire noirâtre, et les pattes sont jaunâtres. En vol il ressemble à une buse mais sa tête est plus petite, son cou plus long, ses ailes sont plus étroites et plus longues, ornées d'une bande terminale foncée et de deux bandes plus étroites vers la base.
Milieu Bois, clairières, zones de maquis.
Diffusion Europe, Asie, Afrique.
Vie et mœurs Cette espèce niche dans les arbres, utilisant souvent un vieux nid de quelque autre gros oiseau. Elle pond une seule couvée de 1 à 3 œufs que les deux parents couvent pendant une durée de 30 à 35 jours. Les petits sont élevés par les deux parents et effectuent leur premier vol vers l'âge de 40 à 44 jours, mais retournent auprès du nid encore pendant 2 à 8 semaines. L'alimentation de la bondrée apivore est constituée principalement de guêpes et de leurs larves, de miel et d'autres gros insectes. Elle se nourrit aussi de petits mammifères, d'œufs et de petits oiseaux, de lézards, de grenouilles, parfois aussi de baies et de fruits.

295 PETRONIA PETRONIA

Moineau soulcie

Classification Ordre des Passériformes, famille des Plocéidés.
Caractéristiques Cette espèce est longue d'environ 15 cm et présente l'aspect général d'un moineau. La couleur du plumage est en général brun clair, avec un sourcil pâle barré d'un trait noir. Le sommet de la tête est clair. Il existe des taches arrondies sur les pointes des rectrices. Sur la poitrine se trouve un tache caractéristique, de couleur jaunâtre, qui n'est cependant pas facile à observer dans la nature. Les parties supérieures sont foncées, rayées.
Milieu Zones de terrain découvert, régions de collines et de montagnes, villages et ruines.
Diffusion Sud de l'Europe, nord-ouest africain, Asie.
Vie et mœurs Il niche dans des trous d'arbres ou de rochers. L'unique couvée (parfois deux) annuelle compte généralement 5 ou 6 œufs (parfois de 4 à 8) dont la durée d'incubation est de l'ordre de 2 semaines. Les petits, nidicoles, restent au nid environ 21 jours et sont élevés par les deux parents. Le cri est un « pii » caractéristique. L'alimentation du moineau soulcie est constituée de graines, de blé et d'invertébrés.

---

296 PHAETON AETHEREUS

Phaéton éthéré

Classification Ordre des Pélécaniformes, famille des Phaétonidés.
Caractéristiques D'une silhouette très élancée, cette espèce a les ailes longues et étroites, avec les deux rectrices centrales de la queue allongées et filiformes. Longue d'environ 90 à 105 cm (en tenant compte des rectrices centrales), sa couleur est d'un blanc uniforme avec des barres sur le dos et une raie autour de l'œil, le tout de couleur noire. Le bec est rouge vif. En vol, on remarque deux taches noires à l'extrémité des ailes. Les jeunes sont rayés de noir et n'ont pas les rectrices allongées.
Milieu Zones pélagiques et côtières durant la saison de la reproduction.
Diffusion Aires tropicales des océans Pacifique, Atlantique et Indien.
Vie et mœurs De mœurs peu grégaires, il parcourt de grandes distances en vol au-dessus de la mer, sur laquelle il peut se poser et nager sur de courts trajets. Il s'approche des côtes au temps de la nidification pour pondre un seul œuf sur le sable nu ou dans les rochers. Les parents se relaient pour assurer l'incubation, qui dure de 41 à 45 jours. Le petit est capable de voler au bout de 70 à 100 jours et suit les adultes pendant une longue période. Les phaétons se procurent leur nourriture, poissons et céphalopodes (calmars), en survolant la surface de la mer et en plongeant d'une certaine hauteur, comme les sternes.

297 PHAINOPEPLA NITENS
Phainopepla noir

Classification Ordre des Passériformes, famille des Bombycillidés.
Caractéristiques Sa longueur est d'environ 18 cm. Il est entièrement de couleur noire, à l'exception d'une large tache blanche à l'extrémité des ailes, tache aisément visible en vol. Le plumage est d'aspect soyeux et une crête de plumes proéminente surmonte la tête. La femelle et les jeunes sont plus gris et leurs taches alaires sont moins distinctes. Les ailes sont plutôt larges et courtes, le bec est long et mince.
Milieu Zones couvertes de buissons, bois et parcs.
Diffusion Amérique septentrionale.
Vie et mœurs Il hante des lieux secs à végétation clairsemée. Il est de mœurs partiellement migratrices. Quoique de mœurs grégaires, les couples nichent de façon solitaire. Le nid est édifié en matières végétales par le mâle exclusivement. Il est généralement installé sur un arbre. Les deux parents y couvent de concert les œufs, pondus au nombre de 2 à 4 (le plus souvent 2 ou 3) pendant une durée de 14 à 16 jours. Les petits volent à l'âge de 19 jours. Ces oiseaux ont l'habitude de se percher sur les branches des arbres, d'où ils guettent leurs proies et s'élancent sur elles. La nourriture de cette espèce se compose essentiellement d'insectes volants (diptères, lépidoptères) ainsi que d'une bonne proportion de baies sauvages de types variés.

298 PHALACROCORAX AFRICANUS
Cormoran africain

Classification Ordre des Pélécaniformes, famille des Phalacrocoracidés.
Caractéristiques D'une longueur d'environ 58 cm, cette espèce se distingue du grand cormoran *(Phalacrocorax carbo)* par sa taille, plus petite, par la couleur générale du plumage, qui est noir, avec une petite crête et des plumes blanches derrière l'œil, et par la queue, qu'il a assez longue. Parmi les autres espèces de cormorans, on rappellera le cormoran à double crête *(Phalacrocorax auritus)*, qui habite en Amérique du Nord, le petit cormoran australien *(P. melanoleucus)*, qui hante la bande insulaire entre Java, les îles Salomon, la Nouvelle-Zélande et l'Australie ; enfin, le cormoran pygmée *(P. pygmaeus)*.
Milieu Rives des lacs et cours d'eau, eaux côtières, zones de marais.
Diffusion Afrique.
Vie et mœurs Mêmes habitudes que les autres cormorans. Comme le mentionne G.F. Van Tets, les espèces de la famille des phalacrocoracidés peuvent se distinguer essentiellement par leurs caractères écologiques et éthologiques en quatre groupes : petits cormorans, grands cormorans, cormorans à crête et cormorans producteurs de guano. Le *P. africanus* appartient au groupe des petits cormorans. Il se nourrit de poissons et d'invertébrés aquatiques.

299 PHALACROCORAX ARISTOTELIS
Cormoran huppé

Classification Ordre des Pélécaniformes, famille des Phalacrocoracidés.
Caractéristiques Sa longueur est d'environ 76 cm. Il est plus petit que le grand cormoran et s'en distingue en outre par le cou, plus court et plus mince, la tête plus élancée et le bec plus long. Son plumage est noir à reflets verdâtres. A la saison de la reproduction, cette espèce porte sur la tête une courte crête à laquelle elle doit son nom. Les jeunes sont en général de couleur plus marron et ont les parties inférieures plus claires. Le cormoran huppé nage aussi bien en profondeur qu'en surface.
Milieu Côtes rocheuses, récifs.
Diffusion Europe, nord-ouest africain, Proche-Orient.
Vie et mœurs Il niche en colonies dans des nids grossiers faits de feuilles, branchettes, algues, construits par les deux sexes. La ponte est généralement de 3 œufs (parfois de 2 à 5, plus rarement 6) qui sont couvés par les deux parents dès la ponte du premier œuf et pendant une période de 30 jours environ. Les jeunes quittent le nid vers l'âge de 55 jours et il leur faut encore 3 semaines pour devenir indépendants. Le cormoran huppé se nourrit de poissons, d'invertébrés marins et de substances végétales.

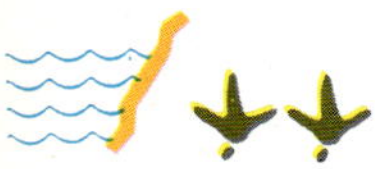

---

300 PHALACROCORAX BOUGAINVILLEI
Cormoran de Bougainville

Classification Ordre des Pélécaniformes, famille des Phalacrocoracidés.
Caractéristiques Long d'environ 68 cm, il porte sur le sommet de la tête une touffe de plumes ; les parties supérieures sont de couleurs sombres, les parties inférieures sont claires. Les yeux sont entourés de peau nue de couleur verdâtre, les pattes sont rouges. Par le fait qu'il est un des principaux producteurs de matière organique, les populations locales lui donnent le nom de « guanay ». De toutes les espèces de cormorans, c'est celle qui mène la vie la plus aérienne et qui a les ailes les plus fortes et les plus longues.
Milieu Côtes, îles.
Diffusion Amérique du Sud.
Vie et mœurs Ce cormoran est un des plus grands producteurs de guano (ses excréments qui, s'accumulant dans les colonies de reproduction, sont utilisés comme engrais naturel très recherché en raison de sa forte teneur en produits azotés). Sur certaines îles proches des côtes, la densité de peuplement de ces cormorans est telle que, comme le mentionne Jean Dorst, chaque mètre carré de terrain peut être occupé par 3 couples de cormorans en moyenne (comme chaque couple élève habituellement deux petits, cela fait une bonne douzaine d'oiseaux au mètre carré). Le « guanay », à la différence des autres cormorans, se nourrit surtout de poissons.

301 PHALACROCORAX CARBO
Grand cormoran

Classification Ordre des Pélécaniformes, famille des Phalacrocoracidés.
Caractéristiques Longueur atteignant environ 92 cm. Silhouette caractéristique, couleur foncée, long cou, long bec à la pointe inclinée. Le menton et les côtés de la face sont blancs (dans la sous-espèce *P. carbo sinensis,* et seulement en livrée nuptiale, le blanc sur la tête est plus étendu). Les sujets immatures sont brunâtres, avec parties inférieures claires.
Milieu Côtes, lagunes, estuaires, souvent aussi lacs et eaux courantes.
Diffusion Diverses parties d'Europe, d'Asie centrale et méridionale et d'Afrique, Australie et Amérique du nord-est.
Vie et mœurs Niche sur les côtes rocheuses et aussi sur les arbres, construisant un amas sommaire de branchettes sèches, d'herbes, d'algues, de substances végétales variées. La ponte compte 3 ou 4 œufs (parfois jusqu'à 6) qui sont couvés par les deux sexes pendant 28 ou 29 jours. Les petits sont nidicoles, ouvrent les yeux à 4 ou 5 jours, sont élevés et soignés par les deux parents. Ils volent à 50 à 60 jours, mais il leur faut de 11 à 12 semaines pour devenir indépendants. Le cormoran plonge pour capturer les poissons et crustacés dont il se nourrit (il consomme aussi des substances végétales). Au sol, il a une façon caractéristique d'ouvrir ses ailes, pour faire sécher ses plumes au soleil.

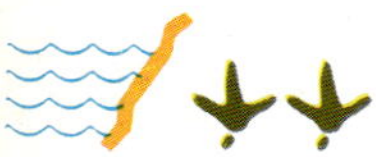

---

302 PHALAROPUS LOBATUS
Phalarope à bec étroit

Classification Ordre des Charadriiformes, famille des Phalaropodidés.
Caractéristiques D'une longueur d'environ 16 cm, en période estivale il présente un plumage sombre sur le dessus, la gorge et les parties inférieures étant blanches et les côtés du cou portant une tache orangée. Le bec est long, noir et mince. En période hivernale, le plumage est terne, grisâtre. En vol, on remarque sur les ailes une barre blanche. Les phalaropes ont les doigts légèrement palmés à la base et lobés sur les côtés. Ce sont des nageurs habiles.
Milieu Zones de marécages, étendues herbeuses humides, toundras, côtes.
Diffusion Europe, Asie, Afrique occidentale, Amérique du Nord.
Vie et mœurs Les phalaropes font partie des espèces pratiquant l'inversion des rôles entre les sexes ; c'est en effet la femelle, colorée de façon plus voyante que le mâle, qui prend l'initiative de la cour amoureuse, qui pond les œufs, puis laisse au mâle la charge de s'occuper des poussins. Le phalarope à bec étroit fait son nid à même le sol dans une dépression cachée parmi la végétation ; l'unique ponte comprend 4 œufs (parfois 3), dont le mâle assure l'incubation qui dure environ de 18 à 20 jours. Les poussins, nidifuges, sont élevés par le mâle pendant une période de 18 à 22 jours. Le phalarope se nourrit d'invertébrés et aussi de substances végétales.

303 PHAROMACHRUS MOCINNO
Quetzal ou couroucou royal

Classification Ordre des Trogoniformes, famille des Trogonidés.
Caractéristiques Les trogonidés, ou couroucous, sont des oiseaux aux couleurs vives ; ils ont une longue queue cunéiforme, le bec court et robuste et légèrement crochu. Le magnifique plumage du mâle combine le vert et le rouge avec un bec jaune, et les tectrices supérieures de la queue, vertes et extraordinairement allongées, peuvent atteindre jusqu'à 1 m de longueur. La femelle n'a qu'une coloration plus terne, verte et marron, avec le bec foncé, et elle est dépourvue des longues tectrices supra-caudales. La longueur définitive des plumes de couverture de la queue est atteinte, chez le mâle, à l'âge de 3 ans.
Milieu Forêts.
Diffusion Du Mexique méridional jusqu'à Panama.
Vie et mœurs Vénéré par les Mayas et les Aztèques, le quetzal est le symbole du Guatemala (la monnaie de ce pays porte son nom). Il a des habitudes fortement grégaires, sauf à la saison de la reproduction. Il pond une ou deux couvées par an dans des trous d'arbres, surtout dans des troncs pourris. Les œufs pondus sont habituellement au nombre de 2, que couvent les deux parents pendant 17 à 18 jours. Les petits restent au nid pendant une trentaine de jours. Le quetzal se nourrit surtout de substances végétales, mais consomme aussi des invertébrés, des lézards et des grenouilles.

---

304 PHASIANUS COLCHICUS
Faisan de chasse

Classification Ordre des Galliformes, famille des Phasianidés.
Caractéristiques Le mâle mesure environ 80 cm de longueur, dont environ 50 doivent être attribués à la longue queue ; la femelle ne mesure que 60 cm environ, et sa queue est plus courte (20 à 25 cm). Le plumage du mâle a des couleurs très vives et il est extrêmement variable suivant les sous-espèces : en général, la tête et le cou sont vert foncé à reflets métalliques, avec des caroncules d'un rouge écarlate qui entourent l'œil ; en outre, il porte deux huppes auriculaires. Le plumage du reste du corps est dans les teintes marron, avec des taches fauves et des raies noires sur la queue. Une variété mélanique a les parties inférieures très foncées. La femelle a des couleurs moins voyantes.
Milieu Zones boisées, terrains cultivés, champs et collines.
Diffusion Originaire d'Asie paléarctique occidentale, il a été introduit dans presque toute l'Europe.
Vie et mœurs Il niche généralement à même le sol, faisant une seule couvée de 7 à 15 œufs, pondus à la cadence de un par jour. L'incubation, assurée par la femelle, dure, à partir du moment où la couvée est achevée, de 23 à 27 jours environ. Les petits, nidifuges, sont élevés par la femelle et peuvent voler à l'âge de 12 à 14 jours. Le mâle est polygame. L'alimentation, très variée, se compose de glands, de grains, de baies et de végétaux divers, ainsi que de petits invertébrés.

305 PHILETAIRUS SOCIUS
Républicain

Classification Ordre des Passériformes, famille des Plocéidés.
Caractéristiques Le passereau républicain est un oiseau long de quelque 14 cm, au plumage de couleur terne et uniforme, les parties supérieures, brun grisâtre, ressemblant à des écailles parce que les plumes du dos sont dotées de bords de teinte claire ; la gorge est noirâtre, les parties inférieures étant plus claires et plus ternes. Il appartient à la sous-famille des plocéipassérinés, qui, selon l'ornithologue H.E. Wolters, comprend 8 espèces.
Milieu Savanes, buissons.
Diffusion Afrique méridionale.
Vie et mœurs Le républicain construit des nids communautaires caractéristiques, aux proportions énormes, que les Sud-Africains nomment « familievoel ». Sur de solides branches d'arbres ou sur les poteaux télégraphiques, plusieurs couples construisent en substances végétales un vaste nid pourvu de plusieurs « chambres » pour les différents couples, qui sont monogames. L'ouverture de ces logettes est dirigée vers le bas. Ces nids sont utilisés plusieurs années de suite, avec enrichissement de matériaux. Les ornithologues N.E. et E.C. Collias ont observé une colonie à peu près centenaire, formée de 4 nids communautaires dont le plus gros mesurait 4,80 m de long et 3,80 m de large, et comprenait 125 ouvertures.

---

306 PHILOMACHUS PUGNAX
Chevalier combattant

Classification Ordre des Charadriiformes, famille des Scolopacidés.
Caractéristiques Le mâle est long d'environ 25 cm, la femelle ne mesure que 23 cm. En livrée nuptiale, le mâle ne peut être confondu avec aucun autre, présentant deux touffes de plumes érectiles aux oreilles et un ample collier de plumes de couleurs très variables, combinaison de noir, de châtain, de crème et de blanc, qui ne dure d'ailleurs que très peu de temps. Les parties supérieures sont de teinte foncée (brunâtre), la poitrine est fauve, le ventre blanc. La livrée d'automne-hiver est brunâtre, les parties inférieures étant alors claires. Les jeunes ressemblent à la femelle, dont les parties supérieures sont plus marquées de taches. En vol, on remarque la couleur foncée des ailes, qui portent une tache blanche ovale sur les côtés.
Milieu Toundras, terrains herbeux et humides, marais, marécages.
Diffusion Europe, Asie, Afrique.
Vie et mœurs Les mâles dans leur étonnante livrée nuptiale se disputent les femelles dans des « arènes » spécialement vouées à ces parades. Chaque mâle féconde plusieurs femelles. La femelle pond dans une cavité du sol généralement 4 œufs (plus rarement 3), qui seront couvés pendant 20 à 21 jours. Les petits, nidifuges, suivent la femelle, qui s'occupe d'eux pendant plusieurs jours. Le chevalier combattant est principalement insectivore.

307 PHOENICOPTERUS RUBER

Flamant rose

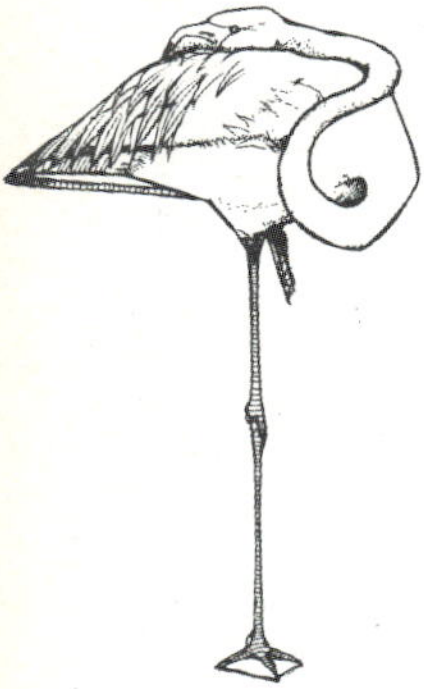

Classification Ordre des Ciconiiformes, famille des Phœnicoptéridés.
Caractéristiques Oiseau des plus remarquables par son aspect, il atteint la longueur de 127 cm, avec des pattes et un cou très longs, et le bec recourbé de façon caractéristique qui lui permet de se nourrir d'une façon très particulière en tamisant le fond des zones de marécages. Les jeunes sont de couleur brun blanchâtre.
Milieu Lagunes, lacs, estuaires, milieux marécageux en général.
Diffusion Afrique, Asie du sud-ouest, Amérique centrale, Europe méridionale.
Vie et mœurs Généralement grégaire, il niche en colonies très nombreuses, construisant des nids coniques en boue et en sable. Il pond 1 ou 2 œufs, dont l'incubation, assurée par le mâle et la femelle, dure de 28 à 32 jours. Les petits quittent le nid au bout de 4 jours environ et suivent les parents. Ils voleront vers 78 jours. On connaît deux sous-espèces du flamant rose : le *Phoenicopterus ruber roseus* d'Asie, Afrique et Europe méridionale, le *P.r. ruber* d'Amérique centrale.

---

308 PHOENICURUS OCHRURUS

Rouge-queue noir

Classification Ordre des Passériformes, famille des Turdidés.
Caractéristiques Long d'environ 14 cm, il est de couleur sombre ; le mâle a le plumage noir de fumée, avec la poitrine et la queue noires, une tache blanchâtre sur l'aile. Le plumage est plus clair en période automnale. La femelle est de couleur plus claire, brunâtre, plus dense dans les parties supérieures ; les pattes et le bec sont foncés, la queue et le dessus de la queue sont rougeâtres.
Milieu Zones rocheuses, vieux édifices, ruines, corniches des maisons.
Diffusion Europe, Asie centrale, Afrique.
Vie et mœurs Il niche dans des trous de rochers, de murs, pondant 2 couvées (parfois 3) constituées généralement de 4 à 6 œufs, qui sont couvés par la femelle pendant 12 à 16 jours. Les petits, nidicoles, sont élevés par les deux parents ; la durée de séjour au nid varie de 12 à 19 jours. L'alimentation est surtout constituée d'invertébrés (insectes, etc.).

309 PHOENICURUS PHOENICURUS

Rouge-queue

Classification Ordre des Passériformes, famille des Turdidés.
Caractéristiques Long d'environ 14 cm, le mâle est doté d'un plumage caractéristique : la face et la gorge sont noires, la poitrine, les flancs et le croupion sont rougeâtres, le sommet de la tête et le dos bleuâtres ; au-dessus des sourcils se trouve une tache blanche. Chez la femelle, le dessus est brun grisâtre, le dessous fauve clair. Les individus jeunes ont la poitrine tachetée. La queue est toujours rougeâtre, avec les rectrices centrales plus foncées.
Milieu Bois, parcs, jardins.
Diffusion Europe, Afrique, Asie.
Vie et mœurs Il niche dans des trous d'arbres, de murs, de constructions. Les deux pontes annuelles sont généralement constituées de 6 ou 7 œufs (rarement de 4 à 10) qui sont couvés par la femelle pendant 11 à 14 jours. Les petits, nidicoles, restent au nid de 14 à 20 jours et sont élevés par les deux parents. L'alimentation est constituée d'invertébrés.

310 PHYLLOSCOPUS COLLYBITA

Pouillot véloce

Classification Ordre des Passériformes, famille des Sylviidés.
Caractéristiques Long d'environ 10 cm, il a le dessus du corps de couleur brunâtre légèrement dégradée en vert olive. Le dos est plus verdâtre. Le dessous est blanc-rose. Il ressemble au pouillot fitis *(Phylloscopus trochilus)* mais celui-ci a les pattes noirâtres et la couleur nuancée. Les parties inférieures des ailes et le dessous de la queue sont de couleur jaune.
Milieu Bois, parcs, jardins, terrains découverts.
Diffusion Europe, Afrique, Asie.
Vie et mœurs Il niche à même le sol ou au milieu de la basse végétation des buissons et des ronces, où la femelle construit un nid sphérique à ouverture latérale, fait d'herbes, de mousse, de feuilles mortes, de plumes, etc. L'unique ponte annuelle (parfois deux) est généralement constituée de 4 à 9 œufs pondus à la cadence de un par jour. L'incubation, assurée par la femelle, dure de 13 à 14 jours. Les petits, nidicoles, restent au nid environ 12 à 15 jours. Le chant est caractéristique, et peut se traduire par « tchiff-tchiff-tchiff-tchaff-tchaff ». L'alimentation est composée d'invertébrés (insectes, araignées, etc.). Le pouillot fitis est un oiseau migrateur dans toute l'acception du terme, car il niche dans les régions nordiques d'Europe et hiverne dans les tropiques et zones subtropicales de l'hémisphère austral.

311 PICA PICA
Pie d'Europe ou pie bavarde

Classification Ordre des Passériformes, famille des Corvidés.
Caractéristiques Elle est longue d'environ 46 cm (dont la moitié pour la queue) et la couleur de son plumage est noire et blanche, avec des reflets verdâtres. La queue présente un échelonnement de la longueur des rectrices, le bec et les pattes sont noirs. En vol elle est très caractéristique : de dessus, elle est noire, avec les scapulaires et la partie centrale des rémiges primaires blanches ; de dessous, le ventre et les extrémités des ailes sont blancs.
Milieu Terrains découverts, cultures, bosquets.
Diffusion Europe, Asie, Afrique du Nord, Amérique du Nord.
Vie et mœurs Elle construit un nid grossier, fait de bois sec et de substances végétales, enveloppé d'une coupole de brindilles sèches. Elle fait une seule couvée, constituée généralement de 5 à 8 œufs (rarement jusqu'à 10) que la femelle seule couve pendant 17 ou 18 jours. Les petits, nidicoles, sont élevés par les deux parents ensemble, restant au nid pendant environ 22 à 28 jours. La pie se nourrit surtout d'invertébrés (insectes). Elle lance un cri qui sonne comme « tchat-tchat-tchat-tchat ».

---

312 PICATHARTES GYMNOCEPHALUS
Picatharte chauve de Guinée

Classification Ordre des Passériformes, famille des Muscicapidés.
Caractéristiques Dans la famille des Muscicapidés, les picathartes se singularisent, formant la tribu des picathartinés qui comprend deux espèces : outre le picatharte chauve de Guinée, il y a le picatharte chauve du Cameroun *(Picathartes oreas)*. Ces deux espèces ont le plumage de couleur gris noirâtre, les parties inférieures blanches, les pattes très longues. Le picatharte chauve de Guinée présente une couleur jaunâtre orangé sur la tête chauve, avec une tache latérale noire. Le picatharte du Cameroun a la tête rouge, noire et bleu ciel. Le bec est noir et robuste.
Milieu Forêts, cours d'eau.
Diffusion Centre-ouest africain, localisé.
Vie et mœurs Les picathartes vivent au sol dans les forêts, se nourrissant d'insectes, de batraciens, de fruits. L'ornithologue Faust a étudié le comportement en matière de reproduction du picatharte chauve de Guinée au zoo de Francfort. Son nid est fait de boue de terre végétale, de chaumes et de feuilles. L'incubation dure environ 19 jours et le petit reste au nid pendant 19 à 25 jours. Le picatharte chauve du Cameroun niche dans des nids en cuvette faits de boue et de matières végétales, dans lesquels il pond 2 œufs.

313 PICOIDES TRIDACTYLUS

Pic tridactyle

Classification Ordre des Piciformes, famille des Picidés.
Caractéristiques Long d'environ 21 cm, il est de couleur noire avec une large bande blanche allant de la nuque jusqu'au croupion. Les joues sont noires. Le mâle a la partie centrale du haut de la tête de couleur jaune, alors que cette région, chez la femelle, est noire. Les parties inférieures sont blanches, avec les flancs barrés de noir assez pâle. Les pattes ont trois doigts. Une espèce nord-américaine, le pic maculé *(Sphyrapicus varius)*, longue de quelque 24 cm, présente différentes variétés de couleurs (en général, du rouge sur le front et sur la gorge), et se nourrit principalement de la sève des plantes.
Milieu Forêts et zones de montagnes.
Diffusion Régions montagneuses d'Europe, d'Asie et d'Amérique du Nord.
Vie et mœurs Il niche dans des trous d'arbres, dans lesquels il pond une seule couvée, habituellement composée de 4 ou 5 œufs (parfois 3 ou 6) que couvent les deux membres du couple pendant environ 14 jours. L'alimentation du pic tridactyle se compose principalement d'invertébrés (insectes) qu'il trouve dans le bois des arbres, ainsi que de graines et de fruits.

---

314 PICUS VIRIDIS

Pic vert

Classification Ordre des Piciformes, famille des Picidés.
Caractéristiques Long d'environ 31 cm, il a le plumage vert sur le dessus, plus pâle dans les parties inférieures. Le sommet de la tête est rouge, le croupion jaunâtre ; les côtés de la tête sont noirs, avec des « moustaches » rouges bordées de noir. Les individus jeunes ont une couleur plus pâle, coupée de différentes barres et rayures.
Milieu Bois, parcs, jardins, régions à arbres espacés.
Diffusion Europe, Proche-Orient, nord-ouest africain.
Vie et mœurs Il niche dans des trous d'arbres, où il pond une seule couvée, composée généralement de 5 à 7 œufs (parfois de 4 à 9, rarement jusqu'à 11). L'incubation est assurée par les deux membres du couple, qui nourrissent ensemble les petits avec des aliments régurgités. Les petits quittent le nid à l'âge de 18 à 21 jours. Le pic vert a en principe des mœurs solitaires. Il grimpe sur les troncs, se nourrissant des invertébrés qu'il débusque sous l'écorce. Il se nourrit aussi à terre, surtout de fourmis, sans dédaigner des baies et autres substances végétales. Il vole d'une façon caractéristique, alternant 3 ou 4 battements d'ailes avec des parcours ondulants à ailes fermées.

315 PIRANGA RUBRA
Tangara rouge

Classification Ordre des Passériformes, famille des Tanagridés.
Caractéristiques Long d'environ 18 cm, il est doté d'un bec large et robuste et d'une couleur de plumage plutôt voyante chez le mâle. Celui-ci est d'un rouge uniforme, plus foncé sur les ailes et la queue. La femelle et les jeunes, au contraire, sont de couleur brun olive sur le dessus et jaune pâle sur le dessous. Espèces voisines : tangara écarlate *(Piranga olivacea)* et tangara occidental *(Piranga ludoviciana)*.
Milieu Bois de feuillus et de conifères.
Diffusion Amérique du Nord et du Sud.
Vie et mœurs L'espèce passe l'été dans les bois le long des cours d'eau et dans des bois plus secs de chênes, de charmes, de noisetiers et de pins dans les zones septentrionales de son aire de répartition, et hiverne en Amérique du Sud. Le nid, construit au moyen d'herbes et de petits morceaux d'écorce et garni de fibres végétales, est établi sur une branche horizontale. Les œufs, au nombre de 3 à 5 (généralement 4) sont couvés exclusivement par la femelle pendant environ 12 jours. Les petits, nourris par les deux parents, quittent le nid à l'âge de 10 jours et plus. La nourriture se compose surtout d'insectes (principalement guêpes, abeilles et autres hyménoptères), ainsi que de baies et de fruits sauvages.

---

316 PITANGUS SULPHURATUS
Tyran à ventre jaune

Classification Ordre des Passériformes, famille des Tyrannidés.
Caractéristiques Les tyrannidés sont des oiseaux dont la taille varie de 6,5 cm à 30 cm, insectivores, très agressifs, répandus dans les Amériques. Morphologiquement, ils sont semblables aux gobe-mouches de l'Ancien Monde, et sont dotés de 10 rémiges primaires. Aux côtés du bec, ils portent des soies qui servent à prendre au piège les insectes en vol ; chez certaines espèces, cependant, ces soies sont peu développées, et l'alimentation est alors composée de préférence de graines et de baies. La forme du bec est très variable. Le tyran à ventre jaune, long d'environ 20 cm, présente un plumage brun rougeâtre sur le dessus ; la tête est noire, avec une raie blanche sur les yeux. Les parties inférieures sont claires, jaunâtres.
Milieu Bois.
Diffusion Du sud du Texas à l'Argentine.
Vie et mœurs Les tyrannidés construisent des nids de différents types suivant les espèces : ouverts, en dôme, dans une fourche de branches, pendants, posés sur une plate-forme de boue, sur la roche, dans des trous. Ce sont des oiseaux en principe monogames. Suivant les espèces, la ponte est de 2 à 6 œufs, dont l'incubation dure de 12 à 23 jours. Les petits, nidicoles, restent au nid environ 14 à 28 jours. En outre des insectes, le tyran à ventre jaune capture parfois de petits poissons dans les étangs et les ruisseaux.

317 PITTA GUAJANA
Brève à queue bleue

Classification Ordre des Passériformes, famille des Pittidés.
Caractéristiques Les espèces de la famille des pittidés sont des oiseaux aux couleurs très vives. Leur taille varie de 15 à 28 cm. L'aspect général des pittidés est celui de petits corps replets, rondelets, à grosse tête, pattes longues, queue courte et carrée. Ce sont des oiseaux répandus dans l'Ancien Monde, de l'Afrique (où deux espèces sont présentes) au Japon, à l'Australie et aux îles Salomon. La brève à queue bleue a un plumage de couleur vive, brun sur le dessus, aux ailes plus foncées bordées de blanc, à la queue bleue, à la tête noire et jaunâtre, portant une bande noirâtre sur le haut de la poitrine, avec des vermiculures brunes sur le dessous.
Milieu Forêts.
Diffusion Sud-Est asiatique.
Vie et mœurs Les brèves vivent sur le sol ou à faible hauteur dans les forêts, arrivant jusqu'à l'altitude de 2500 m environ. Généralement, elles accomplissent en vol des trajets assez courts, mais à l'époque des migrations elles se déplacent jusqu'aux régions tropicales, comme le mentionnent Rudolf Berndt et Wilhelm Meise. Elles se nourrissent surtout d'invertébrés, et parfois même de lézards. Elles nichent au sol ou à faible distance du sol, pondant de 2 à 6 œufs suivant les espèces. Les petits sont nidicoles.

---

318 PLATALEA LEUCORODIA
Spatule blanche

Classification Ordre des Ciconiiformes, famille des Threskiornithidés.
Caractéristiques C'est un oiseau des plus remarquables, long d'environ 86 cm, au plumage blanc avec une zone fauve à la base du cou pendant l'été, les pattes noires, le long bec caractéristique en spatule, noir à pointe jaunâtre ; les adultes portent une petite touffe de plumes sur le sommet de la tête en été. Les individus jeunes sont dépourvus de crête et de taches sur la gorge, ont la pointe des rémiges primaires noire, le bec rose grisâtre, les pattes jaune grisâtre. En vol, la spatule tient le cou tendu.
Milieu Zones de marais, estuaires, lagunes.
Diffusion Certaines régions d'Europe, Asie méridionale et Afrique.
Vie et mœurs Niche en colonies, en général parmi les roseaux, où elle construit des nids faits de branches sèches, de roseaux, de substances végétales. Elle pond une seule couvée, généralement de 4 œufs (parfois de 3 ou 5) qui sont couvés par les deux sexes pendant environ 21 jours. Les petits, nidicoles, sont élevés par les deux parents, quittent le nid vers l'âge de 4 semaines et volent vers l'âge de 7 semaines. La spatule se nourrit de petits animaux (poissons, insectes, grenouilles) et de substances végétales.

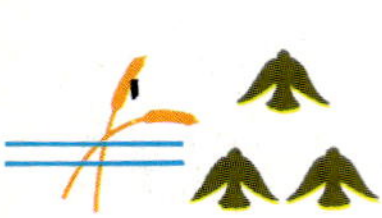

319 PLECTROPHENAX NIVALIS
Bruant des neiges

Classification Ordre des Passériformes, famille des Embérizidés.
Caractéristiques Sa longueur peut atteindre 16 cm. Chez le mâle, les parties supérieures, le cou et la tête sont blancs, les autres parties supérieures sont noires, les rémiges primaires sont noires à base blanche, les rémiges secondaires sont blanches en grande partie, avec une tache blanche à l'extrémité. Les tectrices alaires sont blanches. Le bec et les pattes sont noirs. Chez la femelle, les parties supérieures sont d'un gris noirâtre, les parties inférieures sont blanchâtres, avec des taches grises sur les flancs.
Milieu Terrains découverts et pierreux, dans les zones arctiques, côtes, parfois champs.
Diffusion Zones septentrionales d'Europe, d'Asie, d'Amérique.
Vie et mœurs Niche au sol dans des trous de rochers ou de vieux édifices. Le mâle est parfois polygame. Les deux couvées annuelles sont généralement composées de 4 à 6 œufs (plus rarement 7 ou 8). L'incubation, assurée par la femelle, dure de 10 à 15 jours. Les petits, nidicoles, sont alimentés dans les premiers temps par la femelle seule, puis par les deux parents ensemble. Ils restent au nid pendant environ 10 à 14 jours. C'est un des oiseaux qui vivent le plus au nord. Il se nourrit surtout de graines, mais aussi d'invertébrés.

---

320 PLEGADIS FALCINELLUS
Ibis falcinelle

Classification Ordre des Ciconiiformes, famille des Threskiornithidés.
Caractéristiques Longueur environ 56 cm. Plumage noirâtre uniforme avec passages verts et rouges dégradés (tirant davantage sur le brun-pourpre au printemps, sur le noirâtre en hiver). Le bec est long et arqué, les pattes sont brun-gris. Chez les individus jeunes, la couleur est plus uniforme, plus brune, avec les parties inférieures claires. En vol, le cou et les pattes sont tendus et l'animal prend une apparence bossue.
Milieu Marais, eaux stagnantes, lagunes et côtes.
Diffusion Europe méridionale, Sud-Ouest et Sud-Est asiatiques, Afrique orientale, Amérique centrale, Australie.
Vie et mœurs Les mœurs sont grégaires. La nidification se fait en colonies avec d'autres espèces d'oiseaux palustres. Le nid, grossier, fait de branches sèches, est établi parmi les roseaux, dans les buissons ou sur des arbres. La ponte est de 3 ou 4 œufs (occasionnellement 5, rarement 6) qui sont couvés par les deux membres du couple, mais surtout par la femelle, pendant 21 à 25 jours. Les petits, élevés par les deux parents, sont alimentés en nourriture régurgitée ; ils sont capables de voler au bout d'environ 6 semaines. L'ibis falcinelle se nourrit d'insectes, de mollusques, de petits batraciens et de petits poissons.

321 PLOCEUS SPEKEI
Tisserin de Speke

Classification Ordre des Passériformes, famille des Plocéidés.
Caractéristiques On range dans la sous-famille des plocéinés les espèces d'oiseaux « tisserins » proprement dits, qui, généralement, forment, suivant divers ornithologues, 68 espèces, réparties en 15 genres. De ces espèces, 5 vivent en Afrique méridionale, 2 à Madagascar, et toutes les autres en Afrique. La majorité de ces espèces vit dans les savanes découvertes, les autres dans des forêts. Le tisserin de Speke a le plumage de couleur jaunâtre, le dos et les ailes verdâtres, des barres noires. Le mâle porte une tache noire sur les côtés de la face, et, sous le bec, à la gorge. Le bec est robuste et légèrement recourbé. La couleur de la femelle est marron olivâtre.
Milieu Savanes ouvertes.
Diffusion Afrique.
Vie et mœurs La plupart des plocéinés vivent dans des savanes ouvertes, où ils mènent une vie en commun en imposantes colonies de nidification et sont le plus souvent polygames. Certaines espèces, au cours de leur évolution, se sont dispersées dans la forêt, acquérant des habitudes monogames et asociales, et transformant en outre la forme des nids. La construction du nid comprend la confection d'un anneau tressé assujetti aux branches et la chambre d'incubation est ensuite établie et fermée sur cet anneau.

---

322 PLUVIALIS APRICARIA
Pluvier doré

Classification Ordre des Charadriiformes, famille des Charadriidés.
Caractéristiques Long d'environ 28 cm, il présente un plumage de couleur marron foncé sur le dessus, avec présence de jaune d'or. Les parties inférieures des ailes sont blanches, la queue et le croupion sont de teinte sombre. La face, la gorge, la poitrine et le ventre sont noirs dans la livrée estivale, mais en période hivernale, les parties inférieures sont blanchâtres, barrées de noirâtre et de jaune. Une espèce très voisine, le pluvier doré asiatique américain *(Pluvialis dominica),* a, en été, les axillaires et le dessous de la queue gris fumée au lieu d'être blanchâtres.
Milieu Landes, toundras, estuaires, côtes, champs.
Diffusion Europe, Asie.
Vie et mœurs Il niche à même le sol, au sein de la végétation. L'unique ponte annuelle est généralement composée de 4 œufs (quelquefois 3) qui sont couvés par les deux membres du couple pendant 27 à 28 jours. Les petits, nidifuges, sont élevés par les deux parents ensemble, et deviennent indépendants dans le délai d'environ un mois. Le pluvier doré se nourrit principalement d'invertébrés (insectes, mollusques, crustacés, araignées) et aussi de substances végétales.

323 PLUVIALIS SQUATAROLA

Pluvier argenté

Classification Ordre des Charadriiformes, famille des Charadriidés.
Caractéristiques D'une longueur d'environ 28 cm, il a un plumage dont la couleur, au printemps et à l'automne, est grisâtre sur le dessus, avec les plumes décorées d'argent. Le dessous est noir, d'un noir qui commence aux joues et à la gorge et qui manque dans la partie basse du ventre et du dessous de la queue. En période d'automne-hiver, ce plumage se ternit, les parties supérieures sont gris pâle, les parties inférieures sont blanchâtres avec les axillaires noires.
Milieu Toundras, zones marécageuses, estuaires, côtes.
Diffusion Niche dans les zones du Cercle polaire arctique. Migre plus au sud, en Europe et en Asie.
Vie et Mœurs Il niche au sol. L'unique ponte annuelle compte généralement 4 œufs (rarement 3) qui sont couvés par les deux parents pendant environ 23 jours. Les petits, nidifuges, sont élevés par les deux parents ensemble. Le cri qu'il émet est une sorte de lamentation qui sonne comme « toui-ii ». Le pluvier argenté se nourrit de différents invertébrés (mollusques, crustacés, insectes), mais aussi de substances végétales.

---

324 PLUVIANUS AEGYPTUS

Pluvian d'Égypte

Classification Ordre des Charadriiformes, famille des Glaréolidés.
Caractéristiques C'est un oiseau caractéristique, dont le plumage est gris pâle sur le dessus et blanc jaunâtre dans les parties inférieures. Les ailes portent du noir et du blanc. La tête est noire et traversée d'une raie blanche ; le noir arrive jusqu'au haut du dos et une bande noire traverse les parties inférieures au bas de la poitrine. Les pattes sont gris verdâtre.
Milieu Rives sableuses des rivières, zones de marais.
Diffusion Afrique tropicale.
Vie et mœurs Niche au sol dans des dépressions, dans la zone sableuse le long des rives des rivières et des lacs. Il pond d'habitude 3 œufs (parfois 2 ou 4) dont la durée d'incubation n'est pas connue avec précision. Les petits, nidifuges, suivent les parents, qui les entretiennent pendant les premiers temps. Le pluvian d'Égypte enterre dans le sable ses œufs et parfois même ses petits. Cette espèce est bien connue en raison de la légende selon laquelle elle becquetterait les restes de nourriture dans les mâchoires ouvertes des crocodiles. Cela vient du fait qu'on voit souvent ces oiseaux en compagnie de ces sauriens ou perchés sur leur dos.

325 PODARGUS STRIGOIDES
Grand podarge

Classification Ordre des Caprimulgiformes, famille des Podargidés.
Caractéristiques Long d'environ 25 cm, il a un aspect trapu et robuste, la queue longue et pointue, les pattes courtes et faibles et le bec large et plat, avec la pointe en crochet. Les yeux, situés en position plutôt antérieure, favorisent une bonne vision binoculaire. Le plumage, semblable dans les deux sexes, est très mimétique avec sa couleur marron-gris à raies et taches blanches et brunes diversement disposées.
Milieu Bois, forêts tropicales.
Diffusion Australie, Tasmanie, Nouvelle-Guinée.
Vie et mœurs Les podarges cherchent leur nourriture le plus souvent sur le sol, prompts à s'envoler au moindre signe de danger, pour aller se percher sur les arbres, se confondant alors de façon extraordinaire avec l'écorce des branches et du tronc grâce à l'habitude qu'ils ont de rester parfaitement immobiles. Les podargidés sont dotés d'une grande bouche et lorsqu'ils la tiennent grande ouverte sa couleur intérieure, vive comme celle des fleurs, attire les insectes. Le nid est construit en petites branches, en duvet et en lichens sur les arbres, et il reçoit une couvée de 1 ou 2 œufs que les deux adultes couvent pendant 30 jours. Les petits, nidicoles, sont soignés et nourris par les deux parents. La nourriture est composée d'animaux capturés au sol, dans le feuillage et les buissons : invertébrés et jusqu'à de petits batraciens et rongeurs.

---

326 PODICEPS CRISTATUS
Grèbe huppé

Classification Ordre des Podicipédiformes, famille des Podicipédidés.
Caractéristiques Long d'environ 47 cm, il pèse de 590 à 1 400 g ; c'est le plus gros des grèbes de l'Ancien Monde et il est facilement reconnaissable aux huppes de plumes noirâtres qui ornent ses joues et, à la saison de la reproduction, au panache châtain et noir qu'il porte aux côtés de la tête. Les jeunes ont sur le cou et la tête des raies blanches et noires. Les poussins sont clairs, à rayures brun foncé.
Milieu Étangs, marais et zones marécageuses en général.
Diffusion Europe, Asie, Afrique et Australie.
Vie et mœurs Construit son nid au sein de la végétation palustre, à laquelle il l'assujettit fermement ; la femelle y pond à intervalles d'environ 2 jours de 3 à 6 œufs (normalement 4) que couvent les deux parents et qui éclosent au bout de 25 à 29 jours. Les poussins sont précoces et suivent les adultes pour se nourrir, restant généralement sous leur dépendance pendant environ 6 semaines (parfois jusqu'à 12 semaines). Le cérémonial de la cour est très caractéristique chez cette espèce, comprenant une phase préliminaire entre les deux partenaires, une position relevée du corps au-dessus de la surface de l'eau et ce que l'on nomme « attitude du pingouin », avec offrandes de fleurs aquatiques.

327 PODICEPS GRISEIGENA

Grèbe jougris

Classification Ordre des Podicipédiformes, famille des Podicipédidés.
Caractéristiques Sa longueur est d'environ 43 cm. Le plumage en période estivale est gris-brun dans les parties supérieures, blanc dans les parties inférieures. La partie antérieure et les côtés du cou sont châtains, la base du bec est jaune et les joues sont gris blanchâtre. Sur le haut de la tête se trouvent deux houppettes noires. En hiver, le plumage est semblable à celui du grèbe huppé, mais cette espèce se différencie par une taille moindre, par le bec noir et jaune, par le cou plus gris, l'absence de bande blanche aux sourcils et la couleur noire du sommet de la tête, qui arrive jusqu'à la hauteur des yeux.
Milieu Zones de marais, lacs, rivières au cours lent, côtes et estuaires.
Diffusion Europe, Asie, Afrique méridionale.
Vie et mœurs Niche au milieu de la végétation aquatique dans un amas de branches sèches, de roseaux et d'autres substances végétales. La ponte est d'une seule couvée normalement composée de 4 ou 5 œufs (plus rarement de 2 à 7) dont l'incubation est assurée par les deux membres du couple et dure environ 22 à 25 jours. Les petits, nidifuges, sont élevés par les deux parents et deviennent indépendants au bout d'environ 8 à 10 semaines. Le grèbe jougris se nourrit de petits poissons, grenouilles et invertébrés.

---

328 PODICEPS RUFICOLLIS

Grèbe castagneux

Classification Ordre des Podicipédiformes, famille des Podicipédidés.
Caractéristiques Avec sa longueur de 27 cm environ, il est sans nul doute le plus petit des grèbes que l'on rencontre en Europe. Dans le plumage d'été, il est de couleur brun foncé avec les joues, la gorge et le front rougeâtres. La base du bec est jaune verdâtre. Dans le plumage hivernal, la couleur est plus claire, brunâtre, avec la gorge blanche. Les jeunes ont un plumage de couleur plus claire et ont des barres brunes aux côtés de la tête.
Milieu Zones palustres, cours d'eau et lacs.
Diffusion Europe, Asie, Afrique.
Vie et mœurs Niche au sein de la végétation aquatique. Le nid, comme chez les autres grèbes, est un amas flottant amarré à la végétation ou à une langue de terre ou de boue ; il est formé de branches sèches, de roseaux, de plantes aquatiques. La ponte est de 2 couvées (parfois 3) généralement composées de 4 à 6 œufs que couvent les deux membres du couple pendant 19 à 25 jours. Les petits, nidifuges, sont élevés par les parents ; ils sont indépendants à l'âge de 42 jours et volent vers 44 à 48 jours ; ils se font souvent porter sur le dos par les adultes. Les grèbes émettent un « ouit-ouit » fort et bref. Ils se nourrissent d'invertébrés, de substances végétales et de petits poissons.

329 POEPHILA GOULDIAE

Diamant de Gould

Classification Ordre des Passériformes, famille des Estrildidés.
Caractéristiques Longueur environ 11 cm, à laquelle il faut ajouter les 4 cm des rectrices centrales filiformes. C'est un estrildidé particulièrement bariolé au dessus vert, à la tête rouge, au bec de couleur claire, au cou noir orné d'une raie noire qui va s'allongeant en encadrant la tête rouge et que suit une bande bleu ciel plus étendue sur les côtés ; la poitrine est d'un bleu violacé, les parties inférieures étant jaune dégradé tendant au blanchâtre. Les rectrices centrales de la queue sont longues et noires.
Milieu Le long des cours d'eau, terrains découverts, savanes.
Diffusion Australie septentrionale.
Vie et mœurs C'est un oiseau de mœurs sociables, qui ne construit pas de nid, mais niche dans des trous d'arbres. Cette espèce, particulièrement sensible au froid, ne se trouve bien que lorsque la température avoisine 30 °C. Les estrildidés construisent des nids sommaires et presque sphériques, d'un diamètre de 10 à 20 cm. Ils pondent de 4 à 6 œufs (rarement jusqu'à 9). L'incubation dure de 12 à 18 jours. Les petits abandonnent le nid au bout de trois semaines approximativement.

330 POLEMAETUS BELLICOSUS

Aigle martial

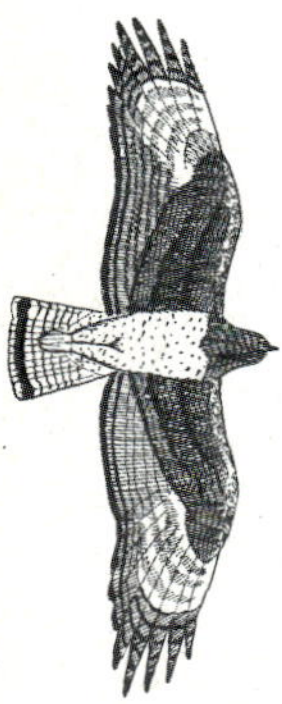

Classification Ordre des Falconiformes, famille des Accipitridés.
Caractéristiques C'est un rapace de grande taille, long d'environ 72 à 90 cm. Le dos, la tête et le cou sont de couleur gris-brun, de même que la poitrine et les ailes. Les parties inférieures sont blanches, avec quelques taches noires. Une longue crête de plumes de teinte sombre surmonte la tête. La femelle, légèrement plus grande que le mâle, atteint le poids de 6,2 kg et une envergure de près de 2,50 m.
Milieu Savanes, zones broussailleuses et semi-désertiques.
Diffusion Afrique centrale et méridionale.
Vie et mœurs Le nid (ou les nids, car chaque couple possède plusieurs nids qu'il occupe à tour de rôle chaque année) est construit sur les plus hautes branches des arbres. D'habitude, la ponte ne compte qu'un seul œuf, que la femelle couve seule pendant environ 45 jours. Le jeune accomplit son premier vol à l'âge de 100 jours. Cette espèce se reproduit irrégulièrement et ne pond pas tous les ans. L'alimentation comprend une forte proportion d'oiseaux (jusqu'à la taille d'une outarde) et de mammifères de moyenne et de grande taille (damans, antilopes dik-dik) que cet aigle tue à l'aide de ses serres puissantes et vigoureuses. A la chasse il utilise deux techniques différentes : celle de l'affût, où il se tient perché sur un arbre, prêt à fondre sur la proie repérée, et celle de la recherche en vol.

331 POLYBORUS PLANCUS
Caracara

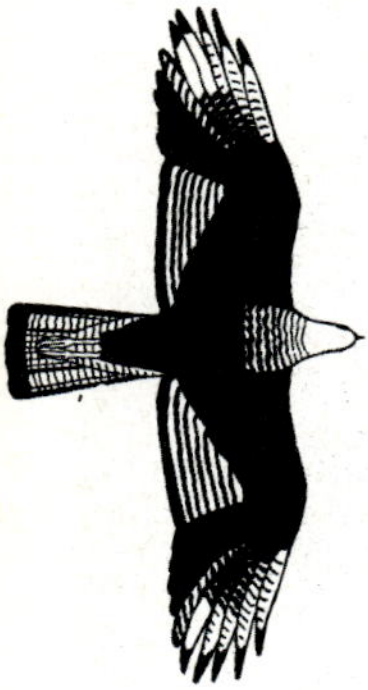

Classification Ordre des Falconiformes, famille des Falconidés.
Caractéristiques C'est un rapace de taille moyenne, long d'à peu près 50 à 65 cm, plutôt trapu d'apparence. Les parties supérieures sont de couleur brune, plus foncée sur la tête, qui porte un petit toupet de plumes, et sur le haut de la poitrine. La gorge et les côtés de la tête sont blancs, de même que le reste des parties inférieures qui présentent des rayures de teintes sombres. L'iris est brun et la peau nue de la face est rouge. Les sujets immatures ont des couleurs moins voyantes et moins brillantes. L'envergure dépasse 1 m.
Milieu Zones découvertes, aussi bien sèches que marécageuses.
Diffusion Amérique centrale et méridionale.
Vie et mœurs Il niche aussi bien au niveau de la mer que jusqu'à une altitude de 3000 mètres, dans la chaîne des Andes. Il construit son nid dans les arbres, y compris les palmiers et cactus, ou encore à même le sol, quand il n'y a pas d'arbres, comme c'est le cas dans les pampas. La couvée de 2 ou 3 œufs (rarement 4) est assurée par le couple et l'incubation dure environ 28 jours. Les petits, alimentés par les deux parents ensemble, volent à l'âge de 2 à 3 mois. Ce rapace, grâce à ses longues jambes, arpente le terrain en quête de nourriture, constituée de toutes sortes de petits animaux, de charognes et parfois aussi de substances végétales. On l'a vu suivre d'autres rapaces pour leur dérober leur proie.

---

332 PORPHYRIO PORPHYRIO
Poule sultane

Classification Ordre des Gruiformes, famille des Rallidés.
Caractéristiques Longueur d'environ 48 cm. Aspect trapu, beau plumage de couleur bleu-violet, dessous de la queue blanc, écu frontal sur le bec, qui est rouge, et pattes à longs doigts de couleur rose. Les sexes sont semblables. Les sujets jeunes sont brun grisâtre sur le dessus et plus clairs sur le dessous. Lorsque la poule sultane vole (très rarement), on remarque ses longues pattes pendantes.
Milieu Cannaies, marais, eaux stagnantes à végétation palustre dense.
Diffusion Europe méridionale, Afrique, Asie centrale et méridionale, Australie, Polynésie. En Europe, elle est localisée en Espagne méridionale et en Sardaigne.
Vie et mœurs Elle a des mœurs assez craintives, se cachant dans les parties touffues des cannaies palustres. Elle construit un nid en roseaux et branchettes sèches et autres substances végétales, dans les roseaux ou même parfois en pleine eau. Elle y pond en général de 2 à 5 œufs (parfois 7) qui sont couvés par les deux adultes mais principalement par la femelle, pendant une durée de 22 à 25 jours. Les petits, nidifuges, sont élevés par les deux parents. La poule sultane se nourrit de substances végétales et d'animaux aquatiques (des insectes aux grenouilles).

333 PROCELLARIA DIOMEDEA
Puffin cendré

Classification Ordre des Procellariiformes, famille des Procellariidés.
Caractéristiques Sa longueur est d'environ 50 cm. Brun-gris sur le dessus, il est blanc dans les parties inférieures. Le bec est grand et jaune. Les jeunes sont semblables aux adultes. En vol (envergure d'environ 1 m), il apparaît grisâtre sur le dessus, avec une sorte de « V » blanc sur la queue, qui est plus foncée, et le dessous est blanc avec le bord des ailes et de la queue de couleur sombre.
Milieu Pleine mer, côtes rocheuses.
Diffusion Méditerranée, zones marines et côtières de l'océan Atlantique.
Vie et mœurs Il niche en colonies parmi les galets et les anfractuosités des rochers. Le nid est grossier, construit en branchettes, bois sec, algues. Il pond un seul œuf blanc de forme ovale, que couvent les deux parents pendant une durée de 52 à 55 jours. Le petit reste au nid pendant 5 mois approximativement. Ce grand puffin émet la nuit de singuliers miaulements ; il se nourrit d'invertébrés marins, d'œufs de poissons, de substances végétales.

---

334 PRUNELLA COLLARIS
Accenteur alpin

Classification Ordre des Passériformes, famille des Prunellidés.
Caractéristiques Sa longueur est d'environ 17 cm. La gorge est blanchâtre moucheté de noir, le dessous est gris bleuâtre avec flancs rougeâtres, le dessus gris-brun à rayures. La queue est marron foncé, plus clair dans la partie terminale. En vol, des barres blanches se détachent sur les ailes. Les individus jeunes n'ont pas de mouchetures noires à la gorge.
Milieu Zones montagneuses, rocheuses et caillouteuses, jusqu'à la limite des neiges éternelles. En hiver, il descend à des altitudes inférieures, jusqu'en plaine.
Diffusion Europe, Asie, nord-ouest africain.
Vie et mœurs Le nid, cupuliforme, est construit en substances végétales par les deux membres du couple dans des cavités de rochers ou parmi la végétation. Il pond deux couvées, généralement de 3 à 4 œufs (rarement 5 ou 6), qui sont couvés par les deux adultes pendant une période de 15 jours. Les petits, nidicoles, quittent le nid au bout d'environ 16 jours. L'accenteur alpin se nourrit d'invertébrés (insectes, araignées) et aussi de substances végétales (graines, baies).

335 PRUNELLA MODULARIS

Accenteur mouchet

Classification Ordre des Passériformes, famille des Prunellidés.
Caractéristiques Sa longueur est d'environ 14 cm. Sa couleur est assez terne ; le dessus est de teinte sombre, strié de noir ; la poitrine, la gorge et la tête sont grises, le sommet de la tête est marron. Les parties inférieures sont gris clair. Les individus jeunes ont une coloration moins rougeâtre, la tête plus marron, et ils sont plus mouchetés.
Milieu Parcs, jardins, bois, buissons, haies.
Diffusion Europe, Proche-Orient.
Vie et mœurs Le nid, fait de substances végétales (branchettes, bois secs, racines, feuilles sèches, mousse), est construit par la femelle, parfois aidée par le mâle. Elle y pond deux couvées (parfois trois) composées généralement de 4 à 5 œufs (parfois de 3 ou 6) que couve la femelle pendant 12 à 13 jours. Les petits sont nidicoles et sont élevés par les deux parents ensemble ; ils restent au nid pendant une douzaine de jours. L'accenteur mouchet se nourrit d'invertébrés, mais aussi de substances végétales (graines, etc.).

---

336 PSITTACUS ERITHACUS

Perroquet gris ou jaco

Classification Ordre des Psittaciformes, famille des Psittacidés.
Caractéristiques Long d'une quarantaine de centimètres, c'est un perroquet assez difficile à confondre avec d'autres. Son plumage est de teinte générale grisâtre ; les rémiges sont noirâtres, la face est blanchâtre, les parties inférieures sont d'un gris plus clair, l'abdomen est blanchâtre et la queue rougeâtre. Le perroquet cendré fait partie de la tribu des psittacinés, bien connus pour leurs talents d'imitateurs des cris d'autres espèces ainsi que de la voix humaine.
Milieu Forêts, broussailles, clairières, champs.
Diffusion Afrique centro-occidentale.
Vie et mœurs Le perroquet gris est un des plus connus parmi les perroquets « parleurs » et montre une grande habileté à relier les paroles et les bruits à des situations déterminées. Le perroquet gris se voit souvent en groupes, par exemple lorsqu'il se dirige en quête de nourriture sur des champs de céréales. Il pond généralement de 3 à 4 œufs à intervalles de 3 jours l'un de l'autre. L'incubation dure environ 30 jours. Les petits, nidicoles, restent au nid pendant à peu près 80 jours. Une fois qu'ils ont quitté le nid, ils suivent encore les parents pendant environ quatre mois.

337 PTEROCLES ORIENTALIS
Ganga unibande

Classification Ordre des Columbiformes, famille des Ptéroclidés.
Caractéristiques D'une longueur d'environ 34 cm, le mâle (dessin ci-contre) présente des parties supérieures de couleur foncée avec différentes taches grises, rougeâtres, noirâtres et jaunes. La tête est de couleur grisâtre. Les côtés de la tête sont fauves, la gorge porte une tache noire, la poitrine est cendrée, ornée d'une bande noire ; le haut du ventre est clair et le reste est noir. Les rectrices de la queue sont assez longues. La femelle a une couleur plus tachetée et mimétique, et sa poitrine est tachetée jusqu'à la bande noire.
Milieu Zones sèches, caillouteuses, semi-désertiques, steppes herbeuses.
Diffusion Espagne, Portugal, Chypre, Proche-Orient, Afrique du Nord.
Vie et mœurs Niche sur le sol dans la végétation clairsemée. Pond une ou deux couvées constituées généralement de 2 ou 3 œufs, qui sont couvés par les deux membres du couple, dès la ponte du premier œuf, pendant une durée de 21 à 22 jours. Les petits sont élevés par les deux parents. Les gangas ont des mœurs grégaires et s'assemblent souvent avec les gangas cata *(Pterocles alchata).* Cette espèce se nourrit de substances végétales (haies, graines, jeunes pousses).

---

338 PTILONORHYNCHUS VIOLACEUS
Ptilonorhynque satiné ou oiseau satin

Classification Ordre des Passériformes, famille des Ptilonorhynchidés.
Caractéristiques Les ptilonorhynchidés, ou oiseaux jardiniers, oiseaux aux mœurs extraordinaires, observés pour la première fois par l'ornithologue John Gould, en 1839, sont apparentés aux oiseaux de paradis ; leur longueur totale est comprise entre 23 et 38 cm. Le ptilonorhynque satiné mesure environ 32 cm, et a un très beau plumage bleu foncé à reflets métalliques. La femelle présente un plumage brun clair, jaunâtre dans les parties inférieures.
Milieu Forêts.
Diffusion Nouvelle-Guinée et Australie.
Vie et mœurs En se servant de branches, de chaumes et autres substances végétales, la plupart des ptilonorhynchidés construisent des sortes de petites cabanes avec une antichambre, où le mâle effectue sa parade. Ces constructions ne sont pas utilisées comme nid, mais seulement comme accessoire du cérémonial de la cour amoureuse du mâle. Des études approfondies sur ce merveilleux comportement ont été conduites par les ornithologues A.J. Marshall et E.T. Gilliard. Après avoir construit ces plateformes particulières en branchettes sèches, avec parois appropriées, l'oiseau satin se sert avec son bec d'un fragment d'écorce qu'il imbibe de charbon de bois et de morceaux de fruits mélangés de salive pour « peindre » en bleu ses constructions.

339 PUFFINUS PUFFINUS

Puffin des Anglais

Classification Ordres des Procellariiformes, famille des Procellariidés.
Caractéristiques Long d'environ 36 cm, il a le plumage des parties supérieures de couleur très foncée, presque noire, tandis que les parties inférieures sont blanches. Vu de dessous, en vol, on remarque les bords des ailes qui sont noirs (dans la sous-espèce *Puffinus puffinus puffinus*). Dans la sous-espèce *P. p. mauretanicus* de la Méditerranée occidentale, les parties supérieures sont brunes et les parties inférieures blanches, mais avec des mouchetures foncées.
Milieu Iles et côtes rocheuses, pleine mer.
Diffusion Zones côtières et îles de l'Atlantique et de la Méditerranée.
Vie et mœurs Il vit en groupes et a des mœurs diurnes en pleine mer et nocturnes et crépusculaires sur les lieux de nidification. Il cherche sa nourriture, composée de poissons et autres animaux marins, en surface, plongeant à l'occasion. Il niche dans des galeries aménagées dans la terre entre les rochers dans les pentes herbeuses, que creusent les deux membres du couple. Il pond une seule couvée, d'un œuf unique, que couvent les deux adultes pendant une durée de 52 à 54 jours. Le petit, nidicole, est élevé pendant une durée de 59 à 62 jours, après quoi il reste encore dans le nid-terrier deux semaines de plus, environ, avant de s'aventurer au-dehors.

---

340 PYGOSCELIS ADELIAE

Manchot Adélie

Classification Ordre des Sphénisciformes, famille des Sphéniscidés.
Caractéristiques Long d'environ 70 cm, il pèse jusqu'à 5 kg ; ses plumes atteignent la longueur de 3,6 cm. Les espèces du genre *Pygoscelis* ont la queue assez longue et sont dépourvues de zones de couleurs vives sur le plumage. Le manchot Adélie a le dessus du corps noir, le dessous blanc, la tête noire avec un cerne oculaire blanc. Le bec est court.
Milieu Côtes, mer.
Diffusion Iles et côtes les plus méridionales de l'Antarctique.
Vie et mœurs Il niche en colonies composées de couples ayant l'expérience de la nidification (c'est-à-dire âgés d'au moins 4 ans) et d'autres inexpérimentés appelés à se stabiliser après l'accouplement. Ces derniers arrivent plus tard à la colonie et nichent à sa limite. Ces colonies comprennent en outre des adultes ne nichant pas (généralement âgés de 2 ou 3 ans) et les individus immatures. Les mâles construisent les nids en se dérobant mutuellement les matériaux nécessaires à la construction et couvent les œufs pendant à peu près 33 à 38 jours, relayés pour un tour par les femelles après 2 à 3 semaines d'incubation. A l'âge de 4 semaines, les petits commencent à être laissés un peu seuls et vers les 9 semaines, ils se jettent à l'eau avec l'aide des parents.

341 PYRRHOCORAX GRACULUS

Chocard à bec jaune

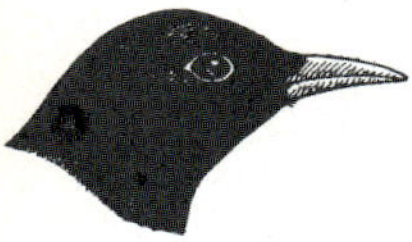

Classification Ordre des Passériformes, famille des Corvidés.
Caractéristiques Il a une longueur d'environ 37 cm. Son plumage est de couleur noire à reflets verdâtres, et même bleuâtres. Le bec, jaune, n'est pas très long ; les pattes sont rouges. Les individus jeunes sont bruns, et leurs pattes sont noirâtres. L'espèce voisine, le crave à bec rouge *(Pyrrhocorax pyrrhocorax),* a le plumage de la même couleur, mais les pattes rouges (rouge orangé chez les jeunes) et le bec plus long et rouge (jaune orangé chez les jeunes).
Milieu Zones de montagnes ; il descend plus bas en hiver.
Diffusion Zones montagneuses d'Europe méridionale, d'Asie centrale et d'Afrique du Nord.
Vie et mœurs Il niche dans des cavités, dans des crevasses des zones montagneuses. Il pond généralement 4 œufs (parfois de 3 à 6), qui sont couvés par la femelle, nourrie par le mâle, pendant une période de 17 à 21 jours. Les petits restent au nid environ 23 à 31 jours. Les petits du crave à bec rouge, qui naissent après une incubation de 17 à 23 jours, restent au nid environ 38 jours. Le chocard à bec jaune se nourrit principalement d'invertébrés (insectes, mollusques), de substances végétales (fruits et graines), de charognes et de déchets.

---

342 PYRRHULA PYRRHULA

Bouvreuil

Classification Ordre des Passériformes, famille des Fringillidés.
Caractéristiques Long d'environ 14 cm, le mâle a un plumage rose dans les parties inférieures, le bas-ventre et le dessous de la queue blancs, les parties supérieures étant d'un noir bleuâtre avec le croupion blanc. La tête est noir bleuâtre. Les femelles ont des couleurs plus ternes, brun au-dessous, avec bas-ventre et dessous de queue blancs. Les jeunes ressemblent à la femelle mais ils ont la tête marron et les parties inférieures jaunâtres.
Milieu Bois, jardins, parcs.
Diffusion Europe, Asie.
Vie et mœurs Il niche sur les arbres, construisant un nid cupuliforme en herbes, mousse, duvet et branchettes, fourré de morceaux d'écorce et de lichens. Il y pond de 4 à 5 œufs (rarement 6 à 7) qui sont couvés presque exclusivement par la femelle, l'incubation durant environ 12 à 14 jours. Dans son aire de répartition, le bouvreuil ne fait qu'une seule couvée dans les zones les plus septentrionales et orientales, mais il en fait parfois deux ou même trois ailleurs. Il se nourrit de jeunes pousses, de bourgeons et de graines. Son cri, caractéristique, peut se traduire par un « téou-téou » plaintif.

343 QUELEA QUELEA

Quéléa ou travailleur à bec rouge

Classification Ordre des Passériformes, famille des Plocéidés.
Caractéristiques Le quéléa est un oiseau long d'environ 12 cm, de couleur générale brunâtre rosé, plus foncée sur le dessus, marquée de mouchetures noirâtres, plus claire sur le dessous, et teintée de rose. Le sommet de la tête est rose, mais sur le dessus du bec les côtés de la face sont noirs, comme le cou. Le bec, gros et robuste, est rouge ; la queue est brune.
Milieu Zones de steppes, savanes.
Diffusion Afrique.
Vie et mœurs C'est un oiseau de mœurs grégaires ; en dehors de la période de reproduction, il se réunit en vols très nombreux, qui se subdivisent souvent au début de la saison de nidification, constituant des colonies. Il arrive parfois que ces colonies soient composées d'un très grand nombre d'individus et puissent couvrir plusieurs centaines d'hectares et, suivant les ornithologues E. Thomas Gilliard et Hans Edmund Wolters, contenir jusqu'à 10 millions de nids. Il niche généralement sur des arbres, construisant un nid à peu près sphérique. C'est un oiseau monogame. Les petits restent au nid environ 16 jours, après une incubation d'une durée d'environ 13 jours, assurée par les deux parents. Le travailleur à bec rouge se nourrit principalement de graines, causant souvent de sérieux dégâts aux récoltes.

344 RALLUS AQUATICUS

Râle d'eau

Classification Ordre des Gruiformes, famille des Rallidés.
Caractéristiques Longueur d'environ 28 cm ; plumage de couleur marron olivâtre à raies noires sur le dessus, flancs barrés de noir et blanc, dessous de la queue blanchâtre, côtés de la tête et cou de couleur grisâtre. Les pattes sont marron ou tirant sur le verdâtre. Le bec est long et rouge, les pattes ont de longs doigts.
Milieu Zones palustres, étangs, rivières et lacs avec végétation aquatique très abondante.
Diffusion Europe, Asie, nord-ouest africain.
Vie et mœurs Il niche au sein de la végétation aquatique dans un nid construit par les deux membres du couple et fait de feuilles et d'herbes. Le mâle commence la construction de plusieurs nids avant que l'un de ceux-ci soit agréé par la femelle. Celle-ci fait deux couvées composées généralement de 6 à 10 œufs (parfois de 5 à 16). Les deux parents coopèrent à l'incubation, qui dure de 19 à 20 jours. Les petits, nidifuges, sont élevés par les deux parents et deviennent indépendants vers l'âge de 7 à 8 semaines. Le râle d'eau émet un cri caractéristique. Il se nourrit d'invertébrés divers (insectes, araignées, crustacés, mollusques, annélides) et aussi de petits poissons et de substances végétales (herbes, graines, baies, fruits).

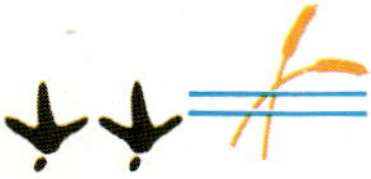

345 RAMPHASTOS SULFURATUS
Toucan à bec caréné

Classification Ordre des Piciformes, famille des Ramphastidés.
Caractéristiques Les toucans sont remarquables par la taille de leur bec et par les dentelures obliques qui existent sur les bords extérieurs de ce grand bec. Ils ont 10 rectrices, des pattes robustes à 2 doigts tournés vers l'avant et 2 vers l'arrière. Alexander Skutch distingue dans la famille des ramphastidés 7 genres et 40 espèces. Le toucan à bec caréné est long d'environ 45 à 50 cm, son plumage est de couleur noire, barré d'une large bande jaunâtre aux côtés de la tête, au cou et au haut de la poitrine, bande bordée de rouge à la partie basse. Le bec est vivement coloré de jaune verdâtre, de rouge et de bleu, avec de petites rayures noires. Comme le toucan toco, il a le dessus de la queue blanc et le dessous de la queue rougeâtre.
Milieu Forêts.
Diffusion Amérique méridionale.
Vie et mœurs Les toucans émettent des cris caractéristiques. Ils nichent dans des trous d'arbres. L'ornithologue L. Short rapporte que généralement ils pondent 3 œufs, que les deux membres du couple couvent pendant une durée d'environ 16 jours. Les petits, nidicoles, ouvrent les yeux au bout de 3 semaines et restent dans le nid pendant environ 44 à 50 jours.

---

346 RAMPHASTOS TOCO
Toucan toco

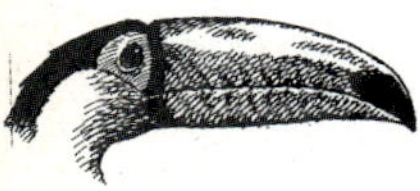

Classification Ordre des Piciformes, famille des Ramphastidés.
Caractéristiques Les ramphastidés, plus communément appelés toucans, sont caractérisés par leur grand bec qui présente souvent de vives couleurs ; ce bec est formé de toute une série de lamelles osseuses qui le rendent très résistant et léger. Le toucan toco mâle a le bec long de 23 cm environ (2 cm de moins pour la femelle). Chez les toucans, la langue est en forme de plume et peut atteindre chez certaines espèces une longueur de 15 cm. Le toco est long d'environ 60 cm. Son plumage est de couleur noire, avec une large tache blanche aux côtés de la tête et au cou. Le bec est jaune orangé, avec du noir à la base et à la pointe de la mandibule supérieure.
Milieu Forêts.
Diffusion Amérique méridionale.
Vie et mœurs Ils vivent en bandes ou en groupes de famille sur les arbres, souvent occupés à frapper à grand bruit les branches avec leur bec, ou encore en s'affrontant bec contre bec. Ils se nourrissent surtout de fruits, mais ne dédaignent pas les invertébrés et parfois même les œufs ou les petits d'autres oiseaux.

347 RECURVIROSTRA AVOSETTA
Avocette

Classification Ordre des Charadriiformes, famille des Récurvirostridés.
Caractéristiques Oiseau très remarquable, long d'environ 43 cm. Sa couleur est extrêmement caractéristique, blanche avec des marques noires, tête noire, bec très particulier, long, noir et incurvé vers le haut, pattes grisâtres. Les jeunes ont une couleur blanche en disposition irrégulière.
Milieu Marais, lagunes, étangs, zones de marécages en général.
Diffusion Europe, Asie, Afrique.
Vie et mœurs Cette espèce niche en colonies dans les zones palustres ou dans les étendues sableuses ; le nid est établi dans le sable ou dans une petite dénivellation. L'avocette y pond une seule couvée, généralement de 4 œufs (parfois de 3 à 5). Les jeunes, nidifuges, sont élevés par les deux parents et deviennent indépendants vers l'âge de 6 semaines. L'avocette se nourrit d'insectes et autres invertébrés qu'elle capture en sondant les zones de marais à l'aide de son bec caractéristique, qu'elle déplace d'un point à un autre. Elle vole avec les pattes étendues dépassant la queue, et, quand elle est au repos, le long bec repose entre les épaules.

---

348 REGULUS REGULUS
Roitelet huppé

Classification Ordre des Passériformes, famille des Sylviidés.
Caractéristiques Long d'environ 9 cm, il a un plumage de couleur vert olive sur le dessus, les parties inférieures étant d'un gris olivâtre très clair. Les rémiges, brunâtres, sont bordées de vert clair et ont une tache noire en leur milieu. Le front est brun, la crête est jaune avec son centre orangé (jaunâtre chez la femelle). Les individus jeunes ont la tête de couleur brun verdâtre, sans huppe. Une espèce très voisine, le roitelet triple bandeau *(Regulus ignicapillus)*, porte une huppe rouge-orangé entourée d'une bande noire.
Milieu Bois de conifères, boisements mixtes, parcs.
Diffusion Europe, Asie.
Vie et mœurs Il niche sur les arbres, construisant un nid rond fait de substances végétales, feuilles, lichens, œuvre commune des deux parents. Il fait deux couvées, généralement de 7 à 10 œufs (occasionnellement jusqu'à 13) que la femelle couve pendant 14 à 17 jours. Les oisillons, nidicoles, sont élevés par les deux parents ensemble, ouvrent les yeux à l'âge de 7 à 8 jours et restent au nid de 16 à 21 jours. Le cycle de reproduction du roitelet triple bandeau est le même. Les deux espèces se nourrissent d'invertébrés (insectes).

349 REMIZ PENDOLINUS

Mésange rémiz

Classification Ordre des Passériformes, famille des Paridés.

Caractéristiques Longueur d'environ 10 cm. Couleur caractéristique : tête et gorge blanchâtres, tache noire traversant le front et l'œil jusqu'à la zone auriculaire. Les parties supérieures sont de couleur marron sur le dos, les ailes sont gris-brun avec une zone claire sur les rémiges. Les parties inférieures sont blanchâtre fauve. Les individus jeunes n'ont pas de tache noire sur la tête, sauf une marque à peine apparente, et leur couleur générale est brunâtre.

Milieu Bois près des fleuves, zones palustres, même zones sèches ou arides.

Diffusion Europe centro-méridionale, Asie.

Vie et mœurs Cette espèce construit un nid caractéristique, fait d'herbes, de feuilles, de lichen, de mousse, de forme pendulaire, suspendu aux branches des arbres. La construction du nid, œuvre des deux membres du couple, dure environ 2 semaines. La femelle pond une couvée (parfois deux) généralement composée de 6 à 8 œufs (parfois 5 à 10) dont l'incubation, assurée par elle seule, dure de 13 à 14 jours. Les oisillons, nidicoles, sont élevés par les deux parents et restent au nid de 16 à 18 jours. Ils continuent à vivre au sein de la famille pendant plusieurs semaines. Le cri est une sorte de plainte sonnant comme « siou-ou ». Le régime alimentaire se compose d'invertébrés mais aussi de graines.

---

350 RHEA AMERICANA

Nandou américain

Classification Ordre des Rhéiformes, famille des Rhéidés.

Caractéristiques Dressé, il atteint la hauteur de 1,70 m ; il pèse jusqu'à 25 kg. La tête, le cou, le tronc et les cuisses sont recouverts d'un plumage moelleux. Les pieds ont trois doigts tournés vers l'avant. La longueur des pattes (tarsométatarses) varie de 30 à 37 cm. Dans les parties antérieures, les pattes sont recouvertes d'environ 22 plaques cornées transversales. L'intestin est très long. Une autre espèce, le nandou de Darwin *(Pterocnemia pennata)*, est plus petite et plus rare que la précédente.

Milieu Steppes herbeuses, pampas.

Diffusion Amérique méridionale.

Vie et mœurs Le nandou se nourrit principalement d'herbe et de plantes herbacées, mais aussi d'invertébrés et de quelques autres animaux de petite taille. Le nid est un simple creux du terrain, revêtu de substances végétales et construit par le mâle. La femelle pond ses œufs à intervalles de 2 jours, généralement au nombre de 15 à 20. L'incubation, assurée par le mâle, dure une quarantaine de jours. Les petits sont élevés par le mâle. Ils atteignent la taille adulte à l'âge de 6 mois et la maturité sexuelle entre 2 et 3 ans.

351 RHODOPECHYS GITHAGINEA
Bouvreuil githagine

Classification Ordre des Passériformes, famille des Fringillidés.
Caractéristiques Long d'environ 14 cm, il est de corpulence trapue, avec un bec court et fort; le mâle est de couleur brun-gris sable, avec du rose en nuances estompées sur le croupion, sur les ailes, sur la face et sur les parties inférieures du corps. Le bec, qui est normalement jaune clair, prend à la saison de reproduction une couleur rouge vif. La femelle présente une coloration plus terne, et ressemble au mâle en livrée hivernale.
Milieu Zones arides et steppes à végétation rare.
Diffusion Afrique septentrionale, Proche-Orient jusqu'à l'Afghanistan, apparaissant parfois dans certaines régions méridionales de l'Europe (il a niché en Espagne et on l'a observé plus d'une fois à Malte et en Sicile).
Vie et mœurs Ces bouvreuils ont des mœurs assez grégaires; à la saison des amours, ils s'isolent par couples. Ils construisent un nid grossier sur le sol, entre les fentes des rochers ou dans des anfractuosités de murs. La femelle pond de 4 à 6 œufs, qui sont couvés pendant une durée de 13 à 14 jours. Les oisillons quittent le nid au bout d'environ 14 jours, devenant indépendants au bout de 11 jours de plus environ. Cet oiseau se nourrit de graines, folioles et jeunes pousses. Il pousse un cri caractéristique, nasal et claironnant.

---

352 RHYNOCHETOS JUBATUS
Kagou

Classification Ordre des Gruiformes, famille des Rhynochétidés.
Caractéristiques Cette espèce a une ressemblance lointaine avec le héron bihoreau *(Nycticorax nycticorax);* le plumage est gris-blanc, plus foncé sur le dessus. Il y a des plumes plus longues, en manière de huppe, sur le haut de la tête. Le bec et les pattes sont de couleur orangée.
Milieu Forêts à sous-bois touffus.
Diffusion Iles de la Nouvelle-Calédonie.
Vie et mœurs Le kagou a des mœurs surtout crépusculaires et nocturnes. A ces moments de la journée, il se déplace dans les forêts par petits groupes en quête de pitance. Il niche au sol dans un nid construit par la femelle, qui y pond 3 ou 4 œufs. L'incubation, assurée par les deux membres du couple, dure environ 35 jours. Le kagou est une espèce particulièrement rare dont on ne connaît pas exactement l'importance numérique à l'état libre. Les raisons de sa disparition progressive sont l'introduction d'animaux domestiques prédateurs, la destruction des forêts, et la persécution directe du fait de l'homme. Grâce à l'activité de la Société ornithologique de Nouvelle-Calédonie, l'espèce est aujourd'hui protégée.

353 RIPARIA RIPARIA
Hirondelle de rivage

Classification Ordre des Passériformes, famille des Hirundinidés.
Caractéristiques Longue d'environ 12 cm, elle a l'aspect plus élancé que l'hirondelle de cheminée et l'hirondelle de fenêtre. Le plumage est de couleur marron sur le dessus, blanchâtre au-dessous, avec une bande pectorale marron. La queue est légèrement fourchue. Les individus jeunes ont des couleurs plus pâles. Citons l'hirondelle des rochers *(Hirundo rupestris)* au plumage marron sur le dessus, clair au-dessous, caractérisé par des mouchetures blanches sous la queue.
Milieu Campagnes près des cours d'eau, zones palustres.
Diffusion Europe, Asie, Afrique, Amérique du Nord.
Vie et mœurs Elle niche en général près de l'eau, dans des trous pratiqués dans des parois verticales, naturelles ou artificielles, de terre ou de sable. Le trou est creusé par les deux membres du couple, et se termine en une chambre plus large, dans laquelle sont déposées deux couvées annuelles, généralement composées de 4 ou 5 œufs (parfois de 3 à 7). L'incubation est assurée par les deux parents, et dure de 12 à 16 jours. Les oisillons, nidicoles, sont élevés par les deux parents et restent au nid pendant environ 19 jours. L'hirondelle de rivage se nourrit d'invertébrés.

---

354 RISSA TRIDACTYLA
Mouette tridactyle

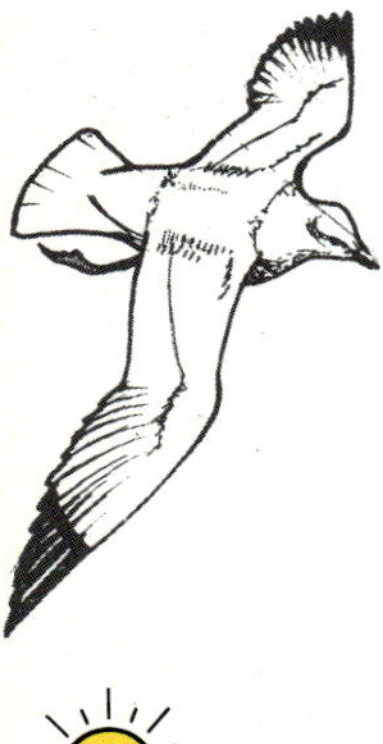

Classification Ordre des Charadriiformes, famille des Laridés.
Caractéristiques Sa longueur est d'environ 41 cm. L'adulte est de couleur grise sur le dessus, blanche sur le dessous. Le bec est jaune, les pattes, à trois doigts palmés, sont de couleur gris foncé. La pointe des ailes, caractérisée par un triangle noir, sans aucune trace de blanc, semble avoir été trempée dans l'encre. Les jeunes ont en général une bande foncée sur le cou, du marron noirâtre sur les ailes. La pointe extrême de la queue est noire.
Milieu Pleine mer, côtes rocheuses.
Diffusion Zones côtières de l'Atlantique nord (avec la sous-espèce *tridactyla)* et du Pacifique nord (avec la sous-espèce *pollicaris)*.
Vie et mœurs Elle construit sur les paliers des côtes rocheuses et parfois aussi sur les corniches des toits de maisons, le long des côtes, un nid compact, fait d'herbes, de boue et d'algues. La mouette tridactyle niche en colonies. Elle pond en général 2 œufs (parfois, plus rarement, 1 ou 3) que les parents couvent tous deux pendant une durée de 35 à 55 jours. Elle se nourrit de poissons et autres animaux marins, ainsi que de quelques essences végétales. Son cri est caractéristique, et peut se représenter par « kittioueïk », en anglais « kittiwake », nom donné à cette espèce.

355 ROSTRHAMUS SOCIABILIS
Rostrame à bec crochu

Classification Ordre des Falconiformes, famille des Accipitridés.
Caractéristiques Ailes larges et queue légèrement fourchue. Longueur, environ 40 à 45 cm. Le mâle est de couleur gris ardoise foncé, avec la partie de base de la queue blanche et la zone de peau nue près de l'œil de couleur pourpre. La femelle et les jeunes sont plus bruns et de couleur claire dans les parties inférieures Le poids moyen de la sous-espèce nominale est de 0,3 (mâle) et 0,4 kg (femelle). Le bec est long et très crochu. L'envergure est d'environ 110 cm. Espèce semblable : rostrame au bec mince *(Rostrhamus hamatus).*
Milieu Marais d'eau douce et prairies.
Diffusion Amérique du Nord et du centre.
Vie et mœurs Hante des milieux marécageux et très dégagés, dans lesquels il se rassemble en essaims très nombreux. Il niche parfois en petites colonies ; le nid, de construction très légère, est établi au milieu des herbes et buissons aquatiques. La couvée peut être de 2 à 5 œufs que les deux parents couvent l'un après l'autre. Les petits volent vers l'âge d'un mois, mais ils suivent leurs parents pendant un temps plus long. L'alimentation de cette espèce est très spécialisée et se compose exclusivement de gastropodes aquatiques du genre *Pomacea* que l'oiseau extrait de la coquille à l'aide de son bec crochu. La sous-espèce *Rostrhamus sociabilis plumbeus* est extrêmement rare.

---

356 RUPICOLA RUPICOLA
Coq de roche de Guyane

Classification Ordre des Passériformes, famille des Cotingidés.
Caractéristiques La famille des cotingidés forme un groupe d'oiseaux très intéressants, dotés d'un plumage passablement voyant aux vives couleurs, de sacs gulaires dilatables, de filaments et caruncules nus, ou appendices. Leur longueur s'échelonne entre 7,5 et 50 cm. Le coq de roche de Guyane est un oiseau aux brillantes couleurs ; le plumage du mâle est dans les tons rouge-orangé, avec des ailes foncées, noirâtres et blanches, et une barre foncée sur la queue. La tête porte une touffe arrondie de plumes érectiles, en forme de cimier. Sur le front, le dos et les ailes, il y a des plumes frangées. Les femelles ont un plumage brunâtre. L'espèce voisine, le coq de roche du Pérou *(Rupicola peruviana),* comprend des mâles longs de 31 cm environ (26 cm pour les femelles).

Milieu Forêts.
Diffusion Nord de l'Amérique du Sud.
Vie et mœurs La nidification a lieu, souvent en petites colonies, dans des fentes de rochers, où sont pondus généralement 2 œufs. Ce qui caractérise le coq de roche, c'est la parade amoureuse, durant laquelle le mâle exécute une sorte de danse, au cours de laquelle il déploie ses ailes et opère des rotations de la tête, en exécutant de petits sauts et en faisant tourner sa queue.

357 RHYNCHOPS NIGRA
Bec-en-ciseaux américain

Classification Ordre des Charadriiformes, famille des Rhynchopidés.
Caractéristiques Doté d'ailes longues et pointues, de pattes palmées et d'un bec d'une structure très singulière (la mandibule supérieure est beaucoup plus courte que la mâchoire inférieure), il est long d'environ 45 cm ; les parties supérieures sont noires et les parties inférieures blanches. Le bec et les pattes sont rouges. Chez les sujets immatures, les parties supérieures sont brunes.
Milieu Côtes, lagunes côtières et estuaires, marais.
Diffusion Amérique centrale et méridionale (côtes de l'océan Pacifique et de l'Atlantique).
Vie et mœurs En quête de leur nourriture, ces oiseaux survolent les eaux peu profondes, tenant le bec ouvert et la partie inférieure de celui-ci constamment immergée aux heures précédant le coucher du soleil ou pendant la nuit. De mœurs coloniales, cette espèce place son nid dans une concavité nue de sable, où elle dépose de 2 à 5 œufs (habituellement 4 ou 5) qui sont couvés exclusivement par la femelle. Les oisillons, nidifuges, sont alimentés par les deux parents. La nourriture est composée principalement de petits poissons, de crustacés et de micro-organismes planctoniques.

---

358 SARCORHAMPHUS PAPA
Vautour royal

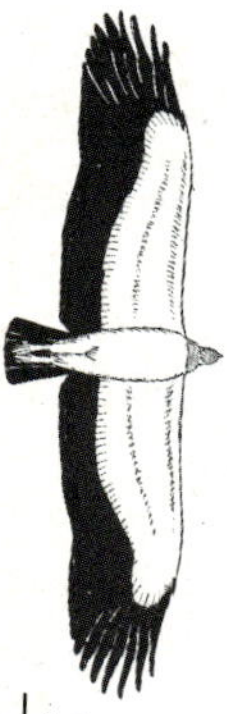

Classification Ordre des Falconiformes, famille des Cathartidés.
Caractéristiques Sa longueur est d'environ 80 cm. Il a les ailes très larges et plutôt courtes. Les parties inférieures sont blanches, de même que les supérieures, à l'exception d'une collerette de plumes, de la queue et d'une large bande sur le bord postérieur des ailes, qui sont de couleur noire. La peau nue de la tête et du cou est de couleur orangée, bleue et pourpre. Les sujets immatures sont uniformément gris. Le vautour royal atteint le poids de 3,7 kg.
Milieu Forêts tropicales et plaines portant des arbres.
Diffusion Amérique centro-méridionale (du Mexique à l'Argentine septentrionale).
Vie et mœurs Bien qu'il s'agisse d'une espèce très caractéristique et assez commune, elle n'a pas été étudiée à fond. On sait qu'elle construit son nid dans les arbres (souvent très hauts) et peut-être aussi sur les rochers. La ponte est d'un seul œuf et la durée de l'incubation, assurée par les deux membres du couple, est de 56 à 58 jours (données relevées en captivité). Le petit, nourri par les deux parents, reste assez longtemps au nid. La femelle peut pondre un second œuf, si le premier vient à lui être soustrait, 6 semaines plus tard environ. L'alimentation de ce vautour se compose exclusivement de charognes de toutes sortes que, grâce à la grande robustesse de son bec, il parvient à déchiqueter et à manger avant tous les autres vautours.

359 SAXICOLA RUBETRA
Traquet tarier

Classification Ordre des Passériformes, famille des Turdidés.
Caractéristiques Long d'environ 12,5 cm, il ressemble au tarier pâtre *(Saxicola torquata)*. Le mâle a les parties supérieures, les joues et le sommet de la tête de couleur brun foncé, les ailes et l'extrémité de la queue presque noires; les ailes portent une large barre blanche (qui manque chez les individus jeunes). La femelle est très semblable à celle du tarier pâtre, mais elle a des sourcils blancs très apparents et des taches blanches à la base de la queue.
Milieu Terrains découverts à végétation clairsemée, zones de marécages.
Diffusion Europe occidentale, Afrique septentrionale.
Vie et mœurs Niche sur le sol au milieu de la végétation, dans un nid en forme de coupe. Il pond une ou deux couvées, composées de 5 à 7 œufs (parfois 4) que couve la femelle pendant 13 à 14 jours. Les oisillons, nidicoles, sont élevés par les deux parents ensemble et restent au nid de 13 à 14 jours. Les oisillons, nidicoles, sont élevés par les deux parents ensemble et restent au nid de 13 à 14 jours (parfois même jusqu'à 17). Le traquet tarier se nourrit surtout d'invertébrés (insectes).

---

360 SAXICOLA TORQUATA
Tarier pâtre

Classification Ordre des Passériformes, famille des Turdidés.
Caractéristiques Long d'environ 12,5 cm, le mâle porte un plumage de couleur très caractéristique : tête noire, semi-collier blanc, bande alaire blanche, croupion blanc, avec une couverture plus ou moins marquée de taches foncées. Les parties inférieures, à la saison de la reproduction, sont châtain foncé. La femelle et les sujets jeunes ont le dessus brun strié, sans couleur blanche.
Milieu Terrains découverts, zones cultivées.
Diffusion Europe, Asie, Afrique.
Vie et mœurs Niche au sol au milieu de la végétation, où il construit un nid en forme de coupe. Il y pond 2 couvées (quelquefois 3), généralement composées de 5 à 6 œufs (rarement 3 à 8) que couve généralement la femelle pendant 14 où 15 jours. Les petits, nidicoles, sont élevés par les parents et restent au nid pendant environ 12 à 13 jours. Le tarier pâtre se nourrit principalement d'invertébrés (insectes).

361 SCOLOPAX RUSTICOLA
Bécasse des bois

Classification Ordre des Charadriiformes, famille des Scolopacidés.
Caractéristiques Longue d'environ 34 cm, elle porte un plumage de couleur très mimétique, aux parties supérieures marbrées de marron, fauve et noir, avec les parties inférieures de couleur marron clair finement barrées de brun foncé. Sur le sommet de la tête se trouvent des barres transversales noires. Le bec est long, les yeux sont placés très en arrière sur la tête, qui est ronde. Les individus jeunes sont semblables aux adultes.
Milieu Bois (de chênes, bouleaux, mélèzes, conifères) à sous-bois denses, régions de collines, bruyères.
Diffusion Europe, Asie.
Vie et mœurs La bécasse a des mœurs surtout crépusculaires; elle vole rapidement, avec le bec orienté vers le bas. Elle préfère se tenir sur le sol, se posant rarement sur les arbres. Elle niche à même le sol, dans des dépressions au milieu de la végétation. Elle fait 2 couvées, généralement composées de 4 œufs (occasionnellement de 3 à 5; dans la seconde couvée elle pond souvent 3 œufs). L'incubation, assurée par la femelle, dure environ 30 à 33 jours. Les petits, nidifuges, élevés par la femelle, peuvent déjà voler à l'âge de 10 jours environ et deviennent indépendants vers 5 à 6 semaines. La bécasse se nourrit principalement d'invertébrés mais aussi de substances végétales.

---

362 SCOPUS UMBRETTA
Ombrette

Classification Ordre des Ciconiiformes, famille des Scopidés.
Caractéristiques Sa longueur peut atteindre 50 cm; les sexes sont semblables, de couleur marron, à la tête caractéristique avec son long bec comprimé latéralement et une touffe de plumes plantées en arrière de la tête, dont l'ensemble rappelle la forme d'un marteau. Les jeunes au nid ont les yeux de couleur orangée et les pattes vert clair.
Milieu Le long des cours d'eau, zones de marécages.
Diffusion Afrique, Arabie méridionale.
Vie et mœurs L'ombrette vit généralement solitaire ou en couples, parfois en groupes réduits à moins d'une dizaine d'individus. Son vol est lent et ondulant; elle émet un cri aigu et rauque. C'est un oiseau dont l'activité se déploie surtout au crépuscule et durant la nuit. Il se nourrit d'animaux aquatiques. Le nid, caractéristique, constitué d'un amas énorme de branchages, de brindilles sèches et autres fragments végétaux, peut atteindre un diamètre extérieur de 1,50 m. A l'intérieur est ménagée une cavité d'environ 30 cm de diamètre. La ponte est composée de 3 à 6 œufs, dont l'incubation dure environ 30 jours. Les petits restent au nid jusqu'à 50 jours après leur naissance.

363 SEIURUS AUROCAPILLUS

Sylvette couronnée

Classification Ordre des Passériformes, famille des Parulidés.
Caractéristiques Longueur d'environ 15 cm. Petite taille, bec long et mince, adapté à une alimentation insectivore. Parties supérieures de couleur vert olive, parties inférieures blanches à taches noires. Une raie jaune traverse la nuque. Pas de dimorphisme sexuel en matière de couleur du plumage.
Milieu Forêts d'arbres à feuilles caduques.
Diffusion Amérique septentrionale.
Vie et mœurs Mœurs migratoires. Passe la mauvaise saison dans les régions tropicales d'Amérique centrale. Niche dans les bois de feuillus (chênes, châtaigniers, érables) offrant des sous-bois touffus d'herbes et de buissons. Le nid est construit en fibres végétales, feuilles et lichens, et on le trouve installé sur le sol à la base d'un arbre, caché dans les herbes et le feuillage. La couvée comprend d'ordinaire 4 ou 5 œufs (parfois 3 ou 6) que couve la femelle seule pendant 12 à 14 jours. Les petits, nourris par les deux parents, volent à l'âge de 7 à 10 jours. Une seule couvée est élevée chaque année, nourrie d'insectes, vers et autres petits invertébrés capturés au sol et dans le feuillage, et, dans une proportion bien moindre, de baies et de fruits sauvages.

---

364 SERICULUS CHRYSOCEPHALUS

Prince-régent

Classification Ordre des Passériformes, famille des Ptilonorhynchidés.
Caractéristiques Beaucoup d'ornithologues classent les espèces faisant partie des ptilonorhynchidés dans une sous-famille de la famille des paradiséidés, celle des ptilonorhynchinés. Les espèces des genres *Ptilonorhynchus, Sericulus* et *Chlamydera* sont à ranger parmi les oiseaux jardiniers, dans le groupe des constructeurs d'allées. La couleur du plumage de l'espèce en cause, dont la longueur atteint environ 30 cm, est relativement brillante, comparée à celle d'autres oiseaux jardiniers : noire avec sommet de la tête et nuque jaunâtres, taches jaunâtres sur les ailes.
Milieu Forêts.
Diffusion Nouvelle-Guinée, Australie.
Vie et mœurs A propos du comportement des oiseaux jardiniers, G. Evelyn Hutchinson, déclare que par la multiplicité des formes et la recherche, ils n'ont pas d'égaux dans tout le règne animal. Les « constructeurs d'allées » préparent à l'avance une plate-forme (de 1,50 m de diamètre environ) de menues branches et de substances végétales tressées, au centre de laquelle ils élèvent deux parois latérales de branchettes plantées dans le sol et diversement entrecroisées. Au centre, l'entrée de l'allée et les côtés des parois sont décorés de petits cailloux, de baies, de coquilles, de débris de verre et de métal.

365 SERINUS CANARIA
Canari

Classification Ordre des Passériformes, famille des Fringillidés.
Caractéristiques Longueur 10 cm environ. Différents ornithologues classent le canari comme sous-espèce du serin *(Serinus serinus).* Les mâles ont le dessus brun cendré avec le croupion un peu jaunâtre, la poitrine jaune, la tête jaunâtre à taches noirâtres. Les femelles ont une couleur de plumage plus uniforme et brunâtre. Le canari sauvage est l'ancêtre de toutes les formes de canaris que l'on trouve désormais dans les cages et les volières de tous les pays du monde.
Milieu Forêts, bois.
Diffusion En liberté : îles Canaries, Madères et Açores. A été importé aux Bermudes.
Vie et mœurs En liberté, il niche dans les arbres ou dans la végétation basse, construisant un nid cupuliforme. Il pond généralement 4 ou 5 œufs (rarement 3) qui sont couvés par la femelle seule, alimentée par le mâle, pendant 13 à 14 jours. Les petits, nidicoles, sont élevés par les deux parents et restent au nid pendant 18 à 21 jours. Ce sont les Espagnols qui, après avoir conquis les Canaries en 1478, introduisirent ces oiseaux dans toute l'Europe. Leur élevage en captivité, opéré avec une grande intensité, conduisit à la création d'une importante variété de formes et de couleurs de plumage.

---

366 SERINUS SERINUS
Serin

Classification Ordre des Passériformes, famille des Fringillidés.
Caractéristiques Long d'environ 11 cm, il a un plumage à raies nombreuses ; les parties supérieures sont brun jaunâtre rayé de brun-noir, le dos est jaune, le croupion jaune verdâtre, les parties inférieures jaune verdâtre à raies brunâtres, le ventre est blanchâtre. La femelle est moins jaune que le mâle, plus rayée sur la poitrine et la tête, et son croupion est plus pâle.
Milieu Bois, parcs, jardins.
Diffusion Europe, Proche-Orient, nord-ouest africain.
Vie et mœurs Niche sur les arbres ou dans la végétation dans un nid cupuliforme, fait de substances végétales. Il fait deux couvées constituées normalement de 4 œufs (parfois de 3 ou 5) couvés surtout par la femelle pendant une durée de 13 jours environ. Les petits, nidicoles, sont élevés par les deux parents ; ils quittent le nid au bout de 14 jours et dépendent des parents pendant encore 6 ou 7 jours. Le serin se nourrit de substances végétales (graines).

367 SIALA SIALIS
Rouge-gorge bleu

Classification Ordre des Passériformes, famille des Turdidés.
Caractéristiques Oiseau de petite taille, mesurant entre 16 et 18 cm de longueur. Sa couleur est très voyante. Le mâle a les parties supérieures d'un bleu azur très vif, la gorge, les flancs et la poitrine rouge rouille et le ventre d'un blanc pur. La femelle est de couleurs plus discrètes, et les jeunes sont dépourvus de la couleur rouge sur les parties inférieures. Parmi les espèces voisines, citons le rouge-gorge bleu oriental *(Siala mexicana)* dont le mâle a la gorge bleue et des traces de marron sur le dos.
Milieu Terrains cultivés avec arbres, jardins et parcs.
Diffusion Amérique septentrionale.
Vie et mœurs Dans les parties les plus septentrionales de son aire de répartition, c'est une espèce migratrice qui passe l'hiver plus au sud. Le nid, fait de brindilles et d'herbes, est construit dans une cavité ou un trou d'arbre, ou encore dans un nid artificiel lorsque celui-ci est disponible. Les deux pontes annuelles comptent d'ordinaire 5 ou 6 œufs (parfois de 3 à 7) chacune. L'incubation dure de 13 à 16 jours; elle est assurée par la femelle, aidée par le mâle. Les petits volent à l'âge de 17 ou 18 jours. La nourriture se compose d'environ 70 % d'insectes et 30 % de baies, graines et fruits. Les petits sont nourris exclusivement d'insectes.

---

368 SITTA EUROPAEA
Sittelle torche pot ou pic maçon

Classification Ordre des Passériformes, famille des Sittidés.
Caractéristiques Sa longueur est d'environ 14 cm; les parties supérieures sont gris bleuâtre, les parties inférieures jaune rougeâtre, la gorge est blanche et les flancs sont de couleur brun-marron. Une raie noire va du bec aux côtés du cou, en passant par les yeux; le bec est fin et pointu. Espèce très voisine (et très rare), la sittelle corse *(Sitta whiteheadi)* est limitée aux forêts des montagnes de Corse.
Milieu Bois, parcs à vieux arbres.
Diffusion Europe, nord-ouest asiatique, nord-ouest africain.
Vie et mœurs Niche dans des trous d'arbres, cimentant le contour de l'orifice d'entrée du nid avec de la terre et de la boue. Le nid est construit principalement par la femelle. Celle-ci pond une couvée (occasionnellement 2), généralement composée de 6 à 9 œufs (rarement de 4 à 13) à la cadence de un par jour. L'incubation, assurée par la femelle, commence lorsque tous les œufs ont été pondus et dure de 23 à 25 jours; les petits sont élevés par les deux parents ensemble. Le pic maçon se nourrit principalement d'invertébrés, mais aussi de substances végétales (graines).

369 SOMATERIA MOLLISSIMA
Eider à duvet

Classification Ordre des Ansériformes, famille des Anatidés.
Caractéristiques Le mâle est long d'environ 62 cm. Il a le sommet de la tête, les flancs, le ventre et la queue noirs; la poitrine est rose, des parties blanches bordent le croupion, les côtés de la tête et la nuque sont marqués de vert. Le plumage d'éclipse du mâle est noirâtre avec du blanc sur les ailes et les côtés. La femelle, longue d'environ 56 cm, a le plumage brunâtre, à rayures et barres noirâtres. Les individus jeunes sont semblables aux femelles, mais plus foncés sur le dessus.
Milieu Côtes, plages, récifs, rivières et lacs proches de la mer.
Diffusion Europe, Asie septentrionale et Amérique septentrionale.
Vie et mœurs L'eider à duvet niche à même le sol, dans des creux, le plus souvent au milieu de la végétation. Il pond une seule couvée, généralement de 4 à 6 œufs (quelquefois de 3 à 10) que couve la femelle pendant 27 ou 28 jours. Les petits, nidifuges, sont élevés par la femelle et deviennent indépendants vers l'âge de 60 à 75 jours. L'eider à duvet se nourrit d'invertébrés (mollusques et crustacés, entre autres) ainsi que de substances végétales.

---

370 STEOTYTO CUNICULARIA
Chouette des terriers

Classification Ordre des Strigiformes, famille des Strigidés.
Caractéristiques Longueur environ 25 cm. Petite taille et aspect trapu. Parties supérieures de couleur marron à taches blanches; parties inférieures blanc sale à taches foncées. Au-dessus des yeux, qui sont jaunes, les sourcils sont blancs. Les pattes sont plutôt longues.
Milieu Prairies, déserts et autres régions découvertes.
Diffusion Amérique septentrionale et méridionale.
Vie et mœurs C'est un oiseau de mœurs essentiellement terrestres et diurnes, qui niche en petites colonies (de 12 couples au maximum). Le nid est établi de préférence dans un terrier abandonné de chiens de prairie ou de quelque autre mammifère fouisseur. La ponte se compose de 6 à 11 œufs (d'habitude 7 à 9) dont l'incubation, assurée par les deux membres du couple, dure de 3 à 4 semaines. On ne sait pas au juste à quel âge les petits sont en état de voler. La nourriture est surtout composée de grands insectes (orthoptères, coléoptères) et de petits mammifères (surtout rongeurs) et oiseaux. Il est intéressant de noter la symbiose régnant entre ces oiseaux et les chiens de prairie qui les tolèrent dans leurs terriers, bien qu'il puisse arriver à la chouette de capturer les petits de son hôte.

371 SPHENISCUS HUMBOLDTI

Manchot de Humboldt

Classification Ordre des Sphénisciformes, famille des Sphéniscidés.
Caractéristiques Long d'environ 65 cm, il pèse 4,2 kg et la longueur de ses plumes atteint 2 cm ; la couleur du plumage est semblable à celle de toutes les espèces du genre *Spheniscus* : partie supérieure noire, partie inférieure claire avec une bande noire qui fait le tour du corps ; noir et blanc sur la face. Les espèces voisines sont : le manchot du Cap *(Spheniscus demersus)*, le manchot de Magellan *(Spheniscus Magellanicus)* et le manchot des Galapagos *(Spheniscus Mendiculus)*. Ce dernier, long d'environ 53 cm, n'existe que dans les îles Ferdinand et Isabelle de l'archipel des Galapagos. Il n'en survit que 2000 individus.
Milieu Côtes et pleine mer.
Diffusion Le long des côtes occidentales de l'Amérique du Sud.

Vie et mœurs Les quatre espèces du genre *Spheniscus*, qui se différencient surtout par le dessin de la face et les raies de la gorge, ont l'habitude de se frotter souvent, réciproquement, le cou ou le bec. Ils habitent dans des eaux moins froides que les autres manchots et ont les plumes très courtes. Le manchot de Humboldt a une livrée très courte par rapport à d'autres manchots (comme les pygoscélidés) et un panicule graisseux plus réduit. Il niche presque exclusivement sur les îles situées le long des côtes du Pérou.

---

372 STEATORNIS CARIPENSIS

Guacharo

Classification Ordre des Caprimulgiformes, famille des Stéatornithidés.
Caractéristiques La famille des stéatornithidés ne comprend qu'une seule espèce très caractéristique, le guacharo, qui atteint une longueur d'environ 45 cm, une envergure de 113 cm et un poids de 400 g. La couleur du plumage est marron à taches blanchâtres, plus foncé sur le dessus, plus clair sur le dessous. La queue est arrondie et formée de 10 rectrices, le bec est très robuste, avec la mandibule supérieure crochue ; les tarses sont très courts et dépourvus d'écailles cornées ; les pattes sont faibles, avec le premier doigt tourné vers l'avant et en oblique (en général, chez les autres caprimulgiformes, le doigt est tourné vers l'arrière).
Milieu Cavernes d'où il sort la nuit pour chercher sa nourriture.
Diffusion Nord de l'Amérique du Sud.
Vie et mœurs Cet oiseau singulier a été découvert en septembre 1799 par le voyageur naturaliste Alexander von Humboldt dans les grottes de Caripe au Venezuela. Il se nourrit de fruits qu'il cherche au crépuscule et la nuit. Les jeunes ont sur le corps une couche de graisse importante qu'utilisent les indigènes (d'où le nom scientifique « Steatornis » : oiseau porteur de graisse). Les nids sont posés sur les rochers, dans les grottes. Le guacharo pond 2 à 4 œufs dont l'incubation dure 33 ou 34 jours. Les petits volent à l'âge de 90 à 125 jours.

373 STEGANURA PARADISAEA

Veuve de paradis

Classification Ordre des Passériformes, famille des Plocéidés.
Caractéristiques La veuve de paradis est un très bel oiseau dont le mâle porte un plumage remarquable à la saison de la reproduction. La couleur de ce plumage est noire dans les parties supérieures avec deux magnifiques paires de rectrices centrales très longues et larges. La tête est noire, la nuque et les côtés du cou sont jaunâtres, la poitrine est rougeâtre et les parties inférieures sont de couleur claire. Le bec et les pattes sont grisâtres. La femelle porte un plumage très modeste dans les tons brun grisâtre plus foncé sur le dessus. Les côtés de la tête portent des rayures foncées.
Milieu Savanes, broussailles et steppes.
Diffusion Afrique, au sud du Sahara.
Vie et mœurs Les veuves sont des oiseaux principalement granivores, mais quand ils sont élevés par des parents adoptifs — car l'espèce pratique le parasitisme de couvée — ils se nourrissent d'invertébrés. Le petit de la veuve de paradis est couvert de duvet et son palais porte des taches bleu-violet, duvet et taches identiques à ceux des petits de l'oiseau de la famille des estrildidés *(Pytilia melba)*, qui est chargé d'élever les petits de la veuve de paradis. Les veuves imitent leurs hôtes même dans leurs attitudes et leur comportement, parvenant à reproduire les expressions vocales de l'espèce hôte.

---

374 STEPHANOAETUS CORONATUS

Aigle couronné

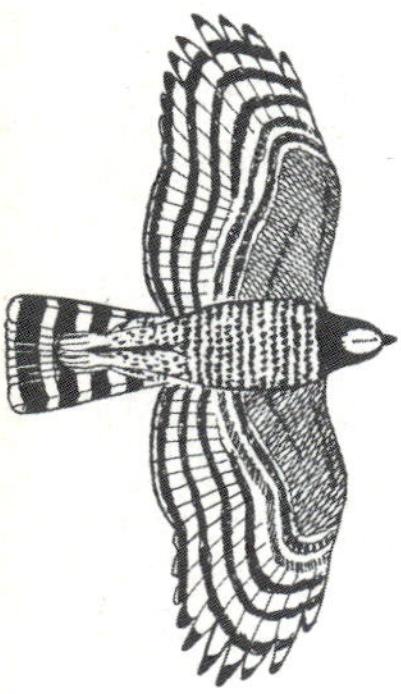

Classification Ordre des Falconiformes, famille des Accipitridés.
Caractéristiques Cet aigle aux ailes courtes et rondes et à la longue queue mesure de 80 à 90 cm de longueur. Les parties supérieures sont brunes et les parties inférieures de couleur blanc sale à petites taches noires serrées. Sur la tête se trouve une double huppe de plumes foncées. Chez le sujet immature les parties inférieures sont presque entièrement blanches. L'iris est de couleur jaune clair. La femelle est légèrement plus grande que le mâle.
Milieu Forêts et collines rocheuses.
Diffusion Afrique centro-méridionale.
Vie et mœurs Cette espèce hante les milieux forestiers de toutes sortes, même le long du cours des rivières, dépassant 3 000 m d'altitude. L'unique ponte annuelle compte 1 ou 2 œufs que couvent les deux membres du couple — mais surtout la femelle — pendant 49 jours ; les petits volent à l'âge de 110 jours mais sont nourris hors du nid pendant encore 270 à 360 jours, ce qui fait que chaque couple d'aigle couronné ne se reproduit que tous les deux ans. Les proies sont capturées soit à l'affût, à partir d'une branche au bord d'une clairière, soit au vol au-dessus des arbres ; il s'agit à 98 % de mammifères : petites antilopes, damans et petits singes.

375 STERCORARIUS PARASITICUS
Labbe parasite

Classification Ordre des Charadriiformes, famille des Stercorariidés.
Caractéristiques Sa longueur est d'environ 46 cm (y compris la queue aux rectrices centrales prolongées). Il présente, comme le labbe pomarin *(Stercorarius pomarinus)*, deux phases de coloration : une claire et une foncée. Le plumage est généralement brunâtre assez uniforme dans la phase foncée, avec les parties inférieures plus claires dans la phase claire. Les pattes sont noires. En vol on remarque la queue avec les longues rectrices centrales.
Milieu Toundras, pleine mer, côtes.
Diffusion Cercle polaire arctique. Il se déplace plus au sud en hiver.
Vie et mœurs Il niche à même le sol dans des dépressions, au milieu de la végétation rase. Il fait une seule couvée généralement composée de 2 œufs (quelquefois un seul) qui sont couvés par les deux membres du couple pendant environ 24 à 28 jours. Les petits, partiellement nidicoles, sont élevés par les deux parents. Ils quittent le nid au bout de quelques jours, tout en restant dans le territoire. Ils volent vers l'âge de 30 jours mais ne deviennent indépendants que vers l'âge de 7 à 8 semaines. Le labbe se nourrit surtout de petits mammifères, de petits oiseaux et de leurs œufs, de charognes, de poissons et d'invertébrés.

---

376 STERCORARIUS SKUA
Grand labbe

Classification Ordre des Charadriiformes, famille des Stercorariidés.
Caractéristiques D'une longueur d'environ 57 cm, c'est un oiseau vigoureux, plus massif que le goéland argenté ; le plumage est d'une couleur presque uniformément foncée avec les parties inférieures rougeâtres. La queue est courte, le bec gros, noir et crochu ; à la base des rémiges primaires se trouve une tache blanche très apparente. Les pattes sont noirâtres, les ailes larges et arrondies. Les jeunes ont moins de blanc sur les ailes.
Milieu Pleine mer, zones côtières, landes proches de la mer.
Diffusion Atlantique nord.
Vie et mœurs Il niche à même le sol dans des dépressions, au milieu de la végétation. Il pond une seule couvée généralement composée de 2 œufs (rarement un seul). L'incubation est assurée par les deux membres du couple et dure environ 28 à 30 jours. Les petits, partiellement nidicoles, sont élevés par les deux parents et deviennent indépendants à l'âge de 6 à 7 semaines. Comme les autres labbes, le grand labbe a un comportement de « pirate » : il suit les autres oiseaux marins pour les obliger à lâcher les proies qu'ils ont capturées. Le grand labbe se nourrit de poissons, de crustacés, de mollusques, de déchets et de charognes.

377 STERNA PARADISAEA

Sterne arctique

Classification Ordre des Charadriiformes, famille des Laridés.
Caractéristiques D'une longueur de 35 cm, elle est de couleur grisâtre, plus foncée sur le dessus et plus claire sur le dessous. Comparée à la sterne Pierre-Garin *(Sterna hirundo)*, elle a le bec plus court (rouge en été et noirâtre en hiver), les pattes et les ailes plus courtes et la queue plus longue ; les pattes aussi sont rouges en été et noirâtres en hiver. Le capuchon noir s'éclaircit en hiver. Les individus immatures ont les plumes de couverture supérieure des ailes blanches (et non grises comme celles des jeunes de la sterne Pierre-Garin). La sterne Pierre-Garin a le bec rouge à pointe foncée et les parties inférieures plus claires.
Milieu Eaux côtières, lacs, zones marécageuses.
Diffusion Zones septentrionales d'Europe, d'Asie et d'Amérique.
Vie et mœurs Niche en colonies sur le sol dans des étendues sableuses avoisinant l'eau. Elle pond une seule couvée composée généralement de 2 œufs (plus rarement de 1 ou 3) dont l'incubation est assurée par les deux membres du couple et dure de 20 à 22 jours. Les petits, semi-nidifuges, sont élevés par les deux parents, nagent dès le deuxième jour et volent à l'âge de 20 à 22 jours. Cette espèce se nourrit principalement de poissons et d'invertébrés (mollusques et insectes).

---

378 STERNA SANDVICENSIS

Sterne caugek

Classification Ordre des Charadriiformes, famille des Laridés.
Caractéristiques Elle est longue d'environ 40 cm ; son plumage est grisâtre sur le dessus et plus clair sur le dessous. Le bec est noir à pointe jaune, le haut de la tête présente un capuchon noir dont les plumes se relèvent en manière de crête quand l'oiseau est excité. Les pattes sont noires. En période hivernale le front et la partie inférieure du sommet de la tête sont blancs. Les individus jeunes ressemblent aux adultes en hiver, mais ils ont les parties supérieures tachetées. La queue est fourchue.
Milieu Côtes, îles sableuses, rocheuses, caillouteuses, zones marécageuses, etc.
Diffusion Europe, mer Noire, mer Caspienne, Amérique du Nord.
Vie et mœurs La sterne caugek niche en colonies sur le sol près de l'eau. Elle pond une seule couvée composée généralement de 2 œufs (parfois 1 ou 3), à intervalle de 2 jours. L'incubation est assurée par les deux parents dès que le second œuf est pondu et dure environ 20 à 24 jours. Les petits, semi-nidifuges, sont élevés par les deux parents et volent vers l'âge de 35 jours. Cet oiseau se nourrit principalement de poissons et d'invertébrés (mollusques, annélides).

379 STREPTOPELIA TURTUR
Tourterelle des bois

Classification Ordre des Columbiformes, famille des Columbidés.
Caractéristiques D'une longueur de 27 cm, elle a un plumage brun, le dos et le croupion bruns, la tête, le cou et les tectrices alaires extérieures grisâtres. Les parties inférieures sont foncées dans le haut, l'abdomen et le dessous de la queue étant blancs. Il y a de petites taches noires sur les côtés du cou. Les scapulaires et les tectrices alaires sont fauves avec la partie centrale des pennes noire. Le dessous et l'extrémité de la queue sont blancs.
Milieu Bois avec clairières, parcs, maquis, jardins.
Diffusion Europe, Asie occidentale, Afrique.
Vie et mœurs Elle niche dans les arbres dans un nid en plate-forme ou en utilisant comme base un vieux nid d'autres oiseaux. Elle fait presque toujours 2 couvées, constituées généralement de 2 œufs (plus rarement un seul) qui sont couvés par les deux membres du couple pendant 13 à 14 jours. Les petits, nidicoles, restent au nid pendant 19 à 21 jours. Le cri est un roucoulement typique, « rrou-rrou », à répétition. L'alimentation de la tourterelle des bois est pour une grande part composée de substances végétales (blé, feuilles, graines) ainsi que de quelques rares invertébrés.

---

380 STRIGOPS HABROPTILUS
Strigops ou kakapo

Classification Ordre des Psittaciformes, famille des Psittacidés.
Caractéristiques Il est solidement charpenté avec des ailes courtes, des tarses plutôt longs et de gros doigts terminés par des ongles robustes et recourbés. Il rappelle un rapace nocturne et même ses yeux sont disposés en position moins latérale que chez les autres perroquets. La couleur est foncée sur le dessus, dans les tons marron verdâtre, plus claire sur le dessous, avec du jaunâtre.
Milieu Zones de forêts depuis le niveau de la mer jusqu'à 2000 mètres d'altitude.
Diffusion Alors qu'il a longtemps été répandu dans les deux îles nord et sud de la Nouvelle-Zélande et dans les îles Chatham et Stewart, son aire de dispersion est aujourd'hui réduite à de rares zones occidentales de l'île nord.
Vie et mœurs De mœurs surtout terricoles, on le voit rarement en vol. Il se creuse un nid dans un tronc d'arbre pourri, en général à la base ou dans les racines. La femelle y pond de 2 à 4 œufs. Le kakapo ne niche généralement que tous les 2 ans. Il se nourrit de feuilles, de bourgeons, baies, fruits et autres substances végétales. Il est en grand danger d'extinction en raison de la destruction progressive de son habitat et de l'introduction par l'homme d'animaux prédateurs ou concurrents. Aujourd'hui, l'espèce ne doit guère compter plus d'une centaine d'individus.

381 STRIX ALUCO
Chouette hulotte

Classification Ordre des Strigiformes, famille des Strigidés.
Caractéristiques Avec une longueur de quelque 38 cm, la chouette hulotte présente une couleur brune finement mouchetée. Elle a une grosse tête ronde dépourvue de touffes auriculaires. On constate l'existence de deux phases de coloration chez certains individus, l'une plus marron et l'autre plus grisâtre. En vol, les ailes apparaissent nettement arrondies.
Milieu Bois, terrains cultivés, parcs.
Diffusion Europe, Asie, Afrique.
Vie et mœurs Elle niche dans des trous d'arbres, de murs, de rochers. Elle ne fait qu'une seule couvée, généralement de 2 à 4 œufs (parfois de 1 à 7) qui sont pondus à des intervalles de 2 à 7 jours l'un de l'autre. L'incubation, assurée par la femelle, commence dès la ponte du premier œuf et dure de 28 à 30 jours. Les petits, nidicoles, sont alimentés par la femelle avec de la nourriture que lui procure le mâle et ils quittent le nid à l'âge de 32 à 37 jours. La hulotte se nourrit de petits rongeurs et de petits oiseaux.

---

382 STRIX NEBULOSA
Chouette lapone

Classification Ordre des Strigiformes, famille des Strigidés.
Caractéristiques Avec sa longueur d'environ 57 cm, c'est un oiseau de taille importante, presque aussi gros que le grand duc d'Europe *(Bubo bubo).* Son plumage est très gris, plus foncé dans les parties supérieures, parsemées de taches blanches et noirâtres, plus clair dans les parties inférieures, barrées de larges raies foncées. Elle présente des disques faciaux très apparents et bien délimités par des lignes foncées. En vol, on remarque une bande claire à la base des rémiges primaires.
Milieu Forêts de conifères.
Diffusion Zones septentrionales d'Europe, d'Asie et d'Amérique. Se déplace irrégulièrement plus au sud.
Vie et mœurs Niche sur les arbres, en utilisant à l'occasion de vieux nids d'autres oiseaux. Elle fait une couvée et il lui arrive de ne pas pondre dans les années particulièrement défavorables. Les œufs — qui sont, en général, au nombre de 3 à 6, parfois jusqu'à 9 dans les années d'abondance alimentaire — sont couvés exclusivement par la femelle. Les petits, nidicoles, quittent le nid à l'âge de 3 à 4 semaines, mais ne volent pas avant 5 semaines. Ils sont alimentés par les parents et restent avec eux pendant plusieurs mois. La chouette lapone se nourrit surtout de petits rongeurs comme les lemmings et les campagnols, dont les fluctuations de populations influent sur son cycle de reproduction et sur sa répartition.

383 STRUTHIO CAMELUS
Autruche

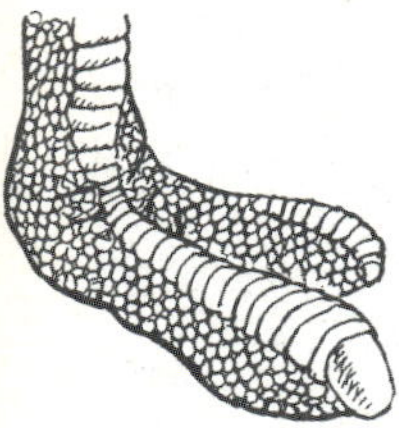

Classification Ordre des Struthioniformes, famille des Struthionidés.
Caractéristiques L'autruche mâle, au plumage noir et blanc caractéristique, dont la hauteur atteint les 3 m et le poids environ 150 kg, est le plus grand oiseau vivant. La femelle est brunâtre. Le pied de l'autruche (dessin ci-contre) n'a que deux doigts. L'autruche est un des rares oiseaux dotés d'un organe sexuel mâle rétractile. Chez les autruches, cas unique parmi les oiseaux, l'urine se concentre dans le cloaque et s'élimine séparément des excréments.
Milieu Elle hante les savanes, les brousses dégagées, les étendues sableuses à végétation rare, et même des zones de maquis et des régions montagneuses.
Diffusion Certaines régions d'Afrique, surtout orientales.
Vie et mœurs Se nourrit d'éléments végétaux complétés par des invertébrés et quelques petits vertébrés. Elle vit en groupes. Elle niche à même le sol, dans un creux où elle pond jusqu'à 20 œufs pesant chacun de 1 à 1,5 kg. Les deux membres du couple participent à l'incubation à tour de rôle. Les petits naissent au bout d'environ 42 jours, et le mâle s'occupe de les élever. L'autruche peut atteindre à la course une vitesse de 70 km/h. Une chasse sans merci a réduit dramatiquement les effectifs de cette espèce, qu'elle a même fait disparaître de certaines régions comme l'Arabie.

---

384 STURNELLA MAGNA
Stournelle

Classification Ordre des Passériformes, famille des Ictéridés.
Caractéristiques Le bec est long et pointu et les pattes, robustes, lui permettent de se déplacer avec vélocité. Long d'environ 25 cm, cet oiseau a une couleur brune sur les parties supérieures, barrée de raies noires et ocres. Les parties inférieures sont jaunes, avec une large tache noire sur la poitrine. La tête est grise, rayée de blanc et de tons foncés. Les sexes sont semblables, mais la femelle est légèrement plus petite et moins brillante que le mâle. L'espèce voisine, *Sturnella neglecta,* se caractérise par un chant différent.
Milieu Terrains cultivés, prairies.
Diffusion Amérique septentrionale et centrale.
Vie et mœurs Dans les zones les plus septentrionales, l'espèce est migratrice et passe l'hiver plus au sud. Les mâles s'établissent avant les femelles dans les territoires de reproduction, et y attendent leur arrivée. Le nid est construit dans une cavité du terrain, au milieu des herbes et des buissons. La couvée compte de 3 à 7 œufs (habituellement 5) et l'incubation, assurée exclusivement par la femelle, dure 13 ou 14 jours. Les petits volent à l'âge de 11 à 12 jours. Généralement, deux couvées sont élevées dans l'année. La stournelle se nourrit d'insectes et de petits invertébrés terricoles ; à la mauvaise saison, elle consomme surtout des graines, des grains et des baies sauvages.

385 STURNUS VULGARIS
Étourneau sansonnet

Classification Ordre des Passériformes, famille des Sturnidés.
Caractéristiques Long d'environ 21 cm. Le plumage des adultes est noirâtre à reflets métalliques ; en hiver il est abondamment tacheté de blanchâtre, particulièrement chez les femelles. Le bec est jaune en été et brun grisâtre en hiver. La silhouette du corps est compacte avec une queue courte. Les jeunes sont bruns et ont la gorge claire. Le vol, rectiligne, est assuré par de très rapides battements d'ailes.
Milieu Bois, parcs, jardins.
Diffusion Europe, Asie, Afrique du Nord. Introduit dans le passé en Amérique du Nord, en Afrique méridionale, en Polynésie, en Australie et en Nouvelle-Zélande.
Vie et mœurs C'est une espèce grégaire qui au cours de ses migrations se groupe en vols énormes que l'on peut observer même dans les villes. L'étourneau sansonnet niche aussi bien en colonies qu'en couples isolés dans les trous des arbres, des murs, des rochers, au milieu des chaumes. Il utilise souvent les nids artificiels. Dans le nid, il pond de 5 à 7 œufs (plus rarement de 4 à 9) que les deux membres du couple couvent pendant une durée de 12 à 15 jours. Les oisillons, nidicoles, sont alimentés par les deux parents et restent au nid pendant 20 à 22 jours. L'étourneau se nourrit aussi bien d'animaux que de végétaux. Il a été le premier oiseau (1899) que l'on ait bagué pour l'étude scientifique des migrations.

386 SULA BASSANA
Fou de Bassan

Classification Ordre des Pélécaniformes, famille des Sulidés.
Caractéristiques Long d'environ 94 cm, il est doté d'un plumage blanc, le bout des ailes étant noir et la tête légèrement brunâtre. Les jeunes sont de couleur foncée mouchetée de blanc ; à l'âge de 2 ou 3 ans, les fous ont encore une couleur foncée sur le dessus et claire sur le dessous (phase intermédiaire). La couleur d'adulte est définitive vers la cinquième ou sixième année. La silhouette en vol est caractéristique, avec les ailes longues et droites, la queue pointue et le bec gros et pointu. Ses plongeons dans l'eau sont également caractéristiques.
Milieu Pleine mer, côtes rocheuses, récifs.
Diffusion Europe et Amérique du Nord ; au cours de ses migrations et pendant la période hivernale il atteint même les côtes occidentales de l'Afrique.
Vie et mœurs Il niche en colonies sur les côtes rocheuses, parfois en compagnie d'autres espèces d'oiseaux marins. Il pond un seul œuf (très rarement deux) que couvent les deux membres du couple pendant 43 à 45 jours. Le jeune est nourri par les deux parents au moyen d'aliments régurgités et il va à la mer au bout d'environ 13 à 14 semaines. Le fou se nourrit de poissons. Pendant la parade nuptiale, les deux partenaires s'affrontent en agitant les ailes déployées, la queue rabattue vers le bas, et en secouant la tête.

387 SULA NEBOUXII

Fou à pieds bleus

Classification Ordre des Pélécaniformes, famille des Sulidés.
Caractéristiques Les sulidés sont des oiseaux marins dont la longueur varie de 66 cm à 1 m. La famille compte neuf espèces, toutes classés dans le genre *Sula,* réparties le long des zones côtières de tous les continents, à l'exception de l'Antarctique. Le fou à pieds bleus est de couleur marron foncé dans les parties supérieures, blanche dans les parties inférieures ; la tête est blanchâtre et marron. Les pattes sont bleues ainsi que le bec (plus foncé). Les fous ont un gros bec pointu, sans narines externes : bien qu'elles soient marquées par un sillon, elles ne sont pas réellement ouvertes ; pour la respiration l'air doit passer à travers la bouche.
Milieu Mer et îles.
Diffusion Côtes occidentales de l'Amérique méridionale.
Vie et mœurs Les fous ont des attitudes et des comportements très intéressants. L'ornithologue Brian Nelson a démontre que si, dans les cérémonies de parade nuptiale, les fous tropicaux manifestent moins d'attitudes agressives que les fous de Bassan *(Sula bassana)*, cela est dû au fait que les espèces tropicales vivent dans des conditions de « concurrence alimentaire » relativement favorables. Le fou à pieds bleus niche en colonies ; les nids sont posés sur le sol entre les rochers dans une dépression entourée de substances végétales. Il pond un ou deux œufs.

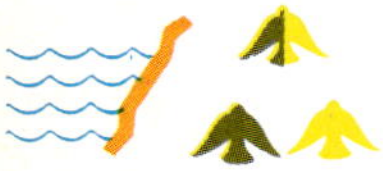

---

388 SURNIA ULULA

Chouette épervière

Classification Ordre des Strigiformes, famille des Strigidés.
Caractéristiques Longue d'environ 35 à 40 cm, elle a un plumage de couleur sombre à nombreuses petites taches et raies noires et blanches sur les parties supérieures. Les parties inférieures sont blanches, finement rayées de noir. Le dessus de la tête est presque noir, la face est blanchâtre et bordée de noir, la queue est assez longue.
Milieu Forêts de conifères, bois de bouleaux.
Diffusion Zones septentrionales d'Europe, d'Asie et d'Amérique. Se déplace plus au sud en hiver.
Vie et mœurs Elle niche dans des trous d'arbres ou dans de vieux nids d'autres oiseaux. Elle pond une couvée (en années favorables, parfois deux) constituée généralement de 3 à 10 œufs (rarement 13), selon les disponibilités alimentaires de l'année. L'incubation est principalement assurée par la femelle, mais le mâle y prend part lui aussi ; elle dure environ 25 à 30 jours. Les petits, nidicoles, sont élevés par les deux parents et quittent le nid vers l'âge de 23 à 27 jours. La queue élancée rend cette chouette semblable à un faucon. Elle peut aussi voler en « point fixe », comme le faucon crécerelle. Elle émet un cri qu'on peut traduire par « ki-ki-ki », rappelant le cri du faucon.

389 SYLVIA BORIN
Fauvette des jardins

Classification Ordre des Passériformes, famille des Sylviidés.
Caractéristiques D'une longueur d'environ 13 cm, cette espèce est de couleur châtain uniforme sur le dessus, dans les tons fauves sur le dessous. La couleur est plutôt terne dans son aspect général. Parmi les autres espèces du genre *Sylvia*, on peut citer la fauvette babillarde *(Sylvia curruca)*, aux parties supérieures grisâtres et aux parties inférieures claires, et la fauvette à lunettes *(S. conspicillata)*, au dessus foncé et au dessous brun rosé, à menton et gorge blancs.
Milieu Bois, parcs.
Diffusion Europe, Asie, Afrique.
Vie et mœurs Elle niche sur des arbres bas ou des buissons, dans un nid cupuliforme que les deux membres du couple construisent ensemble. Elle fait en général deux couvées de 4 ou 5 œufs (plus rarement de 3 à 7) que couvent les deux parents pendant 11 ou 12 jours. Les oisillons, nidicoles, sont élevés par leurs deux parents, et quittent le nid à l'âge de 9 ou 10 jours. Cette espèce se nourrit principalement d'invertébrés (insectes, vers) et de substances végétales (fruits et baies), particulièrement pendant la période automne-hiver.

---

390 SYLVIA CANTILLANS
Fauvette passerinette

Classification Ordre des Passériformes, famille des Sylviidés.
Caractéristiques Longue d'environ 12 cm, cette espèce est de couleur gris cendré dans les parties supérieures; les rectrices extérieures sont blanches. Le mâle porte sur le cou une raie blanche qui sépare la couleur grise de la tête de la couleur châtain rosé du haut de la poitrine et de la gorge. L'abdomen et le dessous de la queue sont de tons clairs. Les individus jeunes et les femelles présentent des couleurs plus claires, rosées sur le dessous, avec la bande blanche moins marquée.
Milieu Bois, maquis méditerranéen, clairières et buissons.
Diffusion Europe méridionale, Proche-Orient, nord-ouest africain.
Vie et mœurs Elle niche dans les buissons où elle construit un nid cupuliforme en substances végétales. Elle fait probablement 2 couvées, généralement de 3 à 4 œufs (plus rarement 5), qui sont couvés, par la femelle surtout, pendant 11 ou 12 jours. Les oisillons, nidicoles, sont alimentés par leurs deux parents et restent au nid pendant 11 ou 12 jours. Le régime alimentaire est principalement constitué d'invertébrés.

391 SYLVIA COMMUNIS
Fauvette grisette

Classification Ordre des Passériformes, famille des Sylviidés.
Caractéristiques Long d'environ 13 cm, le mâle a les parties supérieures de couleur brunâtre, la tête grise et la gorge blanche ; les parties inférieures sont de tons fauve pâle, nuancés de rose. Les rectrices extérieures sont blanches, les tectrices d'un brun rougeâtre. La femelle arbore des couleurs plus foncées, sa tête est plus brune et sa poitrine est rosée. Citons aussi la fauvette à tête noire *(Sylvia atricapilla)* dont le mâle a le haut de la tête noir, tandis que chez la femelle il est de couleur brun rougeâtre.
Milieu Campagne avec haies, buissons, jardins, champs cultivés.
Diffusion Europe, Asie, Afrique.
Vie et mœurs Elle niche parmi les buissons et les plantes basses, rarement à même le sol. Le mâle construit plusieurs nids, la femelle n'en utilise qu'un seul et peut même en construire un autre. Elle fait généralement deux couvées, habituellement de 4 ou 5 œufs (quelquefois, mais rarement, de 3 à 7) que couvent les deux membres du couple pendant 11 à 13 jours. Les petits, nidicoles, sont élevés par les deux parents et quittent le nid vers 10 ou 12 jours. L'alimentation est à base d'invertébrés (insectes, araignées) et parfois aussi de substances végétales (baies).

---

392 SYLVIA HORTENSIS
Fauvette orphée

Classification Ordre des Passériformes, famille des Sylviidés.
Caractéristiques Longue d'environ 15 cm, elle est dotée d'un capuchon de teinte foncée qui va se fondre dans le gris des parties supérieures. La gorge et les rectrices extérieures sont blanches, les parties inférieures de teintes claires. Chez la femelle le sommet de la tête est plus clair, les parties supérieures sont plus brunes, le dessous de la queue est nuancé de rose. La fauvette épervière *(S. nisoria)* est de couleur grisâtre, avec les parties inférieures d'un blanc grisâtre fortement barré de gris foncé.
Milieu Zones cultivées, bois.
Diffusion Europe méridionale, Afrique septentrionale, Asie.
Vie et mœurs Elle niche dans les basses branches des arbres, au milieu des buissons. Elle fait en général 2 couvées, habituellement de 4 ou 5 œufs (parfois 6) qui sont couvés par les deux membres du couple. Les oisillons, nidicoles, sont élevés par les deux parents. Cette fauvette se nourrit à la fois d'invertébrés (insectes) et de substances végétales (fruits).

393 SYLVIA SARDA
Fauvette sarde

Classification Ordre des Passériformes, famille des Sylviidés.
Caractéristiques Longue d'environ 12 cm, elle a un plumage de couleur foncée. Les parties supérieures sont grisâtre foncé, la tête, les ailes et la queue étant plus foncées. Les parties inférieures sont brun blanchâtre. La femelle est un peu plus brune, les jeunes ont des couleurs plus pâles. Une espèce semblable, la fauvette pitchou *(Sylvia undata)*, a les parties inférieures d'un brun rougeâtre foncé.
Milieu Maquis méditerranéen.
Diffusion Iles de la Méditerranée occidentale et côte orientale de l'Espagne.
Vie et mœurs Elle niche dans les buissons, construisant un nid en forme de coupe, au moyen de substances végétales. Elle fait une couvée (quelquefois deux) formée généralement de 3 ou 4 œufs (quelquefois 5). On ne dispose pas de renseignements détaillés sur l'incubation (qui chez la fauvette sarde est surtout assurée par la femelle pendant 12 ou 13 jours) ni sur l'élevage des petits (qui chez la même espèce restent au nid de 11 à 13 jours). La fauvette sarde se nourrit d'invertébrés et aussi de substances végétales.

---

394 TADORNA FERRUGINEA
Tadorne casarca

Classification Ordre des Ansériformes, famille des Anatidés.
Caractéristiques Le mâle est d'une longueur d'environ 63 cm et la femelle de 61 cm. La couleur du plumage est châtain-orangé, avec la tête plus claire. Les tectrices alaires sont blanches (partiellement visibles quand l'oiseau est posé et très apparentes lorsqu'il est en vol). La queue et les rémiges sont noires, le bec est noirâtre, les pattes sont gris foncé. Le mâle est doté d'un petit collier noir et d'un miroir alaire vert. Les jeunes sont semblables à la femelle, mais de teinte plus foncée, avec le dos plus foncé et plus brun.
Milieu Lacs, lagunes, marais, rivières.
Diffusion Espagne méridionale et sud-ouest européen, Asie centrale et nord-ouest africain, en dehors des périodes de migration.
Vie et mœurs Il niche dans des trous et cavités de rochers, des dunes de sable, des talus, etc. Il pond de 8 à 12 œufs (rarement 16) que la femelle couve pendant 27 à 29 jours environ. Les petits, nidifuges, sont élevés par les deux parents. Le casarca se nourrit de substances végétales (herbe, blé, végétation aquatique) et parfois d'animaux (petits poissons, grenouilles, invertébrés). Il émet un cri que l'on peut interpréter comme un « aa-honk » nasal et très fort.

395 TADORNA TADORNA
Tadorne de Belon

Classification Ordre des Ansériformes, famille des Anatidés.
Caractéristiques Le mâle est long d'environ 66 cm, la femelle d'environ 61 cm. Le tadorne est un grand canard ressemblant à une oie. Il a un plumage ne prêtant à aucune confusion : tête et cou noir verdâtre, bande châtaine traversant la partie antérieure de la tête, plumes scapulaires, primaires et pointe des plumes rectrices noires ; la partie centrale de l'abdomen est foncée, le miroir alaire vert à bords châtains ; les tectrices inférieures de la queue sont châtaines, le reste est blanc. Le bec, rouge au printemps, porte un gros tubercule à la base chez le mâle (la femelle en est depourvue). Les individus jeunes ont les parties supérieures d'un gris brunâtre, la gorge et la face blanches, les raies châtaines font défaut.
Milieu Côtes sableuses, estuaires, zones marécageuses.
Diffusion Europe, Asie.
Vie et mœurs Il niche dans des cavités du sol, souvent dans de vieux terriers de lapins. Il pond une seule couvée, généralement composée de 8 à 15 œufs (parfois davantage) qui sont couvés par la femelle pendant 28 à 30 jours environ. Les petits, nidifuges, suivent les parents qui les élèvent et deviennent indépendants à l'âge d'environ 8 semaines. Le tadorne se nourrit principalement d'invertébrés (mollusques, crustacés, insectes, vers), ainsi que de petits poissons et de substances végétales (graines, racines, plantes aquatiques).

---

396 TAENIOPYGIA GUTTATA
Diamant mandarin

Classification Ordre des Passériformes, famille des Plocéidés.
Caractéristiques D'une longueur d'environ 10 cm, c'est un oiseau très connu et largement élevé en captivité ; il en existe de nombreuses races de couleurs variées. Généralement, le plumage du mâle est gris-marron sur le dessus, le bec rougeâtre ; il y a une tache marron sous l'œil, bordée de noir sur le côté ; la gorge et le haut de la poitrine sont rayés de noir, les flancs sont marron tacheté de blanc ; les parties inférieures sont jaunâtre tacheté de clair. La femelle a des couleurs plus ternes dans les tons gris, plus foncées dans les parties supérieures. On en connaît deux sous-espèces : *T.g. castanotis* et *T.g. guttata*.
Milieu Terrains dégagés et herbeux, avec arbres et buissons, champs, pâturages, jardins.
Diffusion Australie.
Vie et mœurs Le diamant mandarin est parfaitement adapté aux périodes de sécheresse qui s'abattent souvent sur l'Australie centrale. Les recherches des ornithologues Cade, Tobin et Gold ont même démontré que cette espèce peut supporter la soif pendant des semaines et des mois, étant capable de réduire à l'extrême la déperdition d'eau, celle-ci étant pratiquement réabsorbée au niveau des reins et les excréments étant très secs. En outre le diamant mandarin est le seul oiseau capable de boire des solutions de chlorure de sodium.

397 TERATHOPIUS ECAUDATUS
Aigle bateleur

Classification Ordre des Falconiformes, famille des Accipitridés.
Caractéristiques Rapace long d'environ 60 cm, à la queue très courte. Les parties supérieures sont de couleur marron noisette sauf une bande de couleur noire sur la partie postérieure des ailes. Les parties inférieures sont noires, sauf les ailes qui présentent une bande de couleur noisette et une autre de couleur blanche. La peau nue de la face et les pattes sont rouges. Les sujets immatures sont complètement bruns et les parties qui sont rouges chez les adultes deviennent grises. L'envergure est d'environ 1,70 m et le poids de 2 à 3 kg.
Milieu Savanes, plaines à végétation de buissons.
Diffusion Afrique centro-méridionale.
Vie et mœurs Il niche depuis le niveau de la mer jusqu'à environ 2000 m d'altitude. Il construit son nid sur un arbre, généralement un acacia, et l'utilise pendant plusieurs années. La femelle pond un seul œuf qu'elle couve pendant 42 à 43 jours. Le petit effectue son premier vol à l'âge de 90 à 125 jours. Une caractéristique du comportement de ce rapace en matière de reproduction est la sociabilité : souvent un troisième adulte s'adjoint au couple et collabore à la défense du nid. La nourriture est constituée de charognes, de petits mammifères, d'oiseaux et de reptiles (parmi lesquels des serpents venimeux).

---

398 TETRAO UROGALLUS
Grand tétras

Classification Ordre des Galliformes, famille des Tétraonidés.
Caractéristiques Le mâle est long d'environ 94 cm, la femelle, plus petite, d'environ 67 cm. Le mâle présente une couleur généralement gris foncé, le bec étant blanchâtre ; au-dessus de l'œil se trouve une zone rouge, les tectrices alaires sont marron foncé, la poitrine est bleu verdâtre, tachetée de blanc, la gorge et les côtés de la tête sont noirs, la queue est noire avec quelques taches blanches ; les pattes sont recouvertes de plumes. La femelle a un plumage brunâtre, noir et blanc grisâtre, avec une zone rouge sur la poitrine, des rayures noires sur le dessus. Les individus jeunes ressemblent aux femelles.
Milieu Bois et forêts de conifères, en régions hautes et de collines, parfois dans des bois de conifères en plaine.
Diffusion Europe centrale et septentrionale, Asie septentrionale.
Vie et mœurs On a observé des spécimens jusqu'à près de 2500 m d'altitude. Le grand tétras niche à même le sol au milieu de la végétation, ne faisant qu'une seule couvée constituée généralement de 5 à 8 œufs (parfois de 4 à 18) qui sont couvés par la femelle pendant 26 à 29 jours. Les petits, nidifuges, sont élevés par la femelle et peuvent voler au bout de 2 à 3 semaines ; ils restent en groupes familiaux pendant l'automne. Le grand tétras se nourrit de pousses et de bourgeons de conifères, de graines, de baies, de fruits et d'invertébrés.

399 TETRASTES BONASIA

Gélinotte des bois

Classification Ordre des Galliformes, famille des Tétraonidés.
Caractéristiques Le mâle est long d'environ 35 cm ; son plumage est mimétique, gris et fauve, avec une série de raies, de taches et de dessins vermiculaires châtains, noirs et blancs. Sur la gorge se trouve une zone noire, et une bande blanche sous l'œil et au haut du cou ; cette caractéristique fait défaut chez la femelle qui ne mesure que 34 cm de longueur. La tête porte une crête visible seulement lorsqu'elle se dilate pendant la saison des amours ou quand l'oiseau se sent menacé.
Milieu Forêts, surtout de conifères (sapins et mélèzes) mais aussi boisements mixtes à conifères nombreux en zones montagneuses et en plaine.
Diffusion Europe centrale septentrionale, Asie septentrionale.
Vie et mœurs Elle niche dans des dépressions du terrain, parmi la végétation du bois. Elle pond une seule couvée généralement constituée de 6 à 10 œufs (parfois jusqu'à 15) qui sont couvés par la femelle pendant 20 jours environ. Les petits sont nidifuges ; ils se couvrent de plumes à l'âge de 10 à 20 jours et sont indépendants vers l'âge de 8 semaines. La gélinotte se nourrit de substances végétales (baies, bourgeons) et d'invertébrés.

---

400 THRESKIORNIS AETHIOPICA

Ibis sacré

Classification Ordre des Ciconiiformes, famille des Threskiornithidés.
Caractéristiques Oiseau des plus caractéristiques, au plumage blanc avec du noir sur la tête et sur les ailes. Aux temps de l'Égypte ancienne, cette espèce était vénérée comme l'incarnation de Toth, dieu de la Sagesse. L'ibis sacré est en effet représenté dans de très nombreux hiéroglyphes.
Milieu Bord des rivières et des lacs ; voisinage des côtes et zones marécageuses.
Diffusion Afrique.
Vie et mœurs Il niche généralement à terre parmi la végétation, sur des buissons ou sur des arbres. Il pond en moyenne 3 ou 4 œufs par couvée. L'incubation dure environ 21 jours. Les petits, couverts d'un duvet de teinte foncée, volent vers l'âge de 5 ou 6 semaines. Les ibis sacrés se nourrissent principalement d'invertébrés. En vol, ils se disposent en formation linéaire ou en « V ».

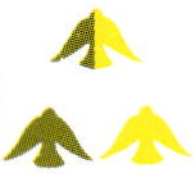

401 TICHODROMA MURARIA
Tichodrome échelette

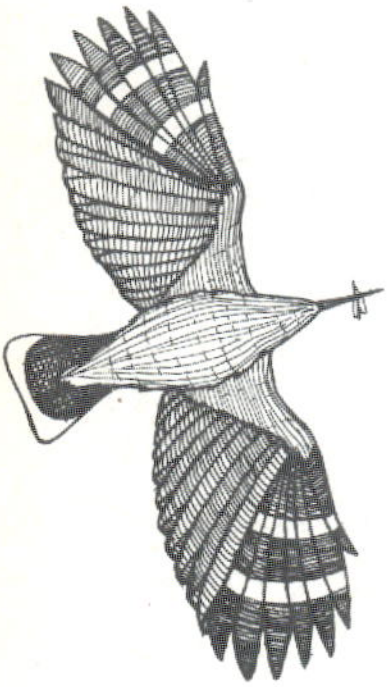

Classification Ordre des Passériformes, famille des Sittidés.
Caractéristiques Longueur environ 16 cm ; oiseau facile à reconnaître ; les parties supérieures sont grises, la queue est courte, le bec est long et fin. La gorge et la poitrine sont noires en été, blanchâtres en hiver. En vol, les ailes, larges et arrondies, sont noires avec du rouge et des taches blanches sur les bords. Les individus jeunes ressemblent aux adultes en hiver, mais sont plus bruns et ont le bec droit.
Milieu Zones rocheuses de montagne, rochers, ruines ; en hiver il descend dans les vallées rocheuses et au pied des collines.
Diffusion Europe centro-méridionale, Asie septentrionale et Sud-Ouest asiatique.
Vie et mœurs Émet des cris que l'on peut représenter par « toui-tih », « triouh-tih », « tzi-tzi-tzi-toui ». Niche dans des cavités de rochers où la femelle construit un nid en forme de coupe avec des substances végétales. Elle pond une seule couvée généralement constituée de 4 œufs (parfois 3 ou 5) qu'elle couve pendant 18 ou 19 jours. Les oisillons, nidicoles, sont alimentés par les deux parents pendant 21 à 26 jours environ.

---

402 TOCKUS ERYTHRORHYNCHUS
Petit calao à tête rouge

Classification Ordre des Coraciadiformes, famille des Bucérotidés.
Caractéristiques Cet oiseau long d'une cinquantaine de centimètres pèse environ 180 g. La couleur du plumage est blanchâtre, les ailes et la queue étant noirâtres, tachetées de blanc ; la tête est grisâtre ; le bec, robuste et courbe, est rougeâtre. Nous citerons comme espèce voisine le calao à bec jaune *(Tockus flavirostris)* long d'environ 56 cm et le calao de Van Decken *(Tockus deckeni)* long d'environ 50 cm et dont la femelle a le bec noirâtre. Une espèce singulière de bucérotidés est le *Rhinoplax vigil* qui porte un casque massif et peut peser jusqu'à 320 g.
Milieu Broussailles, forêts.
Diffusion Afrique.
Vie et mœurs Les petits calaos pondent dans des trous généralement jusqu'à 5 œufs, dont la durée d'incubation est d'environ 30 jours. Les petits, nidicoles, restent au nid de 30 à 45 jours. La femelle, comme chez les autres bucérotidés, est murée dans le nid, dans lequel, entre autres choses, s'opère la mue des plumes. Elle abandonne les petits environ 2 semaines avant qu'ils prennent leur vol. Quand la femelle quitte le nid, les oisillons se murent de nouveau dans celui-ci.

403 TRACHYPHONUS ERYTHROCEPHALUS

Barbu à tête rouge

Classification Ordre des Piciformes, famille des Capitonidés.
Caractéristiques Les barbus sont des capitonidés africains répandus dans les zones découvertes, dans les steppes ; ils sont longs d'environ 20 cm. Le barbu à tête rouge est un oiseau vivement coloré, noir à taches blanches sur le dessus, blanchâtre sur le dessous. La tête est noirâtre sur son sommet chez le mâle et rougeâtre avec des taches noires chez la femelle. La nuque est jaunâtre avec de petites taches noires, les yeux sont cerclés de noir ; le haut de la poitrine est rose, barré de noir. Le bec, robuste, a des soies à sa base ; la queue est assez longue, plus rougeâtre chez le mâle.
Milieu Steppes, plaines, zones découvertes.
Diffusion Afrique orientale, de l'Éthiopie à la Tanzanie.
Vie et mœurs Les barbus se nourrissent surtout d'invertébrés (particulièrement de termites). Ce sont des oiseaux très sociables, nichant dans des cavités. Les petits, nidicoles, restent au nid 21 jours environ. Le barbu à tête rouge creuse son nid dans les éboulis et les escarpements. L'ornithologue A.H. Paget-Wilkes a trouvé un nid de cette espèce, contenant 2 œufs. Ce nid était long de 30 cm environ et large de 7,5 cm ; il se terminait par une chambre d'incubation.

---

404 TRICHOGLOSSUS HAEMATODUS

Loriquet arc-en-ciel

Classification Ordre des Psittaciformes, famille des Psittacidés.
Caractéristiques La tribu des trichoglossinés renferme des espèces longues de 15 à 45 cm, au bec étroit, qui se nourrissent de fruits, de nectar et de sève. Dans cette tribu, on peut distinguer 12 genres dont le *Trichoglossus*. Le loriquet arc-en-ciel atteint la longueur de 28 cm et son plumage est de couleur très vive ; les parties supérieures sont vertes, la tête bleuâtre violacé, le bec rouge, le cou jaune, vert sur le devant ; la poitrine est rose jaunâtre, le ventre bleuâtre violacé, se dégradant en jaune verdâtre, la queue est verte et cunéiforme. On reconnaît généralement deux sous-espèces : le loriquet arc-en-ciel des Moluques *(Trichoglossus haematodus moluccanus)* et le loriquet à collier rouge *(T.H. rubritorquis)*.
Milieu Broussailles.
Diffusion Australie.
Vie et mœurs Le bec des loriquets est dépourvu des dentelures typiques des espèces granivores ; ils se nourrissent en effet de fruits, de sève, de nectar. Ils pondent généralement 2 œufs, dont l'incubation dure environ 26 jours. Les petits, nidicoles, quittent le nid vers l'âge de 60 à 65 jours.

405 TRINGA ERYTHROPUS

Chevalier arlequin

Classification Ordre des Charadriiformes, famille des Scolopacidés.
Caractéristiques Sa longueur est d'environ 30 cm. En livrée nuptiale, il est très remarquable : en effet, il a un plumage noir avec des mouchetures blanches sur les parties supérieures et le croupion blanc. Les pattes sont rouges (en hiver, de couleur orangée). Le plumage d'automne et d'hiver ressemble à celui du chevalier gambette, mais avec une couleur grise plus uniforme; le bec, mince, est plus long. Il n'y a pas de blanc sur le dessous des ailes et les pattes sont plus longues (en vol elles dépassent nettement la queue).
Milieu Zones découvertes et humides des forêts de conifères nordiques, lacs, marécages, zones humides côtières.
Diffusion Europe et Asie.
Vie et mœurs Niche dans des dépressions de terrain, dans la mousse, revêtant son nid d'aiguilles de pin, d'herbes et de feuilles sèches. Il pond généralement 4 œufs (plus rarement 3) qui sont couvés presque exclusivement par le mâle. Les petits, nidifuges, sont élevés par les deux parents, mais la femelle les abandonne rapidement. Il émet un cri caractéristique et fort sonnant comme « touiouitt ». Il se nourrit d'insectes, mollusques et crustacés, etc.

---

406 TRINGA HYPOLEUCOS

Chevalier guignette

Classification Ordre des Charadriiformes, famille des Scolopacidés.
Caractéristiques Sa longueur est d'environ 20 cm. Le plumage est de couleur brun-gris sur le dessus et blanc sur le dessous, avec du brun sur le cou et les côtés du cou. En période hivernale ses couleurs sont d'un ton plus uniforme. Sa façon de se déplacer sur le sol est caractéristique, avec le corps plié en avant et la tête basse. En vol, on remarque une barre alaire blanche apparente. Parmi les autres chevaliers, citons le chevalier sylvain *(Tringa glareola)* aux pattes jaunes verdâtres et aux parties blanchâtres sous les ailes et le chevalier cul-blanc *(Tringa ochropus)* aux pattes vert foncé et au dessous des ailes noirâtre.
Milieu Zones marécageuses, torrents, rivières, lacs.
Diffusion Europe, Asie, Afrique.
Vie et mœurs Niche sur le sol, parmi la végétation. Pond une couvée généralement de 4 œufs (parfois 3, plus rarement 5) qui sont couvés par les deux membres du couple pendant une durée de 20 à 23 jours. Les petits, nidifuges, sont élevés par les deux parents; ils peuvent commencer à voler vers l'âge de 13 à 21 jours et sont indépendants vers 4 semaines. Le chevalier guignette se nourrit d'invertébrés.

407 TRINGA TOTANUS
Chevalier gambette

Classification Ordre des Charadriiformes, famille des Scolopacidés.
Caractéristiques Long d'environ 28 cm, il a les pattes de couleur rouge-orangé, le bec rougeâtre à pointe noire, les parties supérieures brunes finement tachetées de noirâtre, les parties inférieures claires à fines rayures et petites mouchetures. Le plumage d'hiver est plus sombre et grisâtre. Les jeunes ont les parties supérieures plus fauves et les pattes jaunes. En vol, on le reconnaît à ses ailes sombres au large bord postérieur blanc, à sa queue barrée et à son croupion blanc. Espèce très voisine, le chevalier aboyeur *(Tringa nebularia)*, long d'environ 31 cm, aux pattes verdâtres, aux ailes et au dos ne présentant pas de blanc en vol, au croupion et à la queue plus blancs.
Milieu Étendues de végétation palustre, landes, salines, lagunes, lacs, marécages.
Diffusion Europe, Asie centrale, nord-ouest africain.
Vie et mœurs Cette espèce niche dans des cavités du sol au milieu de l'herbe, et y pond généralement 4 œufs (plus rarement de 2 à 5) que couvent les deux parents pendant 23 ou 24 jours. Les petits, nidifuges, sont élevés par les deux parents et deviennent indépendants vers l'âge de 30 jours. Le chevalier gambette émet un cri caractéristique, sorte d'appel que l'on peut représenter par « tliou-hou-hou ». Son régime alimentaire est composé d'invertébrés et de substances végétales.

---

408 TROGLODYTES TROGLODYTES
Troglodyte mignon

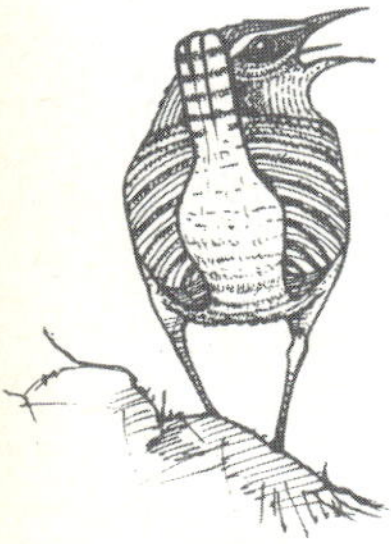

Classification Ordre des Passériformes, famille des Troglodytidés.
Caractéristiques C'est un oiseau très caractéristique, d'une longueur d'environ 9 cm, au corps compact et rondelet, à la queue courte et tenue presque constamment dressée. Le plumage est de couleur brunâtre, plus claire dans les parties inférieures, avec de nombreuses rayures foncées sur les ailes, les flancs et la queue. Les individus jeunes ressemblent aux adultes, mais avec moins de raies.
Milieu Bois, buissons, haies, cannaies, zones cultivées.
Diffusion Europe, Asie, nord-ouest africain, Amérique du Nord.
Vie et mœurs Il niche dans les buissons, dans les haies, dans des fentes ou des trous. Le nid est fait de substances végétales et sa forme varie de l'ovale à la sphère ; c'est l'ouvrage du mâle. Celui-ci en construit parfois plusieurs, parmi lesquels la femelle choisira celui qu'elle adoptera. Celle-ci pond une seule couvée, composée de 5 à 8 œufs en général (parfois jusqu'à 16) qu'elle couve pendant 14 à 17 jours. Les oisillons, nidicoles, sont élevés par les deux parents ensemble (les mâles peuvent être polygames). Ils quittent le nid au bout de 15 à 20 jours. Les nids peuvent être utilisés comme « dortoirs ».

409 TURDUS ILIACUS
Grive mauvis

Classification Ordre des Passériformes, famille des Turdidés.
Caractéristiques Longue de 20 cm, elle a les parties supérieures brun foncé, la queue marron foncé avec du blanc teinté de fauve à la pointe des plumes ; les primaires et les secondaires sont marron foncé. Elle porte de larges sourcils blanchâtres ; ses flancs sont châtains, comme les axillaires, la poitrine et les flancs sont d'un blanchâtre fauve rayé. En vol, le châtain du dessous de la queue et les raies de la poitrine et des flancs ressortent nettement. Mentionnons la grive obscure *(Turdus obscurus)* asiatique qui présente en vol une couleur assez sombre, dessous d'aile et tête gris, poitrine orangée, ventre et dessous de queue blancs.
Milieu Bois, parcs, pâturages.
Diffusion Europe, Asie.
Vie et mœurs Elle niche dans les arbres, dans les buissons, dans des cavités. Le nid, cupuliforme, est fait de substances végétales et de boue et il est édifié par la femelle. Celle-ci fait généralement 2 couvées, habituellement composées de 4 ou 5 œufs (plus rarement de 2 à 8) qu'elle couve pendant 11 à 15 jours. Les petits, nidicoles, sont élevés par les deux parents, et restent au nid environ 10 à 15 jours. Cette espèce se nourrit d'invertébrés (vers, mollusques, insectes) et de substances végétales (baies, fruits).

410 TURDUS MERULA
Merle noir

Classification Ordre des Passériformes, famille des Turdidés.
Caractéristiques Sa longueur atteint les 25 cm. C'est un oiseau facilement reconnaissable : le mâle est noir à bec jaune, et la femelle est brun foncé sur le dessus et plus clair dans les parties inférieures, avec le bec brun. Les jeunes sont tachetés et plus rougeâtres.
Milieu Bois, parcs, jardins.
Diffusion Europe centro-méridionale et septentrionale, Afrique septentrionale et Asie centrale.
Vie et mœurs Il construit un nid en forme de coupe en substances végétales, à l'intérieur tapissé de boue. La femelle y pond de 2 à 3 couvées (parfois jusqu'à 4), chacune composée de 3 à 9 œufs (généralement 4 ou 5) qu'elle couve pendant 11 à 17 jours. Les petits, nidicoles, sont élevés par les deux parents et restent au nid pendant 12 à 19 jours. Les jeunes, une fois qu'ils ont abandonné le nid, sont nourris par les parents pendant encore environ 3 semaines. Dans les dernières décennies, le merle est devenu plus abondant comme oiseau sédentaire dans les parcs et jardins des villes européennes. Il se nourrit de substances végétales et de baies, mais aussi d'insectes, notamment pendant la saison de la reproduction.

411 TURDUS MIGRATORIUS

Merle migrateur

Classification Ordre des Passériformes, famille des Turdidés.
Caractéristiques Cette espèce est longue en moyenne de 25 cm. C'est un des oiseaux les plus communs et les plus faciles à observer. Le plumage est de couleur brune sur les parties supérieures, rougeâtre sur les parties inférieures. La femelle et les jeunes présentent une couleur plus terne. Le bec est long et mince.
Milieu Terrains boisés et cultivés, jardins et parcs de villes.
Diffusion Amérique du Nord.
Vie et mœurs Les populations les plus septentrionales hivernent régulièrement au sud. C'est une espèce très adaptable, qui fréquente tous les milieux comportant à la fois des arbres et du terrain découvert propice à la recherche de la nourriture. Le nid est construit en forme de coupe en matériaux végétaux (herbes, crins, racines) sur les arbres, dans les buissons ou, plus rarement, à même le sol. La femelle pond habituellement 2 couvées de 3 à 6 œufs (généralement 4) qu'elle couve pendant 12 à 13 jours. Les petits volent à l'âge de 14 à 16 jours et suivent les parents pendant quelque temps encore. La nourriture se compose d'insectes, de vers, larves et autres invertébrés en été, de fruits et de baies en hiver et pendant les périodes de mauvais temps.

---

412 TURDUS PHILOMELOS

Grive musicienne

Classification Ordre des Passériformes, famille des Turdidés.
Caractéristiques Sa longueur est d'environ 23 cm; les parties supérieures sont brunâtres, la poitrine et les flancs fauves à taches noires petites et étroites. La queue est marron rougeâtre, le dessous de la queue est d'un blanc crème; les rémiges primaires et secondaires sont marron foncé, presque noir; les plumes de couverture alaires forment deux barres présentant des pointes fauves. En vol, on remarque les axillaires et le dessous des ailes qui sont de couleur marron doré. Les individus jeunes portent des raies sur les parties supérieures.
Milieu Bois, jardins, parcs.
Diffusion Europe, Asie, Afrique septentrionale. A été introduite en Nouvelle-Zélande et dans les Nouvelles-Hébrides.
Vie et mœurs Le nid est en coupe, fait de substances végétales reliées par de la boue, et il est construit par la femelle. Celle-ci pond en général 2 couvées (quelquefois 3, parfois même 4) composées habituellement de 4 à 6 œufs (parfois 3 à 9) pondus à la cadence de un par jour. L'incubation est assurée par la femelle, généralement quand la ponte est achevée, et dure de 11 à 15 jours. Les petits, nidicoles, sont élevés par les deux parents et restent au nid de 12 à 16 jours. La grive musicienne se nourrit d'invertébrés et de substances végétales (cerises, figues, fraises, pommes, poires).

413 TURDUS PILARIS
Grive litorne

Classification Ordre des Passériformes, famille des Turdidés.
Caractéristiques Longue d'environ 25 cm, elle a la tête, la nuque et le dos de couleur gris ardoise; le croupion est marron, la queue noirâtre. Le sommet de la tête est rayé de noir, la gorge et la poitrine sont marron rayé de noir. Le reste des parties inférieures est blanc et les flancs sont tachetés de noir. Quand elle est en vol, on voit ressortir les axillaires et le dessous de queue blancs.
Milieu Bois de conifères et mixtes, parcs, clairières.
Diffusion Europe et Asie.
Vie et mœurs Elle niche dans les bois de pins, de bouleaux, d'aunes (plus rarement à même le sol ou dans les zones rocheuses). La femelle pond souvent 2 couvées formées généralement de 5 ou 6 œufs (quelquefois de 3 à 8) qu'elle couve pendant une durée de 11 à 14 jours environ. Les oisillons, nidicoles, sont élevés par les deux parents et restent au nid de 12 à 16 jours. La litorne se nourrit de substances végétales (graines, fruits, baies) et d'invertébrés (insectes, mollusques et vers). Elle émet un cri caractéristique, en plus de son chant et d'autres sons, que l'on peut représenter par « tcha-tcha-tcha-tchack ».

414 TURDUS TORQUATUS
Merle à plastron

Classification Ordre des Passériformes, famille des Turdidés.
Caractéristiques Sa longueur est d'environ 24 cm; le mâle adulte porte un plumage caractéristique de couleur noire uniforme avec une bande pectorale blanche. La femelle est plus brune, ses plumes sont bordées de clair, le plastron est plus étroit, nuancé de brun. Après la mue automnale, le plumage du mâle présente des plumes bordées de blanchâtre; la tache grise qui se trouve sur les rémiges est visible quand l'oiseau est au repos. Les individus jeunes n'ont pas de plastron et sont de couleur gris brunâtre avec les parties inférieures tachetées et rayées de blanchâtre et de brun foncé.
Milieu Bruyères, collines, zones rocheuses de montagnes, plaines.
Diffusion Europe, Asie centrale et occidentale, nord-ouest africain.
Vie et mœurs Il niche sur les arbres, au milieu des buissons. La femelle pond en général 2 couvées habituellement composées de 4 ou 5 œufs (plus rarement 3 à 6) pondus à la cadence de un par jour. L'incubation est assurée par les deux membres du couple et dure environ 13 à 14 jours. Les oisillons, nidicoles, restent au nid 13 à 14 jours. Le merle à plastron se nourrit principalement d'invertébrés (vers, insectes, mollusques) et de substances végétales (baies, fruits) pendant la période automne-hiver.

415 TURDUS VISCIVORUS
Grive draine

Classification Ordre des Passériformes, famille des Turdidés.
Caractéristiques Longue d'environ 26 cm, elle a les parties supérieures gris brunâtre, les parties inférieures blanc rougeâtre couvertes de grosses taches foncées disposées de façon serrée. Les plumes du dos sont bordées de jaunâtre, alors que celles du dessus de la queue sont bordées de blanc grisâtre ; le dessous de la queue est châtain, les axillaires et le dessous de l'aile sont blancs ; la queue est châtain grisâtre. Les jeunes sont tachetés de blanchâtre sur les parties supérieures.
Milieu Bois, jardins, parcs, vergers, champs, pâturages et bruyères.
Diffusion Europe, Asie, Afrique du Nord.
Vie et mœurs Elle niche sur les arbres, dans les fourches des branches ou au milieu des buissons. Le nid, coupe solide faite de matières végétales, est construit par la femelle. Celle-ci pond 2 couvées, généralement de 4 ou 5 œufs (parfois de 3 ou 6), qu'elle couve pendant 12 à 15 jours. Les petits, nidicoles, sont élevés par les deux parents. Ils restent au nid pendant 12 à 16 jours, volent vers l'âge de 20 jours et sont encore alimentés pendant un certain temps par les parents, même quand ils ont abandonné le nid. La draine se nourrit de substances végétales (fruits, baies, graines) ainsi que d'invertébrés (mollusques, vers, insectes).

---

416 TURNIX SYLVATICA
Turnix d'Andalousie

Classification Ordre des Gruiformes, famille des Turnicidés.
Caractéristiques Sa longueur est d'environ 15 cm ; le mâle présente une couleur de plumage brunâtre avec traces de noir et gris sur le dessus ; les parties inférieures sont blanches ou blanc crème ; les côtés de la poitrine portent des taches noires tandis que la partie centrale est de couleur marron jaunâtre. Les pattes ont trois doigts. La femelle est généralement plus grande et plus colorée que le mâle.
Milieu Terrains découverts, zones cultivées, zones broussailleuses ou à végétation rare.
Diffusion Espagne méridionale, Afrique, Asie.
Vie et mœurs Elle niche à même le sol parmi la végétation, dans une dépression. Elle pond environ 4 œufs (jusqu'à 8) qui sont couvés par le mâle, une fois la ponte achevée, pendant une durée de 12 à 14 jours. Les petits, nidifuges, sont élevés par le mâle et sont indépendants à l'âge de 18 à 19 jours ; leur croissance est achevée au bout d'environ un mois. La femelle est particulièrement active pendant la parade nuptiale et c'est le mâle qui construit le nid, qui couve et qui s'occupe de la progéniture. L'alimentation du turnix se compose surtout de substances végétales (herbes, graines) et aussi d'invertébrés.

417 TYMPANUCHUS CUPIDO

Cupidon des prairies

Classification Ordre des Galliformes, famille des Tétraonidés.
Caractéristiques Long d'environ 41 à 45 cm. Il a les parties supérieures de couleur brune à raies noires à l'exception de la queue qui est tachetée de blanc; les parties inférieures sont blanc sale à rayures noires. De chaque côté de la tête, le mâle porte une touffe de plumes et une poche de peau nue de couleur jaune. La queue est très courte et ronde. Comme chez les autres membres de la famille, les pattes sont courtes et robustes, adaptées à la course sur le sol.
Milieu Prairies et clairières des bois.
Diffusion Amérique septentrionale.
Vie et mœurs Cette espèce, autrefois plus commune, se livre à des parades nuptiales collectives au début du mois de mars, dès les premières heures du jour : les mâles, avec les plumes de la tête dressées, les sacs vocaux gonflés et la queue déployée, se disputent la possession des femelles par des mouvements rythmiques. Le nid, posé au milieu des herbes, reçoit de 7 à 17 œufs (habituellement de 10 à 12) que couve la femelle pendant 23 à 24 jours. Les petits, dont la mère s'occupe seule, sont nidifuges et volent au bout de une à deux semaines. La nourriture est constituée en majorité de substances végétales (graines, jeunes pousses, baies et feuilles) mais aussi d'insectes (surtout des sauterelles).

---

418 TYTO ALBA

Effraie commune

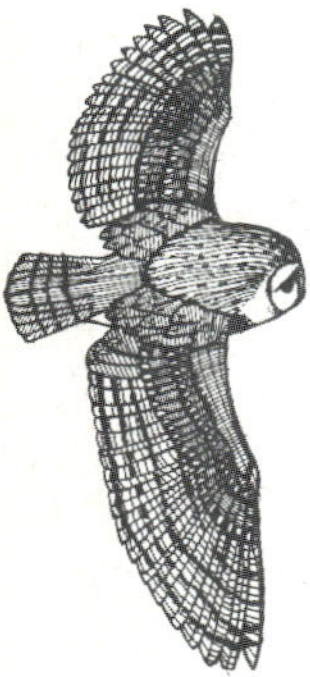

Classification Ordre des Strigiformes, famille des Tytonidés.
Caractéristiques Longue d'environ 34 cm, elle a un aspect caractéristique : son plumage est brun-fauve doré sur le dessus, les parties inférieures étant généralement blanches (il existe chez certains individus une forme de couleur à parties inférieures marron). La face en forme de cœur est caractéristique.
Milieu Parcs, bois, zones rocheuses, toujours avec présence de ruines, vieux édifices, clochers, où elle niche.
Diffusion Europe, Moyen-Orient, Afrique, Amérique, Australie.
Vie et mœurs Elle niche dans les ruines, dans les trous des arbres, dans les cavités des rochers, sur les clochers, etc. Elle fait une seule couvée, parfois deux, généralement composée de 4 à 7 œufs (parfois de 3 à 11) qui sont pondus, comme chez tous les rapaces, à intervalles de plusieurs jours l'un de l'autre. L'incubation, qui commence avec la ponte du premier œuf, est assurée par la femelle et dure de 32 à 34 jours. Les petits, nidicoles, sont alimentés par les deux parents ensemble, volent au bout de 2 mois et sont indépendants vers l'âge de 10 semaines. L'effraie se nourrit surtout de petits rongeurs et de petits oiseaux.

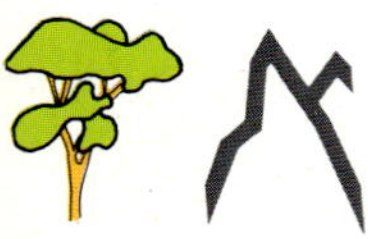

419 UPUPA EPOPS

Huppe ordinaire

Classification Ordre des Coraciadiformes, famille des Upupidés.
Caractéristiques C'est un oiseau qui ne peut être confondu avec aucun autre. Long de 27 cm environ, il a un plumage brun nuancé de rose, le bec long et recourbé, une huppe érectile bordée de noir, les ailes et la queue blanches avec de grandes rayures noires. En vol on remarque les ailes larges et arrondies, blanches et noires, particulièrement caractéristiques. La huppe se dresse lorsque l'oiseau est excité.
Milieu Bois, parcs, régions de buissons.
Diffusion Europe, Asie centrale et méridionale, Afrique.
Vie et mœurs On l'observe souvent sur le sol, où elle recherche sa nourriture, à base d'invertébrés. Elle vit généralement isolée ou en couple, formant de petits groupes au cours de ses migrations. Elle émet un cri caractéristique, une sorte de « pou-pou-pou ». Elle niche dans des cavités d'arbres ou de murs. Elle pond une seule couvée (parfois deux) comprenant généralement de 5 à 8 œufs (jusqu'à 12 dans des cas exceptionnels). L'incubation, assurée par la femelle, dure de 16 à 19 jours. Dans le nid, à l'odeur des immondices et des excréments des petits s'ajoute celle du musc sécrété par les glandes uropygiennes de la femelle qui couve et de ses petits. Ceux-ci, nidicoles, quittent le nid à l'âge de 20 à 27 jours.

---

420 URIA AALGE

Guillemot de Troïl

Classification Ordre des Charadriiformes, famille des Alcidés.
Caractéristiques Long d'environ 43 cm, cet oiseau est marron foncé sur la tête, la nuque et les parties supérieures (en hiver, la gorge et le devant du cou son blancs). Les parties inférieures sont blanches, le bec est mince et pointu, les pattes sont de couleurs variables.
Milieu Côtes, falaises, îles.
Diffusion Europe septentrionale, Amérique septentrionale, Asie orientale ; parfois observé plus au sud.
Vie et mœurs Les guillemots nichent en colonies sur les saillies rocheuses des côtes et de leurs falaises. Ils pondent une seule couvée, réduite à un œuf unique. L'incubation est assurée par les deux parents et dure environ 28 à 35 jours. Les petits sont élevés par les deux parents et dès l'âge de 18 à 25 jours se lancent dans la mer ; ils volent au bout d'environ 3 semaines. Le guillemot se nourrit de poissons et d'invertébrés marins (crustacés, annélides, mollusques).

421 VANELLUS VANELLUS
Vanneau d'Europe ou vanneau huppé

Classification Ordre des Charadriiformes, famille des Charadriidés.
Caractéristiques D'une longueur d'environ 30 cm, il a un plumage d'une couleur caractéristique, d'un vert noirâtre iridescent dans les parties supérieures, avec la poitrine noire et les parties inférieures blanches. Il porte sur la tête une longue huppe noire. Le dessous de la queue est châtain. Le jeune porte une ébauche de huppe et sa couleur est plus claire. En vol on remarque les larges ailes très arrondies. La queue est blanche et se termine par une large barre noire.
Milieu Terrains cultivés, zone de marécages.
Diffusion Europe, Asie centrale et orientale, nord-ouest africain.
Vie et mœurs Niche à même le sol et pond dans une dépression une seule couvée, généralement de 4 œufs (parfois de 2, 3 ou 5). L'incubation est effectuée par les deux membres du couple, mais surtout par la femelle, et commence lorsque tous les œufs ont été pondus. Elle dure de 24 à 29 jours. Les jeunes, nidifuges et élevés par les deux parents, deviennent indépendants au bout d'environ 33 jours. Le vanneau émet un cri caractéristique, un « ki-oui » fort et nasal, et un « kiir-r-oui » plus long. Ce gracieux oiseau a des mœurs grégaires; il se nourrit d'insectes, de vers, de mollusques et aussi de substances végétales.

---

422 VIDUA FISCHERI
Veuve de Fischer

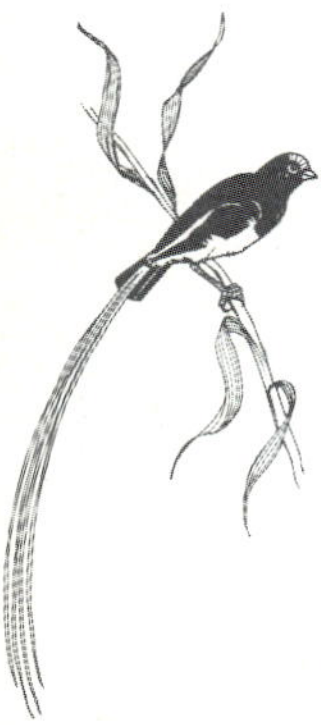

Classification Ordre des Passériformes, famille des Plocéidés.
Caractéristiques Les « veuves » constituent la sous-famille des viduinés. Ce sont des oiseaux au plumage terne pendant la période automno-hivernale et éclatant chez le mâle à la saison des amours. La veuve de Fischer a un plumage de couleur noire sur le dessus, à la base de la tête et à la gorge; le bec est rouge, le sommet de la tête et les parties inférieures sont de couleur rose jaunâtre clair; les deux paires de rectrices centrales sont très longues. La femelle a des couleurs plus ternes.
Milieu Savanes, broussailles.
Diffusion Afrique, au sud du Sahara.
Vie et mœurs Les veuves sont des oiseaux parasites de couvée. Elles ne construisent donc pas de nid, et pondent leurs œufs dans les nids d'espèces appartenant aux quatre genres de la famille des estrildidés *(Estrilda, Lagonosticta, Uraeginthus, Pytilia)* et sont extraordinairement adaptées à ce comportement particulier en matière de reproduction. Par le fait, les oisillons nés des œufs des veuves ont une teinte de duvet et des dessins de gosier et autres caractères spécifiques très semblables à ceux des oisillons de l'espèce hôte (le petit de la veuve de Fischer a au fond de la bouche deux petites verrues bleues et, sur le palais, un dessin orangé à trois pointes).

423 VULTUR GRYPHUS
Condor des Andes

Classification Ordre des Falconiformes, famille des Cathartidés.
Caractéristiques Ce vautour, le plus grand au sens absolu, atteint 100 à 116 cm de longueur. Le plumage de l'adulte est gris foncé dans les parties supérieures et inférieures, à l'exception d'une large tache blanche sur les ailes. La peau nue de la tête et du cou (une grosse caroncule recouvre en partie le bec) est rose et entourée d'une collerette de plumes blanc pur. Les jeunes sont d'un brun uniforme. Le mâle est plus grand que la femelle, atteignant et dépassant les 3 m d'envergure ; il pèse environ 12 kg. la femelle pesant, elle, 9 à 10 kg.
Milieu Zones de montagne et parois rocheuses côtières.
Diffusion Amérique du Sud (le long de la chaîne des Andes).
Vie et mœurs Le condor hante les régions les plus hautes et les plus inaccessibles, volant jusqu'à 9000 m d'altitude. L'aire est installée sur les parois rocheuses, souvent à un emplacement exposé aux vents et aux intempéries. La ponte est composée d'un œuf unique que couvent les deux membres du couple pendant une durée de 54 à 58 jours. Le petit est soigné et élevé par les deux parents et vole au bout de 6 mois environ, après avoir presque atteint la taille et le poids des adultes. Le condor des Andes se nourrit surtout de charognes. Les couples qui nichent le long des côtes se livrent périodiquement à des razzias dans les colonies d'oiseaux marins, en quête d'œufs et d'oisillons.

---

424 ZOSTEROPS PALPEBROSA
Zostérops indien

Classification Ordre des Passériformes, famille des Zostéropidés.
Caractéristiques Les zostéropidés, ou oiseaux à lunettes, sont relativement petits (entre 10 et 14 cm). Leur nom d'oiseaux à lunettes leur a été attribué parce qu'ils possèdent un anneau de plumes blanches (jaunes chez le zostérops de Wallace, *Zosterops wallacei*) autour des yeux, dont seules quelques espèces sont dépourvues. La couleur du plumage est généralement plutôt terne. La langue est protractile et dotée d'une extrémité en pinceau qui sert à ramasser le nectar des fleurs. Le zostérops indien est de couleur jaune verdâtre, grisâtre et blanchâtre.
Milieu Forêts.
Diffusion Sud-Est asiatique, Chine.
Vie et mœurs Les zostéropidés sont répandus en Afrique, dans le Sud-Est asiatique, en Australie et dans le bassin occidental des mers du Sud. Ils ont fait l'objet d'études approfondies conduites par les ornithologues R.F. Moreau, G.F. Mees, et Van Someren, en particulier. Sauf à la saison des amours, ces oiseaux vivent généralement en petits groupes de 3 à 20 individus. Ils nichent dans les fourches des branches d'arbres, pondant de 2 à 5 œufs. L'incubation, à laquelle participent les deux membres du couple, dure environ 11 à 13 jours. Les petits restent au nid entre 10 et 12 jours. Le régime alimentaire de l'espèce comprend des invertébrés, du nectar et des baies.

GLOSSAIRE

Aile Membre antérieur de l'oiseau, transformé en organe de vol. Le squelette de l'aile comprend l'humérus (bras), le radius et le cubitus (avant-bras), les deux petits os du carpe (poignet), les os de la main (trois os métacarpiens et les trois doigts, dont un seul à deux phalanges). Dans la peau qui recouvre les os de l'aile sont insérées les pennes rémiges (primaires, secondaires et tertiaires).
Alaire (formule) Disposition de la longueur des différentes pennes rémiges primaires, dont les différences sont utiles pour déterminer des espèces très semblables.
Androgène Qualifie une glande ou une sécrétion endocrine ou une substance chimique déterminant l'apparition des caractères mâles (hormone masculinisante). La testostérone est une hormone androgène produite par les cellules intersticielles des testicules.
Anthophile Oiseau qui s'approche souvent des fleurs pour se nourrir de nectar, de pollen ou des insectes attirés par les fleurs elles-mêmes.
Aptère Dépourvu d'ailes ou doté d'ailes trop rudimentaires pour permettre le vol.
Aptérylie Zone de peau dépourvue de plumes.
Aspergillose Maladie provoquée par un champignon microscopique, du genre *Aspergillus,* qui attaque de préférence l'appareil respiratoire des oiseaux ou d'autres organismes.
Autotrophie Capacité de fixer l'énergie lumineuse du soleil ou utilisation des composés inorganiques comme nourriture, propre aux plantes et à certaines bactéries.
Axillaires Qualifie les plumes présentes à la base de la partie inférieure de l'aile.

Barbe Elément composant de la plume, fixé sur l'axe central de celle-ci, appelé rachis.
Biocénose Communauté d'êtres vivants occupant un même milieu (biotope).
Biomasse Poids de matière vivante, partiel ou total, d'une communauté, d'une population, d'un organisme.
Biome Communauté d'êtres vivants présents dans une unité biogéographique telle que la toundra, le désert, la forêt vierge, etc.
Botulisme Intoxication résultant de l'absorption de végétaux pourris dans lesquels s'est développée la bactérie *Clostridium botulinum,* qui provoque paralysie et mort.

Bourse de Fabricius Organe situé dans la paroi du cloaque (très développé chez les individus jeunes, mais atrophié dans la plupart des cas chez les sujets adultes).
Bréchet Crête osseuse saillante et verticale sur la face externe du sternum, permettant l'insertion des muscles pectoraux.

Calamus Tube creux de la plume, implanté dans la peau.
Capacité d'entretien de la vie (représentée par K) Nombre des êtres vivants que les ressources d'un habitat peuvent nourrir.
Carène Prolongement osseux du sternum.
Caroténoïdes Qualifie tout un groupe de pigments solubles dans les graisses (lipochromes) auxquels les plumes doivent les couleurs jaune, rouge, orangé, violet.
Chalaze Filaments d'albumine de l'œuf torsadés, fixés aux deux extrémités du jaune, qu'ils maintiennent en place malgré d'éventuels mouvements.
Choane Ouverture qui fait communiquer le palais avec les fosses nasales.
Chromatophore Cellule portant des granules de pigments.
Cire Peau nue située à la base du bec dans certains groupes d'oiseaux (rapaces diurnes, perroquets, pigeons, certains cracidés) et où s'ouvrent les narines.
Cline Terme de génétique des populations s'appliquant à des variations de caractéristiques d'une population dans une aire géographique déterminée, généralement associées à des variations correspondantes du milieu.
Cloaque Débouché vers l'extérieur du gros intestin des oiseaux. C'est le lieu où se rencontrent l'intestin, les voies urinaires (uretères) et les glandes sexuelles (canaux déférents des mâles et oviductes des femelles).
Coccidiose Maladie causée par des protozoaires (animaux unicellulaires) dans l'intestin des oiseaux.
Communauté Populations ayant entre elles une action mutuelle dans une aire donnée. Une communauté qui, par une série de conditions du milieu, a atteint la stabilité reçoit le nom de climax.
Condyle occipital Protubérance qui permet l'articulation entre l'os occipital et une cavité de la première vertèbre cervicale (l'atlas). Cette articulation permet

les mouvements de la tête. Chez les oiseaux, il n'y a qu'un seul condyle. Les mammifères en ont deux.

Diaphragme Muscle existant chez les mammifères entre le thorax et l'abdomen. Les oiseaux en sont dépourvus.
Duodénale (anse) Circonvolution de l'intestin grêle, qui entoure le pancréas.

Ecosystème Ensemble des êtres vivants et des facteurs de milieu qui présentent des actions réciproques dans une aire donnée, aux caractéristiques bien définies.
Ectoparasites Parasites qui vivent sur la surface du corps des oiseaux, tels que puces, poux, acariens. Les endoparasites, au contraire, vivent à l'intérieur du corps (vers, etc.).
Electrophorèse Méthode d'analyse des liquides organiques ayant pour base le déplacement des particules en suspension dans le liquide par l'effet de la différence de potentiel électrique.
Enzyme Substance qui active et accélère les réactions chimiques de l'organisme vivant.
Eumélanine Pigment responsable des teintes noire et grise.

Fourchette Formation osseuse résultant de la soudure des deux clavicules d'un oiseau à leur extrémité inférieure par une partie cartilagineuse.
Fovéa Dépression de la rétine dans laquelle se trouve réalisé le maximum de l'acuité visuelle par suite de la présence d'une forte densité de cellules sensibles.

Génotype Ensemble des caractères génétiques qui déterminent la structure et le fonctionnement d'un organisme.
Gésier Troisième poche digestive des oiseaux, faisant suite au jabot et au ventricule succenturié.
Gonadotropes Qualifie les hormones produites par le lobe antérieur de la glande hypophyse, qui stimulent le fonctionnement des glandes sexuelles.
Grandry (corpuscules de) Petits organes tactiles localisés sur la langue et dans la cavité buccale de certains oiseaux.

Hématie Cellule du sang appelée aussi globule rouge ou érythrocyte.

Herbst (corpuscules de) Petits organes tactiles localisés sur la langue des pics, dans la cavité buccale des oies et des canards et sur le bord du bec des oisillons.
Hétérotrophie Utilisation à des fins alimentaires de matières organiques, caractéristique des herbivores, des prédateurs, des décomposeurs, etc.
Homéothermie Faculté de maintenir constante la température du corps malgré les fluctuations de la température extérieure, propre aux animaux à sang chaud (oiseaux, mammifères).
Homochromie Aptitude remarquable de certains animaux à harmoniser leur couleur à celle du milieu environnant. Le mimétisme, au contraire, est le fait pour un animal d'imiter l'aspect général d'un autre.

Incubation Action par — et durée pendant — laquelle un oiseau assure à un œuf ou à des œufs les conditions de température et de sécurité nécessaires au développement de l'embryon, ou des embryons, pour aboutir à la naissance d'un oisillon ou de plusieurs.

Jabot Poche axiale ou latérale de l'œsophage des oiseaux dans laquelle séjournent les aliments.

Lait On désigne sous ce nom l'amas de cellules qui coule du jabot des pigeons quand ceux-ci nourrissent leur progéniture. Cette sécrétion, qui contient des matières grasses et des protéines, et qui ressemble à du fromage blanc, est essentielle pour l'alimentation des pigeonneaux dans les premiers jours qui suivent leur naissance.

Migration Déplacement saisonnier effectué régulièrement entre les aires de reproduction et les lieux de repos ou d'hibernation.

Nidicole Qualifie l'oisillon qui naît nu ou couvert de duvet et qui doit rester au nid pendant un certain temps avant de pouvoir s'envoler.
Nidifuge Qualifie l'oisillon qui naît couvert de duvet et qui est déjà apte à quitter le nid immédiatement après l'éclosion, au besoin sous la conduite de ses parents.
Nycthéméral Désigne le cycle ou le rythme biologique comportant une alternance des activités physiologiques devant se dérouler dans une unité de temps de vingt-quatre heures, comprenant la succession d'une nuit et d'un jour.

Œstrone Hormone sexuelle femelle (hormone œstrogène), produite par l'ovaire et exerçant une action déterminante sur les caractères sexuels secondaires et sur le comportement.

Parasitose Maladie due à la présence d'un parasite interne ou externe (endo ou ectoparasite).
Patte Membre inférieur de l'oiseau, dont le squelette comprend le fémur, le tibia et le péroné, le tarso-métatarse et les doigts au nombre de deux à quatre. Suivant la disposition de ceux-ci, on peut distinguer les oiseaux anisodactyles (ayant trois doigts dirigés vers l'avant et un vers l'arrière) ; hétérodactyles (ayant deux doigts vers l'avant et deux vers l'arrière) ; pamprodactyles (dont les quatre doigts sont tournés vers l'avant, comme chez les martinets et les oiseaux-souris) ; zygodactyles (ayant deux doigts vers l'avant et deux vers l'arrière). Le type hétérodactyle se rencontre chez les couroucous (trogonidés) chez lesquels les deux doigts dirigés vers l'avant sont le troisième et le quatrième, tandis que les doigts dirigés vers l'arrière sont le premier et le second. Dans le type zygodactyle, les doigts tournés vers l'avant sont le second et le troisième, le premier et le quatrième étant tournés vers l'arrière. (Exemples : les pics, les perroquets, etc.)
Pattern Dessin, aspect général de la disposition des couleurs dans le plumage d'un oiseau.
Pâture Lieu où les oiseaux vont se nourrir.
Pennes Les plumes les plus grandes du corps d'un oiseau (rémiges, rectrices).
Phæomélanine Pigment du groupe des mélanines, qui produit les couleurs brun, rouge et beige.
Phénotype Aspect extérieur de l'organisme en tant qu'expression physique de l'interaction du génotype et du milieu.
Plume Production de la peau qui recouvre le corps des oiseaux.
Pneumatisation Présence d'air dans certains os des oiseaux.
Pœcilothermie (ou poïkilothermie) Qualité des animaux dont la température centrale varie avec les conditions thermiques du milieu extérieur (animaux à température variable).
Polygamie Situation d'un mâle qui s'accouple à plus d'une femelle au temps de la reproduction (polygynie) ou d'une femelle qui s'accouple à plus d'un mâle (polyandrie).

Polymorphisme Présence de plus d'une forme distincte d'un individu dans une population.
Pool de gènes Ensemble du patrimoine génétique d'une population déterminée existant en un temps donné.
Porphyrines Pigments déterminant des couleurs rouges dans le plumage des oiseaux.
Ptérylie Zone de la peau des oiseaux couverte de plumes.

Radiation adaptative Ensemble des espèces qui, partant d'un ancêtre commun, se diversifient évolutivement dans des secteurs écologiques différents.

Sacs aériens Les neuf sacs membraneux intérieurs au corps d'un oiseau, reliés aux poumons et aux os pneumatisés.
Sex ratio Rapport concernant la répartition des deux sexes dans une population animale.
Spéciation Isolement d'une population en deux ou en plusieurs parties indépendantes, isolées du point de vue reproductif, ce qui peut conduire à la création d'une espèce nouvelle.

Thyrotropes Qualifie des hormones produites surtout par une partie de l'hypophyse, qui ont pour activité de stimuler les fonctions de la thyroïde.
Touracine Pigment rouge, difficilement soluble dans l'eau, que l'on trouve dans les plumes des espèces appartenant à la famille des musophagidés (touracos), oiseaux d'Afrique.
Touracoverdine Pigment vert, également propre aux musophagidés.

Uropygienne Qualifie la glande sébacée qui se trouve dans le croupion des oiseaux, qui en utilisent la sécrétion grasse pour oindre leurs plumes.

BIBLIOGRAPHIE

Ornithologie générale et observation des oiseaux

D. Amadon, *les Oiseaux sauvages,* Armand Colin.
E.A. Armstrong, *Bird Display and Behaviour,* Dover, New York.
E. Bösiger et P. Faucher, *les Oiseaux de la nuit,* Flammarion.
M.L. Cody, *Competition and Structure of Bird Communities,* Princeton University Press.
L. Delapchier, *les Oiseaux du monde,* Boubée.
Dictionnaire de la Nature, Solar.
J. Dorst, *la Vie des oiseaux,* Bordas.
J. Dorst, *les Oiseaux et leur milieu,* Bordas.
J. Dorst, *les Migrations des oiseaux,* Payot.
S. Durango et J. Dorst, *les Oiseaux,* Nathan.
D.S. Farner et J.R. King, *Avian Biology,* Academic Press, New York.
O. Fehringer, *Encyclopédie des oiseaux,* Nathan.
J. Fisher et J. Flegg, *Watching Birds,* Poyser, Berkhamsted.
J. Fisher et R.T. Peterson, *les Oiseaux, introduction à l'ornithologie générale,* Stock.
J. Flegg et D. Glue, *Nestboxes,* Tring.
P. Géroudet, *la Vie des oiseaux,* Delachaux et Niestlé.
P.P. Grassé, *Traité de zoologie* (t. XV), *Oiseaux,* Masson.
D. Lack, *Ecological Adaptation in Breeding for Birds,* Chapman & Hall, Andover.
C. Madsen, *le Monde merveilleux des oiseaux,* Solar.
A.J. Marshall, *Biology and Comparative Physiology of Birds,* Academic Press, New York.
G.V.T. Matthews, *Bird Navigation,* Cambridge University Press, Londres.
H. Mayer Gross, *Nest Record Scheme,* Tring.
J. Nicolaï, *les Oiseaux, recherches sur leur comportement,* Hatier.
O.S. Pettingill, *Ornithology in Laboratory and Field,* Burgess, Minneapolis.
F. Roux et J.F. Terrasse, *les Oiseaux chasseurs,* Hachette.
D.W. Snow, *The Web of Adaptation,* Collins, Londres.
A.L. Thomson, *A New Dictionary of Birds,* Nelson, Londres.
N. Tinbergen, *l'Etude de l'instinct,* Payot.
Ch. Vaucher, *Oiseaux de mer,* Delachaux et Niestlé.
Ph. de Wailly, *les Oiseaux de cage et de volière,* J.B. Baillère et fils.
Ph. de Wailly, *les Cinq sens chez les oiseaux,* Solar.
C. Welty, *The Life of Birds,* W.B. Saunders, Londres.
W.B. Yapp, *The Life and Organization of Birds,* Edward Arnold, Londres.

Protection des oiseaux

C. Blagosklonov, *Guide de la protection des oiseaux utiles,* Mir, Moscou.
J. Dorst, *Avant que nature meure,* Delachaux et Niestlé.
J. Fisher, N. Simon, J. Vincent, *The Red Book, Wildlife in Danger,* Collins, Londres.
P. Gramet, *les Oiseaux de chez nous. Vie, mœurs, protection,* Flammarion.

V. Ménager, *Ces oiseaux qu'on ne chasse pas*, France-Empire.
P. Pellerin, *Où, quand, comment protéger les oiseaux ?*, Crépin-Leblond.

Oiseaux de France et d'Europe

N. Ardley, *les Oiseaux*, Solar.
P. Géroudet, *les Rapaces diurnes et nocturnes d'Europe*, Delachaux et Niestlé.
U. Glutz von Blotzheim, *Handbuch der Vögel Mitteleuropas*, Akademische Verlag, Francfort.
A.A. Grandrémy, *Guide des parcs et réserves zoologiques*, Tourismorama.
P. Hayman et P. Burton, *The Birdlife of Europe*, Mitchell Beazley, Londres.
H. Heinzel, R. Fitter et J. Parslow, *Oiseaux d'Europe, d'Afrique du Nord et du Moyen-Orient*, Delachaux et Niestlé.
S. Hoeher, *Nids et œufs des oiseaux d'Europe centrale et occidentale*, Delachaux et Niestlé.
C. König, *Oiseaux d'Europe*, Hatier.
R. Peterson, G. Mountfort et P.A.D. Hollom, *Guide des oiseaux d'Europe*, Delachaux et Niestlé.
R. Ritter et F. Roux, *Guide des oiseaux*, Sélection du Reader's Digest.
O. Stepanek, *les Oiseaux des champs et de la forêt*, Artia, Prague.
L.J. Yeatman, *Histoire des oiseaux d'Europe*, Bordas.

Oiseaux du monde

J.J. Audubon, *les Oiseaux d'Amérique*, Payot.
G. Bouet, *Oiseaux de l'Afrique tropicale*, Maisonneuve et Larose.
L. Brown et D. Amadon, *Eagles, Hawks and Falcons of the World*, Country Life Books.
P.L. Dekeyser et J.H. Derivot, *les Oiseaux de l'Ouest africain*, I.F.A.N., Dakar.
R.D. Etchécopar et F. Hüe, *les Oiseaux du Nord de l'Afrique*, Boubée.
Gruson, *Check-list of the Birds of the World*, Collins, Londres.
F. Hüe et R.D. Etchécopar, *les Oiseaux du Proche et du Moyen-Orient*, Boubée.
R. Mayer de Schauensee, *A Guide to the Birds of South America*, Wynnewood, Livingston.
R.S. Palmer, *Handbook of North American Birds*, Yale University Press, Londres.
R.T. Peterson, *A Field Guide to the Birds*, Mifflin Company.
O.P.M. Prozesky, *A Field Guide to the Birds of Southern Africa*, Collins, Londres.
M.E. Reilly, *The Audubon Illustrated Handbook of American Birds*, McGraw Hill, New York.
W. Searle, J.G. Morel, W. Hartwig, *A Field Guide to the Birds of West Africa*, Collins, Londres.
Ch. Vaurie, *The Birds of the Palearctic Fauna*, Londres.
J.G. Williams, *A Field Guide to the Birds of East and Central Africa*, Collins, Londres.

INDEX ANALYTIQUE DES NOMS VULGAIRES

(Les numéros en *italique* se réfèrent à des noms faisant l'objet d'une simple citation dans le cadre d'une fiche.)

Références des photos et illustrations

Introduction
Archives Mondadori, Milan : 11, 25. - Ardea Photographics, Londres : B. Bevan : 45b ; A. et E. Bomford : 44a ; L. Brown : 44b ; E. Mickleburgh : 8-9 ; P. Morris : 23 ; S. Roberts : 61 ; B. Sage : 2 ; R.T. Smith : 35 ; W. Weisser : 27. - R.P. Bille, Sierre (Suisse) : 19a. - British Museum, Londres : 12. - L.H. Brown, Kenya : 28. - B. Coleman, Uxbridge, Middlesex : G. Pizzey : 36. - A. Fatras, Paris : 19b. - Jacana, Paris : S. Chevallier : 37 ; J.-L. Dubois : 38b, 70-71 ; A. Ducrot : 33 ; B. Hawkes : 40-41 ; J.-P. Hervy : 38a ; Milwaukee : 17b ; Robert : 45a ; Souricate : 39 ; B. Tollu : 63 ; Tyrode : 16b ; Varin-Visage : 16a, 17a, 32, 46-47 ; Ziesler : 50. - F. Mezzatesta, Parme : 59.
Symboles figurant en marge des fiches et dessins pages 31, 49, 55 : R. Segattini. Dessins pages 13, 14, 20, 24, 26, 30, 34, 66-67 : C. Menotti. Photo page 96 : L. Ricciarini / G. Tomsich.

Fiches
Ardea Photographics, Londres : 136, 307, 315 ; Avon et Tilford : 1, 5, 287, 348, 365, 393 ; J.A. Bailey : 6, 12, 34, 75, 84, 119, 122, 134, 151, 155, 178, 181, 231, 257, 283, 295, 310, 353, 379, 408 ; F. Balàt : 226 ; J. Beames : 27, 55, 110, 303 ; T. Beamish : 142 ; H. et J. Beste : 146, 174, 224, 239, 240, 277, 325, 338, 364 ; B. Bevan : 52, 219, 221 ; R.J.C. Blewitt : 71, 81, 90, 120, 168, 421 ; A. et E. Bomford : 42, 121, 299, 376 ; J.B. et S. Bottomley : 76, 262, 281, 293, 360, 388, 399 ; A.D. Brewer : 246 ; G.J. Broekhuysen : 113, 192, 254, 347 ; R. Bunge : 18, 157 ; D.D. Burgess : 82, 111, 208, 363, 367 ; E.S. Burgess : 145, 204 ; Y.E. Carlin : 74 ; K. Carlson : 93, 248, 302, 409, 415 ; G. Chapman : 255, 396 ; F. Collet : 275 ; W. Curth : 44, 58, 98, 105, 242, 327, 407 ; M. Danegger : 130 ; M.D. England : 92, 96, 116, 128, 191, 202, 206, 212, 220, 247, 271, 273, 278, 291, 316, 320, 321, 332, 372, 392, 400 ; K.W. Fink : 7, 8, 9, 10, 30, 56, 63, 80, 88, 89, 114, 216, 260, 300, 319, 345, 346, 382, 403, 417 ; S. Gooders : 54, 256 ; C. Haagner : 94, 99, 147, 195, 198, 350, 383, 397 ; D. Hadden : 19 ; E.T. Jones : 163, 245 ; C.R. Knights : 70, 390 ; A. Lindan : 190, 322, 389, 410 ; E. Lindgren : 207 ; J.L. Mason : 199, 317 ; P.R. Messant : 222 ; E. Mickleburgh : 276 ; P. Morris : 86, 290, 312, 358, 371 ; R. Richter : 158, 269, 405 ; S. Roberts : 20, 22, 115, 126, 182, 217, 267, 282, 411, 414 ; R.T. Smith : 3, 33, 51, 102, 285, 375 ; P. Steyn : 101, 137, 161, 227, 418 ; B. Stonehouse : 138, 296 ; J. Swedberg : 72, 112, 197, 238 ; A.D. Trounson et M.C. Clampett : 131 ; R. Valighan : 385 ; R. Vaughan : 53, 78, 335 ; A. Warren : 270 ; A. Weaving : 68, 118, 402 ; W. Weisser : 135, 165, 213, 244, 296 ; J.S. Wightman : 108 ; T. Willock : 50, 65, 154, 162. - Giuliano Cappelli, Florence : 2, 66, 97, 366, 395. - James H. Carmichael, jr. : 355. - Hervé Chaumeton, Chamalières, France : 280. - Jacana, Paris : Arthus-Bertrand : 404 ; M. et D. Baileau : 352 ; Bos : 234, 334 ; Brosselin : 77 ; J.-P. Champroux : 133 ; S. Chevallier : 106, 211, 306 ; C. de Klemm : 73 ; J.L.S. Dubois : 127, 237, 337 ; A. Ducrot : 16, 251, 311, 419 ; Ermié : 184, 193, 289 ; Frédéric : 304, 387 ; B. Hawkes : 140, 264, 323 ; P. Jamain : 305 ; J.-M. Labat : 17, 286 ; J.-C. Maes : 152, 294, 328, 349 ; M. Moiton : 14, 274 ; C. Morel : 196 ; C. Nardin : 39, 250, 341 ; J.-P. Nouveau : 386 ; P. Petit : 4, 23, 32, 107, 334, 378, 412 ; C. Pissavini : 40, 201, 249 ; J. Prévost : 35, 266 ; Rave : 313 ; B. Rebouleau : 38, 123, 326 ; Robert : 24, 41, 69, 169, 177, 187, 200, 243, 263, 268, 324 ; F. Roux : 318, 333 ; Strobino : 144 ; J.X. Sundance : 173, 279, 380, 401 ; B. Tollu : 36 ; Trotignon : 186 ; Varin-Visage : 11, 15, 29, 37, 59, 85, 104, 129, 141, 159, 160, 164, 166, 180, 189, 205, 215, 233, 253, 284, 308, 329, 339, 351, 356, 357, 362, 368, 370, 374, 394, 398, 416, 422, 424 ; R. Volot : 117, 149, 314 ; Ziesler : 13, 175, 194, 232, 288, 309, 331, 377, 423. - NHPA, Westerham, Kent : 31 ; D. Baglin : 87 ; J.M. Bain : 420 ; J.B. Blossom : 61, 62, 336 ; D.N. Dalton : 21, 214, 413 ; S. Dalton : 26, 83, 150, 167, 170, 359, 381, 406 ; J. Good : 361 ; F. Greenway : 354 ; B. Harokes : 109 ; B. Hawkes : 60, 148, 230, 261 ; E.A. Janes : 172, 342, 391 ; P. Johnson : 25, 42, 45, 46, 47, 48, 64, 91, 95, 103, 132, 139, 153, 225, 235, 236, 298, 301, 330, 340, 343 ; R.D. MacKay : 188 ; K.S. Newman : 210, 259 ; G. Pizzey : 143 ; I. Polunin : 67 ; P. Scott : 28, 241, 369 ; R. Shaw : 292 ; J. Tallon : 79, 185, 228 ; G. Wall : 125, 183 ; P. Wayre : 49. - Luisa Ricciarini, Milan : 124 ; L. Boitani : 171 ; P. Fioratti : 57, 218, 223, 229, 252 ; M. Pasotti : 203 ; A.P. Rossi : 100, 156, 176, 258, 265, 272, 373 ; G. Tomsich : 179 ; V. Vomero : 209, 384.

Achevé d'imprimer sur les presses d'Arnoldo Mondadori, à Vérone, Italie.
Numéro d'éditeur : 683